PETER
SALNER
a kolektív

TAKÁ BOLA BRATISLAVA

Slovenská akadémia vied
Národopisný ústav

Odborný redaktor
PhDr. Milan Leščák, CSc.
Recenzenti
PhDr. Štefan Holčík, CSc.
PhDr. Viera Urbancová, CSc.

Bratislava - Pressburg - Pozsony

Starý
židovský
cintorín (1935)

Der alte
Judenfriedhof
(der heutige Tunnelbereich) 1935

OBSAH

INHALT

Starý most

Die alte Brücke

TAKÁ BOLA BRATISLAVA

Peter
Salner
a kolektív

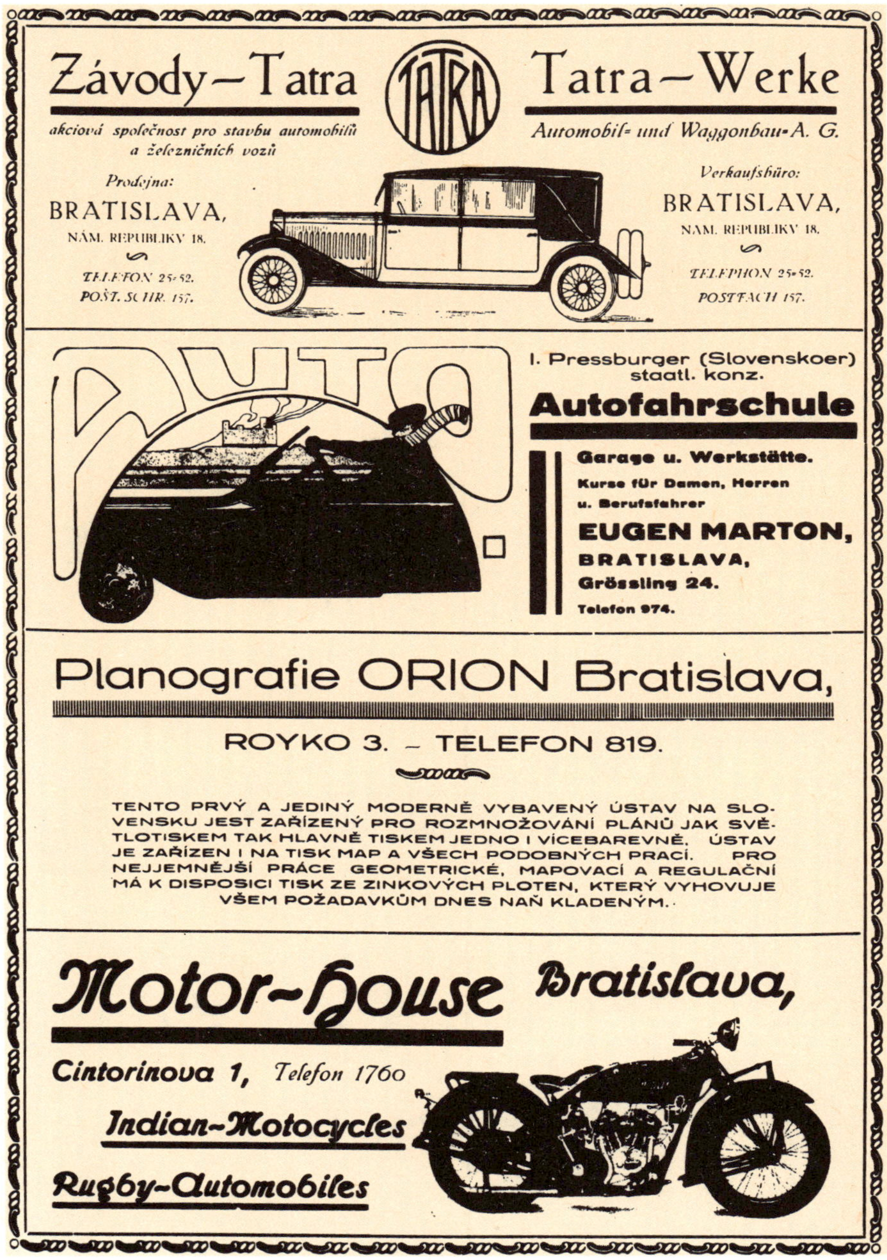

Veda
vydavateľstvo
Slovenskej
akadémie
vied
Bratislava
1991

Autori:
Viera Feglová, CSc.
Daniel Luther, CSc.
PhDr. Elena Mannová
PhDr. Viera Obuchová, CSc.
PhDr. Peter Salner, CSc.,
vedúci autorského kolektívu

Ďakujeme tým, ktorí nám pomohli radami, vedomosťami či sprístupnením svojich zbierok. Okrem oboch recenzentov to boli predovšetkým páni Peter Ambrovič, Mikuláš Gažo, Jozef Gierat, Vojtech Hackenberger, Alexander Holovič a Karol Motoly, ako aj všetci informátori.

ISBN 80-224-0252-4

ÚVODNÉ SLOVO

Etnografický výskum Bratislavy – to bolo spojenie ešte nedávno nepredstaviteľné nielen pre laikov, ktorí vnímali národopiscov ako znalcov dedinského prostredia, ale aj pre mnohých odborníkov. Kniha, ktorú práve držíte v ruke, je ďalším dôkazom, že tento predsudok sa stal definitívne minulosťou.

Problém, aká bola Bratislava, je pre mnohých lákavý. Odpoveď na túto otázku hľadal kdekto – historici, sociológovia, pamiatkári, ale aj obyvatelia, ktorí sa v meste narodili, žili a spolu s ním prežívajú jeho vzostupy i pády. Etnografický prístup uplatnený v publikácii je na prvý pohľad pokusom memoárovým: tento dojem evokuje názov knihy aj názvy niektorých kapitol. Nejde však len o zbieranie a zoradenie spomienok. Etnograf pri svojej práci musí byť predovšetkým v kontakte s ľuďmi. Pamätníci, odborníci, obyvatelia príslušnej ulice, štvrte či mesta, to je základný (i keď nie jediný) zdroj jeho vedomostí.

Rozhovory o témach, akými sú rodinný a spoločenský život Bratislavčanov v nedávnej minulosti, nemôžu byť jednostranné. Pred bádateľmi defilujú spomienky na detstvo a mladosť, osudy ľudí, rodín či mestských domov, ulíc, inštitúcií. Rozprávanie sa okrem často nepresnej faktografie nezaobíde bez nostalgie za stratenou mladosťou a minulosťou, ktorá je nenávratne preč: neraz aj fyzicky, zničená nevšímavosťou a ľahostajnosťou tých, čo mali zodpovednosť za toto mesto, no ukázali sa nezodpovední. Z rozprávania sa však postupne vytvára pôsobivý obraz javov a udalostí, ktoré si oficiálna história všíma len okrajovo, hoci v skutočnosti tvoria jej životodarné podhubie. Pretrváva dodnes vo všednom živote Bratislavčanov; niekedy ako spomienka tak silná, že sa stáva legendou, dôverne známou aj tým, ktorí ju v reáli nezažili.

Zaujímaví sú bratislavskí obyvatelia, ale aj ich mesto: most medzi kultúrami, národmi, jazykmi, štátmi. Neoddeliteľná súčasť strednej Európy, ale zároveň charakteristická neopakovateľnou, svojskou atmosférou, typickou jedine a len pre Bratislavu.

Rukopis knihy Taká bola Bratislava *vznikol rýchlo a zdanlivo bez námahy. Od prvej ponuky vydavateľstvu Veda po odovzdanie do tlače ubehol necelý rok. Bolo to najmä preto, že nevznikol vo vzduchoprázdne. Intenzívne výskumy medzi pamätníkmi i v archívoch či literatúre nadväzovali na poznatky a metodické postupy, overené na niekoľkých „pokusných balónikoch" publikovaných v odborných časopisoch. Viaceré sú pre laikov ťažko dostupné, s niektorými sa však mohla oboznámiť aj širšia verejnosť. V novinových stánkoch sa objavili predovšetkým dve monotematické čísla odborného časopisu Slovenský národopis (1/1985 a 2–3/1987). Tí, čo ich mali možnosť čítať, vedia svoje: prinášajú mnoho zaujímavých informácií, ale aj chýb a nepresností, ktoré môže ospravedlniť len to, že každý začiatok je ťažký...*

Dôležité je, že pochvala ani kritika autorov neodradili. Možno aj preto, že všetci sú „krstení Dunajom", tu prežili svoje detstvo a mladosť, prešporská minulosť a bratislavská súčasnosť im nie sú neznáme a ľahostajné. Svoju úlohu určite zohrala aj priam osudová príťažlivosť Bratislavy, ktorá napriek devastácii mnohých kultúrnych a historických hodnôt pretrváva dodnes. Pre etnografa je osobitne zaujímavé pozorovať kultúrny a spoločenský kvas, ktorý tu v 20. storočí prebehol. Zoznámiť sa s jeho priebehom nielen sprostredkovane cez literatúru či historické dokumenty, ale priamym ponorom do individuálnych skúseností, zážitkov, osudov života Bratislavčanov.

Časovým ťažiskom knihy sú dve medzivojnové desaťročia, v ktorých vznikla, rozvinula sa a zanikla prvá ČSR, i keď spomienky niekedy prekročili tento časový limit. Toto krátke obdobie je kľúčom k pochopeniu histórie slovenskej metropoly. Mesto sa slovakizuje, no zároveň pretrváva jeho mnohoetnickosť, silný maďarský a rakúsky kultúrny vplyv, vzrastá pôsobenie českej kultúry a inštitúcií. Hlboké korene tu má i židovská obec, treba spomenúť rómsku pospolitosť a početnú chorvátsku menšinu v blízkom okolí. Táto rozmanitosť sa odrazila aj navonok v rôznorodosti písania starých bratislavských ulíc a názvov. Nejednotnosť vyplýva z úsilia autorov zachovať čo najviac autentický charakter spomienok.

V medzivojnovom období sa postupne láme tradícia rakúsko-uhorskej inštitucionálnej bázy, ale spoločenský život, ľudské vzťahy a kultúrne zázemie si naďalej uchovávajú niektoré charakteristické znaky. Pri rozhovoroch s najstaršími pamätníkmi aj ich mladšími nasledníkmi sa vždy znovu a znovu prejavovala ich láska k mestu, hrdosť na demokratické tradície, ale najmä kultúrna, etnická a náboženská znášanlivosť, ktoré pretrvávali aj v obdobiach, keď boli vystavené nejednej skúške.

Mám pred sebou dokončený rukopis, výskum Bratislavy však bude v Národopisnom ústave SAV pokračovať. Autori aj ďalší pracovníci už dnes uvažujú nad novými problémami, ktoré si zasluhujú záujem odborníkov aj verejnosti. Kolektív pripravuje koncepciu etnografického výskumu stredoeurópskych miest okolitých krajín, aby vznikla báza pre porovnávanie ich spoločných a diferenčných čŕt. Preto, vážení čitatelia, ak máte čím prispieť, ozvite sa – každá rada, pomoc, údaj sú vítané. Včerajšia spomienka, triviálna udalosť, zdanlivo nič nehovoriaca fotografia či rodinný dokument sa zajtra môžu stať dôležitým dokladom o tých obyčajných, všedných, zdanlivo malých dejinách mesta na Dunaji.

Milan Leščák

1

BRATISLAVSKÉ PREMENY V ČASE

Pri zbieraní materiálu pre túto knihu sme využívali pramene rôzneho druhu: sociologické, demografické, historické, archívne, štatistické, ale predovšetkým etnografické. Stretávali a zhovárali sme sa s ľuďmi, staršími obyvateľmi mesta, ktorí mnoho poznajú a pamätajú. Ich spomienky nám približujú – niekedy možno trochu subjektívne – situáciu po vzniku ČSR v roku 1918, či dokonca za čias monarchie.

Mnohí z nich ovládajú všetky tri hlavné jazyky tohto mesta. Najčastejšie uprednostňujú maďarčinu či nemčinu. Slovensky hovoria často s určitým ostychom. V tejto reči nie vždy dokázali formulovať svoje názory a rozpomienky tak presne, ako si sami želali...

Ich životopisy neraz pripomínajú starú, už zabudnutú anekdotu: ako rodisko uvádzali obyčajne Pozsony alebo Pressburg, vojenskú službu vykonávali niektorí z nich vo Wilsonovom meste alebo Prešporku. Pritom nejde o žiadnych svetobežníkov. Väčšina z nich sa narodila, vyrástla a dodnes žije v Bratislave. To len historické udalosti, ktoré prehrmeli za necelé storočie, našli odraz aj v názve ich rodného mesta. Počas jedného ľudského života mohli zažiť vrchol a rozpad rakúsko-uhorskej monarchie. Dotkli sa ich veľké spoločenské a technické udalosti: zavedenie elektriny, prvé pohyblivé obrázky. Pouličná elektrická doprava je v Bratislave od roku 1895, no do domácností prenikla elektrina až v roku 1902, kino prišlo o tri roky neskôr. Prežili prvú svetovú vojnu. Niektorí na frontoch, iní doma, v zázemí. Nebola možno taká ničivá, ako tá nasledujúca, ale aj tak mohli spoznať zblízka biedu, zimu, hlad...

Československá republika vznikla koncom roku 1918, ale budúcnosť dunajskej metropoly ostávala stále neistá. Veď až do augusta 1919 bola polovica bratislavského mosta (i Petržalka na pravom brehu rieky) v rukách maďarských vojsk. A veľká časť obyvateľov (najmä nemeckých a maďarských) považovala prítomnosť československých orgánov v meste za dočasnú: „Prešporok bol vtedy takmer úplne maďarský a nemecký. Slovensky sa hovorilo len na zeleninárskom trhu a ešte tak v Podhradí a Blumentále. V obchodoch a úradoch slovensky s vami nikto hovoriť nechcel. Slovenských rodín, tzv. meštianskych, ktoré sa nebáli hlásiť k svojmu slovenskému pôvodu, bolo ľahko spočítať na prstoch" spomínal M. Korman.

Situácia sa vykryštalizovala a Bratislava rástla – spoločenským a hospodárskym významom, kultúrnym či športovým rozmachom, počtom obyvateľov. Nie jednoducho, bez problémov. Mesta sa ťažko dotkla hospodárska kríza na prelome dvadsiatych a tridsiatych rokov. Jej dôsledky pre jednotlivca a spoločnosť zhodnotili mnohí, no vari najpoetickejšie ju charakterizoval Š. Gráf: „A práve vtedy sa začalo v novinách zjavovať slovo, známe doteraz iba z chorôb: kríza, a ona sama sa začala šíriť ako otravný plyn. Nik nezbadal jej príchod, no začala pomaly stískať hrdlá a dusiť, a ľudia začali kašlať, najprv vypľuli prácu, potom začali vykašliavať i krv a žalúdok. Ulice miest sa zrazu začali plniť ľuďmi, ktorí mali iba čas a tento ich čas sa nerovnal peniazom. Prúdy ľudí, valiacich sa večierkami z tovární, vyschli a továrne sa začali podobať prázdnym rozsušeným žľabom, ktoré rozbíja vietor a rozpukáva slnko. Názov ‚nezamestnaný', ktorý predtým bol biľagom lenivosti a povaľačstva, začali dostávať i ľudia, ktorí v poslednom tvrdom širáku stáli v rade pred miestnosťou, v ktorej potom dostali ofrfľanú poukážku stravovacej akcie. Neskôr sa im začalo ironicky hovoriť: štátni zamestnanci."

Hospodárska situácia sa postupne zlepšovala, nastalo však zhoršenie v inom smere: hitlerovské idey priamo či nepriamo prenikali aj do bratislavského života a jeho atmosféry. No ešte vždy sa nezačalo to najstrašnejšie – vojna...

V tomto krátkom časovom úseku Bratislava zažila veľké zmeny; rozkvet, ale aj odchod českých a odsun židovských či cigánskych občanov; bombardovanie na konci vojny, ktoré v mnohom zmenilo jej výzor, ale aj eufóriu oslobodenia na jednej strane a odsun väčšiny prešporských Nemcov. Ako uvádza A. Plávka, „podaktorí aj v Bratislave ostali". Určite to však nebolo jednoduché a nechýbali väčšie či menšie ľudské tragédie.

Došlo k ďalším zmenám. Februárové udalosti 1948 otvorili inú cestu, čo dokumentovalo aj neskoršie premenovanie na ČSSR v roku 1960. A od 1. januára 1969 vstúpil do platnosti zákon o československej federácii a Bratislava sa stala hlavným mestom SSR a sídlom slovenskej vlády. Vývoj sa však neskončil ani po odovzdaní rukopisu do tlače – krátko pred novembrom 1989.

Uvedené, veľmi skratkovito zhrnuté udalosti ovplyvnili aj štruktúru obyvateľstva. Zmeny v etnickom zložení sa pokúsime priblížiť na niektorých dobových javoch.

Bratislava (pre zjednodušenie budeme používať najmä toto označenie i na obdobie pred rokom 1919) bola vždy mnohoetnickým mestom. Nežili tu len najvýznamnejšie národnosti – Nemci, Maďari, Slováci. Dôležitú úlohu zohrávali aj príslušníci českej (a to nielen po roku 1918), cigánskej a najmä židovskej menšiny. Napriek odlišnostiam v kultúre a spôsobe života (markantným predovšetkým u ortodoxnej časti bratislavského židovstva) stali sa pevnou súčasťou mesta. Dokonca do tej miery, že „znalosť a používanie základných slov jidiš patrilo k bontónu" (Mikuláš Gažo). Ale existovali aj ďalšie etnické skupiny – bulharská, chorvátska, poľská, ruská. Medzinárodný charakter mesta sa však nespájal len s etnickou rozmanitosťou obyvateľstva. Pôsobila aj blízkosť Viedne a vplyvy Budapešti: Bratislavčania navštevovali tieto metropoly radi a pri najrôznejších príležitostiach. No, ako uvádza I. Kamenec, „nielen Bratislava hľadela do sveta, ale obrazne povedané aj svet hľadel na Bratislavu": veď v roku 1931 tu malo diplomatické zastúpenie 17 európskych i mimoeurópskych štátov a pôsobilo sedem cudzineckých klubov: francúzsky, taliansky, anglický, juhoslovanský, poľský, ale aj Esperanto klub a Rotary klub...

Pozornosť si zaslúžia vzájomné kontakty medzi Bratislavou a Viedňou. Na prelome storočia, v rokoch monarchie, prebiehali na rôznych úrovniach – od návštev členov cisárskej rodiny (reprezentatívnych i neoficiálnych) a iných politických predstaviteľov cez športové a kultúrne aktivity až po rodinné výlety.

Intenzívna bola spolupráca na športovom poli. Napríklad viedenský Jockey klub sa významne pričinil o rozvoj bratislavského jazdeckého športu a jeho členovia (i radoví Viedenčania) bežne navštevovali petržalské závodisko (F. Tkáč). Ešte výraznejšie sa prejavili viedenské vplyvy vo futbale. Podľa niektorých športových historikov sem tento šport prišiel práve z Viedne. V každom prípade však prvý medzinárodný zápas na uhorskom „vidieku" sa konal 11. apríla 1898 a prešporský PTE v ňom hostil First Vienna FC. Zvíťazili hostia, spokojní však boli aj domáci diváci a futbalisti, pretože „hoci sami dostali deväť, strelili dva" (Š. Mašlonka – J. Kšiňan). Čulé styky pokračovali i v ďalších rokoch a neprerušili ich ani spoločenské a politické zmeny po roku 1918.

Vzájomné spojenie uľahčila električka (presnejšie elektrický vlak),

Cisár pán
a jeho rodina
v Prešporku (1917)

Der Kaiser
und seine Familie
in Preßburg (1917)

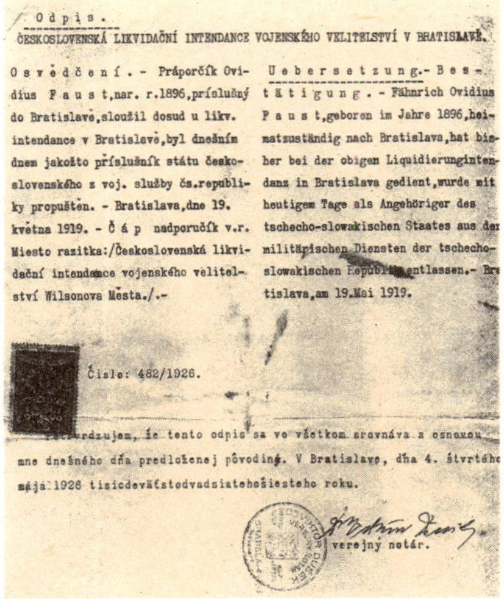

Odpis.

ČESKOSLOVENSKÁ LIKVIDAČNÍ INTENDANCE VOJENSKÉHO VELITELSTVÍ V BRATISLAVĚ.

Osvědčení. - Práporčík Ovidius Faust, nar. r.1896, příslušný do Bratislavě, sloužil dosud u likv. intendance v Bratislavě, byl dnešním dnem jakožto příslušník státu československého z voj. služby čs.republiky propuštěn. - Bratislava, dne 19. května 1919. - Čáp nadporučík v.r. Miesto razitka:/Československá likvidační intendance vojenského velitelství Wilsonova Města./.-

Uebersetzung.- Bestätigung. - Fähnrich Ovidius Faust, geboren im Jahre 1896, heimatzuständig nach Bratislava, hat bisher bei der obigen Liquidierungintendanz in Bratislava gedient, wurde mit heutigem Tage als Angehöriger des tschecho-slowakischen Staates aus den militärischen Diensten der tschecho-slowakischen Republik entlassen.- Bratislava, am 19.Mai 1919.

Čislo: 482/1926.

Potvrdzujem, že tento odpis sa vo všetkom srovnáva s osnovou mne dnešného dňa predloženej pôvodiny. V Bratislave, dňa 4. štvrtého mája 1926 tisicdevätstodvadsiatehošiesteho roku.

verejný notár.

Vojenčinu slúžili
vo Wilsonovom Meste

Militärdienst leisteten
sie in der Wilsonstadt

ktorá od februára 1914 niekoľkokrát denne spájala obe mestá. Z bratislavskej ponuky uprednostňovali viedenskí hostia kaviarne a viechy s dobrým a lacným vínom, ale aj kultúrne podujatia. Veď v Bratislave účinkoval kvalitný nemecký divadelný súbor, v opere pôsobil dlhší čas známy Oskar Nedbal. Lákadlom boli aj zájazdy pražského Osvobozeného divadla. Najmä potom, čo hitlerovské Nemecko oficiálne protestovalo proti uvádzaniu hry Osel a stín, stúpla zvedavosť Viedenčanov o toto predstavenie.

Prostých obyvateľov metropole však priťahovali aj produkty lacnej a dobrej bratislavskej gastronómie. „Mnohí Viedenčania prichádzali električkou skoro pravidelne na chýrny bratislavský guláš a na Wendlerove makové a orechové bratislavské rožteky“ (L. Luknár). Ale lákali aj niektoré z mnohých obľúbených výletných miest v okolí Bratislavy. Za pekného počasia sem údajne prichádzalo až 14 000 viedenských návštevníkov.

Zo spomienok informátorov vidno, že čulý pohyb bol aj opačným smerom. Bratislavčania navštevovali športové podujatia, divadelné predstavenia, rôzne zábavné a spoločenské akcie. Ako uvádza Igor Janota, často chodili do Viedne „len tak“ – električkou, ale najmä mládež na bicykloch. Najmä v časoch, keď „za našich 50 halierov si dostal 3–4 tisícky a za desaťkorunáčku toľko, že nebolo možno zavrieť peňaženku“ (J. Hrušovský), cestovali tam Bratislavčania aj za výhodnými nákupmi...

Spomenuté fakty možno ilustrovať štatistickými údajmi. Sú k dispozícii poznatky zo sčítaní ľudu v roku 1910, 1921, 1930 i mnohé ďalšie údaje. Možno z nich dokumentovať, ako sa postupne presúvalo kvantitatívne zastúpenie (a tým aj ťažisko významu) jednotlivých etník. Na konci 19. storočia mali prevahu „kraxelhuberi“, ako niekedy posmešne nazývali Nemcov: tvorili 59,9 % obyvateľstva. Za necelých dvadsať rokov, v roku 1910, sa k maďarskej národnosti hlásilo už 40,5 % obyvateľov (k nemeckej 41,9 %, k slovenskej 14,9 %).

Synagóga
na Rybnom námestí (1932)

Die Synagoge am Fischplatz
(Rybné námestie) 1932

O krátky čas, v roku 1921, bolo zas všetko inak – najviac bolo Slovákov (takmer 40 %), najmenej Maďarov a tento trend pokračoval v ďalších medzivojnových rokoch (D. Provazník). Napriek tomu však „ešte v decembri 1938, teda už za autonómie Slovenskej krajiny malo jej hlavné mesto 52 000 slovenských obyvateľov – t. j. 42 % z celkového počtu obyvateľstva. Trvalé národnostné menšiny, alebo ak chcete niekedy aj národnostné väčšiny tvorili obyvatelia českej, no najmä nemeckej a maďarskej národnosti. Napriek týmto národnostným paradoxom Bratislava v medzivojnovom období plnila veľmi dobre úlohu hlavného mesta Slovenska a postupne sa stávala nielen jeho hospodárskym, resp. administratívnym, ale aj politickým a kultúrnym centrom“ (I. Kamenec).

Tieto zmeny však nechceme sledovať a interpretovať len na základe štatistík. Ich výsledky napokon neraz odrážajú politickú či hospodársku konjunkturalitu a nie skutočnú etnickú štruktúru. Z množstva rozmanitých prejavov života mesta sa pokúsime ilustrovať situáciu na dvoch

FERDINAND
WICKLEIN
PREDTÝM - VORMALS
J. G. MITTERHAUSER
BRATISLAVA
MICHALSKÁ UL.
MICHAELERTOR
12
ZALOŽENÉ - GEGRÜNDET
1828

*

Zväčšené, prestavené 1896
Speciality, kovanie, nástroje pre každé remeslo, ocelový tovar, kuchyňský riad, rybárske a včelárske potreby. — Od roku 1927 spojená s firmou Jansky.

*

1896 vergrössert, umgebaut
Spezialitäten, Baubeschläge, Werkzeuge für jedes Handwerk, Stahlwaren, Küchengeräte, Fischerei- und Bienenzuchtartikel. — Seit dem Jahre 1927 vereinigt mit der Firma Jansky.

ukážkach zo sféry spoločenského života: na športe (predovšetkým futbale) a divadle.

Tieto javy sú vybrané viac-menej náhodne. Spoločné a rozdielne znaky bratislavskej spoločnosti možno rovnako dobre charakterizovať na príkladoch veslárov, turistov či iných prejavov spoločenského života. V medzivojnovom období ponúkala Bratislava širokú paletu priestorov a príležitostí, ktoré umožňovali neformálne spoločenské kontakty: spolky, kaviarne, reštaurácie, viechy a vinárne, hostince, krčmy atď. Pri analýze spomienok sa ukázalo, že v tomto smere existovali určité rozdiely. Nemožno však hovoriť o etnickej predurčenosti či izolácii, skôr o určitých tendenciách. Veď aj sociálne rozvrstvenie bratislavského obyvateľstva vylučovalo, aby príslušníci niektorej národnosti vyhľadávali výlučne jeden podnik či typ.

Etnicky najvyhranenejšia bola situácia bratislavských Nemcov. Pestovanie vína (a dlhý čas aj jeho konzumácia pod viechou) boli doménou nemeckých vinohradníkov. Ilustrujú to údaje E. Bohúňa a najmä J. Hrušovského: „Viešky, neskoršie elýziá tzv. bratislavskej bohémy ešte neboli objavené, hoci jestvovali vari už od začiatku mesta.

Židovská škola
(Židovská ulica) 1932

Die jüdische Schule
(Judengasse – Židovská ulica) 1932

Väčšinou tam chodili len domáci bürgri či kraxelhuberi, ako ich tu žartovne prezývali.“

Kaviarne boli zas skôr maďarské. Potvrdzujú to rôzne skutočnosti (názvy podnikov či mená majiteľov), ale najmä názory pamätníkov: „Do kaviarní chodili viac Maďari ako Nemci. To bolo viac maďarské a viechy boli viac nemecké. V tých kaviarňach bolo počuť viac maďarčinu a nemčinu“ (Aladár Balogh). Dokladom sú i spomienky Š. Bednára. Kaviarne uprednostňovali aj židovskí hostia. Obchodníci, lekári, právnici si volili podniky podľa svojho vkusu. Zhodovali sa však v tom, že menej konzumovali alkoholické nápoje a uprednostňovali kávu či čaj.

Českí obyvatelia sa sústreďovali spočiatku v hostincoch s ponukou charakteristických českých jedál a dobrého piva. Mnohé z nich sa

Plzenský dvor na Jesenského ulici (1927)

Der „Pilsner Hof“ in der Rosengasse (Jesenského ulica) 1927

cieľavedome (reklamami aj jedálnym lístkom) orientovali na túto zložku bratislavskej spoločnosti. Postupne mnohí opúšťali pivo a preorientovali sa na známe bratislavské víno (J. Hrušovský, Z. Přibík).

Pomerne najmenej údajov tohto druhu nachádzame o slovenskej národnosti. Vyplýva z nich, že uprednostňovali kaviarne a najmä krčmy a hostince, kde boli spolu s Čechmi prevládajúcim živlom. „Aká bola vtedy Bratislava ešte neslovenská... Iba dva malé obchodíky slovenské tu živorili. Hostinec Grajciar a Pavúk, obchodík so strižným tovarom. To bolo všetko“ (T. Gašpar). B. Haluzický uvádza hostinec U fajky: „Slovenský živel predstavovali okrem niektorých inteligentov, ktorí sa schádzali v hostinci U fajky, robotníci, zeleninári zo Záhoria a niektorí drobní živnostníci.“ Oba tieto podniky spomínajú v rovnakých súvislostiach aj K. Čársky, B. Varsik a ďalší.

Stav tesne pred zánikom monarchie dokumentuje i to, že v Mestskom divadle boli dve jazykovo a obsahovo odlišné, no dĺžkou trvania rovnaké sezóny: nemecká a maďarská. Slovenčina bola v týchto priestoroch vtedy iba hudbou budúcnosti...

Aj športové akcie a kluby odrážali mnohonárodnostné zloženie obyvateľstva. Veslárske, cyklistické či turistické oddiely boli v prvom rade maďarské, prípadne nemecké. Dokumentuje to futbal, ktorý sem po prvý raz prenikol v roku 1898 a postupne sa vyvinul v najrozšírenejšiu ľudovú zábavu (Š. Mašlonka – J. Kšiňan). „Prvý futbalový odbor“ sa utvoril v rámci PTE (Pozsony Torna Egyesület). Názov mal zaujímavé osudy. Keď československé orgány zakázali

Pôvodný viedenský dostavník (začiatok 20. storočia)

Die ursprüngliche Postkutsche nach Wien (Anfang des 20. Jahrhunderts)

používať iné pomenovanie ako Bratislava, zmenil sa význam PTE na Polgári... (Meštiansky). Vlk sa nažral a koza ostala celá...

Čoskoro nasledovali ďalšie kluby, čo prišli na chuť novej hre. Prvý slovenský oddiel vznikol až v roku 1919, teda v čase, keď sa „cez noc ako huby po daždi rozmnožili ľudia, ktorí hovorili po slovensky" (Ľ. Zeljenka). Nová reč prenikala aj do hovorového jazyka, čo bola „akási zlátanina zlej slovenčiny (myslím zle skloňovanej a časovanej) prešpikovaná maďarskými a nemeckými výrazmi. Takou rečou hovorili obchodníci, predavači, babky na trhu a vôbec väčšina bratislavského obyvateľstva" (Z. Zguriška).

Rozmach slovenského (presnejší je v dobovej terminológii používaný pojem československého) živlu sa odrazil aj na doskách, ktoré znamenajú svet. V dokumentoch o histórii Slovenského národného divadla, ktoré spracoval a vydal L. Lajcha, nachádzame množstvo zaujímavých informácií o vývine národnostného a jazykového povedomia Bratislavy a jej obyvateľov. Okrem iného list riaditeľa Východočeského divadla v Hradci Králové adresovaný v októbri 1919 „Slavné městské radě v Bratislavě":

„Rozhodnutím ministra školství a osvěty v Praze ze dne 27. září č. 40953/4416 n. a se souhlasem pana ministra s plnou mocí pro Slovensko p. Dr. Šrobára vyhražena byla divadelní sezona 14 dní z maďarské sezony, 14 dní z německé sezony a divadelní sezona od 1. dubna do 6. července divadlu, jehož jsem ředitelem. Záležitost sama byla vlastně již v srpnu županským úřadem vyřízena a pověřeno tehdy, aby smlouva mě vystavěna pro tuto dobu. Poněvadž sl. městská rada žádá nyní formální žádost dovoluji si o zadání divadla městského ve smyslu dohody mezi ministerstvy národní osvěty a ministrem s plnou mocí pro Slovensko.

V dokonalé úctě
oddaný
Bedřich Jeřábek
ředitel divadla

Príchod slovenského (či vlastne východočeského) divadla vyvolal medzi maďarským a nemeckým obyvateľstvom mesta vzrušené emócie. Mnohí stotožnili československé divadlo s novým, pre nich nepriateľným režimom. Ako spomína J. Hrušovský, neobmedzili sa len na ignorovanie predstavení, ale strpčovali hercom všemožne život. „Nechceli im poskytnúť prístrešie. Často sa stávalo, že mnohí z nich – najmä zboristi – museli nocovať v divadelných lóžach, kde bolo aké-také teplo. Populárny člen opery Vlk na protest proti nevľúdnosti Prešporákov vari celý týždeň nocoval na jednom z vysokých jaseňov v petržalskom sade, kde si zriadil akési hniezdo“ (J. Hrušovský).

V roku 1920 vzniklo Družstvo Slovenského národného divadla. Dokumenty i osobné spomienky ukazujú, že „napriek zmene názvu naďalej ‚vévodila‘ česká opera a česká činohra“ (J. Poničan). Získavala postupne aj širší priestor na úkor maďarskej a nemeckej sezóny; obe skutočnosti ilustruje úryvok z rozhodnutia Mestskej rady (26. V. 1920): *„Mestská rada z toho oznamu berie na známosť, že sa na pojednávaní divadelní riaditelia dohodli v tom, že začiatok obdobia 1920/1921 je 1-ho júla 1920 ďalej, že každé jednotlivé obdobie trvá bez pretrhnutia 4 mesiace, teda 1. sa začne 1-ho júla 1920 a trvá do konca mesiaca októbra; 2-hé obdobie sa počne 1-ho novembra a trvá do konca februára 1921 a tretie obdobie sa počne 1-ho marca 1921 a trvá do konca mesiaca júna 1921. Na vedomie berie ďalej mestská rada, že na základe tohoto dohodnutia začne prvé obdobie Edmund Faragó so svojou maďarskou spoločnosťou, toho nasleduje ‚Slovenské národné divadelné družstvo‘ s československou spoločnosťou a zakončí dr. Rudolf Beer s nemeckou spoločnosťou“* (L. Lajcha). Rovnováha medzi tromi divadelnými spoločnosťami však mala krátku životnosť: „Avšak už v tejto prvej sezóne ukázala na prakticky neudržiteľnosť tohoto rozdelenia, preto na popud verejnosti predĺžená bola slovenská sezóna na 6 mesiacov, v roku 1921/22 na osem mesiacov a od roku 1924/25 úmerne s postupujúcim rastom československého živlu na 10 mesiacov, pri čom o zbytok sezóny s prirátaním pondelkov (a z počiatku aj utorkov) delili sa súbory nemecké a maďarské, ktorýžto stav s nepatrnými odchýlkami trvá dosiaľ“ (t. j. do roku 1934) (B. Kolousek).

Určitý dešpekt maďarských a nemeckých Prešporákov k slovenskému obyvateľstvu v poprevratovom období signalizujú spomienky J. Poničana: „Prešporskí Nemci nás ‚prišelcov‘ museli vziať na vedomie, veď sme im platili za víno. A Maďari nás nevzali na vedomie, hoci aj sami boli iba privandrovalci, aj keď s pečaťou bývalého ‚vládneho národa‘. A tak Nemci ako aj Maďari – ak nás už museli trpieť – nás veru prehliadali a nadväzovali styky skôr s ‚Čechoslovákmi‘, vlastne ‚Čechmi‘, u ktorých cítili väčšiu moc… A ako bolo medzi robotníctvom? Podobne ako medzi buržoáziou a buržoáznou inteligenciou. Početnú, ale aj politickú a kultúrnu prevahu mali maďarskí a nemeckí robotníci. Ja ako slovenský básnik som vo FRTJ musel proletárskej mládeži hovoriť po nemecky, po maďarsky, po slovensky. Robotnícky spevokol bol nemecký, spieval však dobre aj po maďarsky a pomaly sa chytal českých revolučných a slovenských ľudových piesní.“

Podobný vývoj môžeme pozorovať aj vo futbalovom živote. 1. apríla 1919 založili v kaviarni Panonia nový oddiel – I. Československý športový klub (I. ČSŠK) (Š. Mašlonka – J. Kšiňan). Prvé zápasy hrali predovšetkým s miestnymi rivalmi, ktorých bolo skutočne dostatok. Vzájomné súboje nemeckých, maďarských, slovenských, ale aj židovských oddielov sa zachovali v spomienkach pamätníkov dodnes.

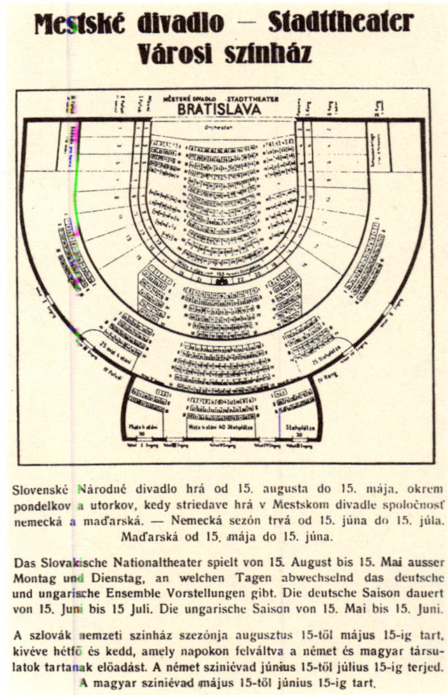

Divadelná sezóna 1929

Theatersaison 1929

Hurbanovo námestie (1934)

Hurbanplatz (1934)

Prestížny charakter mali nielen boje slovensko-maďarské (už od roku 1920 dochádzalo každoročne k prestížnym zápasom „medzi najúhlavnejšími rivalmi, ČSSF a MLSz, ktoré vždy vzrušia verejnosť" (Š. Mašlonka – J. Kšiňan), ale aj „derby" nemeckých „štricákov" z Tereziánskeho mesta proti židovskému klubu Makkabea. Svojou tvrdosťou a surovosťou akoby už boli predzvesťou budúcnosti (Ľ. Zeljenka).

I. ČSŠK (neskôr len ŠK) bol dlho jediným slovenským klubom a nemal na ružiach ustlané. Už v októbri 1919 vznikol „Szlovenskói Labdarúgók Szővetsége" (Slovenský futbalový zväz), premenovaný neskôr na Magyar Labdarúgás Szővetsége. Združoval 86 maďarských klubov na Slovensku, medzi nimi aj 16 bratislavských.

I. ČSŠK často víťazil, ale priazeň obecenstva si získaval len pomaly. Rozšírené bolo napr. povzbudzovanie „Tempo Ligeti, Bratislava vyletí". Nie náhodou si povzdychol Slovenský denník, že „naši ľudia nemajú dosť pochopenia pre náš klub, lebo jeho zápasy málo navštevujú, zato ich vždy vidieť na zápasoch maďarských a nemeckých klubov" (Š. Mašlonka – J. Kšiňan). Situácia sa radikálne zmenila v polovici tridsiatych rokov. Vtedy ŠK ako prvé mužstvo z územia Slovenska postúpilo do celoštátnej ligy. Celá Bratislava bez rozdielu národnosti sa vznášala nadšením. V kaviarňach sa hral šláger M. Dalloša s textom J. Dušana, ktorého prvé slová znejú štadiónmi dodnes:

Tempo, Bratislava, do toho!
Tempo, do toho!
Volá z tisíc hrdiel v nedeľu
mocný hlas fanúškov, do toho!
Tempo, do toho!
Pričom jedenásť mladistvých,
zdatných junákov
za modrý bratislavský prápor
slávny vedie boj, ahoj!

Popularitu si získalo aj tango J. Modranského „Oj, poj, Bratislaváci", ktoré „možno hrať i v rušnom tempe", a autor ho venoval „amatérskemu majstrovi ČSR 1927, 1930" (L. Grüner).

Ihrisko Makkabi v Petržalke (1926)

Der Makkabi-Spielplatz in Engerau (Petržalka) 1926

Paradoxom je, že kým predtým mohli v mužstve nastúpiť hráči ľubovoľnej národnosti, od zavedenia tzv. národnostného katastra (v roku 1928) len tí, čo prijali rovnakú národnosť ako klub, za ktorý hrali. Zmena bola síce možná, ale veľmi zložitá (Š. Mašlonka – J. Kšiňan).

Na futbalových ihriskách došlo postupne k zmiereniu, pred divadelnými kulisami však národnostné konflikty neustali. Vyhrocovali sa spory slovensko-české. Riaditeľ Drašar sa musel na zasadnutí Slovenskej ligy brániť ostrým výčitkám, že uprednostňuje české divadlo: „... musím sa riadiť vôľou obecenstva, ktoré do divadla chodí. Som zaviazaný aj abonentom, z ktorých 72 percent je českých a 28 percent slovenských. Čo sa slovenščiny týče, nepokladám útoky za opodstatnené, lebo v tejto sezóne bolo dosiaľ 50 slovenských a 82 českých predstavení činoherných a do konca sezóny má sa počet predstavení oboch činohier úplne vyrovnať. Keby som mal byť úplne nestranným, musel by som pridať ešte viac českých predstavení“ (L. Lajcha).

V divadelných priestoroch si našli miesto aj vášne slovensko-maďarské. Tentoraz nie vo vedení, ale v hľadisku. V marci 1933 sa pokúsili študenti prerušiť veselohru maďarského autora Vaszaryho „Oženil som sa s anjelom“. Zosilnené policajné hliadky našli a zabavili päť smradľavých bômb, z ktorých jedna vybuchla. Ešte vážnejšie incidenty vyvolala premiéra maďarskej operety „Ples v hoteli Savoy“ (29. 4. 1933). Polícia musela zaistiť 18 osôb. Neskôr všetkých prepustila, ponechala si však „drevenú rahtačku, ktorú mal pri sebe Baluch Augustýn a touto po prerušení predstavenia pri pokladni rahtal“. Z policajného hlásenia ďalej vyplýva, že „demonštratívneho chovania sa v divadle zúčastnilo nielen mladšie, ale i skoro všetko obecenstvo staršie“ (L. Lajcha).

Tieto konflikty medzi národnosťami žijúcimi v Bratislave v mnohom kontrastujú so spomienkami pamätníkov na harmóniu, ktorá vládla v spoločenskom živote, a to v prvom rade vo viechach.

K ďalšiemu zostreniu vzťahov došlo v druhej polovici tridsiatych rokov a následky sa prejavili už aj pod viechami. Ozývali sa tu gardistické piesne, národnostné urážky (najmä na adresu českých a židovských návštevníkov), aktivizovali sa bratislavskí Nemci:

„V mestských električkách sa odrazu ozývala nemčina ako v Berlíne na Unter den Linden. Ale najviac ma prekvapilo, že aj takí ľudia, o ktorých som vedela, že sú Slováci, žiadali zrazu lístky po nemecky. A už aj medzi sebou sa začali rozprávať len touto rečou. Nemčina sa veselo rozliehala po celej Bratislave. Predtým som ozaj nevedela, že je

Premeny vinohradníckeho domu (Obchodná ulica) 1989

Veränderungen des Winzerhauses (Schöndorferstraße – Obchodná ulica) 1989

tu toľko Nemcov. Rozprávali sa náročky hlasno, a keď sa stretli, z celej sily kričali ,heilhitler'. Moje známe – o ktorých som si myslela, že sú Slovenky – robili sa, že ma nevidia. Začali sa obliekať do dirndlov a muži ukazovali svetu chlpaté stehná spod krátkych kožených nohavíc.

Predavači v obchodoch boli väčšinou potomci starých ,prešpuráckych' rodín. Ale teraz sa odrazu začali k nám správať arogantne. Nad obchodmi sa objavili tabule slovenské a nemecké a boli aj také, kde sa majiteľ uspokojil len s nemeckým označením" (Z. Zguriška).

Uvedený stav sa podstatne zmenil po roku 1945. Mesto museli opustiť Nemci (medzi nimi väčšina vinohradníkov), odišli aj mnohí Maďari. Nevrátila sa podstatná časť židovských obyvateľov, ale ani mnohí Česi, ktorí odišli po rozdelení republiky. Mesto dostalo celkom inú národnostnú tvár, pretože väčšina novoprisťahovalcov sa hlásila k slovenskej národnosti. V roku 1986 malo mesto približne 420 000 obyvateľov, z toho viac ako 90 % sa hlásilo k slovenskej národnosti. Maďarské a nemecké etnikum predstavuje spolu okolo 4 % obyvateľov, roztrúsených v rôznych častiach mesta.

Napriek spomínaným zmenám sa však pôvodný internacionálny charakter mesta celkom nestratil. Prispievajú k tomu pravidelné kontakty s maďarskou a rakúskou kultúrou, ale aj to, že „bratislavskí slovenskí domorodci sú predovšetkým Bratislavčania a tí, čo domorodili niekde inde, rýchle sa bratislavizujú" (A. Matuška). Dochádza však k jeho pomalému, no sústavnému oslabovaniu: „S tými národnosťami to bolo vtedy zložité. Mohol mať slovenské alebo slovanské meno a byť napríklad Maďar či Nemec. Alebo bolo aj tak, že v jednej rodine boli aj tri národnosti. Napríklad, že muž bol Maďar, matka bola Nemka a do rodiny sa priženil Slovák alebo Slovenka. Tak to bolo napríklad s mojou sesternicou. A to aj v štatistikách sa národnosti neoddeľovali tak prísne ako dnes. To sa skôr zisťovala materinská reč. To bolo kritérium. A ono to napokon nebolo dôležité. Nemec, Maďar, Slovák, každý bol predovšetkým Prešporákom. To len dnes je každý Záhorák, východniar či bohviečo, len Bratislavčanom nechce byť nikto. Akoby sa za to hanbili" (Aladár Balogh).

A práve o tom chce hovoriť naša kniha. O meste, ktoré si zaslúži, aby naň jeho obyvatelia mysleli s hrdosťou.

2

O RODINE A BÝVANÍ

Od konca 19. storočia do súčasnosti Bratislava sústavne rástla a rozširovala sa. Pribúdali obyvatelia, budovali sa nové domy, menil sa vzhľad ulíc aj charakter celých štvrtí.

Intenzita premien bola taká veľká, že vari každá generácia Bratislavčanov uchováva v spomienkach svoju vlastnú, od ostatných vekových skupín odlišnú podobu mesta. S novostavbami totiž vznikali a zanikali lešenia, utvárali sa alebo mizli voľné plochy, vhodné na všemožné detské hry. Menili sa obchody, pohostinské zariadenia, športoviská. Preto tá, pre každého „jedine pravá" Bratislava sa často odlišovala od obrazu, čo ostal v pamäti starších alebo tých, ktorí prišli na svet neskôr.

Veď nie je príliš vzdialená doba, keď dnešná Medická záhrada slúžila ako vidiecke sídlo rodiny Esterházyovcov. Nachádzala sa ďaleko od nepríjemného mestského ruchu... Ľ. Zeljenka spomína na nepohodlné, no nevyhnutné pešie túry, ktoré čakali v období okolo prvej svetovej vojny športuchtivých obyvateľov. Električky končili na Krížnej ulici, ihriská boli až na Kuchajde. A ešte J. Rybák, spomínajúc na dvadsiate roky, píše, že len neskôr „sa pozdĺž Vajnorskej a Trnavskej cesty začali stavať veľké obytné domy. Čoskoro zakryli rozhľad po tej širokánskej pláni. Už nebolo vidieť komíny Dynamitky, ani Danubiusku na druhej strane".

Kaviareň Štefánia, postavená v roku 1897, sa nachádzala v blízkosti vinohradov. Hoci zástavba Palisád sa začala v polovici deväťdesiatych rokov, väčšina domov vznikala až v prvom desaťročí nášho storočia (A. Szőnyi). Keď v roku 1903 prenajal K. Hackenberger putiku, ktorú neskôr premenil na slávnu kaviareň, mnohí známi sa čudovali, do čoho vkladá svoje peniaze a dobré meno. Ako spomína jeho vnuk, „Palisády a dnešná Štefánikova ulica, to bolo celé mimo mesta. To bola periféria" (Béla Hackenberger).

Podľa L. Luknára v roku 1930 určovali hranice mesta „zhruba rafinéria nafty Apollo, Mestský bitúnok, továreň Danubius, Pracháreň, Delostrelecké kasárne (za Marschnerovou, teraz Kutuzovovou ulicou), Šancová ulica, Hlavná stanica, Jaskový rad, Kalvária, Horský park a na druhej strane mesta Petržalka".

Mesto sa rozširovalo postupne na všetky strany. Najmä v medzivojnových rokoch sa časť prisťahovalcov (predovšetkým zo sociálne slabších vrstiev) usídľovala v predmestských obciach. Odrazilo sa to na vzraste počtu obyvateľov Petržalky či Prievozu a v menšej miere aj Rače, Podunajských Biskupíc, Vajnor, Dúbravky. Porovnanie výsledkov sčítaní ľudu z roku 1921 a 1930 dokazuje, že Petržalčanov pribudlo viac než trojnásobne (zo 4282 na 14 196 obyvateľov). V Prievoze rovnako za 9 rokov vzrástol počet obyvateľov z 1524 na 4468 (P. Gajdoš).

Najvýraznejší prírastok obyvateľstva a s tým spojený rozmach výstavby sa spája s desaťročiami po druhej svetovej vojne. Zástavba prebiehala rôznymi smermi, menila mestské centrum i dosiaľ menej obývané oblasti. Od polovice päťdesiatych rokov prevažuje panelová sídlisková výstavba, ktorá sa vari najintenzívnejšie prejavuje smerom na Karlovu Ves a najmä na pravom brehu Dunaja.

Petržalka, dlho samostatná obec s vlastnými dejinami, sa postupne mení na 150 000-ové „mesto v meste". Stáva sa predmetom názorových sporov medzi kompetentnými aj nekompetentnými: ide o veľkorysé riešenie bytového problému, alebo o obrovskú nocľaháreň? Predstavuje bratislavskú pýchu, či betónovú džungľu, skrývajúcu „biologickú časovanú bombu"?

O čistotu sa starali polievacie kone (1927)

Pferdesprengwagen (1927)

Zmenila sa aj Karlova Ves. Ešte po druhej svetovej vojne bola známa najmä ako výletné miesto. Preslávili ju hostince (U Báňa, Zlatá fantázia), kam podnikala bohéma romantické výlety na fiakroch a prežívala tu zlaté časy svojho rozkvetu. Dnes je obec organickou súčasťou Bratislavy... Pritom cesta k miestam, kde teraz dominuje vysoká administratívna budova (hoci starší sa lepšie orientujú pomocou podstatne nižšieho hostinca Riviéra), patrila ešte v šesťdesiatych rokoch k nezabudnuteľným detským dobrodružstvám. Ísť na Riviéru sa pre dnešných štyridsiatnikov rovnalo takmer ceste na kraj sveta (Peter Daniel)...

Zmenilo sa aj centrum: požiarmi, druhou svetovou vojnou, asanáciami, novou výstavbou. Mnoho domov, ulíc zničil veľký požiar Židovne v roku 1913. Radikálny chirurgický rez znamenali veľké asanačné akcie v priestore Židovne, Rybného námestia, Podhradia (Š. Žáry). E. Bohúň, milovník a znalec mesta, vyjadril pocity mnohých, keď pri tejto príležitosti povzdychol: „Vždy mi je smutno, keď vidím búrať starý dom. Ako by odchádzal niekdajší dobrý známy, ktorý sa už nikdy viac nevráti. Celé hodiny by som vedel pozorovať, ako robotníci zatínajú čakany do hrubizných múrov, ktoré sa rúcajú v prachových oblakoch ako mŕtvoly. Pred zvedavými zrakmi odkrývajú sa útroby domu, vidíme izby s pestrou maľovkou, schody a kúty, ktoré boli pred vonkajším svetom stá rokov ukryté a teraz tu stoja ani obnažená žena. Koľko smútku a koľko radosti, koľko nových životov a koľko smrti videli tieto steny; koľko radostných výkrikov a zúfalého plaču počuli – keby tak vedeli rozprávať."

K. Čársky vo svojich nielen chirurgických spomienkach zhodnotil premeny Bratislavy a jej obyvateľov slovami: „Dnes sa mi vidí Bratislava preplnená ľuďmi z rôznych častí našej vlasti. V pracovné dni sú jej ulice a parkoviská prepchaté osobnými autami, ktoré vo voľné soboty a nedele kdesi zmiznú. Istotne sa mnohí obyvatelia na autách

Smetiarske autá (1927)

Müllautos (1927)

odvezú na svoje víkendové chalupy alebo k rodine na vidiek. Tí, ktorí tu rodiny majú, sedia doma a chlapi často v krčmách pri kartách alebo v začadených miestnostiach počúvajú rev hracích automatov. Krásy Bratislavy a jej okolia, zdá sa, málo vychutnávame. Vzorne upravený park Janka Kráľa je veľkolepý, ale chýba tam niekdajšia Leberfingerova reštaurácia a kaviareň Au-café s rozprávkovým výhľadom na pýchu nášho mesta, na reštaurovaný hrad, ktorý bol 150 rokov ruinou. Maličký Snack bar tieto podniky nevie nahradiť. Z mosta vyčnievajúca kaviarnička Bystrica slúži príležitostným zájazdom, ale Bratislavčanov do parku nepriláka. Nakoniec to všetko pohltí výstavba autostrády a bytoviek."

Sociálne zloženie bratislavského obyvateľstva bolo veľmi rozmanité. Žili tu chudobní i bohatí, robotníci, roľníci, živnostníci, inteligencia,

Klariská ulica (1932)

Klarissergasse (Klariská ulica) 1932

buržoázia. Primerane diferencované bolo aj obytné prostredie mesta. Tvorilo ho historické a nové centrum, činžové a rodinné domy, vilové štvrte. Každé z nich obývala špecifická zložka sociálne a triedne relatívne homogénneho mestského spoločenstva. Boli tu „typické štvrte robotnícke, remeselnícke i štvrte obývané tzv. vyššou spoločnosťou, ktorú tvorila inteligencia, bývalá aristokracia a zbohatlíci" (I. Kusý). Tieto rozdiely sa prejavovali v bývaní, ale aj vo vzťahoch medzi ľuďmi. Mnoho v tomto smere napovedá spomienka Pavla Ondrčku: „V medzivojnovom období sa mládež v meste prísne delila podľa jednotlivých štvrtí, resp. domov. Je zaujímavé, že náboženské vierovyznanie ani národnostné rozdiely neovplyvnili vnútornú diferenciáciu v rámci jednotlivých domov. Kritériom bolo skôr sociálne postavenie. Deti stredných vrstiev (robotnícko-zamestnaneckých), ktoré obývali Unitas, ale aj Novú dobu a Légiodomy, stáli v ostrom protiklade s deťmi, ktoré obývali chudobné domčeky v okolí Blumentálskeho kostola, ako aj chatrče v okolí dnešného Domu odborov. Deti z týchto domov, tzv. ‚baračinári' mali rezervovaný, až nepriateľský vzťah k deťom stredných vrstiev. Prejavom boli často i bitky, a to najmä pri prechode ‚cudzím' územím."

Bývanie jednotlivých vrstiev mestského obyvateľstva sa navzájom odlišovalo. Zodpovedalo konkrétnym potrebám, dobovým požiadavkám i ekonomickým možnostiam bývajúcich. Okrem sociálneho rozvrstvenia sa prejavovali aj rozdiely v historickom reze. Iné kritériá sa stanovovali pre robotnícku kolóniu z prelomu storočia, iné pri budovaní nájomných domov v medzivojnovom období a zase iné napr. pri výstavbe súčasných panelových sídlisk. Aj z tohto dôvodu je ťažko možné opísať v tejto práci bývanie všetkých zložiek bratislavského obyvateľstva. Tým skôr, že „každá z bratislavských ulíc v centre mesta mala osobitnú vôňu podľa toho, čo pod svojimi strechami a stenami skrývala" (L. Luknár). A nielen ulice, ale aj jednotlivé domy či dokonca byty majú svoju vlastnú, špecifickú atmosféru.

„Vyššia spoločnosť" obývala v medzivojnovom období početné vily, vybudované v najatraktívnejších častiach mesta. Príkladom takéhoto bývania je „dom na slnku". Opis R. Wickleina zaradila E. Grailichová do svojej knižky o bratislavských interiéroch zo začiatku 30-tych rokov: „Predizba má široké steny, pri ktorých stoja staré veľké skrine, aj vstavané. Má veľké okno, dvere s mliečnym sklom. Predizba v tomto dome nie je hluchý bezobločný priestor ako v šablónovitých bytoch minulých storočí. Pôsobí veľmi pohostinne.

Steny obývacích priestorov sú v jasných, príjemne pôsobiacich farbách. A ako krásne v tomto širokom presvetlenom priestore pôsobí každý kus: stará súprava s veľkými pohovkami, oválny stôl, vysúvací písací stôl, vysoký sekretár s vyrezávaným nadstavcom, pilierový stôl s jasnými jemnými líniami, na ktorom stoja zlaté hodiny s ovčiarkou pod skleneným zvonom, knižnice so svojím bohatým obsahom, v rohu veľká stojaca lampa. Aj vitrína s prekrásne sa lesknúcim krištáľovým sklom a starým porcelánom, ktorá stojí v jedálni, pasuje k tomu, hodí sa ale dobre aj do modernej súpravy: kredenc so sklom, veľký jedálenský stôl so stoličkami vytapacírovanými kožou, klubová súprava v rohu, ktorá vyzýva k dôverným rozhovorom. Vďaka centrálnemu kúreniu sú pece zbytočné a všade sa rozširuje rovnomerne príjemné teplo."

Inzerát z roku 1897 ponúkal záujemcom letné byty vo vile na Hlbokej ceste „päť minút pred mýtom v horách, s najkrajším výhľadom

Židovská ulica
po požiari r. 1913

Judengasse
(Židovská ulica)
nach dem Brand von 1913

na mesto a Dunaj". Dom mal na prvom poschodí 3 izby, balkón, veľkú terasu a kuchyňu. Zvýšené prízemie ponúkalo ešte viac: štyri izby, predsieň, kuchyňu, balkón, terasu, pivnicu, veľkú záhradu, dobrú studňu, kolkáreň.

Komfortné činžové byty mali vtedy napr. obytné domy na Rajskej, Dunajskej, Obchodnej, Kollárovom námestí, ulici Fraňa Kráľa – posledné nadväzovali na zástavbu Palisád, Štefánikovej ulice a priľahlých ulíc. Tieto domy zodpovedali všetkým nárokom svojej doby: veľké, svetlé izby, úplné sociálne zariadenie, dostatok priestorov pre súkromný a spoločenský život. Práve v nich často bývali rodiny, ktoré organizovali rôzne spoločenské a umelecké podujatia. K štandardnému vybaveniu takýchto domov patrilo aj služobníctvo. Domáce služobníctvo zohrávalo v bratislavskom prostredí dôležitú úlohu. Patrili sem osoby poverené správou, upratovaním a strážením domu. Príznačný bol fakt, že bývali v rodine zamestnávateľa, čo vytváralo vzťah vzájomnej závislosti: na jednej strane viac osobnej, na druhej zas ekonomickej (M. Paríková).

Obytný dom na Klemensovej ulici (1989)

Wohnhaus in der Kempelengasse (Klemensova ulica) 1989

V mnohých bytoch existovali „slúžkovské izby", obyčajne oddelené malé komôrky, do ktorých sa vchádzalo z kuchyne. Mestské služobníctvo tvorili prevažne ženy. Podľa sčítania ľudu z roku 1921 bolo z 3766 osôb 98,7 % žien, v roku 1930 zo 6617 dokonca 99,6 %.

Bývanie v domácnosti zamestnávateľa ich podľa štatistických prameňov zaraďuje medzi osoby bez vlastného zdroja príjmov, „závislé na zárobkových zdrojoch hlavy rodiny". Závislosť však bola neraz vzájomná: „Hej, boli domy alebo domácnosti, kde si za každých okolností držali slúžku ako lesk k biede. Tá potom zavše hladúvala ‚s pánmi'. Každá hneď neušla, musela byť ‚v mieste'. Čo by povedali doma: rodičia, okolie. Vernosť mala aj takúto podobu" (Š. Gráf). Táto závislosť sa zvyšovala v dobách krízy, keď v mnohých úradníckych rodinách „prepúšťali slúžky rovnako ako predtým ich pánov. Ďalší sa radšej uskromnili už preventívne" (Ľ. Zeljenka).

Do domáceho služobníctva patril aj domovník. Stal sa neodmysliteľnou súčasťou mestského folklóru. Každý lepší dom mal svojho strážcu poriadku, čistoty, pokoja a disciplíny. Zakročovali proti hlučným hrám detí, tvrdo vyžadovali svoj „groš" za vpustenie oneskoreného podnájomníka, opravili, čo bolo treba, vedeli o každom obyvateľovi: „Ak som prišiel v dobrej nálade, tak som domovníkovi všuchol navyše aj ‚mlčanlivé', nejaký peniaz, inak by celý dom na druhý deň vedel, že som mal včera špicu" (Vladimír Lichner). Na domovníkov sa spomína v dobrom aj zlom, bez nich by však obraz Bratislavy nemohol byť úplný.

Vysokú úroveň malo aj bývanie v mnohých starších domoch. Jeden z nich bol zariadený starým rodinným nábytkom, „ktorý sa dedil z predkov na potomkov. V interiéri bytu sa nachádza veľký ozdobný sekretár so zaoblenými rohmi, ďalej knižnica s nástavcom, stôl, posteľ s napínacím rámom. Ďalej sa spomína veľká tmavá skriňa na odev, široká ‚sofa' obložená mäkkými zdobenými poduškami, ťažká operadlová stolička v rohu izby a na stenách cenné obrazy. Teplo vydáva veľká pec z neomietnutých tehál" (E. Grailich).

Blahobyt majiteľov sa odráža aj v opise A. Ledovszkého: ...chodba s bielo lakovaným (natretým) nábytkom, biele krídlové dvere. Nimi sa vchádza do predsiene, ďalej do predizby, do salónu, do jedálne a do ďalších priestorov bytu. V salóne sú na stenách obrazy domácich i zahraničných umelcov a sekretár zo 17. storočia. Jedálenský nábytok je tmavý, masívny. V spálni je „široká, dvojdielna posteľ, trojdielny šatník a skriňa zdobená maľovanými medailónkami... Kvalitná je aj kúpeľňa a dievčenská izba zariadená bielym lakovaným nábytkom“ (E. Grailich). Aj patricijský dom zodpovedal nárokom svojich obyvateľov. Na príklade Slubekovho domu vidieť, že „vkus sa manifestoval pohodlnosťou a blahobytom starousadlého patricijského stavu. Tieto atribúty sa manifestovali aj v jedálni, i v obytnej izbe, v salóne, spálni, ale aj v ďalších vedľajších priestoroch patriacich k bytu“ (E. Grailich).

Svojím zariadením vynikali aj obydlia novozbohatlíkov. J. Bodenek opisuje vilu poslanca Lukovca slovami: „Tak veľkopansky zariadenú izbu som ešte nevidel. Vykladaný nábytok, pokrovce ako podhlavnice, v skriniach za sklom zlato a striebro, po stenách originály našich i cudzích maliarov.“ Dobrý vkus sa odrážal aj v bývaní viacerých slovenských umelcov. Byt a ateliér E. Fridrikovej-Šimerovej zaujal Š. Bednára: „Pozvala ma do svojho ateliéru, bolo to také bratislavské čudo: na streche vtedajšieho najmodernejšieho bratislavského architektonického areálu, v rohovom trakte Aviónu si Ester vlastným nákladom pristavila ateliér... Bolo to romantické, mať takú klietku na streche, ale... Nedalo sa tam pripojiť teplovodné vedenie a neboli vtedy rôzne plynové propanbutánové a iné ohrievače a tak nás chlad čoskoro vyhnal. Na náprotivnej strane Aviónu manželia Šimerovci bývali. Na prvom poschodí ma pani Ester uviedla do apartmánu, neveľkého čo do počtu izieb, ale zariadeného s osobitným vkusom. Vysvitlo, že Ester sama navrhovala celé interiérové zariadenie, nábytok i ostatné obývacie zariadenie. Všetko sama rozkreslila a v dohovore s remeselníkmi dotvárala na želanú podobu.“

Sťažovať si nemohol ani známy maliar a spisovateľ J. Alexy: „Roku 1926 Obchodná komora v Bratislave vystavala obytný dom na Holubyho ulici a tu zásluhou môjho krajana, inžiniera Janka Lesku, architekt Milan Harminc postavil mi ateliér spojený s bytom. Dal som si hneď vyhotoviť slovenský nábytok u stolára Kresáka v Mikuláši. Tento nábytok bol z javora a ozdobovali ho maľované ornamenty. V Stupave sa v tie časy začínala rozvíjať rázovitá tvorba ľudového keramikára Ferdiša Kostku. Doniesol som si od neho na potešenie niekoľko džbánov a tanierov. V takto zariadenom byte sa už dalo reprezentovať.“

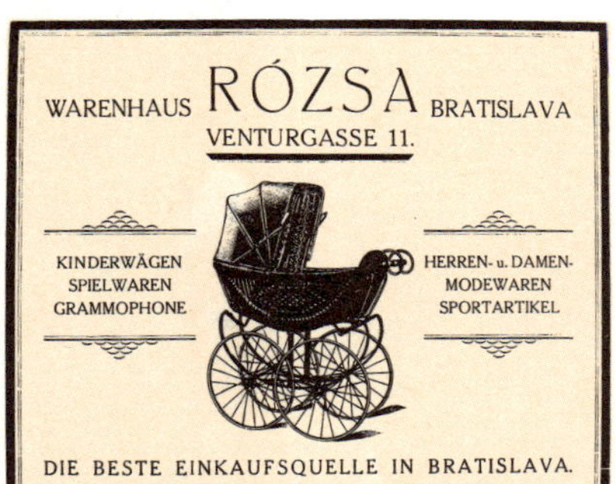

Nie každý umelec mal takéto šťastie. Ľ. Fullu čakali v novom ateliéri na Trnavskej ceste iné problémy: „okrem maliarskeho stojana nemal som nič, čím by som si bol mohol prázdny priestor pretvoriť na prijateľné obydlie.“ A ďalej pokračuje vo svojom líčení: „... o kompletnom zariadení bytu novým nábytkom nemohlo byť ani reči, lebo tých pár stovák, čo som dostal za obraz, nestačilo ani na kuchynskú skriňu... Z poslednej výplaty gymnaziálneho profesora zadovážil som si o pár dní gauč obtiahnutý len konopným plátnom. Spodný poťah kryl struny, gurtne a morskú trávu. Kúpil som si najlacnejší, veď vrchný poťah by sa u mňa aj tak neuplatnil, keď na gauči budú rozložené periny.“ Postupne pribudla aj skriňa na šaty, lavór ku kuchynskej výlevke a „stará stolička od frátra františkána“. Ani záverečná rekapitulácia však nevyvolávala dojem úplne či dokonca luxusne zariadeného obydlia: „Mal som gauč, bielu skriňu z mäkkého dreva, stoličku a lavór, no a maliarsky stojan.“ K tomu sa pridal lacný stôl a dve na úver kúpené hoblované dosky, z ktorých plánoval vyrobiť knižnicu. Nezhotovil – namiesto toho prijal M. Galandu ako spolunocľažníka...

Určitý blahobyt sa prejavil v bývaní stredných a nižších meštianskych vrstiev. V roku 1897 sa inzeroval predaj „neobyčajne pekného a solídneho nábytku pre zmenu pobytu“: diván, dva veľké a štyri malé fotely, niekoľko šifonierov, dve veľké zrkadlá v zlatom ráme, niekoľko olejomalieb, šijací stroj Singer, príborník, stoly a lampy...

Rozšírenou formou bývania mestského obyvateľstva boli pavlačové domy. Stretávame sa s nimi v rôznych častiach Bratislavy. Mnohí sa nazdávajú, že táto forma je charakteristická pre robotnícke vrstvy. Pavlačové domy však obývali aj mnohé meštianske a živnostnícke rodiny. Rozdiely sa prejavovali predovšetkým vo veľkosti a vnútornej vybavenosti bytov. V týchto domoch sa vyvinuli zaujímavé prejavy spoločenského života. „Vstup do jednotlivých bytov bol len cez spoločné balkóny, na ktorých sa odohrával susedský spoločenský život. Medziposchodia boli vybavené práčovňami a sušiarňami“ (Pavol Ondrčka). Najmä ženy, ktoré nechodili do zamestnania, sa pravidelne stretávali na prechodných pavlačiach – pri domácich prácach, náhodou alebo len tak na kus reči... Tu sa riešili problémy, oznamovali novoty, vznikali „pavlačové spory“. Často kvôli maličkostiam, ako bolo porušenie „regule domového poriadku, podľa ktorého na balkónoch sa vešanie prádla nepovoľovalo“ (Pavol Ondrčka). Kontakty a konflikty, ženské klebety a detské hry, prášenie kobercov a kuchynské vône, vzájomná výpomoc či nenávisť na život a na smrť – to všetko boli čiastočky, ktoré vytvárali nenapodobiteľnú atmosféru tejto špecificky mestskej formy bývania.

Pohľad na Židovskú ulicu v tridsiatych rokoch

Blick auf die Judengasse (Židovská ulica) in den 30er Jahren

K charakteristickým bratislavským sídelným formám patrili domy vinohradníkov. Od veľkej pivnice cez obývacie priestory až po podstrešie boli prispôsobené svojej hlavnej úlohe: uchovávať a strážiť víno. Mali prejazdné dvory, ktoré dovoľovali naloženým vozom prísť až k oknám pivnice a vyjsť bez otočenia druhou bránou (F. Kalesný).

V čase, keď bola vyvesená viecha, „všetky miestnosti až na jednu izbu, kde sa utiahla celá rodina, slúžili hosťom“ (L. Dohnány). Aj preto napriek množstvu „očitých svedkov“ chýbajú ucelenejšie opisy interiérov. Výnimkou bol M. Dax, ktorý v knihe o bratislavských interiéroch opisuje zariadenie vinohradníckeho domu na Dunajskej ulici: „Lavice, stoly a stoličky sú pri bočných stenách. Vstavaná skriňa slúži na uskladnenie pohárov. Veľká prechodná miestnosť s tromi oknami slúži ako zvláštna izba. Druhé dvere sa otvárajú do kuchyne, na ktorej v súčasnosti možno spoznať v zamurovanej klenbe otvorené ohnisko. Obývačka je priestranná. Manželské postele stoja podľa bývalých mravov, nohami proti sebe. Pekne zdobená stolička s operadlami na ruky potiahnutá čiernou kožou, čierna kožená pohovka a kožou vyčalúnené stoličky svedčia o odchádzajúcej epoche, rovnako ako komody a zlatom zarámované zrkadlá. Vo vitríne sa nachádzajú staré hodiny. Obrázky na stenách (väčšinou drevorezby) z väčšej časti znázorňujú biblické motívy. Je to dôkaz, že tu žili evanjelici.“ Spodný (prízemný) trakt pravého vinohradníckeho domu je obývaný len vlastníkom domu a jeho rodinou. Nájomníci bývali alebo v zadnom trakte, alebo v určitých prípadoch vo vyšších poschodiach (E. Grailich).

Rovnako účelový charakter malo aj bývanie remeselníkov a malých obchodníkov. Pohodlie rodiny ustupovalo záujmom živnosti. Preto sa s obľubou spájalo miesto bývania a miesto práce. Dielňa, obchod, ale aj lekáreň, advokátska kancelária či lekárska ordinácia boli priamo v dome. Obvykle na prízemí, kým obytná časť bola na poschodí. Ak nastal z nejakej príčiny konflikt medzi záujmami rodinného bývania a požiadavkami živnosti, výsledok bol jednoznačný. Profesia mala prednosť; opačné riešenie neprinášalo obyčajne dobrý koniec: „Narodila som sa v Bratislave v roku 1914 na Uhorskej ulici, kde prevzal Pulmanovu pekáreň s dvoma pecami môj otec ako pekársky majster. Mal t. č. 21 zamestnancov a vlastnil aj dva obchody, pekársky a cukrársky. Na prízemí bol obchod a výrobne vo dvore. Byt bol na poschodí. Odtiaľ sme sa presťahovali na Dunajskú ulicu. Aj tu sme mali pekárstvo, ale už v zmenšenom stave. Odtiaľ sme sa veľmi nešikovne pre vylepšenie bytu presťahovali na roh Mýtnej a Povrazníckej ulice, kde sme mali síce prepychový šesťizbový byt i personál, ale žiaden obchod" (Gizela Poláčková).

Iné podmienky bývania mali bratislavskí robotníci. Žili predovšetkým v kolóniách, ktoré budovali pre svojich zamestnancov viaceré bratislavské závody. Zo známejších možno spomenúť napr. Dynamitku (postavená v roku 1873), Stollwerck (1896), Kühmayerovu továreň na výrobu vianočných ozdôb a vojenských výzdob (1868), Patrónku (1870), Kablovku (1894), Apollo (1895), Cvernovku (1901) či Danubiusku (1907).

Bývanie chudoby (Vysoká ulica) 1923

Das Heim einer armen Familie in der Hochstraße (Vysoká ulica) 1923

Z robotníckych obydlí patrí k najzaujímavejším stará kolónia Dynamitky. Vznikala postupne od osemdesiatych rokov 19. storočia v okolí dnešnej Dimitrovovej ulice. K bytom (jednoizbovým s kuchyňou) pribudli na prelome storočia škola a konzum, neskôr aj kasíno. V ňom sa hrali divadelné predstavenia a organizovali rôzne kultúrne podujatia.

Neďalekú kolóniu Stollwercku vyprojektoval A. Feigler. Išlo o pavlačový dom, kde vždy dva jednoizbové byty mali spoločnú predsieň a WC.

Známu Klingerovu kolóniu postavili na prelome storočia za Gumonkou. Signalizovala už diferenciáciu medzi rôznymi skupinami robotníkov. Nachádzali sa v nej dvojizbové byty pre majstrov a jednoizbové pre ostatných zamestnancov. Zaujímavo boli riešené sociálne zariadenia. Byty mali predsieň, kuchyňu a záchod, chýbali však kúpelne, hoci nie celkom. V neďalekom závodnom klube boli popri spoločenských priestoroch umiestnené na prízemí vane a sprchy, ktoré mohli záujemcovia za mierny poplatok použiť.

Základnými požiadavkami pre robotnícke bývanie na prelome storočia bolo, aby išlo o byty malé, lacné a úsporné. Týmto kritériám zodpovedala aj Hubertova kolónia (na jej mieste dnes stojí autobusová stanica na Nivách), osídlená železničiarmi a zamestnancami rovnomennej stavebnej firmy. Priamo z dvora (na poschodí z pavlače) sa vstupovalo do malého priestoru s dôležitými funkciami: slúžil ako predsieň a vďaka sporáku aj ako kuchyňa. Spoločný záchod využívali vždy štyri rodiny.

Továrenské kolónie nestačili vyriešiť bytovú situáciu bratislavského robotníctva, lebo prílev novoprisťahovalcov bol silný. Preto sa do výstavby zapojili aj orgány mesta a mecenáši. Mesto vybudovalo napr. v roku 1902 kolóniu v priestore dnešnej Karpatskej, Malinovského, Palárikovej a Jelenej ulice. Po veľkých sporoch o konečnej podobe a finančných otázkach bolo v priebehu roka postavených podľa projektu staviteľa Szántoa 10 dvojposchodových budov. Byty boli jedno- alebo dvojizbové, mali spoločné WC pre dve rodiny a žiadnu kúpeľňu. Napriek týmto podmienkam prejavovali o ne záujem nielen robotníci, ale aj mestskí zamestnanci.

Jednu z najznámejších kolónií dal pozdĺž Šancovej (Malinovského) ulice vybudovať mecenáš a filantrop J. Schulpe. V spomienkach tých, čo ho poznali, sa zachoval ako „veľký fešák, elegantný, vždy upravený človek dobrých spôsobov“ (Mária Rebrová). Okrem bytov do kolónie patrila aj budova knižnice. A. Plávka, ktorý ako dlhoročný pracovník YMCY sa denne pohyboval v týchto končinách, sa o nej vyjadril takto: „tzv. Schulpeho kolónia, povestných 10 domov, všetko obydlia chudoby, prešporského proletariátu, zväčša nemeckej a maďarskej národnosti“. A pochvaly sa nedočkala ani Šancová ulica, „tá špinavá ospalá ulica s núdzovými barakmi a prízemnými chajdami, s kopcami prachu a svinstva, ktoré hnal vietor k Blumentálskemu cintorínu a k Dobytčiemu trhovisku“ (J. Rybák).

Začiatkom 20. storočia vznikli dva pavlačové domy na dnešnej Mestskej ulici. Údajne ich za prostriedky amerických Slovákov postavilo mesto. O sociálnych pomeroch obyvateľov svedčí spomienka Margity Jánskej, ktorá bývala v jednom z týchto domov. V kuchyni bola zabudovaná výlevka, stavaný sporák-piecka, dvojdielny kredenc, stôl a „slamené kreslo, na ktorom sedávala mama, lebo ju boleli nohy, mala reumu“. Z kuchyne sa vchádzalo do izby, v ktorej bola pri dverách skriňa, vedľa manželské postele, kde spávalo šesť osôb, ďalej bola skriňa, pod oknom kanapa, vedľa šuplatová kasňa a v rohu pri dverách ďalšia posteľ. Budovali sa objekty na Vajnorskej a Račianskej ulici. Nie všetci záujemcovia sa dostali do týchto novostavieb. Mnohí sa museli uspokojiť so staršími objektmi prerobenými na byty. Príkladom sú pôvodné kasárne na rohu Radlinského a Vazovovej ulice. Skladali sa z izby a kuchyne, do ktorej sa vstupovalo priamo z dvora či pavlače. Nemali kúpeľňu a záchod bol spoločný pre viac rodín.

Pretože kúpelne chýbali v nejednom byte, rodiny často využívali verejné kúpele, ktoré mali v Bratislave dlhoročné tradície. Prvý raz sa spomínajú už v roku 1309. V roku 1895 vybudovali dodnes existujúci vodoliečebný a kúpeľný ústav Grössling, ktorý získal veľkú popularitu. V dvadsiatych rokoch ho navštevovalo ročne okolo 200 000 ľudí. O niečo neskôr (1900) založili súkromný vodoliečebný ústav na Hlbokej ceste, v roku 1903 Ľudové kúpele na Obilnom trhu (Kollárovo nám.), ktoré zanikli v šesťdesiatych rokoch.

Po vzniku Československej republiky zasiahla Bratislavu nová migračná vlna, ktorá ešte viac skomplikovala podmienky bývania. Hoci v rokoch 1919–1928 sa postavilo takmer 1500 nových obytných domov s 8123 bytmi a upravovali sa ďalšie objekty, stále to nestačilo. V tomto krátkom časovom rozpätí vznikli napr. budovy na Dostojevského rade, Heydukovej, Legionárskej a Kolibe, v okolí Palisád, Vajnorskej a v ďalších častiach mesta. Boli určené predovšetkým stredným či vyšším vrstvám a projektovali ich známi bratislavskí architekti: M. M. Harminc, D. Jurkovič (tzv. Legiodomy i vily na Güntherovej, dnešnej Lermontovovej ulici), F. Weinwurm, K. Šilinger a ďalší. Do tohto obdobia patrí aj stavba obytného bloku na Grösslingovej 59 (ulica Červenej armády). Na troch poschodiach sa nachádza 40 jedno- až štvorizbových bytov s úplným sociálnym zariadením a balkónmi. Štvrté poschodie patrilo ateliérom: v roku 1923 v nich tvorili napr. Kühmayer, Pinkas, ale aj F. Motoška a G. Mallý.

Koncom dvadsiatych rokov sa začali budovať aj prvé bratislavské

Pekáreň na Krížnej ulici (1938)

Bäckerei in der Kreuzgasse (Krížna ulica) 1938

Ventúrska ulica
(1938)

Die Venturgasse
(1938)

sídliská. Týmto termínom môžeme označiť blok na Trenčianskej a Miletičovej ulici. K pôvodným ôsmim domom boli podľa projektov E. Belluša dostavané ďalšie tri. Každý z 256 bytov mal obývaciu izbu, kuchyňu, predsieň, špajzu a WC. V strede objektu je schodište, ktorým sa vchádza do spoločnej chodby (zasklené pavlače), kde bola vždy pre 4 byty jedna kúpeľňa.

Napriek viacerým nedostatkom bol o tieto byty veľký záujem. Bývali v nich prevažne rodiny zamestnancov mestských podnikov (napr. elektrární, plynární, električkovej a železničnej dopravy, policajného riaditeľstva, správy pôšt, Krajinského úradu, Zemského úradu pre vojnových poškodencov, trhoví zriadenci atď.). Podobnosť so súčasnými panelákmi nevyvoláva len počet bytov, ale predovšetkým zloženie rodín, ktoré v nich žili. Rovnako ako v dnešných sídliskách prevládala dvojgeneračná skladba obyvateľov. Dominovali mladé manželstvá s deťmi do 15 rokov, kým príslušníci strednej a najmä najstaršej vekovej skupiny boli zastúpení v podstatne menšej miere.

Najchudobnejšie vrstvy bratislavského obyvateľstva mohli o pohodlí, aké tu napriek všetkým chybám vládlo, nanajvýš snívať. Maštale na Dobytčom trhu (Trnavské mýto) prebudované v roku 1924 na barak pre chudobných mali celkom iné parametre. Ako spomína Alexander Lukáč, najbohatším z obyvateľov bol mestský zametač. Mal totiž stále miesto. Ostatní – nezamestnaní, invalidi, žobráci – mu mohli len závidieť... Byty sa skladali z malej predizby a jednej izby. Tu sa tiesnili štyri osoby (rodičia s dvoma deťmi). A aby mali na nájomné (40 korún), prijímali podnájomníka, ktorý za 15 Kč mesačne spal na diváni v izbe. V nej mali sporák, pracovný a kuchynský stôl, izbový jedálenský stôl, postele, diván a skrine (Alexander Lukáč). A v mnohých rodinách mali viac než dve deti...

Neišlo o jediné ubytovanie tohto druhu. Na bývanie slúžili aj prebudované maštale v Pálffyho kasárňach, adaptovaná sýpka na Vazovovej ulici či chudobinské kolónie v štvrtiach ako Emmyháza, Hohenay, Westend, Auliesel, Heimkultur (Zátišie), Zabos (Ovsište), Dornkappel (Trnávka) a pod. Napr. Emmyházu spomína sociálny referent Bratislavy v súvislosti s tuhou zimou v roku 1929, keď mnoho drevených búd a núdzových stavieb odrezal sneh od okolia, takže zásoby museli privážať záchrannými saňami (D. Lehotská – V. Lehotský).

Pôvodne mal byť Westend výstavnou kolóniou rodinných domčekov. Častejším javom tu však asi boli provizórne búdy mestskej chudoby. Inak by správca miestnej školy V. Schmidt v roku 1936 neuviedol: „Každá návšteva žasne, koľko detí je tuná hladných.“ Podobný stav bol aj inde: „Najväčšia kolónia chudobných rozprestiera sa na kraji Starého hája v hone Auliesel. Tam býva niekoľko sto rodín, čiastočne

Kolónia za továrňou Danubius (1931)

Häuser hinter der Danubiusfabrik im Rosental (Ružinov) 1931

v drevených búdach, čiastočne v iných primitívnych núdzových prístreškoch... Čo tu najviac chýba, je osvetlenie a telefónna stanica... Lebo následkom nedostatku týchto zariadení klesne kolónia na úroveň africkej dediny“ (D. Lehotská – V. Lehotský). Podobné opisy uvádza aj I. Marko z Dornkappelu.

Pri všetkých rozdieloch v bývaní jednotlivých vrstiev bratislavského obyvateľstva sa v priebehu 20. storočia objavuje spoločný základný znak – bytová kríza: „V meste stále pretrvával nedostatok malých a na nájom lacných bytov. V roku 1936 bolo v Bratislave 36 367 bytov, ale z toho len 3964 chránených podľa zákona na ochranu nájomníkov. V rokoch 1933–1936 stratilo ochranu 2215 bytov. Tento úbytok zákonom chránených bytov súvisel s dlhotrvajúcou nezamestnanosťou nájomníkov, ktorí neboli schopní platiť nájomné a boli súdne deložovaní“ uvádza V. Hančin. Mnohí, aby si udržali strechu nad hlavou, platili

Rodinná prechádzka (koniec tridsiatych rokov)

Familienspaziergang (Ende der 30er Jahre)

nájomné svojimi poukážkami na stravu a radšej sa zriekli jedla...

Predovšetkým po roku 1918 nachádzame v spomienkach pamätníkov množstvo informácií a kritických postrehov o bytovej kríze a jej riešeniach. Okrem budovaní rôznych provizórií k nim patrilo predovšetkým bývanie v podnájme.

J. Hrušovský spomína, že „ľudia sa rozliezali po viniciach, záhradách, parkoch, uspokojili sa s drevenými búdami, kôlňami, chatami, letnými domcami, ba i maštaľami a boli radi, že dostali aspoň to". V mnohom objasňujú situáciu pamäti J. Rybáka: „Aký nájdem podnájom, pôsobilo mi najväčšiu starosť. Už cestou som počul, že Bratislava je plná prisťahovalcov a že aby si človek našiel byt, musí mať zvláštne šťastie. ‚Budete radi', vraveli mi ľudia z vlaku, ‚keď si nájdete podnájom s piatimi alebo viac ľuďmi'." Situácia napokon nebola až tak hrozivá, ale výsledné riešenie malo ďaleko do optimálneho. V tmavej priechodnej izbe bývali síce „len" traja, ale komplikácií bolo aj tak dosť. Jeden z nich totiž J. Rybákovi sústavne vysvetľoval, „že sa musí ženiť a či by som mu neuvoľnil posteľ, kde by spal miesto mňa so svojou nevestou a neodsťahoval sa k oknu na jeho kanape, kde sa tiež nespí zle, no stačí, žiaľ, len pre jedného človeka".

Množstvo kuriózných i ponižujúcich situácií spojených s hľadaním podnájmu zachytil Ľ. Zeljenka. Spomína domácich, čo hľadia na podnájomníka ako na cudzopasníka a parazita, pretože mu museli „prenechať tú miestnosť, ktorá im doteraz poskytovala najviac pohodlia", ale približuje aj pocity a postoje nájomníkov: „V čase nezamestnanosti býval som dvakrát na izbách s viacerými ľuďmi za 40 korún týždenne. Človek privykol na zvyčajnú zmes zápachu, ktorá sa skladala z ľudského potu, cibule, cesnaku a petroleja (proti plošticiam)."

A aj po druhej svetovej vojne spisovateľ F. Kráľ na základe vlastnej trpkej skúsenosti skonštatoval, že „o byty je v meste núdza, nuž prichyľujú ma u Gregorov v pivničnej miestnosti". O súčasnom stave výrečne informujú početné inzeráty v najsledovanejších novinách (Práca, Večerník) i sťažnosti (zriedkavé, lebo aj drahý a zlý podnájom je lepší ako žiaden) na výšku nájomného i množstvo vedľajších podmienok, ktoré si majitelia bytov kladú... Spomínajúc na hľadanie podnájmu v medzivojnovom období, Ľ. Zeljenka skonštatoval, že „idyla to práve nebola, i keď pripúšťam, že v tých časoch nik nemusel inzerovať v novinách, že vlastníka bytu bude podporovať rozličnými potravinovými článkami, ako sme mohli čítať za druhej svetovej vojny a ešte dlho po nej, alebo že bude deti vyučovať matematiku, fyziku, chémiu a paromviečoešte".

Korene problému sa vysvetľovali rôzne: veľkým prisťahovalectvom, nedostatočnou výstavbou, nie vždy najvhodnejšou sociálnou politikou mesta, ale aj náročnosťou Bratislavčanov: „Bodaj by nebol nedostatok bytov. Má to 20 rokov a už sa musí ženiť! A potrebuje hneď aj dvojizbový byt! Menší mu nestačí! Za tri roky majú tri deti a už si nárokujú väčší byt! Ja keď som mal 20 rokov, bývali sme na Hlavnom námestí v malom byte siedmi. Rodičia a päť detí... Veru také to boli časy" interpretoval Martin Hric názor istého staršieho dôchodcu...

Bývanie „na priváte" sa nestalo minulosťou. Svedčí o tom list, ktorý uverejnil r. 1988 bratislavský Večerník: „Mám 44 rokov. Som robotník vo fabrike a môj mesačný čistý príjem je 1990 Kčs. Moja manželka je upratovačka a má mesačný čistý príjem 1200 Kčs. Ak to spočítate, suma je 3190 Kčs s dvoma deťmi. Nakoľko bývam v podnájme (platíme mesačne 800 Kčs za jednu izbu), šetríme si na družstevný byt"...

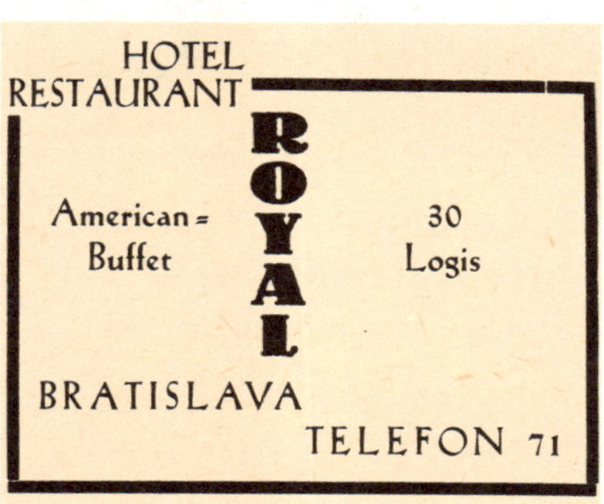

Úroveň bývania možno hodnotiť podľa rôznych kritérií. Vari najdôležitejším však je, do akej miery zodpovedá potrebám a požiadavkám rodiny, ktorá v ňom žije.

Z kusých starších prameňov sa dozvedáme, že založenie rodiny bolo v minulosti predpokladom nielen osobného šťastia bratislavských mešťanov, ale podmieňovala aj dosiahnutie či udržanie spoločenského postavenia. Ako zdôrazňuje E. Portisch, „pre všetkých obyvateľov Bratislavy sa stalo založenie rodiny takrečeno povinnosťou. Aby mohol hrať nejakú úlohu v mestskej správe, bolo manželstvo bezpodmienečnou nevyhnutnosťou. Slobodného nemohli zvoliť prísažným, rovnako ani vdovca, ktorý sa nechcel znovu oženiť“. Sobáš s primeraným partnerom bol kedysi aj predpokladom pre prijatie do cechu, tým skôr, že udržiavanie remesla patrilo k tradícii: „Takmer všetky deti priúčajú tým remeslám, ktoré sa sami vyučili a o ktorých si myslia, že postačia na život. Možno vidieť, ako si jedna rodina celé generácie udržiava jedno a to isté remeslo. Dokonca si myslia, že by poškvrnili pamiatku predkov, ak by si potomkovia vybrali dôstojnejší spôsob života“ (M. Bel).

V podmienkach kapitalistickej spoločnosti sa mnoho zmenilo. Ako teda vyzerala bratislavská rodina v 20. storočí? Štatistiky z rokov 1921 a 1930 svedčia, že v meste žilo neprimerané percento slobodných ľudí, prípadne bezdetných manželských párov. Aj po sobáši (nebol podmienkou, pretože najmä v robotníckom prostredí bolo častým javom „spolužitie na knižku“) prevažovali formy rodiny malej počtom osôb, detí aj generácií. Možno hovoriť o nepriamej úmernosti: čím viac detí, tým menej takýchto prípadov.

Prevládali rodiny, ktoré tvoril jeden manželský pár so svojimi nezosobášenými deťmi. Výsledky sčítaní ľudu z rokov 1910, 1921 a 1930 nie sú celkom jednoznačné. Napriek tomu je zrejmé, že tvorili 80–85 % bratislavských rodín. Podobný stav sa udržal až do súčasnosti. Mohlo by sa zdať, že rozšírené rodiny, v ktorých žije v spoločnej domácnosti viac manželských párov, si nemusíme všímať. Opak je pravdou. Hoci sú neraz vynútené vonkajšími okolnosťami (zdravotný stav členov rodiny, ekonomické problémy, ťažkosti so získaním bytu), nejde o okrajový jav. Zaujímavá je ďalšia skutočnosť: ak sledujeme priestorové rozšírenie, zdá sa, akoby existovala nie jedna, lež dve Bratislavy... Prvá v starších štvrtiach s väčšími bytmi, obývanými najmä starousadlíkmi, druhá – sídlisková. A to nielen v súčasnosti, ale ako vidno z osídlenia v domoch na Miletičovej a Trenčianskej, aj v prvej polovici storočia.

Dochádza k určitému paradoxu. V starších štvrtiach sú bežným zjavom rozšírené rodiny. Najmä mladí ľudia vyslovujú nespokojnosť s existujúcim stavom a zdôrazňujú ťažkosti vyplývajúce zo spolužitia generácií: „nie je dobré, keď bývajú mladí s rodičmi“; „spolužitie je provizórne riešenie, ktoré nevyhovuje ani jednej stránke – radšej žiť v podnájme alebo každý zvlášť“; „za každú cenu preč od rodičov“.

Na prvý pohľad takéto spolužitie nemá perspektívu. Kým sa však ľudia v „starej Bratislave“ trápia problémami spoločného bývania, v „novej“, sídliskovej časti, je situácia opačná. Rozšírené rodiny sú prakticky neznámym pojmom, starší obyvatelia ojedinelým zjavom. Ideálny stav? Ukazuje sa, že nie. Absencia starších ľudí sa prejavuje pri opatere a výchove detí, ale aj v širších súvislostiach spoločenského života. Chýba sociálna kontrola, stupňuje sa anonymita a možno aj v tom je živná pôda pre vzrast chuligánstva a vandalizmu mládeže...

Detský portrét z Mindszenthyho ateliéru (pred prvou svetovou vojnou)

Kinderporträt von Mindszenthy (vor dem Ersten Weltkrieg)

Hasičské depo
na Podhradskom
nábreží (1926)

Das Feuerwehrdepot
an der Zuckermandler Hauptstraße
(Podhradské nábrežie) 1926

V Bratislave (ale nielen tu) sa v poslednom čase stále častejšie objavuje nová, v minulosti neznáma forma disperznej (rozptýlenej) rodiny. Podľa E. Pfeilovej žijú síce rodiny detí a rodičov oddelene, ale napriek tomu (či vari práve preto?) v úzkom a všestrannom kontakte. Okrem vzájomných návštev sa prejavujú rôzne formy výpomoci: pri opatere a výchove detí, pri vedení domácnosti, ale aj naopak – smerom k rodičom či starým rodičom. Významnú úlohu hrá ekonomická výpomoc. Najmä v začiatkoch manželstva plynie prevažne smerom od staršej generácie k mladšej. Podľa R. Bednárika „sa pomoc rodičov rodinám svojich detí (zvlášť u inteligencie) stala v súčasnosti každodennou realitou. V takomto prípade už nejde o ,prilepšenie', ale o súčasť mechanizmu prerozdeľovania príjmov v rámci širšej rodiny. Tento mechanizmus spoločnosť už prijala a výrazne s ním ráta pri riešení životných situácií našich rodín".

Dosiaľ spomínané riešenia možno napriek rôznym komplikáciám považovať za normálne a primerané. Horšie je, keď pod tlakom rôznych okolností musia manželia bývať oddelene, každý inde. S podobnými prípadmi sa stretávame pri analýze minulosti, ale aj pri sledovaní súčasného stavu. Na ilustráciu spomenieme dva príklady. Prvý z archívnych prameňov z roku 1923, druhý uviedla tlač v roku 1977: „Od času, kdy vrátil jsem se z Ruska, nemám dosud žádného bytu. Žena s dítětem už přes celý rok obývá malou kuchyň se šesti cizími osobami, kterážto jizba je majetkem textilní továrny. Sám jsem nucen bydliti u mojí matky, odloučeně od mojí rodiny... Tak vyrůstá moje nedospělé dítě bez péče otce a ačkoli jsem bratislavským příslušníkem, nedostává se mi odnikud pomoci v té věci" (D. Lehotská–V. Lehotský). V porovnaní s týmto vyzerá nasledujúci prípad ako „selanka": „Konečne som zohnal byt a začali sme s manželkou Evou a dcérami Evou a Simonou žiť normálnym životom. Netvrdím, že manželku Evu vidím teraz veľmi často, ale keď ona bývala u svojich rodičov a ja u svojich, nemal som tú morálnu podporu ako mám teraz" (P. Kršek).

Rodina bola aj dôležitým činiteľom v spoločenskom živote jej členov. Vystupovala v kontaktoch rôzneho druhu. Vari najčastejšou formou boli a dodnes sú prejavy susedských kontaktov. Stretnutia na priedomí, chodbe či na pavlači sú príležitosťou nielen na pozdrav, ale aj na výmenu informácií o najnovších udalostiach v mieste bývania.

A neobmedzujú sa len na náhodné stretnutia. Obvyklým javom sú neformálne návštevy susedov „na skok" – v predizbe, v kuchyni a pod. Obyčajne na kus reči, občas motivované výpožičkou nejakej maličkosti, nevyhnutnej pre chod kuchyne či domácnosti.

Vyskytujú sa aj formálne návštevy: vopred ohlásené, spojené s pohostením a jeho prípravou. Niekedy vítané, inokedy nepríjemné. Neodmysliteľnou príležitosťou pre stretnutia širšieho príbuzenstva sú prejavy rodinného a výročného zvykoslovia. Narodenie, ale ešte viac svadba a predovšetkým pohreb majú charakter záväznosti: je nepísanou povinnosťou informovať a pozvať široký okruh príbuzných, priateľov, známych. A pozvaní sa musia zúčastniť, alebo riskujú vážny konflikt...

Spoločenskou udalosťou sú aj niektoré kalendárne príležitosti. Vyslovene rodinný charakter majú vianočné sviatky, zasvätené vzájomným návštevám, ktoré sú spojené s obligátnym pohostením. Pre mužskú časť rodiny bola ešte nedávno povinnosťou návšteva ženských príbuzných na Veľkú noc: s vodou alebo voňavkou, korbáčom, vinšom a posedením pri troche jedla a poháriku: „Musím ísť navštíviť obe tety. Dostanem sto korún a nejaký pohár vína. Ale keby som neprišiel, urazili by sa" (Peter Daniel). Stále väčšiu závažnosť získavajú Dušičky, spojené s návštevou cintorína a úpravou hrobov. Rodinnou udalosťou sa stávajú aj osobné príležitosti – narodeniny, meniny, oslavy rôznych vyznamenaní a pod.

Spoločenské kontakty v Bratislave predstavujú významný prvok pri formovaní rodiny, ale aj celého mestského spoločenstva. Preto je potrebné vidieť v nich viac než len nezáväzné posedenia spestrené rečami a prípadne pohárikom alkoholu.

3

O SVIATKOCH A SLÁVNOSTIACH

Ozvláštnením kolobehu každodenného života boli a dodnes ostali sviatočné príležitosti, slávnosti, oslavy. Majú takmer všeľudský charakter, no napriek tomu dodávajú každému mestu osobitú, svojskú atmosféru. Inak to nie je ani v prípade Bratislavy, kedysi Prešporku.

Systém bratislavského sviatkovania sa vytváral stáročia. Vplývala naň tradičná roľnícka kultúra, ktorá mala v Prešporku a blízkom okolí silné zázemie, ale aj prejavy mestského spôsobu života s typickou mnohonárodnostnou skladbou obyvateľstva. Ak sledujeme princípy inštitucionalizácie slávnostných príležitostí, nemôžeme vynechať pôsobenie cirkví a náboženstva, ale ani rodinné, pracovné, spolkové či štátne aktivity.

Dominantnú úlohu pri formovaní sviatočného kalendára zohrávala cirkev. Náboženské sviatky a s nimi spojené obrady vytvárali oficiálnu tvár sviatočnosti. Kostol bol prirodzeným centralizačným strediskom mesta a jeho časti: štvrte, obvodu, ulice. Neplnil len religióznu funkciu. Významne sa prejavoval aj v kultúrnom a spoločenskom živote, prispieval k zvyšovaniu vzdelanostnej a estetickej úrovne obyvateľov mesta. Na princípe jednoty vierovyznania združovali svojich členov rôzne spolky, kluby a inštitúcie. Organizovali nielen náboženský život, ale aj spoločenské večierky, turistické a vlastivedné vychádzky, vzdelávacie kurzy, dobročinné akcie, kultúrne podujatia.

Pri výročných sviatkoch sa vo veľkých kostoloch mohli návštevníci dôverne zoznámiť s hudbou. A nie hocijakou. Zaznievali omše Mozarta, Schuberta, Liszta, Rheinbergera, oratóriá skomponované Haydnom, Bachom či Händelom. Znalcov priťahovali najmä omše v dóme, kde v dvadsiatych rokoch pôsobil známy kapelník Alexander Albrecht. Podľa dobovej tlače jeho sólisti, zbor a orchester nemali v meste a okolí konkurenciu. Zážitok však vyvolávali aj iné orchestre. „Mala som rada hudbu, spievala som v spevokole, ale atmosféra Mozartovej omše C dur na Vianoce či Lisztova veľká omša na veľkonočnú nedeľu, akustika kostolného priestoru, to človek nezažije na žiadnom koncerte“ vyznáva sa Irena Wirthová.

Kostoly plnili aj dôležitú funkciu spoločenského centra. Schádzali sa tu pravidelne tí istí návštevníci, predovšetkým obyvatelia z blízkeho okolia. Nedeľná účasť na bohoslužbách bola udalosťou, ktorá vyžadovala primeranú prípravu. Veď tu bolo možné „obzrieť“ pekné dievčatá, nadviazať nové, zaujímavé známosti: „Ako mladé slečny sme sa tešili

Procesia (1925)

Prozession (1925)

na nedeľu. Vtedy nás držali rodičia prísno. Tak kostol bol takmer jedinou príležitosťou a sladkým dobrodružstvom. Postávajúc pri krajoch lavice sme cítili na chrbtoch pohľady mládencov. No a pred kostolom sa už ten či onen odvážil nadviazať rozhovor alebo zoznámiť sa s nami cez kamarátov alebo za nami tiahli na korzo" (Irena Wirthová).

Charakteristickým vonkajším znakom mestskej sviatočnosti boli sprievody každého druhu: procesie, pohreby, karnevalové, lampiónové, sviečkové sprievody, ohňostroje, ale aj kvetinové či cukríkové korzá. Prebiehali na verejnosti, ľahko prístupné každému záujemcovi, preto mali obvykle celomestský charakter. Boli ľudovým vyjadrením cirkevných sviatkov, ale aj fašiangových, remeselníckych, študentských, spolkových a iných slávností. Z dobových správ sa dozvedáme len o najvýznamnejších akciách. Aj to však stačí, aby sme si uvedomili, akú dôležitú úlohu zohrávali sprievody v živote bratislavského obyvateľstva. V roku 1909 sa uskutočnilo 51 veľkých sprievodov, v roku 1919 sa konalo 31, o dva roky neskôr ich počet klesol na 21. To však boli len podujatia celomestského charakteru. Ďalšie organizovali záujmové skupiny (študenti, spolky) či miestne inštitúcie a správy o nich sa do novín vôbec nedostali.

Klesajúci počet sprievodov nesignalizuje menší záujem ako skôr to, že Bratislava sa menila. Prestala vytvárať celistvý organizmus. Mesto rástlo a rozčleňovalo sa. Vznikali nové štvrte, prichádzali noví ľudia, formovali sa nové spoločenské centrá. Spoločná pouličná zábava, založená na kolektívnom sviatočnom zážitku, ustupovala: aj preto, že život sa privatizoval a sústreďoval sa čoraz viac do menších jednotiek, najmä do rodín. Začiatkom storočia sa väčšina udalostí sústreďovala do priestorovo neveľkého mestského centra (ktoré „patrilo" všetkým). Neskôr si vlastné sprievody organizovali obyvatelia rôznych častí Bratislavy: Vydrice, Cukrmandlu, Blumentálu, Dornkappelu, Novej doby...

Sprievod bol svojím spôsobom divadlom. Účastníkov so záujmom sledovali stovky divákov. Patrili k nim (najmä pri veľkých celomest-

Slávnosť na Jakubovom námestí (1923)

Ein Fest am Jakobsplatz (Jakubovo námestie) 1923

Parfuméria u Umlaufa na Laurinskej ulici (1936)

Parfümerie bei Umlauf (Lorenztorgasse – Laurinská ulica) 1936

ských slávnostiach) aj špaliere vojakov, pestré uniformy dôstojníkov, rezká vojenská hudba. Najväčšie sprievody sa na začiatku storočia spájali s oslavami Božieho tela. O ich veľkoleposti mnoho napovie novinový údaj o oficiálnom zložení čela procesie v roku 1913: 1. procesný kríž a dve vlajky; 2. sirotinec Ochrana Márie; 3. dievčenské školy: Blumentál, Cukrmandl, sv. Uršuly, „Notredamky", sv. Margaréty, sv. Alžbety; 4. chlapčenské školy: Blumentál, Cukrmandl, sv. Štefan, sv. Emerich, sv. Ladislav, sv. Martin; 5. hospodárske spolky; 6. stredné školy: Štátna občianska škola, Štátna vrchná reálka, Kráľovské katolícke gymnázium; 7. náboženské rády; 8. beneficiáti z Cukrmandlu; 9. administrácia mestského lazaretu; 10. pracovníci Občianskej nemocnice; 11. farári z kostola sv. Trojice, Blumentálu; 12. vojenská čestná kompánia I; 13. asistencia, 14. najctihodnejšia dómska kapitula; 15. mestské a komitátne úrady;16. druhá vojenská čestná kompánia; 17. mužská kongregácia; 18. kongregácia občanov – mužov, dám, slečien; 19. prápor oltárneho spolku a jeho členovia; 20. kongregácia panien; 21. tretí rád; 22. katolícky spolok tovarišov, 24. mrzáčkovia a dôchodcovia mestského lazaretu; 25. veriaci. Úctyhodné sprievody s dievčatami v bielych šatách s košíčkami plnými kvietkov, ktoré rozhadzovali po ceste od oltárika k oltáriku, sa zachovali aj v neskoršom období. K celomestským oslavám pribudli aj skromnejšie v iných častiach mesta.

Atraktívnym divadlom boli lampiónové sprievody. V medzivojnovom období sa spájali predovšetkým so spomienkou na upálenie Majstra Jána Husa (6. júna). Ako spomína Hana Štefková, zúčastňovali sa ich predovšetkým evanjelici, ale aj českí katolíci. Podľa Ladislava Čermáka „sa celý sprievod stretal na námestí. Zapálili sa lampióny a zástup sa pohol na hrad. Na hrade sa zapálila veľká vatra a spievali sa národné piesne. Chodil som tam ako malý chlapec s otcom". Po druhej svetovej vojne sa s lampiónovými sprievodmi spájala predovšetkým oslava VOSR (7. novembra).

Zaujímavým vývinom prešli aj oslavy štátnych sviatkov. Po vzniku ČSR sa bratislavské obyvateľstvo nehrnulo na oficiálne manifestácie, na ktorých sa zúčastňovali školy, spolky, telovýchovné združenia a iné inštitúcie. Nemali ešte spontánnu formu sviatkovania. S pribúdajúcimi rokmi však vznikali pri tejto príležitosti samostatné spoločenské podujatia, často s hudbou a tancom.

Populárny 1. máj mal od začiatku veľmi spontánny charakter i napriek rôznym ťažkostiam. Veď v roku 1890 si prípis ministra vnútra o medzinárodných oslavách 1. mája vysvetlilo bratislavské hajtmanstvo po svojom. Zakázalo akúkoľvek manifestáciu, demonštráciu, schôdzu. Ako sa dozvedáme z dobovej tlače, robotnícky vzdelávací spolok Napred (Vorwärts) oslávil tento deň veľkou záhradnou slávnosťou, na ktorú pozvali aj podnikateľov. Zúčastnilo sa na nej okolo 3000 ľudí. Pri tejto príležitosti predsa len podali žiadosť o zavedenie 8-hodinového pracovného času.

Pred prvou svetovou vojnou mali pochody predovšetkým protivojnový charakter. V roku 1919 bol 1. máj vyhlásený za štátny sviatok. Odvtedy si usporadúvali manifestácie samostatne jednotlivé politické strany. Okrem sprievodu však prežitie sviatočných chvíľ spríjemňovali divadelné predstavenia, koncerty, tanečné vystúpenia v spolkových domoch, zábavy v letných reštauráciách a iné zábavné atrakcie. Kresťanské robotníctvo začínalo oslavy bohoslužbou v kostoloch.

Inú atmosféru mali celomestské sprievody živnostníkov, napríklad pri príležitosti medzinárodných Dunajských veľtrhov, ktoré sa konali v rokoch 1921–1942. V priestoroch bratislavského prístavu (Martanovičova ul.) boli drevené dvojposchodové výstavné pavilóny, ale vystavovalo sa aj v dočasne uvoľnených školských budovách, ba aj na otvorenom priestranstve. Ako hovorí Karol Motoly, „veľtrhy patrili medzi významné spoločenské udalosti. V ich priebehu sa konali rôzne kultúrne a spoločenské podujatia, výstavy umeleckej výroby, národopisné slávnosti, hudobné festivaly, športové podujatia. V deň ich otvorenia kráčal mestom pestrý alegorický sprievod a zúčastňovali sa ho príslušníci takmer všetkých remesiel. Pravda, alegorické vozy nesmeli chýbať, pretekali sa v nápadoch aj v ich realizácii". Z novín sa dozvedáme, že v roku 1937 tvorilo sprievod 50 vozov. Na čele kráčala kapela z Devínskej Novej Vsi v krojoch a za ňou jazdec na koni so štátnou zástavou. Hneď za jazdcom kráčalo 50 kominárov. Živnostnícku mládež reprezentoval voz s dorastom učňovskej a umeleckej školy. Za nimi išlo predstavenstvo jednotlivých živností a obchodnej komory. Predstavitelia živností so svojimi štandardami, znakmi a alegorickými vozmi sa zoradili podľa abecedy. Napríklad mäsiari boli oblečení v bielom kabátci a na pleciach niesli poniklované sekery, vinohradníci veľký strapec hrozna a pod. Pestrý sprievod, dlhý údajne 1,5 km, smeroval z námestia Slobody na námestie Republiky (nám. SNP), kde vojsko postavilo tribúnu pre 300 čestných hostí...

Celé mesto, vyzdobené emblémami veľtrhu a štátnymi zástavami, nasiaklo atmosférou podujatia. Návštevníci obdivovali výrobky takmer všetkých odvetví vrátane poľnohospodárstva a tabakovej réžie. Obyvatelia mesta v nich videli ozvláštnenie všedného života a prijali podujatie za svoje (Karol Motoly). Bratislavskí labužníci s radosťou privítali predovšetkým možnosť kvalitného občerstvenia v stánkoch a záhradných reštauráciách.

K Dunajským veľtrhom v rokoch 1921–1923 neoddeliteľne patril Orientálny trh, „na ktorý boli Bratislavčania veľmi pyšní a husto ho navštevovali, najmä odkedy zriadili na ňom i viechy, kde si človek mohol i zajesť chutnú cigánsku pečienku. Tie boli potom vždy natrieskané. Pravda, ozajstných kupcov z Orientu bolo na veľtrhu málo vidieť" (J. Hrušovský).

Značný záujem vzbudzovali aj sprievody menších stavovských a záujmových združení, najmä keď sa spájali s prehliadkou uniforiem. Už v časoch monarchie lákali verejnosť verejné hasičské cvičenia, vojenské parády, neskôr podujatia Sokola. Sprievod pri príležitosti Celoštátneho zjazdu čs. hasičstva, ktorý sa konal v Bratislave 3.–6. júla 1937, mal nasledujúci scenár: „...Nedeľný program sa začal budíčkom hasičských hudieb, ktoré prechádzali mestom. V sprievode na námestí Republiky (nám. SNP) išlo najprv členstvo hviezdicovej jazdy slovenskej župy cyklistickej, ďalej krojové skupiny, stráž slobody, vyslúžilci. Hasičský sprievod viedol náčelník Ed. Glatz. Najprv to boli hostia zo zborov juhoslovanských, rakúskych, delegácie pražských hasičov, moravských, sliezskych, podkarpatoruských a slovenských. Pred nimi defilovala skupina kominárov. Potom nasledovalo defilé hasičských striekačiek od najstarších po najmodernejšie a niekoľko alegorických skupín. Nezabudnuteľný bol pohľad na slávnostný pochod. Vidieť pochodovať 23 000 hasičov v plnej paráde je veru veľmi zriedkavé. Skvelý bol pohľad na výjavy zo stredoveku. Účastníci boli odetí do verných stredovekých krojov. Sprievod odmeňovali diváci búrlivým potleskom" (J. Malárik). Slávnosť neskôr pokračovala verejným

Dunajské slávnosti (1923)

Donaufeste (1923)

cvičením na sokolskom štadióne, kde okrem najmodernejších nácvikov ochrany predviedli hasiči aj útokové hasenie požiaru v 16. stor. Od neskorého popoludnia sa konala na pravom brehu Dunaja, od mestskej Arény až po kaviareň Sad (Au-café), hasičská slávnosť, ktorú navštívilo okolo 25 000 ľudí. Celé mesto žilo touto udalosťou, vojenské hudby vyhrávali na námestiach.

Sprievody sa organizovali aj pri príležitosti životných jubileí významných občanov či dôležitých členov spolkov. Napríklad pri 55. výročí založenia dobrovoľného hasičského zboru (v auguste 1922) si takto uctili svojich seniorov. Sprievod prišiel pred domy oslávencov a hudba hrala serenády. Na druhý deň bola oficiálna slávnosť spojená s tancom.

Veľký význam v živote bratislavského obyvateľstva zohrávali pohreby. Dôstojná posledná rozlúčka sa v každom ročnom období spájala s pohrebným sprievodom, ktorý vychádzal zo smútočného domu či kostola a smeroval na cintorín.

Niektoré pohreby pritiahli veľkú pozornosť a mali priam manifestačný charakter. Tak to bolo v prípade hasiča K. Schmidta, ktorý v roku 1926 zahynul pri pokuse zachrániť robotníkov otrávených plynom pri oprave verejnej studne na Župnom (Októbrovom) námestí. Na poslednej ceste ho sprevádzalo viac ako 10 000 Bratislavčanov. Najväčšmi však pokoj mesta vzrušila iná smutná udalosť: pohreb generála M. R. Štefánika v roku 1919. Národné noviny ho opísali takto: „Úmrtie vzrušilo nemecké i maďarské obyvateľstvo. Svedčia o tom nielen smútočné zástavy, ktoré spontánne zaviali ulicami, ale aj reakcie pospolitých ľudí, ktorí pochopili, že i Slováci môžu mať veľkých mužov a bohatierov. Kým pri príchode Ministerstva vo februári tohto roku mesto ostentatívne sa nezúčastnilo slávnosti, teraz je celé na nohách. Za kordónom vojska, ktorý chránil cestu smútočnému sprievodu v dĺžke 3 km, stáli vysoké tisíce národa, zosilnené prílevom z okolia." A mali čo obdivovať: „Smútočný sprievod tiahol bývalým Eszterházyho námestím, Senným a Obilným rínkom, Marianskou, Špitálskou ulicou, Tržným námestím, Fridrichovou a Štefániinou ulicou na stanicu. Sprievod mal 2 km. Na čele kráčala jazda s vytasenými šabľami na ťažných koňoch. Potom išli sokoli a dlhé rady vojska, francúzski legionári, z ich radov vyčnievala hora dlhých bajonetov, rady ruských legionárov, ktorých Bratislava dovtedy tak málo videla. Mali odznaky v tvare kalicha s iniciálami J. Ž. (pluk Jana Žižku) na ramenách a niesli zástavu s nápisom 1620–1918 (roky bitky na Bielej Hore a vzniku prvej ČSR). Francúzski legionári niesli v rukách zbroj. Za vojskom akoby ožívala živá záhrada. Kvetiny so smútočnými stuhami i v národných farbách. Sokoli niesli 104 vencov. Za nimi kráčalo pod čiernym krížom kňažstvo a zbor moravských učiteľov. Pred rakvami išiel voz plný kvetín, potom rakvy seržantov Agginuttiho, Merlina, nadporučíka Scottiho a generála Štefánika. Za rakvou kráčal dôstojník s rádmi, rodina, akreditovaní zástupcovia cudzích mocností, zástupcovia vlády, poslanci, župani, univerzitní predstavitelia, iné delegácie a nakoniec vojsko s batériou ťažkých húfnic. V sprievode hrali dve vojenské kapely..."

Významné pohreby sa odohrávali pred zrakmi mesta prakticky do polovice 50. rokov. Vtedy zmizli zo scény aj čierne pohrebné koče ťahané koňmi. O tom, aký význam pripisovali bratislavskí obyvatelia smrti a poslednej rozlúčke s nebohým, mnoho napovedá aj to, že pohrebné spolky patrili medzi najrozšírenejšie a zohrávali v spolkovom

Dunajské slávnosti (1923) boli skutočne udalosťou

Donaufeste (1923) waren wirklich ein Ereignis

živote mesta nezanedbateľnú úlohu. Nezameriavali svoju činnosť len na vlastný akt pohrebu, ale usilovali sa pomáhať pozostalým (E. Mannová).

K ozvláštneniu mestského života prispievali aj oslavy zberu úrody – dožinky a vinobranie. Patrili k nim dožinkové vence, ktoré roľníci na vozoch viezli cez mesto, i osoby oblečené do krojov. Tvorila ich často zmiešanina všetkých možných odevných súčiastok. Pri dožinkoch sa konala napríklad v roku 1921 veľká slávnosť s tancom, tombolou, kuchárskymi špecialitami, ktorá vrcholila krásnym ohňostrojom. Zaostať nemohli ani vinohradníci. Nečudo, veď „vinobranie bolo veľmi okázalé, pretože v ten deň sa pýšilo celé mesto tým, čo malo najlepšie" (Z. Přibík). Atmosféra vinobrania zostala dodnes zachovaná v pamäti Bratislavčanov: „V určitom dni jesenného času za hlaholu zvonov a cingotu záprahov sa mestom dali do pohybu vozy s hroznom. Zvončeky na záprahoch neboli na parádu, ale mali dôležitú signalizačnú funkciu. Na úzkych cestách tiahnúcich sa medzi vinohradmi i v meste cingot už na diaľku oznamoval blížiaci sa voz. A tak sa mu protiidúci mohol vyhnúť. Za cingajúcimi vozmi kráčali vinohradníci a tí, ktorých si na práce najali. Na čele sprievodu šli dvaja muži s veľkým naviazaným strapcom hrozna upevneným na tyči. Ako symbol hojnosti ho odovzdali pred radnicou mešťanostovi" (Soňa Kovačevičová). „Vinohradnícke uličky voňali prešovaným hroznom a prizerajúci občania cestou vinohradníkov oslovovali, vypytovali sa na úrodu a tešili sa na skorý burčák, rampáš, ‚hajriger', mladé víno" (Vladimír Lichner). „Mok z vylisovaného hrozna sa o niekoľko dní začal v pivniciach meniť na burčák. A tak milovník tohto vzácneho sezónneho nápoja nemal problém osviežiť sa jedným-dvoma pohárikmi chutného nápoja" (Ján Zubaj).

Zo všetkých týchto spomienok vanie pohoda a potešenie z budúcich radostí, ktoré vinobranie predpovedá. No pamätníci časov ešte starších sa dušujú, že v minulosti bola atmosféra dokonca onakvejšia: „Slávnosť vinobrania zahájila salva z 9 mažiarov a tri razy z veľkých mažiarov, načo rozozvučal sa zvon na chráme sv. Mikuláša, patróna vinohradníkov. Len čo sa ozvalo zvonenie, pohol sa od mestského domu mohutný sprievod k vinohradom. V prvých povozoch sa viezli starosta, župan, mestská rada a hostia. Zo sprievodu, ktorý uzavieral predseda vinohradníkov, zneli ustavične zvonky a piesne" píše Z. Přibík, aby si vzápätí nostalgicky povzdychol: „Avšak dnes, keď sa v Bratislave toľko zmenilo, nie je už starých okázalých vinohradníckych slávností... Neznejú už mažiare ani fanfáry k zahájeniu vinobrania, neni sprievodov, neni ani slávnostných ochutnávačiek v Grünstüblu – zostalo len dobré víno – čo je konečne najhlavnejšie."

Ostatné sprievody, ktoré sa občas prevalili ulicami starej Bratislavy, mali v sebe vždy niečo veselého a radostného, či už ho organizovali sokoli, študenti alebo remeselníci. Niekedy sprievod slúžil ako živá reklama. Už v roku 1890 prechádzali cez hlavné ulice mesta „veľkí umelci" Alois Starek's Orpheum, ktorí vystupovali s variétnym programom v Ivitzovom (neskôr Steinovom) pivovare.

Bolo nepredstaviteľné, že by pri návšteve cirkusu neprešiel po hlavných uliciach Bratislavy sprievod. Nesmeli v ňom chýbať cvičitelia zvierat, žongléri, klauni, akrobati, ani exotické zvieratá. Veď mesto bolo plné predávajúcich, kupujúcich, detí, vojakov, povozníkov, ktorým sa takáto reklama páčila viac než plagáty a oznamy v novinách. Cirkus vítali najmä detváky zo všetkých bratislavských štvrtí. Hneď sa náhlili na „Firšnál", kde stavali cirkusanti svoje šapitó. Obchádzali dookola, občas pomohli, občas dostali poza uši, lebo sa plietli pod nohy alebo príliš zblízka obzerali cirkusové zvieratá. V roku 1930 vzrušil veľkoleposťou cirkus Kludský, ktorý rozložil v šapitó tri manéže. V spomienkach zostal aj cirkus Sarasani. Mal údajne tak veľkú manéž, že do nej tryskom vletel dostavník a pred obecenstvom sa rozohral výjav známy z dobrodružstiev prežitých pri rodokapsoch z divokého západu – prepad dostavníka Indiánmi. Prestrelka, dychčiace kone, divoká jazda vzrušovali fantáziu detí (Karol Motoly).

Firšnál bol akoby „plac" nikoho a každého. Patril najmä deťom, tulákom a vojakom. Úradný názov znel za prvej ČSR námestie Slobody. Česi mu tiež hovorili Sahara. Bola to viac-menej vojenská štvrť. Sídlila tu vojenská divízna nemocnica (letný arcibiskupský palác), vedľa boli sklady, po pravej strane (asi v miestach, kde je dnes nová pošta) stálo tzv. vojenské zátišie, akési kultúrne stredisko pre vojsko, aj s kinom. Neďaleko sídlilo Zemské vojenské veliteľstvo (Grassalkovičov palác). Na Firšnáli sa konali aj vojenské prehliadky a zároveň bolo centrom ľudovej zábavy. Okrem cirkusov lákali kolotoče, hojdačky, strelnice, panoptiká a podobné atrakcie. Nesmeli chýbať ani bratislavskí šiceri (podomoví obchodníci). Odtiaľto sa vznášali do povetria na začiatku 20. rokov reklamné balóny firmy Stollwerck napĺňané plynom z blízkej plynárne. Keď na Firšnáli nebola žiadna atrakcia, ovládli ho deti. Preháňali handrovú, neskôr už gumovú loptu, alebo viedli vojny medzi pandúrmi a zbojníkmi. Prespávali tu tuláci, do nozdier nástojčivo udieral pach naftalínu z vojenských skladov, ale aj tak „tu bolo možné chytiť blchy od vojakov, vandrákov, žobrákov..." (J. Hrušovský) ešte v prvých desaťročiach nášho storočia.

Náplň i organizáciu spoločenského života a teda i podujatí v meste riadila rozsiahla a rôznorodá sieť spolkov a združení. Prinášali významný vklad do utvárania sviatočnej atmosféry, ktorá sa prejavovala predovšetkým v obdobiach veľkých kalendárnych sviatkov. Vianoce, Veľká Noc, Božie Telo, Turíce, ale najmä fašiangy, jarné a letné slávnosti nemožno opísať bez toho, aby sme nespomenuli tieto inštitúcie. Spolky organizovali kultúrne a spoločenské podujatia v období cyklických sviatkov. V nich sa prejavoval najmä prepracovaný systém charitatívnej činnosti. Formovali obraz sviatočnosti a obyvatelia tak prežívali pocit, že všetci k nej prispeli svojím dielom. Usporadúvali mikulášsku slávnosť, cukríkové a kvetinové korzo, dobročinné slávnosti v školách, sirotincoch, nemocniciach a chudobných štvrtiach mesta. Výnosy tomboly, zisky zo športových a spoločenských hier sa stali základom pre vianočné nádielky, alebo sa používali na budovanie a rozvoj nejakej dobročinnej ustanovizne.

Svojráznu tradíciu mali v Bratislave rozličné mikulášske akcie. Mikulášsku slávnosť usporadúvala už v roku 1909 Cvernovka, od roku 1913 pribudli podniky Stollwerck a Kablovka s bohatým kultúrnym programom pre deti zamestnancov a ich priateľov. V prvých desaťročiach 20. storočia sa v kostoloch na Mikuláša svätili jabĺčka, ktoré potom deti dostávali ako darčeky. Táto pôvodne nemecká tradícia postupne zanikla.

V študentskom prostredí sa uskutočňovali obľúbené mikulášske tanečné zábavy, ktoré sa s prestávkami udržali na niektorých školách do súčasnosti. V roku 1909 sa podľa novinovej správy konali po dva dni mikulášske večierky v tanečnej škole na Ventúrskej ulici. Úvodný tanec tancovalo 80 párov. Takéto večierky usporadúvali študenti na vysokých školách. Uskutočňovali ich aj rôzne stolové spoločnosti, ale tancovala prevažne mládež. Z týchto údajov vysvitá, že v mestskom prostredí sa nedodržiaval cirkevný zákaz tancovať počas adventu. V medzivojnovom období sa prílivom obyvateľstva výrazne zvýšila obradnosť tohto sviatku chodením maskovaných Mikulášov po rodinách, ktorí deti obdarovávali sladkosťami. „V meste bola figúrka podobná Mikulášovi. Dlhá biela brada, husté biele vlasy. Najímali si ho bohaté rodiny. I po meste chodil Mikuláš ako reklama. Mal aj 2,5 metra. Chodil buď na chodúľoch, alebo mal na pleciach položenú figurínu Mikuláša“ (Hana Štefková). Bežný bol dohovor obyvateľov domu a jeden či dvaja nájomníci sa preobliekli za Mikuláša a čerta a obišli všetky byty, kde boli deti. „...Tie sa so strachom modlili, sľubovali hory-doly čertovi, len aby ich nebil...“ – spomína Mikuláš Szabó. Táto tradícia nezanikla ani po druhej svetovej vojne: „K nám chodil Mikuláš každý rok. Bol to môj otec, ale ja som to vtedy nevedel. Pracoval v stolárskom družstve, kde vyrábali aj hokejky, a tak sme ich s bratom a deťmi zo susedstva vždy dostali. Mikuláš mal mitru, žezlo, masku s veľkou bielou bradou. Keď nás obdaroval, rozlúčil sa a o chvíľu sa otec vrátil zo schôdze. Vždy mi bolo veľmi ľúto, že má takú smolu a nemôže stretnúť Mikuláša. Až po rokoch som našiel v špajzi jeho masku“ (Peter Daniel).

K vianočnej atmosfére nevyhnutne patrili stromčekové slávnosti spojené so stavaním veľkého vianočného stromu. Po vzniku Československa dostal meno Strom republiky. Pri ňom sa vždy stretávali deti. Táto tradícia neskôr zanikla a znovu sa obnovila začiatkom šesťdesiatych rokov. Vtedy Dom pionierov začal organizovať sprievod Deda Mráza a Snehulienky, ktorí na saniach či voze s konským poťahom prechádzali ulicami mesta.

Mnoho zvykov predvianočného a vianočného obdobia malo dobročinný charakter. Stromčekové slávnosti sa organizovali v školách, nemocniciach, sirotincoch. Spolky a združenia ich pripravovali aj pre deti svojich členov. Pravidelne sa spájali so zbierkami peňazí či šatstva a výťažok sa rozdelil medzi sociálne najslabšie vrstvy. Dobročinný ženský spolok uskutočnil v roku 1909 už jubilejnú, osemdesiatu

Pekári na Slávnostiach remeselníkov (1937)

Die Bäcker auf dem Handwerkerfest (1937)

stromčekovú slávnosť pre deti, o ktoré sa starali v nemocnici, škôlke, jasliach a domove opustených matiek. Dobročinný spolok Humanitas usporiadal takýchto večierkov počas vianočných dní viac. Program tvorili básničky, rečňovanky, vianočné piesne, scénky pripravené deťmi. So záujmom ich sledovali aj dospelí, ktorí sa zaslúžili o balíčky i dary. Slávnosti sa konali aj v židovských školách a spolkoch. Obľúbené boli večierky usporadúvané Israelom Weinerom. Obdarovával vždy 100 detí sladkosťami, ale aj zimným šatstvom. Aj v neskorších rokoch sa vianočná atmosféra niesla v tomto duchu. Známe boli slávnosti v Tatre, YMCE, kine Scala, ktoré usporadúvala Zimná pomoc, ale aj dobrovoľní hasiči. Zúčastňovalo sa ich niekoľko sto detí. Z dobových novinových správ sa dozvedáme o vydarených Vianociach v roku 1901 a 1909: „...V mestskom blázinci, kde sa nachádza 300 bláznov, bol krásny vianočný strom. Darmi sa podarilo podeliť všetkých. Fajčiarom okrem tabaku aj fajčiarske potreby. Chorí pripravili 4 programy, ktoré boli bezchybné. Odmenení boli potleskom početných hostí..."

Obyvatelia mesta prispievali aj na podporu chudobným rodinám. Akcia Stromu republiky napr. v roku 1935 vyniesla vyše 24 000 Kč. „...Pod stromom pred divadlom (SND) bolo veľké srdce a pri pribudnutí každých 1000 korún sa zapálila nová žiarovka. Tak mali aj okoloidúci predstavu, koľko sa už vyzbieralo. Bolo to veľmi pekné..." (Ladislav Čermák). A po vojne stávali pod stromčekom betlehemy, ktoré rozhýbala vhodená koruna...

Vianočnú atmosféru nevytvárali len stromčeky či nálada dobročinnosti. Jej súčasťou boli aj potulní muzikanti a verklikári, ktorí prispôsobili svoj repertoár očakávaniu verejnosti, i slávnostne vyzdobené výklady obchodov, ktoré priťahovali najmä deti. „Pred hračkárstvom na Laurinskej, alebo u Rózu sa tisli k výkladu desiatky detí. Veď bolo aj prečo. Cez celý obchod a výklad bola postavená vláčiková dráha, vláčiky po nej chodili celé dni. Vtedy to bolo čosi nevídané" (Hana Štefková).

Mesto žilo vianočnou atmosférou aj vďaka vianočným hrám. Na trhoch ich hrávali potulní bábkari, ale aj deti zo sirotinca Ochrana Márie. Obsahom hier boli biblické námety o Troch kráľoch, o Adamovi a Eve. Tieto hry mali tradíciu už od stredoveku a v Prievoze sa s úspechom hrali ešte v tridsiatych rokoch. Na podnet Karla Benyovského sa predvádzala hra o narodení Krista, ktorá bola básnickým spracovaním evanjelia sv. Lukáša. Vystupovalo v nej sedem postáv. Plynule prechádzala do druhej časti nazvanej Pastierska hra. V tretej, trojkráľovej hre vystupovali traja králi – Melchior, Kaspar a Balthasar. Pokračovalo sa hrou o Herodesovi. Stvárňovala motív vraždenia novorodeniatok. Po krátkej prestávke nasledovalo starozákonné „podobenstvo o upadnutí do hriechu alebo rajská hra". Na záver sa hrala samostatná Šusterská a krajčírska hra, komický príbeh ľahtikárskej krajčírskej manželky. V hrách vystupovali len mládenci... (D. Luther).

Zo spomienok bratislavských obyvateľov vyplýva, že v minulosti sa oslavy vianočných sviatkov neuzavierali do intímneho prostredia rodiny v takej miere, ako sme zvyknutí v súčasnosti. Mnohé spolky či stolové spoločnosti usporadúvali spoločné štedrovečerné oslavy ešte v dvadsiatych rokoch. Ako uvádza J. Malárik, u dobrovoľných hasičov „o 16. hod. sa zišla stráž. Postavila stromček v ubikácii mužstva, členovia výboru na čele s predsedom Talerom ho ozdobili a priniesli mnoho darov. O 21. hod. prišli rodiny s deťmi a boli bohato

Slávnosti remeselníkov (1937)

Die Handwerkerfeste (1937)

obdarované". V iných prípadoch dobročinnosť viedla neraz k tomu, že Štedrý večer strávili medzi tými, čo nemajú rodinu: sirotami, starými ľuďmi.

Aj tak však prevažoval rodinný charakter Štedrého večera. Pre dospelých to bola najmä vôňa rybaciny či opekancov, zákuskov, známych bratislavských „bajglí" a spoločného posedenia rodiny s modlitbou a spevom pod vysvieteným stromčekom. V tento večer sa spoločenská rovnosť v mnohých domácnostiach vzťahovala na všetkých. S členmi rodiny zasadli k slávnostnému stolu aj služobníci, niekedy pritúlili aj neznámych ľudí, ktorých stretli na ulici...

Pre deti sa Vianoce spájali a dodnes viažu predovšetkým s darčekmi, ktoré nachádzajú pod stromčekom. Ale rodičia to mali ťažšie. Museli darčeky nielen kúpiť, ale predovšetkým ich nenápadne doniesť a položiť pod stromček. Nebolo to vždy jednoduché: veď deti chceli spoznať, čo ich čaká a predovšetkým túžili zazrieť toho, čo roznáša radosť – Ježiška, Deda Mráza, anjela: „Otec zakryl vždy dverové sklo dekou. Ale bola tam špára a bratia pozerali, kto chodí po izbe. A raz sme videli nohy v otcových papučiach. Brat hneď bežal do kuchyne a zvestoval mame, že je tu Ježiško a nosí otcove papuče" spomína ešte po rokoch Peter Daniel.

Nie každý však mal možnosť prežiť Vianoce v takomto prostredí: „Nezabudnem na svojský Štedrý večer v ktoromsi vojnovom roku, ktorý pripravil Viliam Chmel naozaj spontánne a originálne. Chýbal deň do sviatkov. My vysokoškoláci sme už aspoň týždeň brúsili na voľnej vôľuške a nie a nie sa vymotať z Bratislavy domov, kde nás netrpezlivo očakávali rodiny. Konečne som sa vychystal, no cestou na stanicu stretnem s kufrom v ruke Chmela, takisto vypraveného na vlak a to práve pred Jadranom, kde čapovali obľúbené crno vino. Neodolali sme, podrmal ma za rukáv, že si skočíme na chvíľu zvlažiť hrdlo, veď rýchlik sa pohýňa až o dve hodiny. No chyba réžie! Priateľ začal nôtiť betlehemské, a tým sme boli stratení. Zameškali sme všetky možné vlaky, prepili cestovné, až presne o polnoci sme sa ocitli v parčíku pred Avionom, jeden vyspevujúc, druhý lamentujúc, že začiatok sviatkov je stratený. – Ustanovím ti sviatky, neplač! – povedal Chmel. Nato otvorí kufor, vyberie ozdoby (niesol ich matke do Martina), povešia na osrienenú jedličku v parku, spolu so sviečkami, ktoré vsadí do štipcov a zapáli. Ihneď začne znázorňovať betlehemcov: podupáva, pokrekáva, hrajúc sám zaradom Fedora, Stachu, baču i pšochu. Ba zvalí sa aj do snehu, stiahne i mňa a vyspevuje:

Tak sa nám začalo sladko spati,
až sa nám začalo niečo zdáti,
kukučky kukajú, vtáčkovia spievajú pri salaši!

Medzitým sa od sviečok blkom chytil konár, zaprašťal, vzplanul a privábil policajta, ktorý ako nemilosrdný Herodes prekazil naše idylické Vianoce, zamordoval v nás pachoľa..." (Š. Žáry).

Viacerí pamätníci spomínajú na dôležitú kulisu Vianoc, ktorú tvorila hudba a spev. Cyklus vianočných piesní sa tradoval v rodinách, chrámová hudba tiež tvorila významnú súčasť sviatkov a vryla sa do pamäti. I predvianočný spev na trhoch, v pasážach umocňoval dojem výnimočnosti. A estetickým spoločenským vrcholom bola polnočná omša. Celé vianočno-novoročné obdobie sa zároveň spájalo s vinšovaním. Chodili nielen mestskí zamestnanci, ale s naučenými veršíkmi v troch rečiach aj deti z chudobných rodín. V novinách už vopred žiadali obyvateľov, aby sa zachovali veľkodušne – „v duchu tradície...".

Pre mestské prostredie boli charakteristické zábavy, tancovačky, pouličné hry pri slávení posledného dňa v roku Silvestra. Málokto zostával doma. Všetky spolky, záujmové, stavovské združenia organizovali rozličné podujatia. Spriatelené rodiny sa stretávali v súkromí, ale aj v podnikoch. Z početných novinových oznamov možno usúdiť, že mnohí obyvatelia sa sami zapájali do tvorby programov, najmä v prvých desaťročiach nášho storočia. Silvester zo začiatku 20. rokov v Umeleckej besede opísala Z. Zguriška: „V pavilóne bola veľká sála s priľahlými menšími, takže sa dalo aj vybudovať pódium. Maliarka Rambouská namaľovala karikatúry vari všetkých členov Besedy a tie sa potom premietali laternou magikou obecenstvu. Hudobníci produkovali pri klavíri a harmonike a aj my spisovatelia sme pridali čo-to k programu. Ja som napísala skeč o dievčine, ktorá sa ide núkať k filmu. Aj som si to sama zahrala a s chuťou..."

V meste veru nebolo jedného hostinca, verejnej či klubovej miestnosti, ktorá by nebola plná. Silvestrovská zábava patrila celému mestu. Veď len v roku 1913 ohlásili noviny 46 silvestrovských zábav s bohatým programom – spevom, hudbou, divadelnými výstupmi, vtipnými spoločenskými hrami a nevyhnutnou tombolou. Verejné priestory boli otvorené až do rána. V uliciach nesmel chýbať ambulantný pouličný predaj. Začiatkom storočia sa konali v predvečer Silvestra aj sprievody hasičov a dobrovoľných záchrancov a ich zábava podľa dobových správ patrila k najvydarenejším. V noci z podniku do podniku prechádzali kvetinárky so štvorlístkami, ktoré predávali ako tradičný novoročný dar. Kominárski pomocníci zabezpečovali ich expedíciu aj s osobným vinšom do ohlásených domov 1. januára.

Okrem spolkových silvestrovských osláv sa v medzivojnovom období rozšírili i veľké reprezentačné maškarné zábavy v Carltone a Establishment Bellevue (dnes Sokolovňa). V tridsiatych rokoch mali výnimočný zvuk úspešné zábavy v hoteli Tatra, ktoré spestrovali až tri kapely, a v Astorke sa udomácňovala moderná hudba. Svedčí o tom plagát z roku 1937, pozývajúci na silvestrovskú zábavu, kde „hrá Broadway jazz a cigánska kapela". Mnoho obyvateľov však trávilo

posledný deň na súkromných večierkoch spolu so svojimi priateľmi pri pečenom prasiatku. Pouličnú atmosféru priateľstva a radosti šírili skupinky presúvajúce sa z jedného podniku do druhého, družná nálada, spev, streľba z vojenského kasína. Súčasťou privítania Nového roku bolo vinšovanie. Nielen osobné, ale aj prostredníctvom novín. Zamestnanci, živnostníci, podnikatelia, ale aj súkromné osoby blahoželali k Novému roku svojim šéfom, pracovníkom, dodávateľom, zákazníkom. Originálne vinšovala obyvateľom mesta elektráreň. Začiatkom nášho storočia presne o polnoci na niekoľko sekúnd vypínala prúd. I mestský magistrát, ktorý sa snažil v každej situácii rozšíriť fond na dobročinné účely, napríklad v prvom desaťročí 20. storočia v novinách upozorňoval „na ten dlhoročný dobrý zvyk – vykúpiť sa z novoročných gratulácií počnúc 2 Korunami a vyššie. Dosiahnutá suma sa použije v prospech katolíckej občianskej a evanjelickej nemocnice“. A kto sa nevykúpil mestu, musel dať vinšovníkom...

Aj po preflámovanej noci vítali obyvatelia Nový rok tak, ako kázali dobré mravy. V kostoloch, pri veľkých omšiach s cirkevnou hudbou a zborovým spevom. Ale už večer mysleli na ďalšie zábavy, veď sa začínalo obdobie bálov, plesov. Tie mali v Bratislave veľkú tradíciu. Je im venovaná samostatná kapitola, ale tá nestačí obsiahnuť všetko. Veď plesalo sa doslova všade: doma, v hostincoch, luxusných podnikoch i na klziskách... Prvýkrát sa v novinách objavila správa o fašiangovej korčuliarskej slávnosti 8. januára 1874. Na klzisku na Telocvičnej (Zochovej) ulici vyhrávala kapela valčíky Franza Lehára. V roku 1890 oznámil Pressburger Zeitung: „...v meste sa nachádzajú dve klziská – Wawrove na Grösslingovej 14 a Slobodove na Cintorínskej 5, kde sa koná pri príležitosti fašiangov veľká slávnosť na ľade. Hrá vojenská hudba 72. pešieho pluku a budú ocenené kostýmy...“. Vojaci hrávali na klziskách každý piatok počas celých fašiangov.

Čulý spoločenský život sprevádzal aj jarné a letné obdobie. Veď voľné priestranstvá zámockého vŕšku, mestských parkov, Petržalky, Železnej studničky, Devína ponúkali priestranstvo pre zábavné hry, podujatia mládeže, tance a večierky v záhradných hostincoch a promenádne koncerty. Aj jarné a letné slávnosti mali (aspoň formálne) cirkevný rámec. Veľkú noc, Turíce, Božie telo však obyvatelia Bratislavy neraz „pretavili na svoj obraz“, takže z náboženských sa menili na ľudové príležitosti radosti zo znovuožívania prírody. Ich súčasťou boli veľké omše, pri ktorých zneli diela Haydna, Mozarta, Hummela, spievali zbory a po skončení sa tuhí i vlažní veriaci združovali, debatovali na korze alebo (najmä starší) na „štande“ pred SND, kde sa premleli športové výsledky, dohodli výlety, návštevy, stretli známi. Ani veľký pôst v predveľkonočnom týždni sa priveľmi nedodržoval. Spomienka Karola Sommera na študentské časy je dosť ilustratívna: „...kresťanskí študenti mali v tieto dni len pôstne desiate, ktoré s radosťou vymieňali so svojimi židovskými spolužiakmi a naopak v prípade židovských sviatkov...“. Oficiálnu tvár si zachovávali hostince, ľudové krčmy a kuchyne, kde celý týždeň varili len cestoviny, strukoviny či zeleninu (R. Stoličná).

Veľkonočné sviatky vo väčšine prípadov boli sviatkami rodiny. Ako spomína Gizela Poláčková: „...rodina bola vždy spolu. Pamätám sa, že v dobrých časoch chodil k nám na prvý vianočný sviatok a na Veľkonočnú nedeľu hrať Cigán. Vždy ho otec bohato obdaroval a nikdy nechýbal ani veľký bratislavský bajgel...“ Veď ešte začiatkom storočia ani na Veľkonočný pondelok sa nepolievalo mimo okruhu príbuzen-

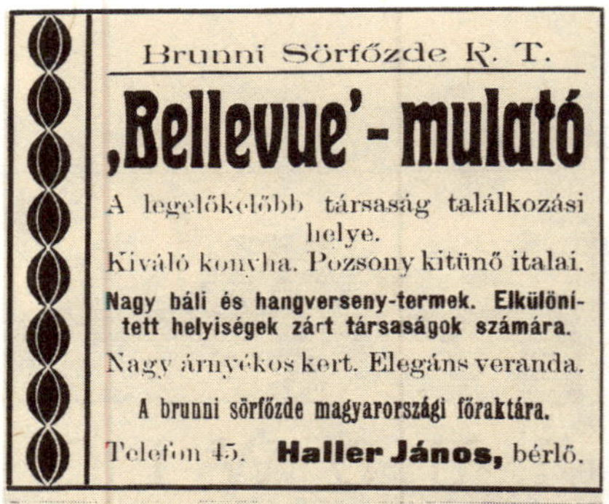

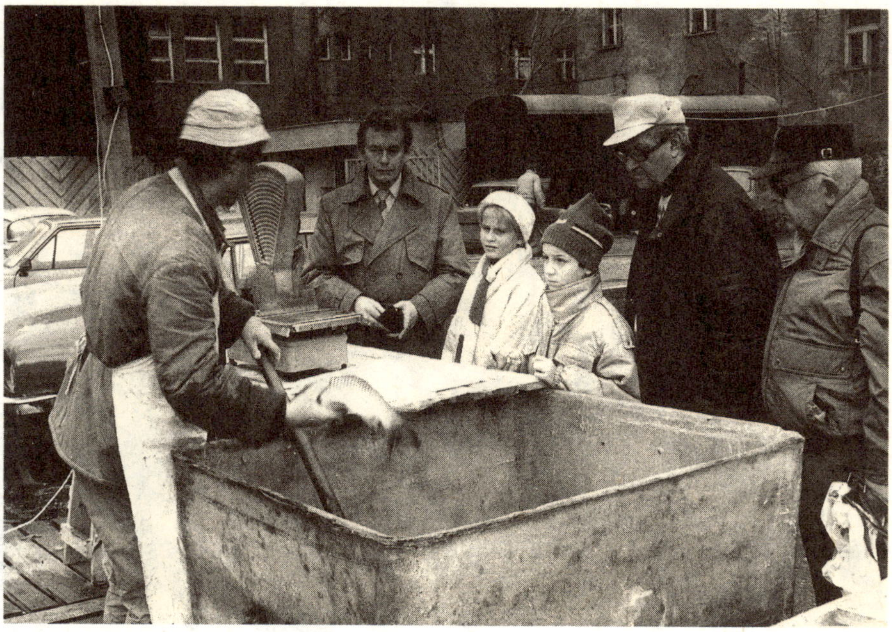

Predaj vianočných kaprov (1989)

Verkauf von Weihnachtskarpfen (1989)

stva. Dospelí chodili spolu so svojimi synmi a boli to skôr návštevy. Prenesme sa o 60 rokov dozadu v spomienkach Mikuláša Szabóa: „...Môj otec chodil len k rodine a ja ako malý chlapec tiež. Vtedy bola veľká bieda s voňavkami. Na uliciach predávali farebné vodičky vo fľaštičkách od liekov uzavreté handričkou. Ale my sme boli na tom dobre. V dome, kde sme bývali, bol Umlauf, veľký voňavkársky obchod. Moja mama po kvapkách vyciedzala prázdne flakóny a mali sme fajnovú voňavku..." Postupne s prílivom slovenského a českého obyvateľstva v medzivojnovom období nadobúda tento zvyk na intenzite, rozširuje sa na širší okruh známych. Nezriedka mladí ženatí muži spoločne polievali svoje manželky. Najmä v 40. a 50. rokoch chodili veľké partie dospelých aj mládencov a menil sa aj bontón zvyku. Od jemného meštiackeho pokropenia vyberanou voňavkou zo začiatku storočia sa postupne preberala ľudovejšia forma, ktorú si mnohí pamätali zo svojho detstva na vidieku, a nastúpili kúpania naozajstné. Domáca pani či slečna bola buď vylákaná z domu a obliata vedrom vody, alebo postavená do vane a bohato osprchovaná.

S príchodom jari nastalo obdobie prechádzok do okolitej prírody, nevyhnutne spojené s návštevou niektorého z pohostinstiev, ktoré očakávali Bratislavčanov. Tieto výlety zväčša rodinného charakteru sa viazali na nedeľné popoludnia. Podľa spomienok i dobovej tlače takmer celú jarnú a letnú sezónu sa konali vo výletných a záhradných zariadeniach zábavy a hrala hudba.

K tradičným podujatiam patrili jarné a letné slávnosti. Usporadúvali ich tak spolky, ako aj školy pre široký okruh záujemcov. V roku 1909 sa „...jarné slávnosti v Ligetfalu (Petržalka) konali od 30. 5. do 6. 6. Počas slávností bol elektricky osvetlený Au park. Program mal heslo ‚á la Lipský veľtrh'. Slávnosti začínali veľkým koncertom 72. pešieho pluku a večer nebo osvetľoval ohňostroj." Začiatkom storočia sa slávnosti konávali aj v Občianskej strelnici na Štefániinej ulici (Štefánikovej), neskôr najmä vo výletných reštauráciách mimo stredu mesta. Okrem bohatého speváckeho programu, divadelného predstavenia ponúkali tombolu, resp. kolo šťasteny; výnosy slúžili na dobročinné ciele. A že nešlo o malé akcie, potvrdzuje údaj z roku 1907. Vtedy sa v Häcklovej záhradnej reštaurácii „konal pod patronátom Toldyho

Populárne boli aj veľtrhy (1936)

Populär waren auch die Verkaufsmessen (1936)

kruhu ‚Letný sviatok'. Sedemkrát bola uverejnená listina s darmi do tomboly (3000 cien) a zúčastnilo sa jej 4000 osôb. Výťažok sa použil na podporu detského sirotinca". A 19. júna 1904 vyniesla tombola pri zábave v Bellevue 8000 korún, ktoré sa použili na kostol kalvínov (E. Balogh).

V medzivojnovom období organizovali jarné a letné slávnosti aj školy na Cukrmandli a v Blumentáli. Od roku 1909 sa tradovala na Cukrmandli ľudová slávnosť pre miestnych rybárov, lodníkov a ich deti. Vznikla spontánne na počesť farára Scherza. Mal veľké zásluhy a úctu medzi miestnym obyvateľstvom za starostlivosť o deti. Mládež tancovala pri svetle lampiónov a nechýbala ani dobročinná tombola. V roku 1913 mala táto slávnosť ešte bohatší program „... 15.–17. IX. poobede divadelné predstavenie tamojšieho divadla pod vedením riaditeľa Polgára, večer kabaretné predstavenia, tanec, spoločenské hry...".

Slávnosti sa konali aj pri významných udalostiach, ktoré ovplyvnili kultúrny či spoločenský život jednotlivých štvrtí. V Blumentáli sa v roku 1921 konala pri príležitosti zasvätenia kostolných zvonov. „V nedeľu o 8. hodine viezli zvony z Primaciálneho paláca na vozoch ťahaných ôsmimi bielymi volmi. V sprievode išli dievčatá v bielych šatách, 3 rády a všetky katolícke spolky. Na rozlúčku po ceste zvonili zvony" uvádza dobová tlač. Obľúbenou súčasťou boli koncerty v mestských parkoch, ľudová veselica s bohatým programom, ale aj kvetinové korzo.

Spomienky na kvetinové korzá majú starší obyvatelia rôzne. Rozličné boli ich formy najmä v prvých desaťročiach nášho storočia. Aj keď sa nimi sledovali dobročinné ciele, ich funkcia v jarných a letných mesiacoch bola výrazne estetická. Konali sa pri rôznych zábavách, ale najmä na korze. Darované kvety sa v celých radoch predávali korzujúcim sa párom a slečnám. Bohaté dámy si aj fiakre ozdobovali narcismi, tulipánmi a prevážali sa na nich v centre mesta. Ako sa dozvedáme z novinovej správy, „v roku 1897 sa uskutočnilo 5. septembra kvetinové korzo na bicykloch s bohatým programom. Zúčastnili sa ho mnohí cyklisti a cyklistky z veľkých i menších miest monarchie. Odpoludňajšie závody a večerné rozdávanie cien na tanečnom venčeku malo veľký úspech. Pre najkrajšie ozdobený bicykel daroval magistrát mesta 100 korún. A bol to bicykel nevídaný. Kolesá ozdobené drobnými kvietkami, rámy ružami v čajových farbách. Vo vlasoch najkrajšej bicyklistky pútal pozornosť venček s malými kvietkami".

Tradičnými podujatiami jarných a letných mesiacov boli majálesy, juniálesy. Patrili predovšetkým mládeži. Organizovali si ich školy, združenia mládeže pri spolkoch, cirkvách, športové kluby atď. Mali dlhoročnú tradíciu. Veď tento opis majálesu evanjelického lýcea pochádza z roku 1902: „...Už ráno o 9. hodine sa mládež spolu s profesormi a najatou cigánskou kapelou pohla od lýcea peši smerom na Železnú studničku, kde do 15. hodiny prebiehali rôzne spoločenské a športové hry a potom tanec za prítomnosti mnohých obyvateľov mesta ako hostí."

Majálesy sa odohrávali vždy v prírodnom prostredí, napríklad v Au-café, Albrechtovej záhrade na Hafnerovej ulici (Godrova), začiatkom storočia najmä v Púčkových domoch a na Železnej studničke. V rámci zábavy sa konali rôzne súťaže ako voľba kráľovnej krásy (v dobovom jazyku ‚konkurencia v kráse'), súťaže v kolkoch, spoločenské hry na veselú poštu, prstienky atď. Obľúbené veselé majálesy usporadúvali vysoké školy. Známe boli podujatia medikov a právnikov v slávnostne vyzdobenej Medickej záhrade. Z rozprávania Karola Motolyho vyplýva, že zábava sa začínala (aspoň pre niektorých) už v predstihu. Lístky na majáles totiž predával prípravný výbor. V novinách sa ohlásila akcia, udal čas a miesto predaja lístkov a potom mladí študenti očakávali krásavice: „A to už bola príležitosť pre nás. Postupne ako prichádzali záujemkyne, sme sa očami dohovorili, či má slečna dobrú vizáž, tej sme predali lístok, škaredým sme povedali, že bohužiaľ je všetko vypredané. Niektoré majálesy boli len na pozvánky." Vlastné študentské majálesy sa konali aj v internátoch. Slávne boli na Lafranconi. Bol to veľký sviatok, pretože do internátu mohli vstúpiť dievčatá len dvakrát do roka, a to na mikulášsku zábavu a majáles (Vladimír Lichner). V okolitej prírode organizoval majálesy Kruh evanjelickej mládeže a Živena. Ako spomína Soňa Kovačevičová, „nemali sme ich vo veľkej obľube, lebo tam prišli nielen tetky ako gardedámy, ale aj cudzí. Oblečenie na majálesoch v 40. rokoch bolo špecifické. Mládenci prichádzali vo vyšívaných košeliach a dievčatá v krojoch alebo vyšívaných šatách. Zimnou obdobou majálesov boli haluškové večierky, ktoré sme mávali v pivnici u Bláhu. Prístup mali len Liptáci a nimi pozvaní hostia..." Gemerskí „krajania" sa zas stretávali na haluškách v Živnodome.

Svadobný pár
(pred prvou svetovou vojnou)

Ein Hochzeitspaar
(vor dem Ersten Weltkrieg)

Rozvojom telesnej kultúry na školách nadobúdajú v programe svoje stabilné miesto aj ukážky rôznych cvičení. Pri príležitosti letných slávností sa v roku 1927 konal aj veľkolepý „Strandfest" na Lide. S veľkým záujmom sa stretli rôzne plavecké súťaže, ktoré s radosťou navštevovali súťažiaci i zvedavci.

Obľúbené boli aj rôzne verejné koncerty. „Ešte v prvých desaťročiach imponovali meštiackej Bratislave promenádne koncerty. Usporadúvali sa napr. v Au-café, v záhrade Zemského vojenského veliteľstva (Grassalkovičov palác), ale aj na iných miestach (Medická záhrada, námestia). V nedeľu predpoludním sa pri vojenskej hudbe prechádzali obyvatelia v štvorstupoch v družnej debate. Bratislavčania mali koncerty veľmi radi. Boli príležitosťou zoznámiť sa s módnymi novinkami, nadviazať známosti „pri všetkej počestnosti", pod dozorom

Balóny na „Sahare" (nám. Slobody) 1936

Ballons auf der „Sahara" (Freiheitsplatz – nám. Slobody) 1936

rodičov stráviť chvíľu aj s nápadníkom. V záhrade Grassalkovičovho paláca sa konávali aj „pohádkové večery" vo štvrtok večer. Ako hovorí Karol Motoly, „kúzlo týchto večerov spočívalo v navodení dokonalej ilúzie. Na trávniku boli rozmiestnené rôznofarebné reflektory, ktoré osvetľovali koruny stromov. Samozrejme, že dojem umocňovala vojenská hudba". V dvadsiatych rokoch bol veľmi populárny Robinsonov park neďaleko dnešného internátu Lafranconi. Bývalý zápasník Robinson (vlastným menom Samuel Lichtenfeld) sa pokúsil vybudovať v zdravom prírodnom prostredí akési športovo-rehabilitačné stredisko. Bol tu detský bazén, skvelá kĺzačka, na ktorú sa záujemca mohol dostať len po upevnenom lane, zariadenia na švédsky telocvik i pre ľahkú atletiku. A Robinson mal ďalšie plány, ktoré však už nedokázal zrealizovať. Jeho podnik i jarné a letné slávnosti, ktoré sa v ňom konali, zostali v pamäti Bratislavčanov dodnes (Karol Motoly).

S veľkou radosťou sa bratislavskí obyvatelia zúčastňovali aj na sviatkoch a slávnostiach v blízkom okolí, najmä keď sa spájali s možnosťou príjemného posedenia a kvalitného občerstvenia. Preto vyhľadávali hody v Karlovej Vsi a Rači. Karloveské hody sa slávili na Michala (29. septembra). Podľa spomienok pamätníkov v odpoludňajších hodinách tiahli celé procesie z mesta peši cez Podhradie smerom na Karlovu Ves. Bola to pre všetkých krásna prechádzka, už preto, že električky boli za prvej republiky pomerne drahé (lístok stál 1,20, resp. 1,50 Kč).

Samotná oslava sa začínala slávnostným sprievodom cez dedinu. V čele išli dvaja mládenci v krojoch s veľkým strapcom hrozna, ktorých doprevádzali krojované dievčatá. Celý sprievod smeroval k hostincu u Bohunských. Bol to v tom čase najväčší karloveský hostinec a dodnes stojí. Tam sa rozprúdila tanečná zábava pri dychovke. „Ľudia sa veselili aj v jednotlivých domoch, kde zvykli chodievať na vínko. Zovšadiaľ sa šírila dráždivá vôňa cigánskej pečienky, mladej pečenej husaciny. Sedelo sa priamo vo dvoroch pod viničom za zvukov cigánskych husieľ či harmoniky. Spievali sa rôzne pesničky, nemecké, slovenské. Hody v Karlovej Vsi pretrvali ešte začiatkom 60. rokov, možno aj neskôr, ale bez účasti stoviek Bratislavčanov" (Karol Motoly).

Račianske hody sa konávali 1. mája. Sem chodili najmä Slováci, Česi, ale aj bratislavskí vinohradníci, ktorí si pri tejto príležitosti najímali kopáčov na robotu do vinohradov. Obľuba „račanských" hodov medzi Bratislavčanmi sa rozšírila až po dokončení električkovej trate. Odvtedy sa pravidelne chodilo aj na nedeľnú návštevu do račianskych pivníc a dvorov.

Spoločenský charakter mali aj oslavy význačných medzníkov v živote jednotlivca. V spoločenských kronikách sa zverejňovali nielen správy o narodení dieťaťa, jeho krste, ale aj zásnuby, svadby, výročia sobáša. Zaujímavé sú oznámenia o postupoch v zamestnaní. Pomerne okázalé oslavy sa konali pri výročiach činnosti a služby v zamestnaní verejných činiteľov mesta (učiteľov, farárov, obchodníkov, magistrátnych pracovníkov) a pri výročiach založenia podniku či živnosti. Na oslavy činnosti významných predstaviteľov mesta sa do 20. rokov najímala hudba, ktorá hrala pred domom oslávenca. Veľký význam týmto medzníkom pripisovali najmä hasiči a typografi.

Dušičky (1989)

Allerseelen (1989)

K významným spoločenským udalostiam v meste patrila aj vojenská prísaha. Bratislavská posádka usporadúvala pri tejto príležitosti parádnu prehliadku, koncerty, ohňostroj i vojenskú omšu, zväčša u Milosrdných bratov na námestí Republiky (námestie SNP).

K vrcholom slávností neskorého jesenného obdobia patria už staročia spomienkové dni – Všech svätých a Pamiatka zosnulých (1. a 2. november). Tisíce Bratislavčanov v tieto dni navštevovali cintoríny, zúčastňovali sa tam aj spomienkových omší. Starostlivosť o hroby mala v mestskom prostredí svoju dávnu tradíciu. Rozmanitosť náhrobkov i kvetinová výzdoba podliehali tiež módnym vlnám. Dodnes je to tak. Uvedomovanie si rodinnej kontinuity, prezentácia vzťahu k predkom a miestu ich posledného odpočinku mala i má významnú funkciu v rodinnom i lokálnom historickom sebauvedomení.

*

Mnohovrstevná štruktúra bratislavského obyvateľstva sa premietla aj do sviatočného života mesta. Nemohla byť tak jednoliata, ako ukazuje náš stručný prehľad. Aj ten však naznačuje, ako sa dobové myslenie pretavilo do rôznorodých foriem kalendárnych, rodinných a spoločenských sviatkov. Prepájali úzko rodinné prežitie sviatočných chvíľ s formami združujúcimi, navodzujúcimi pocit lokálnej spolupatričnosti a vzájomnej zviazanosti.

4
A PLESALI AŽ DO RÁNA

Kalendárne obyčaje poskytovali bratislavským obyvateľom množstvo príležitostí spoločenského charakteru. Vyvrcholením bolo predovšetkým fašiangové obdobie. Zo širokej škály zábavných, cirkevných a obyčajových prejavov vynikali plesy, na ktoré sa celý rok tešili a pripravovali nielen Bratislavčania, ale aj návštevníci zo širokého okolia. Veď dobrá povesť miestnych bálov prenikla až do viedenských či budapeštianskych novín.

Tieto spoločenské udalosti mali, prirodzene, ohlas aj v miestnej tlači. Okrem krátkych správ o prípravách či výsledku jednotlivých plesových podujatí je veľmi dobrým vodidlom najmä pravidelne zverejňovaný „Ballkalender".

Z publikovaných údajov vyplýva, že plesy mali spočiatku charakter uzavretej spoločenskej udalosti. Organizovali ich predstavitelia aristokracie a mestského patriciátu, a to nielen vo fašiangovom období; napr. už z roku 1764 pochádza správa miestnych novín Pressburger Zeitung, že 6. októbra sa v sviečkami osvetlenom mestskom divadle konal bál na počesť cisárskych menín. Ani ďalšie plesové akcie (najmä pravidelný a veľmi obľúbený Annabál) sa termínovo neviazali k fašiangovej sezóne.

Od konca 19. storočia sa však plesy stále viac spájajú s relatívne krátkym časovým úsekom medzi Novým rokom a pohyblivou Popolcovou (Škaredou) stredou, ktorou sa začína šesťtýždňový predveľkonočný pôst. Aj tu platia výnimky – spomínaný Annabál či Katarínska zábava, alebo ples úradníkov (roku 1890), ktorý „pre neprekonateľné ťažkosti" preložili z plánovaného 5. septembra na fašiangy. Podobne ples fiakristov (1905) sa konal na Škaredú stredu (možno aj preto, že skôr by prišli o zárobok), ples vojenského kasína sa v roku 1902 konal v pôstnom období, čo vtedajšie noviny nezabudli zdôrazniť, poprevratový reprezentačný ples československých inžinierov bol v máji 1920 a pod. Takýchto prípadov však nebolo veľa a možno ich chápať ako výnimky, ktoré potvrdzujú pravidlo.

Iná je z tohto hľadiska situácia v súčasnosti. Plesová sezóna už nie je regulovaná náboženskými predpismi a trvá prakticky od Nového roku do začiatku leta. Väčšina podujatí sa však naďalej sústreďuje do zimných mesiacov.

Od druhej polovice 19. storočia sa zároveň plesy stali v čoraz väčšej miere záležitosťou širokých vrstiev bratislavského obyvateľstva. Staršie karnevalové formy veselosti s pouličnými sprievodmi ustúpili do pozadia a bálové zábavy akceptovali aj stredné a nižšie vrstvy obyvateľstva. Sústavne vzrastal ich počet a rozširoval sa okruh organizátorov. Od roku 1890 nachádzame v tlači údaje o 10–15 podujatiach ročne, od začiatku 20. storočia prebiehalo 20 i viac akcií a neskôr sa počet plesov pohyboval medzi 30–37 za sezónu.

Na ich príprave a priebehu sa podieľali rôzne profesionálne, etnické, stavovské, náboženské a záujmové organizácie, spolky a inštitúcie. Aj pod týmto zorným uhlom môžeme sledovať vzrastajúcu diferenciáciu bratislavského obyvateľstva. V rokoch 1890–1913 sme podľa novinových záznamov našli 81 rôznych organizátorov, v poprevratovom období už 97. Pre súčasnosť nemáme k dispozícii ucelené údaje, z nepravidelne publikovaných oznamov a správ však možno predpokladať, že počet organizácií, ktoré pravidelne alebo občasne usporadúvajú plesy, prekročil hranicu stovky.

Organizátori mali možnosť ovplyvniť charakter plesu a tým aj zloženie účastníkov. Stretávame sa s bálmi maškarnými i reprezentačnými, určenými pre najširšiu verejnosť alebo pre úzku vybranú spoločnosť príslušníkov profesie, členov klubu či spolku.

Výberový charakter mali predovšetkým tzv. elitné plesy. K najznámejším patril Elitný maškarný ples, ktorý pravidelne pripravovali herci (neskôr spoločne s novinármi). Vstupenky mohli zakúpiť len tí, ktorí vopred dostali menovitú pozvánku. S takýmto riešením sme sa mohli stretnúť aj po druhej svetovej vojne. Dodržiavanie tohto princípu kontrolovali, podľa spomienok Márie Briškovej, na Filmárskom plese (v roku 1947 v Redute) známi slovenskí herci na čele s P. Bielikom.

Selekciu neuskutočňovali len exkluzívne skupiny, akými herci, novinári či filmári boli a sú dodnes. Aplikovali ju (niekedy až po prudkých interných sporoch) aj organizátori populárneho právnického „Juristenballu", strelecká spoločnosť, telovýchovný spolok Merkur atď. Naopak, viacerí usporiadatelia na pozvánkach či v novinových oznamoch zdôrazňovali otvorený charakter podujatia a usilovali sa o čím početnejšiu účasť. Pozvanie platilo „všetkým, čo majú záujem", „každému, kto sa chce zabaviť" a pod.

Podľa charakteru možno rozdeliť plesy a ich usporiadateľov do niekoľkých skupín:

Najpočetnejšie zastúpené boli (rovnako pred prvou svetovou vojnou ako aj po prevrate) podujatia rôznych profesionálnych a zamestnaneckých skupín. Tu sa odrazila postupná demokratizácia bratislavskej spoločnosti, ale aj vzrast jej vnútornej diferenciácie a špecializácie jednotlivých profesií. Spočiatku napr. existoval ples obchodníkov. Postupne sa uskutočňovali aj akcie menších zložiek, takže samostatné bály organizovali napr. kresťanskí obchodníci, obchodní pomocníci, obchodnícka mládež, obchodní cestujúci, ale tiež kresťanskí, resp. židovskí obchodní cestujúci.

S robotníckym plesom sa v novinových údajoch stretávame prvý raz v roku 1880. Konal sa v známej Jarošovej pivárni. Neskôr vyčlenili samostatné podujatia kovorobotníci, textilní či stavební robotníci. Poštári organizovali aj akcie poštových úradníkov či podúradníkov, popri krajčírskych plesoch boli aj samostatné bály mužských a ženských krajčírov. Vlastné akcie pripravovali kočiši a fiakristi (neskôr aj šoféri), služobníctvo, resp. panskí služobníci atď.

Zo širokej škály profesií možno ďalej spomenúť spracovateľov kože, holičov a kaderníkov, ale aj holičských pomocníkov, čašníkov a vrchných, mäsiarov, hasičov a záchrancov, hostinských, vinohradníkov, inžinierov, ale aj agrárnikov, ktorých Agrarball patril pravidelne k udalostiam sezóny...

Osobitný charakter mali plesy organizované vojakmi. V Bratislave bola vždy početná vojenská posádka so silným dôstojníckym zborom. Jej členovia (a to nielen dôstojníci, ale aj poddôstojníci a mužstvo) sa aktívne zapájali do rôznych prejavov spoločenského života mesta. Populárne boli mnohé vojenské hudby, ktoré boli neodmysliteľnou súčasťou plesových zábav, ale pripravovali aj samostatné koncerty a pravidelne vystupovali na Promenáde (Hviezdoslavovo nám.) či pri Dunaji. Príslušníci posádky pripravovali aj množstvo odborných (najmä prednáškových) akcií a tanečných udalostí, ktoré bohato navštevovali rôzne vrstvy bratislavskej spoločnosti. Z fašiangových podujatí možno spomenúť napr. plesy vojenského kasína, vojenského spolku, poddôstojníkov, jednoročných dobrovoľníkov, ale aj spolku veteránov či jednotlivých regimentov. Veľmi obľúbený bol napr. tzv. „Chargenball".

K plesom patrilo vždy šampanské

Hubertsekt gehörte zum Ball

Tradícia vojenských plesov nezanikla ani po páde rakúsko-uhorskej monarchie. Po vzniku Československa sa uskutočnili okrem iného bály dôstojníkov, poddôstojníkov, rotmajstrov, legionárov, vojakov z povolania, pamätníci radi spomínajú na plesy delostrelcov atď.

Početné boli aj plesy bratislavských závodov. Konali sa už pred prvou svetovou vojnou a stretávame sa s nimi aj po roku 1918, pričom táto tradícia pretrvala až do súčasnosti. V plesovom kalendári sa objavovali (niekedy pravidelne, inokedy raz za určitý čas alebo len jednorazovo) podujatia Cvernovky, Kühmayerovej továrne, Marschalovej továrne, Apolla, Dynamitky, textilky Danubius, Siemens-Schuckertovej továrne, ale aj Mestských závodov, Emailových závodov, Matadorky a i.

Továrenské podujatia prebiehali obyčajne v skromnejších podmienkach. Konali sa neraz v závodných kantínach, v lacnejších priestoroch niektorých pivární a hostincov (Jarošova piváreň, Mestský pivovar, hostince Gebert, U Režnáka). Ojedinelo však boli aj v reprezentačných priestoroch Bellevue či Reduty...

Nevyhnutnou súčasťou fašiangovej sezóny boli plesy etnických a náboženských skupín. V diferencovanom prostredí Bratislavy mali bohaté zázemie. Množstvo akcií pripravovali každoročne rôzne kresťanské (predovšetkým katolícke) organizácie a inštitúcie. Dlhoročnú tradíciu mal židovský Purimový ples, ku ktorému neskôr pribudli bály športového klubu Makkabea, Spolku židovských akademikov a iné.

Vlastné podujatia pripravovali prešporskí Maďari a Nemci, ale tiež príslušníci slovenskej národnosti. Od roku 1909 sa pravidelne konal Český ples, čo signalizuje, že už pred prvou svetovou vojnou zohrávala česká menšina v Bratislave významnú úlohu.

V medzivojnovom období niektoré z týchto podujatí zmizli „z plesovej mapy“, pribudli však mnohé ďalšie. Na princípoch etnickej vzájomnosti sa realizovali napr. plesy ruských študentov či maďarských študentiek. Priamo úmerne so vzrastom počtu a významu Slovákov vzrastal aj počet ich akcií. Z nich sa najväčšia vážnosť pripisovala plesom Živeny, ktoré navštevovali obyčajne hostia v krojoch.

V uverejnených spomienkach (najmä T. Gašpara a E. Bohúňa) sa uvádzajú aj cigánske bály, ktoré však plesový kalendár nespomína. Okrem exotickej romantickosti zvyšovala ich príťažlivosť vzájomná revnivosť jednotlivých cigánskych muzikantských bánd, ktoré súperili o česť vystupovať na tomto podujatí. Cigánske plesy majú svoje miesto aj v súčasnej fašiangovej sezóne.

Početné zastúpenia mali v plesovom kalendári rôzne bratislavské spolky. S veľkým ohlasom sa stretávali akcie maďarského Toldyho kruhu či nemeckého Kultúrneho spolku, speváckych združení (Bratislavský spevácky spolok, Bratislavský spevokol Liedertafel či Slobodná pieseň), ale aj podujatia Spolku sporivosti, rôznych športových klubov či akademických a dobročinných spolkov.

Osobitne treba spomenúť podujatia Dobrovoľného hasičského spolku, ktoré sa konali od roku 1869. V roku 1902 bol v hoteli Bellevue Prvý ples záchrancov. Tento Mentőbál čiže Retterball sa stretával s veľkým ohlasom širokých vrstiev bratislavskej spoločnosti, a to aj po roku 1918. Mnoho naznačuje charakteristika plesu, ktorý sa pod heslom „záchrana – záchrancom“ uskutočnil 1. 2. 1920 v Redute: „ples urobili takým, aký má byť, teda ozajstným ľudovým karnevalom“ (J. Malárik). Niet divu, že Z. Zguriška zvolila v románe Mestečko na predaj „povestný bál záchrancov“ za miesto, kde hrdinka „v kostýme exotickej tanečnice s banánovým pásom a reťazou umelých kvetov

Skupina predtanečníkov na plese medikov (koniec tridsiatych rokov)

Vortänzer auf dem Medizinerball (Ende der 30er Jahre)

Reduta dominovala v medzivojnovom období

Die berühmte Redoute

okolo ňadier" nájde svojho manželského partnera a rodinné šťastie.

V súčasnosti sú veľmi obľúbené rôzne spolky rodákov. Jednou z najreprezentatívnejších foriem ich aktivity sú aj plesové podujatia. Činnosť rodáckych spolkov má však svoje korene už v období pred druhou svetovou vojnou. Ako uvádza vo svojej práci J. Paličková, najstarším bol Slovácký krúžek, ktorý v Bratislave založil J. Černý v roku 1919–1920. Podľa ich vzoru vznikol aj krúžok Myjavanov. Svoju plesovú minulosť i súčasnosť veľmi dôkladne zmapovali. Premiérový „I. Podbradlansko-Podjavorinský večierok" sa konal vo februári 1933 v hoteli Royal; podľa iných to bolo dokonca už v januári 1929, keď bolo podujatie v hoteli Tvarožek... Nie je však celkom zrejmé, či v tomto prípade išlo o ples, alebo len o spoločenský večierok (Samuel Vrana).

Plesové podujatia mali nielen zábavno-spoločenskú, ale často aj ekonomickú funkciu. Čistý zisk bol neraz hlavným zdrojom príjmov a predpokladom pre fungovanie príslušného spolku či činnosť dobročinných organizácií. Pravidelne sa konali napr. plesy mladej, resp. starej Bratislavy. Ich výnos slúžil na zlepšenie pomerov v mestskom sirotinci a starobinci. Zárobok z iných akcií šiel napr. v prospech bratislavských nemocníc, chudobincov, polievkových ústavov, podporných, penzijných a vzdelávacích fondov. Napríklad výnos z maškarného plesu (1890) sa rozdelil medzi polievkový ústav a spolok veteránov. Príjmy z Plesu robotníkov (1880) pripadli nemocenskej pokladnici a podpornému fondu Robotníckeho spolku. Prebytok 341 K 42 hal. z Plesu vinohradníkov (1901) venovali organizátori na rozvoj nových foriem vinohradníctva. V roku 1932 sa konal v Redute Prvý ples mestského hasičstva z povolania, pričom „z čistého zisku venovalo usporiadateľstvo Kč 3000 pre nezamestnaných". Veľmi úspešný bol Ples bláznivej lode (1921), ktorý priniesol v prospech rozvoja umení 2994 korún. Ples živnostníkov v roku 1937 dal výťažok k dispozícii starobincu. Humanitárne ciele sledoval aj pravidelne organizovaný „G'moanball" a ďalšie plesy.

Vzhľadom na uvedené skutočnosti neprekvapuje nadšené hodnotenie už spomenutého Plesu československých inžinierov (1920). Išlo o prvý československý reprezentačný ples na Slovensku a záštitu nad ním prevzal minister V. Šrobár. Ako uvádza dobová tlač, okrem spoločenského úspechu „skončil krásnym výsledkom morálnym i finančným".

Nie vždy však dopadlo ekonomické hodnotenie takto optimisticky. Nejedno podujatie sa skončilo finančným fiaskom, ktoré postihlo organizátorov, ale aj účastníkov. V roku 1900 sa konalo množstvo nákladných a náročných plesov, takže v nasledujúcej sezóne verejnosť údajne s úľavou prijala skutočnosť, že okrem reprezentatívneho Agrarballu sa konali len skromnejšie akcie, ktoré kládli menšie nároky na organizáciu, ale aj toalety a peňaženky zúčastnených. Dôvodom spomínanej umiernenosti boli práve deficity z predchádzajúceho roku, ktoré ovplyvnili organizátorov, ale aj návštevníkov.

Porovnanie charakteru plesových podujatí ukazuje rozdiely medzi stavom pred rokom 1918 a medzivojnovým obdobím. Zmenil sa nielen počet, ale aj zloženie organizátorov. Kým v časoch monarchie prevládali najmä profesionálne a zamestnanecké plesy, po vzniku Československa sú častejšie akcie stredných a vysokých škôl, no najmä športových klubov. V plesovom kalendári sa objavujú bály lýcea, reálneho gymnázia, maďarských študentiek, ruských študentov, židovských akademikov, plesy univerzity, medicíny či právnikov, ale aj prírodovedeckých a technických fakúlt. A na druhej strane podujatia klubov PMTK, ŠK Bratislava, ŠK Dunaj, TK Merkur, PTC, Robotníckych telovýchovných jednôt, ŠK Makkabea či turistických a cyklistických oddielov. Ani jeden z nich však nedosiahol slávu, akú si vydobyl „Kaliko-domino soiréé“, ktorý usporiadal v januári 1902 bratislavský Veslársky klub pri príležitosti 40. výročia svojho vzniku. Ako uvedieme neskôr, nadšené ohlasy vo viedenských a budapeštianskych novinách boli plne zaslúžené.

V medzivojnovom období sa prejavila zvýšená politizácia spoločenského života. Táto skutočnosť sa odrazila aj v príprave plesových akcií. Vlastné podujatia pripravovali napr. kresťanskí socialisti, československá strana národná, sociálni demokrati, slovenskí autonomisti, ale aj komunistické a robotnícke organizácie. Veľkému záujmu sa tešili plesy Orla a Sokola.

Fašiangové zábavy neprestali ani v rokoch druhej svetovej vojny. Výrazne sa však menil ich charakter. Mnohí z tradičných organizátorov nemohli v tomto období pôsobiť; české a židovské inštitúcie, komunistické aj sociálnodemokratické organizácie boli rozpustené a zakázané. Reprezentatívnu funkciu preberali najmä plesy Hlinkovej gardy a niektorých katolíckych inštitúcií (Orol), ale aj podujatia Živeny. Predovšetkým prvé z nich mali byť honosnou oslavou nového režimu. Ako spomína Alexander Holovič, v 40. rokoch sa stal najreprezentačnejším Univerzitný ples, pripravovaný spoločne medikmi a právnikmi. Neskôr, v dôsledku frontových porážok a zhoršenej politickej a ekonomickej situácie sa plesy stávali čoraz tichšími a skromnejšími, až zanikli. Nejeden pamätník oprávnene povzdychol, že „to nebola žiadna mladosť, pretože sa nesmelo tancovať“.

Po skončení vojny sa v Bratislave už v roku 1946 rozbehla prvá povojnová plesová sezóna, a to hneď „plnou parou“. Rozchádzajú sa však názory o tom, ktorý z plesov bol prvý. Viacerí informátori i publikované pramene považujú za povojnovú premiéru ples (či recepciu), usporiadaný pri príležitosti znovuotvorenia zničeného mosta cez Dunaj vo februári 1946. V slávnostne vyzdobených priestoroch Reduty sa zišli najvyšší predstavitelia Červenej armády na čele s maršalom Konevom, ale aj poprední mestskí a štátni činitelia. Išlo o významnú udalosť, ktorá sa v družnej zábave a tanci pretiahla až do ranných hodín a dodnes zostala v pamäti účastníkov. Túto príležitosť zaznamenal vo svojich spomienkach aj A. Plávka: „Všetko sa radovalo, veselilo, však bola aj príčina, stoly sa prehýbali pod množstvom jedál – počet chodov na jedálnom lístku dosahoval tuším číslicu štrnásť, čo bolo na tie časy nedostatku potravín naozaj nebývalé. Ako som sa dozvedel, červenoarmejci poznášali kadečo z potravín a masä aj zo susedného Rakúska i Maďarska... Slávnostným prípitkom nebolo konca-kraja, počnúc tými oficiálnymi až po tie posledné, už viacej vtipné, humorné“. V pamäti iných účastníkov zostala dodnes hudba, tanec i spoločenské kontakty, ktoré pretrvali roky, ba aj desaťročia...

Ďalší z informátorov však považujú za prvé povojnové fašiangové podujatie maškarný ples bratislavských medikov, ktorý bol podľa ich spomienok v januári 1946 v priestoroch Reduty. Pritom zdôrazňujú reprezentatívnu účasť lekárov a medikov, ale aj iných skupín bratislavskej spoločnosti, a predovšetkým tradične výbornú atmosféru tohto podujatia.

Z plesu právnikov (koniec tridsiatych rokov)

Der Juristenball in der Redoute (Ende der 30er Jahre)

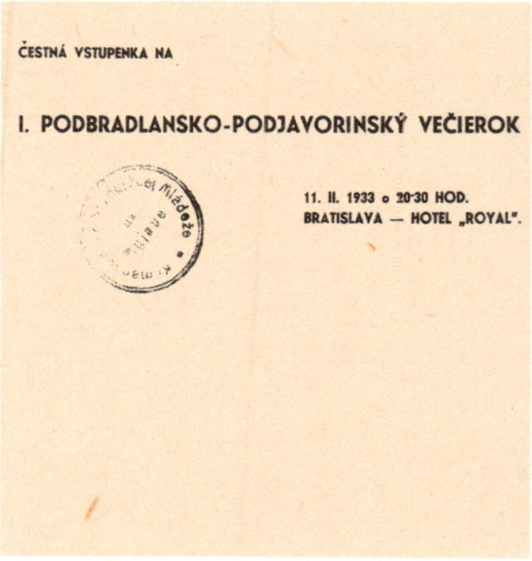

ČESTNÁ VSTUPENKA NA

I. PODBRADLANSKO-PODJAVORINSKÝ VEČIEROK

11. II. 1933 o 20·30 HOD.
BRATISLAVA — HOTEL „ROYAL“.

Čestná vstupenka na večierok Myjavcov (1933)

Eintrittskarte für den Ball der Myjavaer (1933)

Fašiangová veselosť pokračovala aj v nasledujúcich rokoch. Po plesovej sezóne 1949 však došlo k administratívnemu obmedzeniu tejto tradície. Takmer dve desaťročia boli plesy len ojedinelou udalosťou. Napriek intenzívnemu úsiliu o znovuoživenie sa vplyvy dlhodobého prerušenia prejavujú dodnes. Plesy organizujú pre svojich zamestnancov rôzne podniky a závody, vysoké školy i záujmové združenia (rybári, poľovníci), skupiny rodákov a športové kluby, a v neposlednom rade aj rôzne obchodné a pohostinské zariadenia. Záujem bratislavskej verejnosti sa usiluje pritiahnuť napr. Stará sladovňa svojimi maškarnými plesmi určenými pre široké vrstvy obyvateľstva, ale aj vináreň na Bielej ulici. Tu pripravujú vo fašiangovom období jedlá známe osobnosti ako G. Zelenaj, V. Müller, M. Mlsna a iní. Stúpajúca konjunktúra plesovej sezóny sa odráža aj vo výzdobe výkladov. Vo viacerých obchodoch sa objavujú fašiangové motívy a reklamné slogany, ktoré upozorňujú na čas fašiangových zábav.

Napriek tomuto úsiliu však plesy neprenikli späť do povedomia bratislavského obyvateľstva. Pri výskume v roku 1984 viac ako 70 % mladých respondentov uviedlo, že plesy navštevujú nanajvýš ojedinele (obyčajne ak ich organizujú na pracovisku) alebo vôbec nie. Svoj postoj vysvetľovali rôzne, najčastejšie ekonomickými alebo spoločenskými príčinami; viacerí však priamo uviedli, že o tieto podujatia nemajú záujem.

Ako vlastne vyzerali slávne bratislavské bály? Čo ich ozvláštňovalo a vytváralo ich jedinečnú, aj po rokoch nezabudnuteľnú atmosféru? Prečo ich vyhľadávali nielen miestni obyvatelia, ale aj hostia z blízkeho i vzdialeného okolia vrátane návštevníkov z Budapešti a Viedne? Na uvedené otázky ťažko odpovedať jednoznačne. Napriek viacerým spoločným znakom neexistoval jednotný plesový „model". Na ich priebehu sa spoločne podieľali reprezentatívne a slávnostne vyzdobené priestory, kvalitná hudba, tanec a zábava. V prvom rade však ich spoločenská stránka, ktorú vytvárali sami účastníci, nespočetné množstvo veseliacich sa hostí...

Bratislavské bály boli totiž všetkým možným, len nie komornou zábavou. Počet účastníkov bežne dosahoval niekoľko stovák osôb, často prekračoval tisícku. Na ilustráciu spomenieme niekoľko príkladov: Úvodnú štvorylku predtancovalo na plese železničiarov (1909) okolo sto tanečných párov. Toto číslo nie je nijako neobvyklé. Na plese práčok v tom istom roku bolo 300 predtanečníkov, na podujatiach Toldyho kruhu (1890) či na plese vinohradníkov (1901) po 120 dvojíc; Spoločný ples speváckych spolkov v roku 1910 uviedlo 140 párov.

Ples otvárali vybraní a starostlivo pripravení tanečníci slávnostným predtancovaním (spočiatku obyčajne kvadrillou, neskôr polonézou a valčíkom). Tento efektný úvod predurčoval osobitný charakter, ktorý odlišoval bály od iných tanečných či zábavných podujatí. Nielen predtanečníci však „dvíhali" počet návštevníkov...

Na plese živnostníkov (1910) bolo podľa publikovaných údajov vyše 400 hostí a na plese speváckych spolkov ešte viac. Veď miestne kvetinárstvo, ktoré venovalo prítomným dámam „grátis" ruže, rozdelilo prostredníctvom „ružového dieťaťa" vyše tristo kytíc. A boli aj početnejšie navštevované akcie. Z prvého plesu záchrancov, ktorý bol v roku 1902 v priestoroch Bellevue, sa zachoval tento opis: „Už pred deviatou večer sa plnili miestnosti. Maska na maske, mnoho pánov vo frakoch a uniformách, takže sieň a jej okolie podobali sa opravdickému karnevalu. Celkový dojem, ktorý robili veľkolepo ozdobené miestnosti, bol čarovný. Zastúpené bolo mesto, vojsko i aristokracia v plnom počte. Prítomných bolo asi 1300 osôb“ (J. Malárik). A že situácia sa podstatne nezmenila ani po vzniku Československa, dokumentuje správa toho istého autora o plese záchrancov v priestoroch Reduty (1920): „Už o desiatej hodine nedalo sa v miestnostiach skoro ani pohybovať a príval nemal konca až do ranných hodín.“

Spomínané množstvá účastníkov sa nemohli vtesnať kdekoľvek. Preto sa plesy obyčajne konali v niektorom z najväčších bratislavských podnikov. Pred prvou svetovou vojnou bol ako najreprezentatívnejší vyhľadávaný Bellevue, v miestach dnešnej Sokolovne. Ešte v časoch slávy ho dvakrát poznačil veľký požiar. V júli 1892 sa chytilo seno a slama, uložené na povale. Dôsledky boli značné: „Strecha krytá térovým papierom horela ako zápalky a o polhodinu sa zrútila do siene, ktorá sa podobala ohnivému moru. Od zrútených kusov chytila sa aj parketová dlážka; veľké zrkadlá a oblúkové okná sa rozbili buď od veľkej horúčavy, buď od spadnutých brvien. Okolo pol deviatej predpoludním zrútila sa s veľkým hrmotom jedáleň, takže sa všeobecne myslelo, že sa stalo väčšie nešťastie.“ Požiar sa priamo dotkol aj obetavých hasičov. O tri týždne tu plánovali oslavu 25-ročného jubilea svojho vzniku. „Majiteľ Dubsky však sľúbil, že sa postará o to, aby do 15. augusta boli obidve siene v poriadku, aby sa slávnosť predsa len mohla konať“... (J Malárik)

Aj druhý požiar (1. mája 1917) spôsobil značné škody: „Strecha a sklenená veranda, susediaca s kuchyňou, zhoreli úplne.“ V tom čase však už Bellevue, v ktorom bola v rokoch vojny umiestnená nemocnica, mohlo len spomínať na svoju bývalú slávu.

Plesy sa konali aj v Albrechtovej záhrade, Pálffyho sálach, v kaviarňach Štefánia a Berlin (dnes Dom priateľstva), alebo v priestoroch Robotníckeho domu, Občianskej strelnice, Mestského pivovaru, Jarošovej pivárne či rôznych hostincov. V novinových správach sa uvádzajú aj priestory dnešného hotela Carlton, U uhorského kráľa, známeho po roku 1918 pod menom Royal (na Mostovej ul. oproti Redute) atď.

V poprevratových rokoch niektoré z uvedených podnikov zmizli „z mapy plesového sveta“. Nahradili ich však viaceré nové, modernejšie. Spomenúť treba predovšetkým novovybudovanú Redutu (dokončenú v roku 1913), Vládnu budovu na dnešnej Gondovej ulici, Au-café na pravom brehu Dunaja. Tu sa v roku 1924 prvý raz spomínajú detské maškarné plesy, ktoré časom získali tradíciu a popularitu. Koncom 20. rokov pribudla nová a veľká kaviareň Múzeum a o niekoľko rokov neskôr Tatra.

V súčasnosti umožňuje realizovať plesovú zábavu široká škála podnikov – od „ľudových“ PKO a „Mamuta“ (Stará sladovňa), ktoré pojmú niekoľko tisíc návštevníkov, cez reprezentatívne priestory bratislavských kaviarní a hotelov (Devín, Carlton, Bratislava, Kyjev) až po množstvo menších podnikov na celom teritóriu mesta.

V starších publikovaných údajoch nachádzame najviac chvály na už spomínaný Dubsky (Bellevue). Bratislavskí pamätníci však spomínajú v prvom rade na Redutu, ktorá svojím leskom prispievala významnou mierou k úspešnému priebehu fašiangových podujatí: „To podmieňovala tá Reduta, že tie plesy boli tak krásne. A čo ju robilo veľmi krásnou, boli veľké zrkadlá na stenách sály, ktoré krásne odrážali toalety a znásobovali celú tú krásu“ (Mária Brišková). Nadšené opisy priestorov Reduty počas plesov zanechal aj T. Gašpar.

Elegantná plesová toaleta (tridsiate roky)

Elegante Ballkleider (30er Jahre)

K dotvoreniu patričnej atmosféry prispievala aj výzdoba miestností, ktorá podčiarkovala náladu fašiangovej veselosti a primerané oblečenie bálových hostí. Na plese vinohradníkov, označovanom v roku 1901 za vrchol sezóny, vyzdobili priestory Bellevue zamestnanci známeho Brucknerovho záhradníctva. Svojím umením „premenili schody a miestnosti na kvetinové more“. Že podujatie organizujú bratislavskí vinohradníci, dokazovala časť jedálne, premenená na štýlovú vináreň. Záujemcom tu podľa správy z novín „servírovali všetky druhy vína z nášho kraja, ako aj šampanské Hubert“.

Pozvánka

na

večierok Skalica–Brezová–Myjava

na deň 12. januára 1929

o 8. hodine večer v Hoteli Tvarožek, na Miletičovej ulici,

poriadaný pod protektorátom obecného rychtára obce Bratislavy,

p. dra Ľud. Okánika

ako spomienka na predvojnové Roľnícke dni v Skalici.

Všetci, ktorí ste chodievali na tieto skalické manifestácie a radi ste mali demokratickú spoločnosť Blaho = Okánik príďte.

Hudba Samka Dudíka = Vstup voľný = Pozvánku preukázať

Reklamácie: Ján Tvarožek, Bratislava. Telefon 24=12.

V tom istom roku sa konal reprezentačný, už viackrát spomínaný „Agrarball“. Zúčastnili sa ho najvýznamnejšie osobnosti na čele s arcivojvodom Friedrichom (jeho prítomnosť na spoločenských podujatiach sa spomína častejšie, napr. v roku 1891 na plese hasičov). Aranžéri upravili schodištia a vedľajšie miestnosti tak, že vyzerali ako háje. Vari najnápadnejšiu výzdobu však prezentoval A. Palugyai na spomínanom „Kaliko-domino soiréé“ v roku 1902. L. Aixinger podal vo svojej knihe podrobný opis, ako to v hoteli U uhorského kráľa vyzeralo:

Pri vchode vítal hostí spolkový sluha v bielej nármonískej uniforme a zaviedol ich do ríše rýb. Tenká modrozlatá látka tvorila vodné zrkadlo, na ktorom uviazol v rákosí čln. V diaľke bolo vidno jednofarebnú oblohu a na nej divé husi a volavky. Po schodišti, bohato zdobenom kvetmi, sa vychádzalo na poschodie, zamaskované do podoby strmých skalných útesov. Červeno osvetlená chodba viedla návštevníkov do mystickej svätyne, v ktorej mal sídlo Dunajský boh. Prvá miestnosť, ožiarená zeleným svetlom, nepredstavovala ešte dno rieky. Na stenách bolo vidno obrovské číhajúce hady. Stadiaľto prešiel hosť do fajčiarskej komnaty, sfarbenej bledofialovým svetlom. Privítalo ho množstvo žiab, ktoré vystúpili z vody a odpočívali na skalách. Žabia mať kolísala v náručí svoje rozkošné mláďa, kým milujúci otec so zaujatím čítal posledné novinky. Mladého žabieho korheľa bolo možno nájsť pri sude plzenského, iný žabiak zas s pôžitkom fajčil dlhú havanu a jeseter kŕmil svoje mláďatá z kojeneckej fľaše. Cez kamennú bránu sa prechádzalo na dno starého Dunaja. Návštevníci spoznávali panorámu Bratislavy; cez vodnú masu sa dal rozoznať Korunovačný pahorok so známou jazdeckou sochou Márie Terézie, napravo most, naľavo v diaľke hainburský a wolfstálsky kopec. Oproti mestu Petržalka s populárnou Arénou, kaviarňou a spolkovým domom Veslárskeho klubu, ktorý celú túto slávu organizoval.

To však ešte nebolo všetko. Miestnosť, osvetlená bledomodrou farbou znázorňovala potopený vrak uviaznutý v bahne. Cez oponu sa vstupovalo do žiarivo vysvietenej barokovej tanečnej sály. Tu rad mužov netrpezlivo očakával zástup, ktorý oblečený v modrobielom domine vystupoval z vodnej ríše. A keď sa o pol desiatej zdvihla záclona a za pochodu Kolompárovej bandy vošli do tanečnej sály maskované víly, začala vlastná zábava, ktorú len nakrátko prerušilo polnočné intermezzo: „Potom, čo fotograf zvečnil magnéziovým svetlom vzácny obraz, stratili sa dominovia v žiarivých toaletách, ale vrátili sa o chvíľu do sály so stokrát rozžiarenejšími očami. A začal tanec, ktorý skončil až v skorých ranných hodinách.“

Uvedený opis nepotrebuje komentár. Možno len ľutovať, že sa nezachovali tieto vzácne fotografie alebo podobne podrobné doklady či opisy z iných plesových akcií.

V každom prípade je zrejmé, že máloktoré podujatie sa pýšilo tak honosným rámcom. Obyčajne bola výzdoba podstatne skromnejšia. Viac sa využívali papierové rekvizity fašiangového obdobia: masky, škrabošky, girlandy, konfety, lampióny. V kombinácii s primeraným intímnym osvetlením (najstaršie správy hovoria o sviečkovom, ktoré neskôr nahradilo plynové a od začiatku 20. storočia elektrické svetlo) však dokázalo navodiť príslušnú atmosféru.

Prestíž plesu nevytvárala len výzdoba a osvetlenie. Zvýrazňovala ju prítomnosť významných osobností politického, spoločenského a kultúrneho života a najvyšších predstaviteľov inštitúcie, ktorá podujatie organizovala. Žiadna novinová správa o pripravovanom či realizovanom bále sa neobišla bez vymenovania najdôležitejších hostí. Mnohí z nich preberali funkciu patróna plesu alebo prijímali miesto v čestnom predsedníctve, ktoré malo neraz aj niekoľko desiatok členov.

Za čias monarchie „mali cenu“ predovšetkým príslušníci vysokej šľachty, najradšej predstavitelia cisárskej rodiny. Po roku 1918 ich vedúcu úlohu prevzali „zástupcovia mesta a štátu“ (ale aj armádni činitelia). Protektorom reprezentačného Plesu československých inžinierov (1920) bol minister V. Šrobár, často v tejto funkcii vystupoval starosta mesta Krno a ďalšie osobnosti.

Ples otváral slávnostný príchod čestného predsedníctva na čele s patrónom či protektorom. Na niektorých báloch ich sprevádzala matka plesu. Mala dôležitú úlohu pri úvodnom tanci, prípadne sa starala o debutantky. Predovšetkým však reprezentovala. Od polovice tridsiatych rokov informátori túto funkciu nespomínajú a výslovne popierajú jej prítomnosť.

Za zvuku fanfár prechádzali špalierom predtanečníkov a ostatných hostí na určené, obyčajne vyvýšené miesta. Nasledovalo predtančenie a protektorský tanec, pri ktorom vybraný tanečník vyzval partnerku patróna plesu. Niekedy spolu tancovali najvyšší mužskí a ženskí predstavitelia. Po niekoľkých taktoch sa mohli pridať predtanečníci a ostatní hostia.

Dostať sa medzi predtanečníkov sa považovalo za ocenenie a vyznamenanie. Ako vyplýva zo spomienok, najmä dievčatá boli ochotné za túto poctu v prípade potreby aj zaplatiť. Po slávnostnom predtancovaní pokračoval večer voľnou zábavou.

Slávne Bellevue
(okolo 1900)

Repräsentatives Bellevue
(um 1900)

Pozvánka
na ples policajtov
(koniec dvadsiatych rokov)

Einladung
zum Polizistenball
(Ende der 20er Jahre)

Poradie tanečných melódií nebolo ľubovoľné. Určoval ho vopred starostlivo pripravený tanečný poriadok – „Tanzordnung". Na mnohých plesoch ho dostávali prítomné ženy vo forme tzv. tanečnej knižky. Najčastejšie to bola jednoduchá kartónová knižka, ktorá obsahovala základné informácie o organizátoroch plesu, zložení predsedníctva a poradí prvých tancov. Najmä v časoch monarchie však boli tieto „dámske dary" neraz malými umeleckými dielami.

Z dobových prameňov sa dozvedáme, že na plese vojenského kasína v roku 1909 mali podobu ťažkej striebornej knižky v štýle biedermayer. Tanečný poriadok na Plese agrárnikov (1901) bol viazaný v koži a zdobil ho župný erb doplnený písmenami PM AB. Prívesok bol v tvare malého pluhu. Na právnickom plese dostávali prítomné tanečný poriadok „vo veľmi elegantných kožených taškách". Na plese kresťanských obchodníkov (1909) to bola kniha v rokokovom štýle. V tom istom roku bol tanečný poriadok plesu práčok zabalený v plyšovom obale, zdobenom korytom a rumpľou.

Tanečný poriadok neslúžil len ako upomienka či pomôcka pre tanečnice so zlým hudobným sluchom. Mal predovšetkým praktickú funkciu. Majiteľkám sa doň zapisovali partneri, ktorým sa zaviazali na príslušný tanec. Takýto záznam však najmä v medzivojnovom období neznamenal, že tá-ktorá dvojica strávi celý čas spoločne. Naopak, ako uviedli viacerí informátori, „preberanie" sa nepovažovalo za spoločenský priestupok. Prinajmenšom od tridsiatych rokov patrilo k plesovému bontónu a predstavovalo starostlivo sledovaný barometer obľúbenosti jednotlivých tanečníc. „To nebolo tak, že pretancovali celý tanec. Nuž, keď nikto neprebral, tak sa patrilo dotancovať, ale to bolo prakticky takým zvykom, že do jedného kola aj desať mládencov požiadalo dievča. No a mládenci nesedávali pri stoloch, ale vytvárali uprostred sály ostrov" (Mária Brišková).

Podľa Viery Nosáľovej z uvedeného potom pre príslušníčky nežného pohlavia vyplývala jednoduchá a účelná „stratégia": Bolo nevyhnutné „čím skôr sa dostať na parket a potom to už šlo samo". Nejedna si preto z nedostatku sebadôvery alebo zo znalosti situácie predvídavo zabezpečovala tanečníkov spomedzi kolegov či známych pre prvé tance už vopred.

Spoločenskú atmosféru plesov vytváralo a umocňovalo to, že nebolo zvykom, aby sa viazali v priebehu večera len na jedného partnera, ani medzi manželmi. Ako informátori viackrát spomenuli, „spolu prišli a odišli, ale medzitým sa niekedy nemuseli vôbec vidieť. Každý sa bavil so svojimi spoločníkmi a podľa svojho"... Až do druhej svetovej vojny, ktorá privykla ľudí aj na horšie veci, bolo súčasťou plesovej etikety, že žena (a to nielen slobodné dievča) musí mať sprievod: manžela alebo iného spoločníka, pre mladšie boli „garde" rodičia či iní príbuzní. Gardedámy (obyčajne matky) mali vyhradené miesta v blízkosti parketu. Tu kontrolovali a hodnotili, „ako sa bavia ich dcéry, ako sú brané do tanca".

K stupňovaniu veselej nálady prispievali na mnohých plesoch masky. Už ich prítomnosť predpokladala, že organizátori očakávajú uvoľnenú (nie však vulgárnu) atmosféru. Ako spomína napr. Gizela Poláčková, „kým normálne plesy boli škrobené, maškarné boli veselé a priateľskejšie, i keď maska nehovorila, aby nebola poznaná". Umožňovali určitú anonymitu, ale predovšetkým dovoľovali správať sa tak, ako sa od príslušnej masky očakáva. Niekedy ich charakter vopred určili tematicky organizátori (napr. Handrový ples, Pyžamový bál, Ples bláznivej lode a pod.), obyčajne však závisel výber od vkusu, šikovnosti a najmä finančných možností účastníkov. V zámožnejších rodinách boli neraz dielom profesionálnych krajčírov, kaderníkov a maskérov, ako ilustruje nasledujúci príklad: „Raz sme sa dohodli s priateľkou a šli sme obe za rokokové dámy. V rokokových šatách. A bol taký majster kaderník, ktorého sme si objednali a pred plesom prišiel urobiť nám frizúru. Mali sme rokokové šaty, také dlhšie, a k tomu také rokokové parochne nám urobil. Aj tie šaty, to sme si dali šiť. A nielen ten jeden raz. To boli krajčíri takí" (Mária Brišková).

Mnohí využívali aj služby niektorej z viacerých požičovní masiek a kostýmov (k najznámejším patrila požičovňa v Central-pasáži), alebo

Fašiangy dodnes vábia... (1987)

Fasching verlockt bis heute... (1987)

sa uspokojili s jednoduchými kúpenými „škraboškami" z papiera. Prípravný výbor Plesu medikov hradil študentom náklady spojené s vypožičiavaním frakov a iných potrebných rekvizít zo záložne (M. Tichý, J. Dedek, M. Remišová). Väčšina účastníkov vyhotovovala masku „z domácich surovín" podľa svojich predstáv, možností a fantázie.

Veľkú popularitu si získali tzv. plesy obrátenej noci, pri ktorých podľa pamätníkov ženy preberali mužské roly a naopak. Osobitné postavenie si v medzivojnovom období vydobyli plesy Živeny (predovšetkým jej reprezentačné podujatia pri príležitosti rôznych výročí a jubileí). Od roku 1887 sa predpokladalo, že návštevníci prídu v krojoch. Dokumentujú to nasledujúce spomienky: „Okrem toho si spomínam na plesy Živeny. Nie vždy bývali v Redute. Raz si pamätám, že bol v Charitase. To si pamätám, že to bol ples Živeny, lebo som bola v kroji. V kroji som chodila len na plesy Živeny."

„A keď mala Živena nejaké okrúhle výročie, to bol jeden vyložene veľký reprezentačný ples. V Redute. A na pozvánkach bolo napísané, aby dámy prišli na ples v šatách z obdobia založenia Živeny. A skutočne, vtedy sa bratislavské ženy vrhli do múzeí a galérií a výsledok bol prekrásny. Všetky ženy boli oblečené ako v tom roku 1870. V biedermayeri. A ja som mala krásne tyrkysové šaty s čipkovým golierom, no proste to bola krása. To nebola kópia nejakej maľby. To som si sama vymyslela, a viete, bolo to veľmi pekné. No a tam sa objavili ženy oblečené ako Slovenky z portrétov" (Mária Brišková).

...a bavia (ples 1988)

...und bereitet Vergnügen den Teilnehmern (1988)

Obľúbené boli rôzne formy vyberania kráľovnej plesu alebo voľby najkrajšej masky. Víťaza určovalo hlasovanie alebo muži odovzdali svoj lístok vyvolenej partnerke. Neobišlo sa to neraz bez komplikácií a kurióznych situácií. V roku 1880 odovzdali najviac lístkov maske zo živých vetvičiek. Výherkyňa ich však stratila, takže prvenstvo si napokon odniesla „mladá Bratislava" (a medzi mužmi „bábätko v plienkach").

O tom, že niekedy mal každý hlas obrovskú cenu, svedčí informácia z tradičného „bláznivého hurhaja" v roku 1902. Na prvú cenu (a striebornú písaciu súpravu) potrebovala lunárka 7 hlasov, kým rokokovej dáme stačili na druhé miesto (a cukrenku) štyri hlasy. Medzi mužmi získal víťazstvo rokokový gavalier.

Oveľa viac hlasov (324) uprednostnilo v roku 1902 istú slečnu Mily Hornekovú v maske Japonky. Jej najväčší konkurent – „toreador" Viktor Schranz – získal „len" (alebo až?) 260 priaznivcov...

V staršej tlači nachádzame opisy (alebo skôr vymenovanie) najúspešnejších masiek pomerne často. Ako ukážku dobového vkusu uvedieme niekoľko príkladov. V roku 1896 sa spomínajú tieto: roľníčka, ruská roľníčka, anjel, Cigán, Cigánka, pierot, slnečnica, kvetina, žolík, gondoliér, fantázia, Poľka, ružové dievča, satanella, rybár. V roku 1909 je to napr. žltá kolombína, Španielka, letná ruža, žltý a zelený motýľ, Čiernohorka. Z mužských masiek vyvolali najväčší ohlas rokokový princ a lovec žiab. Osobitnú pozornosť si zaslúži aj skupinová maska nazvaná Kráľovstvo srbské, ktorú tvorilo okolo 30 mužov a žien. Podrobný opis priniesol Pressburger Zeitung. Hlavnou postavou bol kráľ Petar. Sedel na tróne s obrovskou korunou na hlave a kráľovskými insígniami v rukách. Za ním bola dojka so „srbským korunným pankhartom" v náručí. Ako rekvizity mal meč a fľašku s cumľom. Bojovníci s dvoma delami obsadili orchester a strieľali odtiaľ do obecenstva cukríky a voňavku. K tomu vyhrávala hudba a 10 srbských tanečníkov a tanečníc predvádzalo „kolo". Odmena – 12 fliaš najkvalitnejšieho vína – bola skutočne len symbolickým ocenením vynaloženej námahy a prejavenej fantázie... Ako ďalšie skupinové masky spomínajú pamätníci napr. športové družstvá, záhradnícku či hudobnú skupinu a pod.

V medzivojnovom období sa v plesovom kalendári i dennej tlači stretávame s údajmi o konaní väčšieho počtu podujatí. Konkrétne správy o priebehu, maskách a pod. sú však v porovnaní s údajmi pred prvou svetovou vojnou oveľa zriedkavejšie. Medzi jednu z mála informácií patrí správa z plesu živnostníkov (1937), kde za najlepšie masky vyhlásili tokára, Indiána, slovenského kupca a párik zo starobinca. Zaujímavé je, že aj opisy informátorov majú vyslovene všeobecný charakter. Vyjadrujú sa o „mnohých krásnych maskách", spomínajú fantáziu tvorcov a účastníkov plesov, vyzdvihujú ich vynikajúcu atmosféru atď. Konkrétne poznatky sú však výnimkou...

K zábave patrila aj tombola so svojimi výhrami – obyčajne skôr žartovnými než hodnotnými, najmä však polnočné snímanie masiek. Mnohí radšej ani nevyčkali na tento okamih a opúšťali ples skôr. Možno aby neodhalili svoju totožnosť, či preto, aby sa z romantického rozpoloženia predstavovanej anonymnej postavy nemuseli hneď vracať do všednej reality...

Masky zostávajú súčasťou fašiangovej zábavy aj dnes. Stále viac podujatí a ich návštevníkov sa usiluje aj touto formou ozvláštniť život svoj nekaždodenný. Pretože ples nebýva často...

Obdobie fašiangovej veselosti bolo krátke – trvalo 36 až 71 dní. Rázny koniec všetkej bujarosti znamenala Popolcová (Škaredá) streda, ktorou sa začínalo dlhé pôstne obdobie. Spomínali sme už, že občas dochádzalo k porušovaniu tejto normy. Išlo však len o ojedinelé prípady. Tzv. haringové hody (Heringschmaus) v bratislavských rodinách i podnikoch (niekedy aj so sprievodom hudby) boli bodkou, ktorá plesovú sezónu prinajmenšom do konca roka učinila minulosťou.

Plesové podujatia neboli len príležitosťou zábavy. Boli aj reprezentatívnou formou prezentácie jednotlivých sociálnych, profesionálnych, etnických, záujmových a iných skupín. Upevňovali skupinové povedomie i vedomie odlišnosti od iných zložiek obyvateľstva. Na rozdiel od viech, ktoré umožňovali návštevníkom aspoň na chvíľu zabudnúť na existujúce spoločenské rozdiely a vyvolávali zdanie jednoty a rovnosti, plesy pôsobili skôr opačným smerom. Zdôrazňovali stavovskú hrdosť a spolupatričnosť: „Šustri, kolári, úradníci, krajčíri či šachisti, všetci sa chceli reprezentovať a každý si pokladal za česť, keď mohol usporiadať ples" (Kazimír Belovič). Ich prípravu a priebeh aj z tohto hľadiska starostlivo hodnotili nielen organizátori a návštevníci, ale prostredníctvom ústnych správ a pravidelných informácií v miestnej tlači aj široká bratislavská verejnosť.

Preto niet divu, že v prvej polovici 20. stor. prislúchalo plesom v hierarchii spoločenských udalostí významné miesto – rozhodne dôležitejšie, než pripisujeme fašiangovému obdobiu a jeho vyvrcholeniu v súčasnosti.

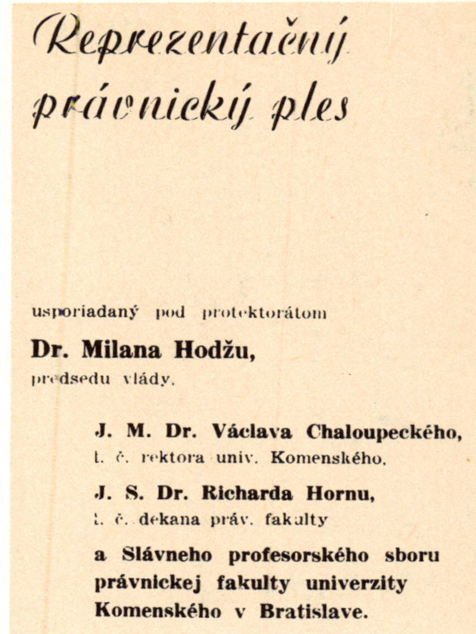
Reprezentačný právnický ples

usporiadaný pod protektorátom

Dr. Milana Hodžu,

predsedu vlády.

J. M. Dr. Václava Chaloupeckého,

t. č. rektora univ. Komenského.

J. S. Dr. Richarda Hornu,

t. č. dekana práv. fakulty

a Slávneho profesorského sboru právnickej fakulty univerzity Komenského v Bratislave.

K plesom patrila honorácia

Zu den Bällen meldeten sich Honoratioren

5

SPOLKY – ČERTOVE VOLKY, ALE AJ ŠKOLA DEMOKRACIE

Každodennú aj sviatočnú tvár Prešporka na sklonku monarchie i Bratislavy medzi svetovými vojnami spestrovali a sčasti aj vytvárali svojou činnosťou dobrovoľné združenia občanov – spolky. Nielen pri oslavách vlastných spolkových jubileí, ale aj pri sviatkoch štátnych, národných i cirkevných, pri odhaľovaní pomníkov a všetkých možných príležitostiach dokazovali verejnosti, že sú pevnou súčasťou spoločenského života mesta.

Keď bratislavský Dobrovoľný hasičský zbor organizoval v roku 1880 piaty uhorský hasičský zjazd, nadchla všetkých veľkolepá výzdoba mesta, veď takú nepamätali od korunovácií uhorských kráľov. Ulice a domy boli ozdobené kvetinami, kobercami, zástavami, v meste sa vypínali tri veľké triumfálne oblúky. Verejnému hasičskému cvičeniu na Trhovom námestí (nám. SNP) sa prizeralo množstvo ľudí, z dvoch tribún pred hotelom U zlatého jeleňa tlieskali elegantné dámy. Medzi tribúnami stál vysoký stan v mestských farbách s uhorským erbom, hasičskými znakmi a portrétom protektora hasičského zväzu arcivojvodu Jozefa. Po schodíkoch pokrytých kobercom vystúpili do stanu najvzácnejší hostia a pohodlne sa usadili. Publikum jasalo, z okien husto obsadených zvedavcami lietali vence a kytice. Na námestie sa blížil sprievod, na čele herold v historickom kostýme nesúci sa na koni, za ním traja fanfáristi, tiež na koňoch. Potom pochodovali zástavníci, nasledovala mestská honorácia. Za zvukov hasičskej kapely prichádzal ústredný výbor krajinského hasičského zväzu, šesť prípravných výborov zjazdu, výbor bratislavského hasičského spolku a deputácie 162 hasičských spolkov z celého Uhorska, zoradených abecedne podľa miesta pôsobiska. Každá delegácia niesla pred sebou tabuľku s označením. A po nich domáce veteránske spolky i družstvo kominárov s uniformovanými pomocníkmi a na záver celý bratislavský hasičský zbor. Čestné dámy ozdobili spolkové zástavy vencami, spevácky zbor zaspieval, predseda spolku zarečnil... a bolo po paráde.

Pravdaže, nie všetky spolkové slávnosti boli rovnako okázalé, ale aj tak vždy vytiahli obyvateľstvo do ulíc. Záujem vzbudzovali aj akcie iného charakteru – napr. začiatkom nášho storočia usporiadal Bratislavský okrášľujúci spolok Dni kvetov – súťaže o najkrajšiu kvetinovú výzdobu okien a balkónov. Členovia najrozličnejších spolkov oživovali slávnostným ruchom bratislavské ulice a námestia i po roku 1918. Pri oslavách výročia republiky pochodovali mestom krojované skupiny, legionári, sokoli a iné spolky so zástavami, večer v lampiónových sprievodoch. Vítali vzácnych hostí, zúčastňovali sa pohrebov známych osobností, ale aj manifestovali a demonštrovali, cvičili, spievali či hrali na cyrilometodských akadémiách, Husových oslavách, svätováclavských oslavách, Masarykových oslavách... Na Deň brannosti roku 1937 sa uskutočnil slávnostný sprievod branných spolkov, ktorého sa zúčastnili zástupcovia rôznych prúdov telovýchovy, skauti, Masarykova letecká liga, sestry Červeného kríža, vojenskí vyslúžilci a ďalší; aj takto spolky dokazovali pripravenosť Bratislavčanov na ochranu republiky.

Formy práce a verejného pôsobenia spolkov boli veľmi rozmanité: schôdze, valné zhromaždenia, slávnosti, kultúrne večery, akadémie, prednášky i „so svetelnými obrazmi", kurzy, koncerty, divadelné predstavenia, detské besiedky, výstavy, večierky, zábavy, plesy, hromadné telovýchovné vystúpenia, súťaže, sústredenia, zrazy, letné a zimné tábory, výlety, tomboly, verejné zbierky, knižničná a publikačná činnosť i aktívne zásahy do výzoru mesta (okrášľujúci spolok).

Z osláv šesťstoročnice krajčírov (1927)

Von den Feierlichkeiten zur 600. Jahresfeier der Schneiderinnung (1927)

Za posledných sto rokov zažilo naše mesto veľa... Pokojný civilizačný rozvoj i búrlivé politické prevraty, sociálne a hospodárske zmeny, i striedanie sa rôznych jazykov v uliciach, v úradoch aj v novinách. Všetko toto kvasenie sa odráža aj v spolkovom živote. „Podľa počtu obyvateľov patrila Bratislava na piate miesto v Uhorsku, ale čo sa týka priemyslu, obchodu a čulého spoločenského života – je na druhom mieste", píše M. Pisztóry roku 1891 (v čase, keď má mesto iba provinčné postavenie) a dokumentuje to okrem iného rozvinutou spolkovou aktivitou. Vysoko hodnotí spolky dobročinné (najmä zámožný Bratislavský ženský dobročinný spolok so základným kapitálom 127 tisíc zlatých), umelecké (z nich Cirkevný hudobný spolok sv. Martina s najstaršou tradíciou), spoločenské (spomína 50-ročnú činnosť kasína), spolky vedecké, živnostenské (osobitne vyzdvihuje Vinohradnícky spolok, jeho úspechy na krajinskej výstave, zásluhy na založení vinárskej školy i kuriózny spolkový majetok – 600 hektolitrov vína).

Uhorské kráľovské ministerstvo vnútra evidovalo roku 1878 v približne 50-tisícovej Bratislave 81 spolkov a spoločností s vyše 18 500 členmi! Roku 1915 tu fungovalo vyše 120 spolkov (bez spoločností, družstiev a p.). Prevládali medzi nimi sociálno-zdravotné: počet dobročinných, podporných a pohrebných spolkov za rakúsko-uhorskej monarchie kolísal medzi 20–30, začiatkom storočia a najmä za prvej svetovej vojny výrazne stúpol (na 58 v roku 1915). Na druhom mieste boli spolky spoločenské. Pressburger Wegweiser uvádzal v roku 1900 18 spolkov pre vedu a umenie a 13 spoločenských spolkov. Po prelome storočia ich počtom dobiehali spolky živnostenské, stavovské (v ich rámci boli evidované aj odborové organizácie) a športové.

Spolčovanie postupne zahŕňalo takmer všetky vrstvy obyvateľstva. Ťažisko spolkového hnutia spočívalo v mestskej strednej buržoázii (živnostníci, podnikatelia, slobodné povolania). Spolkový princíp prebrali aj iné triedy a sociálne skupiny na uspokojovanie svojich potrieb (napr. robotníci v boji za sociálne a politické požiadavky).

Zloženiu obyvateľstva zodpovedalo sčasti národnostné zloženie spolkov. V Prešporku boli takmer všetky nemecké, maďarské alebo najčastejšie nemecko-maďarské. Kontinuita slovenských spolkov bola prerušená. V tridsiatych rokoch 19. storočia, keď Bratislava bola centrom slovenského obrodeneckého pohybu, na tunajšom evanjelickom lýceu pôsobili Spoločnosť česko-slovanská, Slovanský ústav i tajný študentský spolok Vzájomnosť. Na ich tradície sa pokúšali nadviazať v šesťdesiatych rokoch obnovený Slovanský ústav na evanjelickom lýceu, spolok Naprej na právnickej akadémii i jednateľstvo Matice slovenskej, v sedemdesiatych rokoch ešte študentský spolok Zora. Po završení štúdia aktívnych jednotlivcov však tieto slovenské spolky zanikli. Neskôr sa snažili prebrať národnú štafetu robotníci. Roku 1905 vzniklo slovenské oddelenie spolku Napred. Slovenské povedomie pomáhali podporovať aj českí robotníci v kultúrnom spolku Bratrství.

V bohato rozkošatenom nemecko-maďarskom spolkovom hnutí v Bratislave bolo postupne badať snahy mestskej správy o prehĺbenie maďarského rázu mesta. Od 70.–80. rokov vyžadoval magistrát maďarský preklad stanov a mnohé nemecké spolky začínali viesť svoje protokoly v maďarčine. Dobročinný ženský spolok angažoval v roku 1879 maďarskú učiteľku, ktorá vo všetkých troch spolkových škôlkach striedavo vyučovala deti po maďarsky. (Po vzniku ČSR oznámil ten istý spolok, že učiteľky zložili skúšky z novej štátnej reči.)

Rozvinutú spolkovú činnosť náhle preťala vojna. Veselú zábavu maďarského Veslárskeho klubu i Tureckú slávnosť ruží, ktorú v orientálne vyzdobenej záhrade Bellevue zorganizovali bratislavskí typografi práve 28. júna 1914, prerušili detektívi so zvesťou o sarajevskom atentáte. Veľa členov spolkov narukovalo, spolková činnosť sa obmedzila na menšie akcie. Z ich výťažku podporovali rodiny narukovaných členov, vdovy, vojnových invalidov. Mnohé spolky zanikli. Časť po vojne pokračovala v činnosti i v nových podmienkach. Prvou akciou niektorých spolkov bola spomienková slávnosť na padlých členov; Veslársky klub odhalil na svojom klubovom dome (v Petržalke) i pamätnú tabuľu od Alojza Rigeleho.

Pripojenie Bratislavy k ČSR prinieslo zásadnú zmenu aj do života dobrovoľných združení. Československú vládu vítal s českými sokolmi len spevokol Zora. Maďarské a nemecké spolky vyčkávali vyhranenie politického kurzu a ich činnosť sa rozprúdila až po roku 1920. V dvadsiatych rokoch prepukla aj v Bratislave spolková horúčka, obrovský kvantitatívny nárast predovšetkým spolkov slovenských, ale aj nemeckých, maďarských, židovských... „Poprevratová psychóza zachváti všetky vrstvy a zložky obyvateľstva z akéhosi pudu sebazáchovy a sociálneho a spoločenského záujmu“ – píše sa v Zlatej knihe Slovenska roku 1929. V roku 1931 zaregistrovali v meste už 676 spolkov, čo je takmer desaťnásobok v porovnaní s rokom 1900, hoci počet obyvateľstva vzrástol za ten čas len o niečo viac ako dvakrát. Za prvej ČSR predstavovalo spolkové hnutie zrelý sociálny jav. Nadviazalo na civilizačné dielo spolkov z habsburskej monarchie a zároveň podstatne využívalo kvalitatívne nové možnosti rozvoja v súvislosti s novým štátnym usporiadaním a jeho zmenenou politickou, ekonomickou a spoločenskou štruktúrou. Násilnú maďarizáciu, podozrievanie a prenasledovanie, s ktorým zápasili slovenské spolky predtým, nahradila demokratizácia spoločenského života a štátna podpora slovenského spolkového hnutia ako celku. I spojenie s českými krajinami, kde malo združovanie vysokú úroveň, a príchod českej inteligencie prispeli k rastu spolkovej základne na Slovensku. Združovacia aktivita

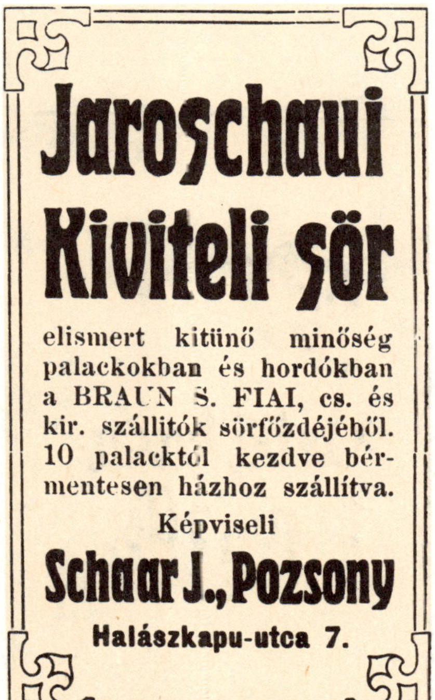

sa rozvíjala v rozmanitých oblastiach výrobnej, umeleckej, vedeckej či záujmovej činnosti. História jednotlivých spolkov, ich program a dosiahnuté výsledky, ich vzájomné väzby a súvislosti, význam pre mesto prípadne pre celé Slovensko – to si vyžaduje väčší priestor. Preto len na niektorých konkrétnych javoch ilustrujeme základné tendencie vývoja asociačného hnutia v medzivojnovom období.

Naplno sa rozvíjal spolkový život Slovákov v Bratislave. Prvé desaťročie republiky vo všeobecnosti znamenalo nástup slovenskej kultúry v meste a aj bratislavské spolky sa slovakizovali pomocou Čechov. V druhom desaťročí sa už slovenská kultúra dostala na pomerne vysokú úroveň, mladí slovenskí umelci, vedci, kultúrni pracovníci v spolkoch čiastočne nahradili svojich českých kolegov. Spolok slovenských umelcov, Umelecká beseda slovenská, Združenie slovenských umelcov, Spolok slovenských spisovateľov, Šafárikova učená spoločnosť, Spolok československých lekárov, Vedecká syntéza a viaceré ďalšie svojím významom presahovali rámec mesta a mali celoslovenský charakter.

Kontinuita kultúrneho vývoja Nemcov a Maďarov nebola v podstate vážne narušená. V činnosti pokračovali mnohé staré spoločenské, umelecké, vedecké, športové kluby. Svoju aktivitu len sčasti prispôsobili novým pomerom: napr. v repertoári Cirkevného hudobného spolku (Kirchenmusikverein) síce prevažovali nemecké hudobné diela, popri nich sa však už objavili i skladby slovenských a českých autorov – spolok bol nútený siahnuť po československom repertoári najmä pri svojich vystúpeniach v rozhlase.

Všetky územno-politické a národnostné zmeny prinášali so sebou zákonite i väčšie-menšie prejavy iredenty a revanšizmu. Nevyhol sa im ani spolkový život. Z mnohých hlásení Policajného riaditeľstva cítiť prirodzenú a oprávnenú obavu pred maďarským nacionalizmom. Československé úrady citlivo zaznamenávali maďarské kroje a trikolóry na maškarnom plese Meštianskeho telocvičného spolku PTE vo februári 1922. I každoročné májové akadémie tohto spolku sa považovali za hlučné nacionalistické demonštrácie. Policajné riaditeľstvo nepovolilo niektoré prednášky maďarských štátnych príslušníkov v tunajších maďarských spolkoch s odôvodnením, že „československá verejnosť to zle znáša". Úrady neschválili spolkové stanovy, ak v nich nebol použitý úradný názov Bratislava. V tomto zmysle si v roku 1923 muselo upraviť stanovy Občianske kasíno a s novým názvom mesta sa museli zmieriť viaceré ďalšie spolky. Pozorne sa sledoval styk spolkových funkcionárov s iredentistickými kruhmi. Československé úrady si všímali vplyv maďarských politických strán na spolky bratislavských Maďarov, ale aj Nemcov. Viaceré nemecké spolky, najmä telovýchovné, sa spočiatku orientovali promaďarsky. Až koncom dvadsiatych rokov sa zosilnil tlak sudetonemeckých organizácií, takže v tridsiatych rokoch sa časť nemeckého spolkového života v Bratislave rozvíjala na veľkonemeckom nacionalistickom základe.

Rozpadom Rakúsko-Uhorska stratili mnohé združenia spojenie s celouhorskou spolkovou organizáciou. Bratislavské slobodomurárske lóže sa odpútali od Uhorskej symbolickej veľkolóže, hasiči sa odtrhli od krajinského zväzu hasičstva atď. Postupne sa pripájali k novovznikajúcim národným, prípadne celoštátnym zväzom. Vďaka demokratickým pomerom v Československu rozvíjali nemecké a maďarské spolky naplno svoju aktivitu, aj keď bola v niektorých prípadoch namierená proti tejto republike.

Slávnosti remeselníkov (1937)

Auf dem Handwerkerfest (1937)

Za faktor, ktorý vo všeobecnosti ovplyvnil život Bratislavčanov v spolkoch, možno považovať hospodársku krízu a nezamestnanosť. Počas nej vzrástol síce počet dobročinných ustanovizní, znásobili svoju činnosť ľudové kuchyne, svojpomocné, podporné a humanitné spolky, ale na druhej strane sa oslabila a niekde aj zanikla činnosť záujmových spolkov robotníkov a iných vrstiev, postihnutých krízou. Hoci napr. v komunisticky zameranom spevokole Slobodná pieseň (Liedesfreiheit) boli nezamestnaní oslobodení od platenia týždenných speváckych príspevkov, aj tak nemali v ťažkej sociálnej situácii chuť na spev. Napriek krízovým oslabeniam dosiahlo v 20. a 30. rokoch spolkové hnutie v Bratislave svoj vrchol. Policajný súpis spolkov dokumentuje postavenie Bratislavy ako centra kultúrneho a hospodárskeho života na Slovensku. Práve tu sídlili takmer všetky ústredia spolkov s celoslovenskou pôsobnosťou. Veľkomestský charakter dodávali Bratislave okrem početných diplomatických zastupiteľstiev, cudzineckých klubov i združenia pestujúce styky so zahraničím: Alliance Francaise, Česko-slovensko-juhoslovanská liga, Kruh priateľov Poľska, Circolo Italiano, Spolok priateľov anglickej literatúry, Československo-rumunský spolok a ďalšie.

V roku 1938 nadobudol vývoj iné rozmery. Podstatné politické, národnostné i územné zmeny sa odzrkadlili aj v každodennom spolkovom živote. Po vyhlásení autonómie v októbri 1938 sa postupne zavádzal totalitný režim, likvidovali sa demokratické organizácie, medzi nimi aj niektoré spolky. Krajinský úrad rozpustil 14. októbra slobodomurárske lóže, 15. októbra Spoločnosť pre hospodárske a kultúrne zblíženie so ZSSR, Jednotu proletárskej telovýchovy, potom odbočku Solidarity, združenia pre ochranu práv a pre sociálnu pomoc a mnohé ďalšie organizácie. Zakrátko nato zlikvidoval volený výbor Zväzu slovenského študentstva a nahradil ho päťčlennou komisiou. Činnosť niektorých robotníckych spevokolov, napr. Slobodnej piesne, bola zakázaná. Časť spolkov sa zlúčila do združení zriadených v rámci Slovenskej pracujúcej pospolitosti. Za Slovenskej republiky výrazne zosilnela kontrola štátu nad združeniami občanov, sprísnila sa evidencia spolkových funkcionárov, do spolkov boli dosadení vládni komisári. Znížili sa podpory sociálnym spolkom, dotácie sociálnym ústavom, školám, športu, dobrovoľným hasičským zborom atď.

Spolky museli opustiť členovia českej národnosti, ktorí sa sťahovali do protektorátu. Tajomník Akademického speváckeho združenia vyslovuje v správe z 20. marca 1939 ľútosť nad ich odchodom. Vedenie českého Vinohradského spolku Richta (alebo Rychta, ako sa najmä spočiatku písavala) na Kolibe prebrali Slováci. Činnosť viacerých spolkov odchodom Čechov ochabla.

Neobyčajne vzrástla aktivita bratislavských Nemcov, najmä po anšluse Rakúska, keď sa hranice ríše priblížili až k hlavnému mestu Slovenska. Do provokácií bratislavských nacistov sa zapojili aj spolky. Nemecký kultúrny zväz (Deutscher Kulturverband) zorganizoval 14. mája 1938 „rodinný večierok" v malej sále Reduty. Účastníci pochodovali od nemeckého gymnázia a obchodnej akadémie na Palisádach s nacistickými vlajkami, bubnami a trúbkami, s výkrikmi „Sieg Heil" a „Heil Hitler!" Deutscher Alpenverein sa v nových stanovách z roku 1938 zaväzuje „plánovite rozvíjať telesné cvičenia a starostlivosť o národné uvedomenie v duchu národnosocialistického svetonázoru". Aj nemeckí veslári (Ruderverein Donau) si prestavali klub „v čisto veľkonemeckom smere" a prispôsobili stanovy Nemeckému telocvičnému a športovému zväzu na Slovensku (DTSV). Svoje valné zhromaždenia vo vojnových rokoch končili piesňou In den Ostwind hebt die Fahnen. Na schôdzach nemeckých turistov znela Horst Vessel-Lied. Z hasičského zboru dokonca vylúčili slovenských členov.

Keď po mníchovskej dohode nemecké vojská obsadili bratislavské predmostie Petržalku, stratilo tým mesto a jeho spolky väčšinu svojich telovýchovných zariadení – ihriská, lodenice, klubové domy. Veslári sa sťahovali do Karlovej Vsi, kde ich prichýlili vodáci. Ostatné kluby hľadali náhradu v priestoroch RTJ, Sokola a iných rozpustených spolkov. ŠK Bratislava začal budovať športový areál na Tehelnom poli.

Smutnou kapitolou týchto rokov bolo vylučovanie Židov zo spolkového života. Nemeckí veslári už vo februári 1939 oznámili nútené vystúpenie neárijských členov. Výbor Občianskeho kasína vyzval roku 1942 svojich členov, aby prehlásili, či sú Židmi alebo židovskými miešancami. Hoci hlásenia pre úradné miesta sa niekedy odlišujú od praxe, a preto ich treba brať s rezervou, faktom zostáva, že podľa nových stanov niektorých spolkov (napr. maďarského aj slovenského veslárskeho klubu) sa členmi nemohli stať Židia.

Obdobie slovenského štátu predstavovalo teda opúšťanie demokratických princípov spolkového života. Na druhej strane však preferovanie slovenskej kultúry umožnilo niektorým umeleckým, vedeckým, spoločenským, športovým spolkom dosiahnuť vynikajúce výsledky. Počet spolkov síce klesol viac ako dvojnásobne, no v decembri 1944 v Bratislave ešte stále pôsobilo 276 spolkov (z nich 53 spoločenských a 49 dobročinných). Ich prácu veľmi obmedzovali vojnové pomery. Ilustruje to napr. žiadosť spevokolu Zora o odsunutie termínu valného

Kladenie základného kameňa hasičského domu (1930)

Grundsteinlegung des Feuerwehrhauses (1930)

zhromaždenia v roku 1944, pretože veľa členov je mimo Bratislavy, zostávajúci musia po celodennej práci nastúpiť vo večerných a nočných hodinách do služby Civilnej protileteckej obrany a členky sa nemôžu zúčastňovať skúšok a schôdzí pre zatemnenie a nebezpečenstvo poplachu. V decembri 1944 museli všetky spolky hlásiť Policajnému riaditeľstvu, že sa ich členovia nezúčastnili na „protištátnej činnosti". Spolok Richta z Koliby oznámil, že vylúčili dvoch členov za účasť na povstaní.

Po oslobodení roku 1945 sa spolkové hnutie opäť ocitlo v celkom odlišnej situácii. Veľa funkcionárov a členov evakuovalo, zahynulo, nemecký a maďarský spolkový život v Bratislave sa už v podstate ani neobnovil. Slovenské združenia sa očisťovali od fašistických a protidemokratických prvkov, nové previerky prebehli po februári 1948. Oblastné veliteľstvo Národnej bezpečnosti evidovalo v Bratislave v decembri 1946 spolu 302 spolkov (medzi nimi 60 stavovsko-zamestnaneckých, za ktoré sa považovali skupiny ROH, 53 športových a 40 spoločenských).

Búrlivé pretváranie dovtedajšej štruktúry, zlučovanie, rozpúšťanie, revíziu, reorganizáciu, politizáciu spolkového života zavŕšil v roku 1951 zákon o dobrovoľných spoločenských organizáciách, ktorý znamenal koniec spolkovej éry. Časť spolkov sa rozišla alebo bola rozpustená, časť sa včlenila do masových organizácií. Následkom bolo zjednotenie a zjednodušenie systému združovania občanov, ale aj redukcia spoločenského života a narušenie kontinuity vývinu miestnej kultúry. Spoločenský život sa aj v dôsledku zániku spolkov presunul z verejnosti do súkromia. Likvidáciou spolkov sa stratil jeden z priestorov, kde ľudia navzájom komunikovali. Časť ich náplne (predovšetkým činnosť výchovnú, vzdelávaciu, záujmovú, umeleckú a pod.) prebrali obvodné kultúrne strediská, Mestský dom kultúry a osvety či ostatné kultúrne zariadenia mesta (najmä Bratislavská informačná a propagačná služba so svojím Kruhom priateľov Bratislavy a Park kultúry a oddychu), závodné kluby ROH, domy pionierov a mládeže atď. Chýbala však dobrovoľná a druhovo pestrá platforma na rozvíjanie rôznych čiastkových, skupinových alebo miestnych záujmov. V 80. rokoch sa rozširuje hnutie svojpomoci, ktoré môžeme považovať za dediča spolčovania. Vytváranie skupín vzájomnej pomoci, Bioklubov, Kardioklubov, abstinentských a iných zdravotne orientovaných záujmových združení, ako aj silné hnutie dobrovoľných ochrancov prírody sú prejavom nespokojnosti obyvateľov s oficiálnymi službami. Reagujú na ich nepripravenosť uspokojovať novovznikajúce potreby ľudí vo viacerých oblastiach, ako sú sociálna a zdravotná starostlivosť, vzdelávanie, životné prostredie, výroba potravín a iné. Svojou funkciou v spoločnosti i formálnou stránkou veľmi pripomínajú spolky.

*

Spomienky na niekdajšie spolky začínajú pamätníci približne rovnako: „Bolo ich veľa a veľmi rôznorodých." Čo však spájalo exkluzívny jazdecký klub s cirkevným pohrebným spolkom, slobodomurársku lóžu s robotníckym spevokolom, či futbalový klub so spolkom umelcov? Združovali ľudí rôznych tried a spoločenských vrstiev, kládli si rôzne ciele, vykonávali rôznu činnosť, ale napriek tomu mali mnoho spoločného. Vyznačovali sa zhodným mechanizmom fungovania a plnili rovnakú funkciu pri zapájaní jednotlivca do spoločenského života. Dobrovoľné združovanie umožňovalo Bratislavčanom sebarealizáciu i rekreáciu, poskytovalo im priestor na vzájomnú komunikáciu, na zvyšovanie životnej úrovne a kultúrnej vyspelosti i na verejnú a politickú angažovanosť.

Pri vzniku všetkých spolkov zohrávali veľkú úlohu zakladateľské osobnosti. Boli to ľudia, ktorí dobre poznali situáciu a potreby v danom prostredí a odbore a mali organizačné schopnosti a skúsenosti zo spolkovej činnosti. Patrili k nim napr. grófka Terézia Brunsviková, iniciátorka Dobročinného ženského spolku, kde sa združili bohaté bratislavské dámy, rovnako ako Ján Klimo, zakladateľ viacerých robotníckych spevokolov. Spomína, ako v jednu letnú nedeľu v záhradnej reštaurácii v Rači v rozjarenej spoločnosti železničiarov a vinohradníkov dal podnet na založenie spevokolu. Zorganizoval ukážkové vystúpenie spevokolu Tatran, získal miestnych nadšencov, radil im a stál tak pri kolíske robotníckeho spevokolu Vatra. Takíto ľudia inšpirovali vytvorenie prípravného výboru. Ten zohnal širší okruh záujemcov, zvolal valné zhromaždenie, ktoré zvolilo vedenie – spolkový výbor. Vypracovali sa stanovy, vybavila celá úradná schvaľovacia procedúra a spolok mohol pracovať. Stanovy mali pevnú štruktúru, ktorá sa od počiatku vývoja spolkov v podstate nemenila. Prebrali ju i družstvá, spoločnosti, zväzy, politické strany aj dobrovoľné spoločenské organizácie.

Zaujímavý je paragraf o prijímaní členov. Mnohé spolky nepožadovali od členov osobitné vlastnosti alebo odborné schopnosti. Trvali len na „mravnej bezúhonnosti" a dosiahnutom veku, najčastejšie 17–18 rokov. Niektoré spevácke a športové spolky znížili hranicu na 13–14 rokov, ale s podmienkou, že mládež sa nesmie zúčastňovať spoločenských zábav. Vekovú hranicu stanovovali predovšetkým pohrebné spolky, niektoré podľa nej určovali členské príspevky. Existovalo veľa spolkov, ktoré si kládli aj špeciálne podmienky pri výbere členstva. Stanovy Vinohradskej obce na Kolibe z roku 1922 vyžadovali bydlisko na Kolibe a okolí. Podľa upravených stanov z roku 1932 sa členmi mohli stať len majitelia rodinných domčekov na Kolibe. Do Zväzu veľkostatkárov mohli vstupovať len československí štátni občania vlastniaci minimálne 150 ha majetku. Činným členom Spolku slovenských spisovateľov sa mohol stať len slovenský autor alebo kritik, ktorý aspoň tri roky publikoval vo významných časopisoch alebo vydal jednu

Spoločenstvo krajčírov na slávnostiach (1927)

Die Schneider auf ihrem Fest (1927)

literárne cennú knihu. V speváckych a hudobných spolkoch musel uchádzač o „výkonné" členstvo preukázať svoje hudobné vzdelanie a schopnosti. Mimoriadne nároky kládol Rotary klub: „Činnými členmi môžu byť svojprávni muži uznane dobrej povesti v ich povolaní, obchode a súkromnom živote, ktorí sú majiteľmi, spoločníkmi, členmi správnych rád alebo sú riaditeľmi bársakého slušného a význačného podniku" atď. (stanovy z roku 1927). Veľkou zvláštnosťou Rotary klubov v porovnaní s ostatnými spolkami bola viazanosť členstva na tzv. klasifikáciu, výslovnú podmienku, že každé priemyselné či obchodné odvetvie alebo praktické povolanie môže byť v miestnom klube zastúpené jedinou osobou. Mala sa tým „znemožniť prirodzená revnivosť členov z konkurenčných dôvodov", ale predovšetkým išlo o sprostredkovanie a prehĺbenie priamych osobných kontaktov medzi všetkými kategóriami povolaní v meste.

Rotariáni prijímali medzi seba len mužov. Vo všeobecnosti bolo spolkárenie – najmä v minulom storočí – záležitosťou „silnejšieho" pohlavia. Ženy mali obyčajne prístup len na spolkové slávnosti. Samostatné ženské organizácie sa obmedzovali prevažne na sociálnu starostlivosť (Dobročinný ženský spolok, viaceré židovské ženské humanitné spolky, napr. Dievčenský izraelitský spolok pre občerstvenie chovancov v nemocnici i doma, potom Spolok domácich paní Unitas, YWCA atď.). Veľa žien pracovalo v Prvej mestskej ľudovej kuchyni i v Červenom kríži. Niektoré ženské spolky plnili i širšie kultúrne a národno-politické úlohy (Živena). V 19. storočí sa ženy zúčastňovali praktickej spolkovej činnosti len v zúženom rámci, rozvoj spolkov však neraz podporovali finančne. V zozname 445 podporujúcich členov Dobrovoľného hasičského spolku v roku 1880 nájdeme 44 žien. V medzivojnovom období bolo už činné členstvo žien v spolkoch bežným javom. I slobodomurárska lóža Bratstvo (Testvériség) po dlhých rokoch búrlivých debát napokon v roku 1924 prizýva „sestry" do svojho kruhu. Niekoľko spolkov však naďalej ostáva uzavretou mužskou spoločnosťou. Občianske kasíno pozvalo v roku 1937 na slávnostnú večeru do Carltonu pri príležitosti stého výročia založenia spolku len mužov!

Spomínali sme členov činných (riadnych, výkonných) a podporujúcich (prispievajúcich). Spolkové stanovy uvádzali ešte členov čestných a zakladajúcich, ktorí prispeli jednorazovo veľkou sumou. V niektorých spolkoch mali tiež mimoriadnych, doživotných, dopisujúcich (vo vedeckých spolkoch). Nových členov prijímal výbor. V Bratislavskom lekársko-prírodovedeckom spolku bolo potrebné odporúčanie dvoch, v telocvičnom PTE stačil návrh jedného výborníka a jedného bežného člena. Prijatie ženy musel odporučiť niekto z výboru a dve ženy – členky spolku! Mená kandidátov sa pred hlasovaním výboru zverejňovali na oznamovacej tabuli, aby sa k nim členstvo mohlo vyjadriť. Niekde stanovy predpisovali pri prijímaní zvláštny postup. V slobodomurárskej lóži Mlčanlivosť (Verschwiegenheit) rozhodovalo tajné hlasovanie bielymi a čiernymi guľkami. „Za odmršteného sa považoval ten, na koho pripadli pri hlasovaní guľkami viac ako dve čierne guľky" (stanovy 1925). Takýto spôsob hlasovania používal napr. nemecký veslársky spolok aj Slovanský klub.

Výbor členovia spolku volili na valnom zhromaždení. Na čele stál predseda (Präses, Obmann, Vorstand, elnök). Išlo často o čestnú funkciu, obsadzovanú významnými osobami, ktoré mohli svojou autoritou, stykmi či bankovým kontom napomôcť pri ďalšej činnosti.

Niektoré, zvlášť dobročinné spolky v 19. storočí mávali ako protektora aristokrata alebo inú zámožnú osobu, ochotnú po určitý čas spolok podporovať. Ak bol predseda viac titulárny než praktický, organizačné vedenie spolku pripadlo podpredsedovi a tajomníkovi. K pravidelným spolkovým funkcionárom patrili aj zapisovateľ a hospodár (pokladník).

Ďalší členovia výboru sa líšili podľa charakteru spolku. Spevácke asociácie mali svojich zbormajstrov, dirigentov a archivárov na archivovanie hudobnín; stenografický spolok Concordia vedúceho kurzov, okrášľovací spolok – otec dnešného Mestského múzea – mal kustóda, podporné a pohrebné spolky uvádzali svojich lekárov a lekárnikov, ktorí predávali členom spolku lieky so zľavou. Špeciálnych hodnostárov a dôstojníkov si volili dobrovoľní hasiči. V roku 1868 mali okrem predsedu spolku náčelníka hasičstva, cvičiteľa, nadporučíka, majstra striekačov, poručíka záchran, poručíka lezcov. V medzivojnovom období sa spomína hlavné veliteľstvo, technická správa, rotné veliteľstvo, dôstojníci, čatári, čatovodiči, rojvodiči atď. Robotnícke spolky si volili zástavníkov. Početné výbory stáli na čele telovýchovných spolkov. Vyše 500-členný maďarský PTE mal podľa stanov z roku 1921 predsedu, štyroch podpredsedov, 26 členov výboru a 6 náhradníkov. Vo výbore zasadal aj spolkový právnik a lekári, nemali však hlasovacie právo. Výbor si volil 13 úradníkov: hlavného tajomníka, tajomníka, dvoch pokladníkov, dvoch kontrolórov, skladníka, dvoch dozorcov osady, dozorcu tenisovej dráhy, dozorcu kolkárne. Posledným úradníkom bol majordómus, ktorý sa mal starať o klubovú miestnosť. Stanovy nemeckého Veslárskeho spolku Dunaj z roku 1930 dôkladne rozpisovali povinnosti jednotlivých funkcionárov, zodpovedných za vedenie spolku, výcvik členov, disciplínu, poriadok, financie, správu domu, náradia atď. Cyklistické spolky si volili vlastných predjazdcov a trubačov. Kultúrny spolok českých železničných zamestnancov Vinohradská obec Richta na Kolibe si nazval funkcionárov v „obecnom výbore“ svojsky: „rychtář, obecní tajemník, obecní berní, obecní správce, 6 radních, 3 obecní starší“. Dve posledné funkcie označovali členov výboru a náhradníkov (1922). Zložité výbory na čele s veľmajstrom mali slobodomurári.

Členstvo vplyvných osobností, prípadne aj ich aktívna účasť na spolkovom živote veľmi priaznivo ovplyvňovali vývoj združenia. Na druhej strane spolok pôsobil na svoje členstvo, umožňoval rast osobností, individuálny rozvoj prostredníctvom vzdelania a kultúry, spoločenskú angažovanosť. V ňom sa jednotlivci i skupiny učili vyjadrovať svoje záujmy, získavali tu určité politické skúsenosti a predovšetkým osobné kontakty, konexie. Kníhtlačiar a nakladateľ J. Horáček v súvislosti so svojím príchodom do Bratislavy spomína: „K starým funkciám pribudli nové v ďalších spolkoch a stavovských organizáciách, ktoré som v záujme obchodných stykov nemohol odmietnuť.“ Na spolkovej pôde sa formovali viaceré osobnosti politického, umeleckého, vedeckého, hospodárskeho života. Úspešná spolková činnosť často napomohla členom v politickej či inej kariére. O členstvo bol preto i z tohto dôvodu veľký záujem. Častá je účasť jednotlivca v mnohých spolkoch súčasne. M. Györik, autor knihy o Bratislavskom okrášľujúcom spolku, píše, že bol v 19 spolkoch, „v niektorých činný, v iných len do počtu“. V bratislavských adresároch Pressburger Wegweiser z prelomu storočia ho nájdeme ako funkcionára v kasíne, slobodomurárskej lóži Bratstvo, v Kruhu Józsefa Eötvösa,

Hrob Ferdinanda Martinenga (1989)

Hier ruht Ferdinand Martinengo (1989)

v úradníckom spolku, spolku na ochranu zvierat a mnohých iných. Mimoriadnou osobnosťou mestského spolkového života bol Ferdinand Martinengo, učiteľ telocviku, zakladateľ šermiarskeho a hasičského spolku. Funkcionárčil v Spolku umelcov a učiteľov reči, v spolku streleckom, okrášľovacom, vo viacerých dobročinných združeniach. Stál pri zrode spolku Humanitas na podporu chudobných žiakov. Pracoval v krajinskom hasičskom zväze a v medzinárodnom hasičskom výbore. Za čestného člena ho zvolili dobrovoľné hasičské zbory v niekoľkých rakúskych a uhorských mestách, okrem iných aj v Budapešti. Za svoju úspešnú spolkovú činnosť bol veľakrát vyznamenaný, dostal vavrínové vence, pokály, bol dekorovaný zlatými krížmi za zásluhy, ktoré udeľoval panovník, neraz ho hasiči aj s kapelou odprevádzali po takýchto slávnostiach domov a prevolávali mu na slávu.

Pri prezeraní zoznamov spolkov na stránkach bratislavských adresárov sa často objavuje aj meno dr. Daniel Molec. Pôsobil ako právny zástupca, okrem iných v ženských podporných a veteránskych spolkoch. Raz predsedal hasičom, inokedy šachovému klubu, či meštianskemu spolku... Agilným pracovníkom v nemeckom spolkovom hnutí bol jeden z neskorších vodcov nemeckej nacionálnej strany na Slovensku advokát dr. Samuel Frühwirth. Figuroval v spolku šermiarskom, slobodomurárskom (Mlčanlivosť), vinohradníckom, speváckom (Liedertafel), vo Zväze nemeckých akademikov, Nemeckom kultúrnom zväze atď. Vo vedení často pôsobili predstavitelia mestskej i štátnej správy. Zoltán Jankó, posledný bratislavský župan za monarchie, bol činný v spolkoch slobodomurárskych, dobročinných, v okrášľovacom, speváckom (Singverein), v telocvičnom PTE a iných. Známy bratislavský filantrop dr. György Schulpe pracoval napr. vo Zväze obchodných zamestnancov a v Bratislavskom meštianskom spolku. Meno predsedu Ústredného združenia slovenského priemyslu Egona Bondyho sa vynára v zoznamoch spolkových funkcionárov už za Rakúsko-Uhorska (napr. v Národohospodárskom klube), po roku 1918 najmä v spolkoch slobodomurárskych. Spoločenské kontakty v spolkoch vyhľadával aj populárny spisovateľ a mnohonásobný spolkový funkcionár Elo Šándor, známy zvlášť svojou činnosťou v pobočke Spoločnosti pre hospodárske a kultúrne styky s novým Ruskom. I z tohto viac-menej náhodného výberu osôb vysvitá, že pre hlbšie poznanie spoločenského života mesta je nevyhnutné všímať si spolkové styky, lebo niekedy práve v nich môžeme nájsť korene zdanlivo nelogických spojenectiev, prejavov, postojov či konfliktov.

Členovia spolku, spojení spoločnými potrebami a záujmami, sa snažili aj navonok preukazovať svoju spolupatričnosť, vedomie, že „patria niekam", vôľu reprezentovať sa. Volili si preto vlastné symboly, ktoré ich odlišovali od okolia. Pýšili sa spolkovými odznakmi, rovnošatami, niekedy aj vlastnými hymnami, klubovými farbami, zástavami, niektoré športové spolky aj svojskými pokrikmi. Na pečiatkach, záhlaviach spolkových papierov, obálkach, vlajkách, odznakoch, na predmetoch slúžiacich reprezentácii používali osobitné znaky so zamestnaneckými, kultúrnymi alebo heraldickými motívmi. K najznámejším patrili hasičské symboly s prilbou, sekerkami, lanami a hákmi, robotnícke s podanými rukami – princípom jednoty a pomoci – a pracovnými nástrojmi. Vlastné znaky mali športové spolky, vojenskí vyslúžilci, náboženské spolky atď. Slobodomurárske znaky vyjadrovali pôvodné filantropické zameranie hnutia. Kružidlo, ktoré

umožňuje tvorenie kruhu, symbolizovalo všeobecnú, všetko zahŕňajúcu ľudskú lásku; uholník predstavoval stabilitu v mravných otázkach.

Tendencie k mystike, tajomnosť, predmety so symbolickými funkciami, záhadné obrady – to všetko vzbudzovalo zvedavosť verejnosti. Keď po zákaze slobodomurárskych lóží v roku 1938 policajní úradníci zabavili ich spolkový majetok, sprístupnili na krátky čas priestory slobodomurárskeho domu na Sennom námestí (nám. 1. mája). Záujemcovia sa mali presvedčiť o „tmárskych praktikách“ slobodomurárov. Mohli si pozrieť drevenú truhlu, ľudskú kostru, sedemramenný svietnik, cínové kahance, knihy, medaily, zásteru z bielej kože, inú zásteru s lýrou, čierne kladivo, trojuholníkový štít s lebkou...

Zvedavým Bratislavčanom nedávali spať ani členovia spolku Schlaraffia, ktorí nosili „šišaté“ čiapky a odznaky so sovou a navzájom sa oslovovali krycími humornými menami. Niektorí ich súčasníci sa nazdávali, že „to s nimi nebolo celkom kóšer, tiež to boli lumpi ako slobodomurári. Tí sa skrývali za humánne poslanie, ale veď humanita sa nemusí robiť tajne. Hlavným účelom bola politika...“

Spolková symbolika má veľmi významné miesto v spoločenskom živote a dlho zostáva v ľudskej pamäti. Prvou reakciou MUDr. Ladislava Dohnányho na otázku o Spolku medikov bol úsmev. Spájal sa so spomienkou na búrlivé schôdze, na ktorých sa študenti dlho do noci hádali, akú farbu má mať spolková čiapka. „Viete, akú vybrali nakoniec? Sivú, lebo vraj bude častejšie na zemi ako na hlave.“ Inokedy sa nevedeli dohodnúť, koľko jazykov má mať had na Aeskulapovom znaku. Po zamietnutí extrémnych návrhov, aby bola zastúpená každá slovanská reč, medici nakoniec vybrali hada s dvoma jazykmi – slovenským a českým.

V uliciach mesta stretávali okoloidúci pri slávnostných príležitostiach uniformovaných hasičov v parádnych prilbách, veteránov v rovnošatách, na ihriskách povzbudzovali športovcov v klubových dresoch. PTE mali farbu modrú a žltú, ŠK Makkabea modrú a bielu. Prvý bratislavský cyklistický spolok bielu a červenú... I v posledných desaťročiach bol tábor bratislavských futbalových fanúšikov rozdelený na modrých (Slovan, potomok nemenej slávneho ŠK Bratislava) a žlto-čiernych (Inter).

Na vody Dunaja tiež prenikli spolkové farby. L. Aixinger opisuje vo svojej knihe členov maďarského Veslárskeho spolku (Hajós egylet) v prvej spolkovej rovnošate ako „elegantný oddiel v červených flanelových matrózskych blúzach, v tmavomodrých nohaviciach, v hnedých slamených klobúkoch s červenými stuhami“ (1862). Zakrátko zamenili hnedé slamáky za žlté s modrou pruhovanou stuhou. Každý člen nosil povinne klobúk a spolkový znak s uhorskou kráľovskou korunou. Velitelia lodí sa odlišovali zlatou šnúrou okolo gombíkov na kabáte a spolkovým znakom na golieri košele, vyšitým červeným hodvábom. Po roku 1918 musel spolok svoje monarchistické symboly na odznaku, pečiatke aj zástave opustiť, od roku 1925 používal bielu zástavu s modrým krížom.

Farby a symboly hrali dôležitú rolu aj v robotníckom hnutí. Keď sa v spevokole Typografenbund začalo v roku 1920 členstvo výraznejšie politicky diferencovať, ako jednu z prvých úprav navrhli ľavicovo orientovaní tlačiari zmenu odznaku: „Žijeme v krajne pohnutom čase, v ktorom aj farba hrá významnú rolu, a práve my, kníhtlačiari, máme vždy vyznávať vo vnútri i navonok zjavne farbu. Táto farba môže byť v moderných robotníckych organizáciách a ich spevokoloch len

Hasičská čestná stráž pri Martinengovom hrobe (1989)

Feuerwehrehrenwache am Martinengos Grab (1989)

červená... Modro-biela farba je meštiacka a z nášho spolku by mala už celkom zmiznúť.“ (Z. Nováček)

Náboženské, hasičské, robotnícke, športové spolky považovali za svoj najdôležitejší symbol zástavu. Jej okázalej a dôstojnej posviacke venovali najvyššiu pozornosť. Funkcionár Robotníckeho vzdelávacieho spolku Napred (Vorwärts – Elöre) K. Hanzlíček podrobne opísal posviacku spolkovej zástavy 12. septembra 1869.

Počas príprav slávnosti organizátori vášnivo debatovali o tom, aký kňaz má zástavu posvätiť, pretože v spolku boli katolícki, evanjelickí aj židovskí členovia. Nakoniec sa dohodli, že posviacku zástavy neurobí kňaz, ale jej rozvinutie vykoná predseda. V krásny nedeľný deň sa asi štyristo členov spolku sprevádzaných množstvom iných robotníkov zišlo pred hotelom National. Odtiaľ pochodovali za vyhrávania vojenskej hudby pluku Belgický kráľ cez pontónový most na dostihovú dráhu v Petržalke. Privítali ich výstrely z mažiarov. Robotníci sa zoradili. O tretej hodine prišla matka zástavy pani Karolína Köszeghyová a kmotra zástavy pani Karla Feigelová, obe pozdravované davom. Slávnosť otvoril prívetom predseda spolku Eduard Nemčík. Zatiaľ čo hostia a členovia výboru zatĺkali pamätné klince do žrde zástavy, čítali sa pozdravné telegramy od robotníckych spolkov z Budapešti, Viedne, Štajerského Hradca, Kremže, Marburgu, Leobenu a Neunkirchenu. Potom zástavu pozdvihli a sklonili na štyri svetové strany. Všetci ju búrlivo zdravili, duneli výstrely z mažiarov, vojenská hudba zahrala Lassallov pochod. Tým sa skončila vlastná posviacka. Predseda pristúpil k členom a požiadal ich, aby zložili prísahu vernosti vztýčenej zástave, ktorá im má svietiť na cestu vpred. Všetci členovia spolku utvorili kruh. Stáli v ňom aj matka a kmotra zástavy a šesť dievčat oblečených v bielom. Dvadsať členov položilo pravú ruku na zástavu, ostatní zdvihli pravú ruku a opakovali po predsedovi slová prísahy. Nato spevokol zaspieval spolkovú hymnu. Po slávnosti celý sprievod odpochodoval do Bohmannovej reštaurácie v Prepoštskej záhrade (na mieste dnešnej Podjavorinskej ulice). Večer pokračovala zábava v hoteli Speneder. Medzi účastníkmi sedela i mestská a vojenská honorácia. Vodca viedenských robotníkov Andreas Scheu predniesol reč o význame červenej sociálno-demokratickej zástavy. Zástavu spolku Napred z ťažkého červeného hodvábu so spolkovým heslom vyšitým zlatou niťou zhotovili sami členovia. Prostriedky na ňu – asi sto zlatých – získali z dobrovoľných príspevkov členstva. Červenú žrď zástavy ukončoval hrot so strieborným robotníckym odznakom – dvoma rukami držiacimi kladivo. Červené, zlatými strapcami obšité stuhy s krásne vyšitým nemeckým názvom spolku a dátumom darovali matka a krstná matka zástavy.

Mimoriadnej úcte sa tešila hasičská spolková zástava. Ich vlajkonosič A. Schwappach dokonca spísal Dejiny zástavy bratislavského dobrovoľného hasičstva (1880). Tento nemecký rukopis v nádhernej väzbe, rovnako ako spolkové zástavy s množstvom hodvábnych vyšívaných stúh pietne uchovávajú dediči najstaršieho hasičského spolku v meste – Základná organizácia Zväzu požiarnej ochrany Bratislava I/2 na Cintorínskej ulici. Hasičský zástavník Schwappach priamo nazval zástavu symbolom spolupatričnosti, znakom bratskej jednoty, ktorý oduševňuje členov a nabáda ich k vernosti spolkovým zásadám a plneniu si povinností. Prvú zástavu si zadovážili bratislavskí hasiči v treťom roku svojej existencie (1870), keď sa mali reprezentovať na hasičskom zjazde v Linzi. Veľká delegácia z Bratislavy tam pochodovala pod zástavou v uhorských štátnych farbách so zlatým maďarským nápisom. Spod pozlátenej špice viseli ťažké hodvábne stuhy, na ktoré dámy vyšili nemecky a maďarsky názov spolku. Odvtedy ich zástava sprevádzala na všetkých slávnostiach v meste i mimo neho, na uhorských a rakúskych hasičských zjazdoch, pri posviackach zástav iných zborov, na pochodových cvičeniach, oslavách, sprievodoch... Takmer všetky významné oficiálne spolkové slávnosti sa začínali alebo končili dekorovaním zástav. Hostitelia vybrali dámu, ktorá ozdobila zástavu hostí vencom a farebným hodvábnym pásom so spomienkovým nápisom. Ojedinele bola na stuhe pripevnená pamätná medaila. Hasiči sa zúčastňovali aj na slávnostných sväteniach zástavy spriatelených spolkov. V septembri 1881 pochodovali v plnej paráde bratislavskí hasiči a vojnoví vyslúžilci, ako aj hasičské delegácie z Trnavy, Devína, Prievozu, Karlovej Vsi, Bergu, Malaciek a Modry z námestia Milosrdných bratov (nám. SNP) na dostihovú lúku. Tu sa stali svedkami slávnostnej posviacky zástavy Veteránskeho spolku korunného princa Rudolfa.

J. Malárik vo svojej knihe o bratislavskom hasičstve uvádza, že dámy mesta darovali v roku 1891 spolku novú zástavu. Hasiči si ju dali posvätiť až v roku 1903, pri príležitosti osláv 35 rokov existencie. Na dvore zbrojnice na Krajinskej ceste (Radlinského ul.) postavili oltár, pred ktorým vykonal blumentálsky farár posviacku. Potom sa vtĺkali do žrde pamätné klince. Aj do veľkolepých osláv 60. výročia trvania Dobrovoľného hasičského a záchranného zboru v roku 1927 zahrnuli organizátori posvätenie novej zástavy a novej striekačky. Pri posviacke na námestí Slobody mal starosta dr. Ľ. Okánik kázeň v troch rečiach. Nasledovala hasičská prehliadka, slávnostný obed v Redute, veľké hasičské cvičenie na námestí Republiky (nám. SNP) a nakoniec ľudová veselica v objektoch veľtrhu. Samostatnú zástavu majú hasiči (požiarnici) dodnes.

Veľký význam pripisovali spolkovej zástave aj robotnícke spevokoly. Nový výbor Typografenbundu sa roku 1879 uzniesol zakúpiť spolkovú zástavu. V roku 1882 pri príležitosti svätenia tejto zástavy koncertovali viaceré spevokoly z Bratislavy, Viedne, Brna, Pešti a Pezinka. Rozsah slávností prevýšil všetky dovtedajšie kultúrne zvyklosti. Skladateľ

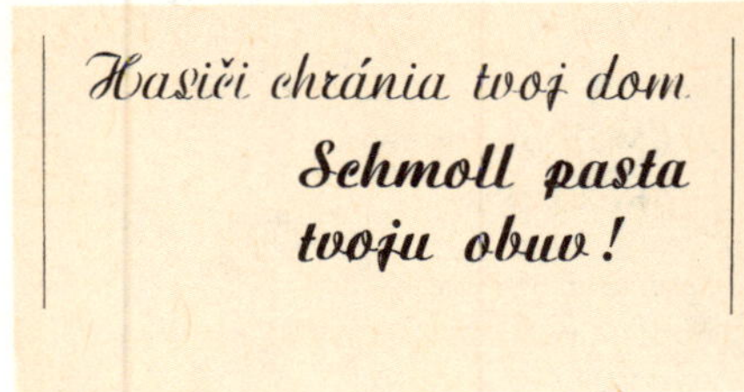

Reklama hasičom či paste?

Eine Werbung für Feuerwehr oder Schuhpaste?

Mestské divadlo
Stadttheater

Viedenská električka
Die Straßenbahn nach Wien

Keď bola Štúrova ulica ešte Baross út.
Als Štúrstraße noch Baross út. war

Obytné domy
na Podhradí (1973)

Wohnhäuser
auf dem Wasserberg
(Vodný vrch) 1973

Židovská ulica
(I. Weiner-Kráľ 1937)

Judengasse (Židovská ulica)
von I. Weiner-Kráľ (1937)

Prichádzajú
noví Prešpuráci?

Kommen neue
Preßburger?

Spomienka
pri hrobe (1989)

Gedenken
am Grab (1989)

Slávičie
údolie (1989)

Friedhof Nachtigaltal
(Slávičie údolie) 1989

Zo slávnosti
na Cukrmandli

Aus einem Fest
am Zuckermandel

Vitrína
hasičskej slávy

Feuerwehrerinnerungen

Fašiangy
za výkladom (1990)

Faschingszeit
hinter Glas (1990)

Vejár spolku Živena (1936)

Ein Fächer des Vereines Živena (1936)

Trh s veľkonočným tovarom (1989)

Ostermarkt (1989)

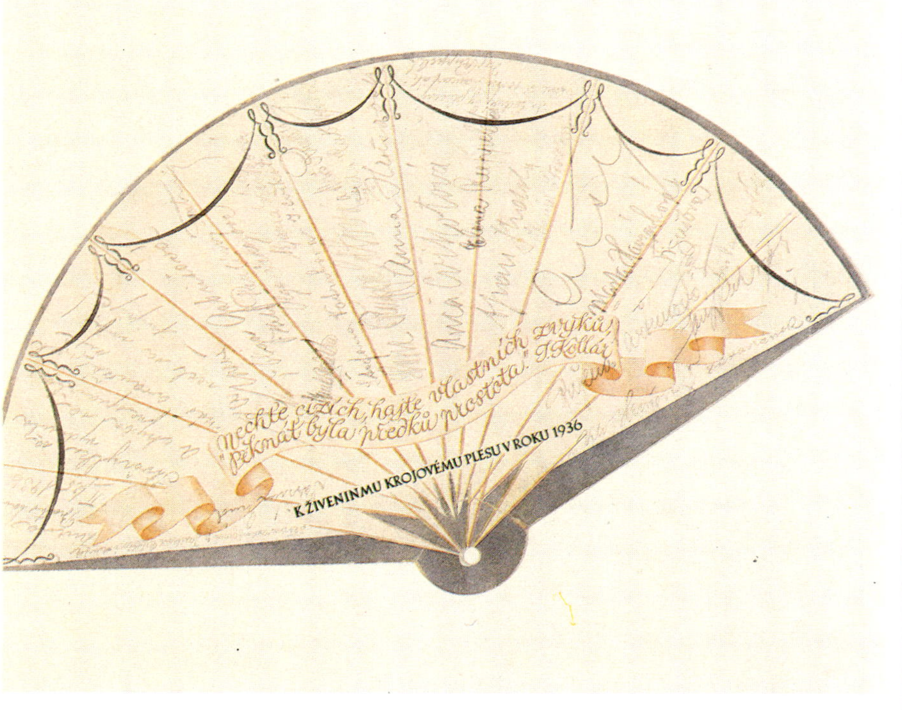

Druhá strana vejára

Die andere Seite des Fächers

Odznak spolku
veteráncv

Abzeichen
des Veteranenvereins

PTE – aj „Polgári“,
aj „Pozsony“

PTE – das heißt „Polgári“
(Bürger), auch „Pozsony“
(Preßburger) Turnverein

Stuhy od kmotier
hasičskej zástavy

Die Bänder
der Patinnen
der Feuerwehrsfahne

František Lovás
spomína

František Lovás
erinnert sich

V budove Ministerstva
bol nejeden ples

Das Ministeriumsgebäude –
Schauplatz so mancher Bälle

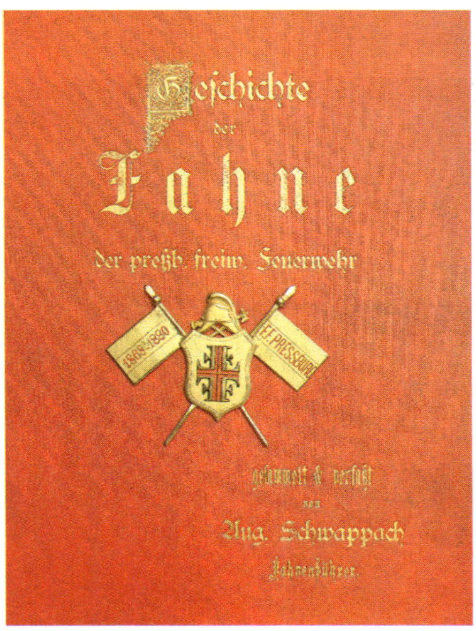

Kronika
bratislavských
hasičov (1867–1881)

Chronik
der Preßburger
Feuerwehrleute (1867–1881)

Záhadná
Schlaraffia

Die rätselhafte
Schlaraffia

Slobodomurársky
dom (1989)

Freimaurerhaus (1989)

Viešky
pri Blumentáli

Weinschenken
beim Blumental

Podbránie
na Vysokej ulici (1989)

Toreinfahrt
in der Hochstraße
(Vysoká ulica) 1989

Tak vyzeralo
Au-café

So sah das
Aucafé aus

Československý dom
(Štefánikova ulica)

Das Tschechoslowakische Haus auf
der Stefanikstraße
(Štefánikova ulica)

Vinohrady
začínali hneď
za mestom

Die Weinberge
begannen gleich
hinter der Stadt

Kaviareň
Štefánia

Café
Stefanie

Pod staroslávnym Devínom

Unterhalb altehrwürdigen Theben (Devín)

Béla Hackenberger pred Štefánkou (1990)

Béla Hackenberger vor dem Café Stefanie (1990)

Dunajská panoráma

Donaupanorama

Nábrežie
so sochou
Márie Terézie

Donauufer
mit dem Maria-Theresia-Denkmal

Starý
bratislavský
most

Die alte Brücke

Posedenie
v Au-café

Besuch im Aucafé

Idyla
na Železnej
studničke

Idylle am Eisenbrünnel
(Železná studnička)

V novej
tržnici

In der
neuen Markthalle

Promenáda
(dnes Hviezdoslavovo námestie)

Promenade
(heutiger
Hviezdoslavplatz)

Michalská
ulica

Die Michaelergasse

Starý trh pred tržnicou

Der alte Markt vor der Markthalle

Dunajská ulica

Donaustraße (Dunajská ulica)

Na Centrálnom trhovisku

Auf dem Zentralmarkt

Jazero
na Železnej
studničke

Teich beim Eisenbrünnel
(Železná studnička)

Pôvab starých štvrtí

Der Reiz
der alten Stadtviertel

Večné čaro
starinárskych
krámov

Zauber
der Trödelläden

Petržalský
Aupark

Der Aupark
von Engerau
(Petržalka)

Kúpanie pod Devínom

Freibad
unterhalb Theben
(Devín)

Hostinec U Albrechta

Das Wirtshaus
Zum Albrecht

Výletné centrum
Železná studnička

Der bekannte
Ausflugsort Eisenbrünnel
(Železná studnička)

Púčkové domy – častý cieľ výletníkov

Ein häufiges Ziel der Ausflügler – die Batzenhäuser

Nesmrteľný Schöner Náci

Unvergeßlicher Schöner Náci

Franz Lehár skomponoval špeciálne pre túto príležitosť polku Čierne na bielom. Slávnostnú reč predniesol dr. Michal Mudroň. Ubezpečoval v nej robotníkov, že správne chápu náplň hesla „Bratstvo–rovnosť–sloboda".

V robotníckych spolkoch sa zmenila voľba farby zástavy a jej posviacka na politický akt. Kovorobotníci v spevokole Slobodná pieseň sa v roku 1902 rozhodli obstarať si červenú zástavu. Spevokolu stavebných robotníkov Zimozeleň (Immergrün) chýbali finančné prostriedky na jej zakúpenie, preto v roku 1904 odhalil len spolkovú lýru. Po veľkej zbierke medzi robotníctvom spolok v roku 1922 – vtedy už pod názvom Jednota (Einigkeit) – nahradil svoju spolkovú lýru červenou zástavou s vyšitým heslom. Posviacky sa zúčastnili všetky bratislavské robotnícke spevokoly, niektoré i zo zahraničia. Matkou zástavy sa stala Mária Šteffková. Spevokol Magnet si kúpil na jeseň 1913 zástavu za 800 korún. Jej posviacku naplánovali na august 1914. Malo sa na nej stretnúť 480 spevákov z 12 spevokolov z celej monarchie. Vypuknutie vojny však zmarilo tieto grandiózne slávnosti. Povojnové svätenie zástavy Magnetu v roku 1920 malo tiež charakter veľkej ľudovej slávnosti. Aj spevokol Sloboda (Freiheit) si zadovážil červenú zástavu so zlatom vyšitým nápisom. Jej odhalenie v roku 1923 vraj prilákalo do Waltschekovho hostinca až 1200 slušne vyobliekaných robotníkov.

Zástava mohla byť i vzácnym darom. Pri oslavách 50. výročia spevokolu typografov v roku 1922 sa konala prehliadka dvadsiatich zástav, ktoré darovali jubilujúcim kníhtlačiarom iné spolky. Je však možné, že išlo o vlajky. Vlajky si vymieňali viaceré spolky, napr. Slovenský veslársky klub v roku 1937 obohatil svoju klubovú vlajkoslávu dvoma vlajkami získanými výmenou. Obdarovávanie sa klubovými vlajočkami pri vzájomných stretnutiach je bežné dodnes.

Spolky poskytovali Bratislavčanom priestor na stretávanie sa a komunikáciu. Kde sa schádzali ich členovia? Často v hostincoch. Predovšetkým robotnícke spolky – vzdelávacie, podporné, spevácke, telocvičné a odborové organizácie si najímali na svoje schôdze, kultúrne podujatia i pre čitáreň a knižnicu miestnosť v niektorom hostinci. Ich majitelia pod nátlakom úradov podchvíľou dávali robotníckym spolkom výpoveď. V hostincoch sedávali a schôdzovali veteráni, živnostníci, cyklisti a mnohí ďalší. Kaviarne boli zase útočiskom spolkov spoločenských, vedeckých, umeleckých, rodáckych. U zeleného domu (Carlton) sa striedali kuželkári, šermiari, Schlaraffia a iní, v Redute viaceré honosnejšie spoločenské spolky. V kaviarni Pannonia (Gorkého ul.) mal svoj klubový lokál šachový spolok, v roku 1919 sa tu konala zakladajúca schôdza populárneho I. ČSŠK. V Metropolke viedli odborné debaty napr. členovia Vedeckej syntézy i Spoločnosti pre hospodárske a kultúrne styky so ZSSR. Rotariáni mali vyhradené piatkové večery v hoteli Savoy atď. Spolkové večierky, zábavy, plesy, bankety sa odohrávali najmä v spoločenských miestnostiach hotelov, v reštauráciách a ich záhradách.

Veľká časť spolkov stabilne využívala vlastné priestory. Na Kapitulskej sídlil nejaký čas Spolok sv. Vincenta, spevácky spolok, právnický podporný, Spolok na reštaurovanie dómu sv. Martina i známy Umelecký spolok (Kunstverein). Na Dlhej (Panskej) ulici mali svoje miestnosti Občianske kasíno, Čitateľský spolok sv. Štefana, Bratislavský kresťanský obchodný podporný spolok, Toldyho kruh. Veľa spolkov sa usadilo na Ventúrskej, Laurinskej a Schöndorfskej (Obchodnej) ulici, čiže v podstate takmer na celom území mesta. Telocvičné, športové, skautské i spevácke spolky využívali často školské priestory. Výzdoba miestností sa líšila podľa zamerania spolkov, niekde boli zástavy, vlajky, diplomy, fotografie, obrazy. Telovýchovné sa pýšili svojimi cenami, medailami, pohármi, vavrínovými vencami. Súčasťou spolkového vybavenia bývala knižnica – nielen vo vedeckých a kultúrnych spolkoch. Robotnícky Napred vlastnil už v roku 1899 takmer tri tisícky zväzkov kníh a časopisov. Bohatú knižnicu mal Bratislavský lekársko-prírodovedecký spolok, Občianske kasíno, Toldyho kruh, Alliance Francaise, ale aj stenografi, poštári, slobodomurári či židovské spolky Agudas Reim a Mewaksche Tora. Knihovník Dobrovoľného hasičského a záchranného zboru evidoval v roku 1928 vyše 2200 kníh, prevažne nemeckých. Rok predtým z nich požičal 774 nemeckých, 184 slovenských a 106 maďarských. Výpožičné hodiny boli každý pondelok, utorok a štvrtok od siedmej do ôsmej večer. Knižnicu navštevovali i dámy hasičov, zaujímali ich najmä módne romány.

Zariadenie interiérov záviselo od orientácie a majetku spolkov. Občianske kasíno (Polgári kasino egylet) vykazovalo v roku 1930 vyše dvesto členov a majetok 12 tisíc korún. Sídlilo na Dlhej č. 2 na prvom poschodí. Spolkový lokál tvorili štyri miestnosti: konverzačná a biliardová sála, herňa, čitáreň s knižnicou a potrebné vedľajšie priestory. Najmä v zimných mesiacoch tam panoval čulý ruch. Bolo otvorené od rána do večera, podávala sa káva. Lovecký štýl výzdoby dokladá inventár spísaný pri rozpustení spolku v roku 1945. Boli v ňom parohy, koža diviaka, vypchatý orol, drop, bažant, hlucháne, koža krokodíla, pancier korytnačky, bubny, figúra černocha, šable, nože, dýky, pištole, kopije, mačety atď.

Otváranie spolkových miestností a začiatok činnosti v nich sa spájal s veľkou slávou. Meštiansky telocvičný spolok PTE slávil v roku 1941 posviacku nových klubových priestorov na Michalskej č. 5. Po vysvätení sa spievalo, rečnilo, vystavovali sa ceny, ktoré klub získal. Na večer pripravili zábavu s cigánskou hudbou a tancom a studený bufet.

Najväčšie a najzámožnejšie spolky sa zmohli na vlastné budovy. Položenie základného kameňa a otvorenie spolkového domu patrili k význačným medzníkom spolkovej histórie. Hasiči oslavovali 29. júla 1894 zriadenie nového „skladiska“ za 57 tisíc zlatých. Najprv sa rozlúčili so starou miestnosťou na nádvorí radnice a potom pod vedením hlavného veliteľa J. Sendleina pochodovali k novej zbrojnici na Krajinskej ceste. Tu pred množstvom divákov zástupca mestského magistrátu slávnostne odovzdal kľúč od zbrojnice predstaviteľom spolku. „Nato zaznel trúbkový signál, dvere remíz sa otvorili a prekvapeným zrakom sa ukázalo nie hasičské náradie, ale prikryté stoly s misami, fľaškami a pohármi“ (J. Malárik).

V októbri 1895 sa zišli na Dunajskej ulici členovia Spolku kníhtlačiarov a písmolejcov, aby slávnostne položili základný kameň nového spolkového domu. Po prejave svojho predsedu sa typografi chopili nástrojov vyzdobených kvetmi a do základov stavby zamurovali špeciálnu skrinku. Obsahovala zoznam členov, spolkové štatúty (stanovy), stavebný protokol, po jednom čísle zo všetkých bratislavských denníkov, ako aj striebornú, bronzovú a niklovú mincu pre šťastie. To im zrejme žičilo, lebo o necelých desať mesiacov už preberali hotový spolkový dom. Používali ho na rôzne akcie a v roku

Hostinec Vorel v Petržalke

Das Wirtshaus Vorel in Engerau (Petržalka)

1912 v ňom zriadili aj nocľaháreň pre cestujúcich typografov.

Písomnosti týkajúce sa spolkovej činnosti, dokonca aj knihu o svojich 25-ročných dejinách si členovia maďarského Veslárskeho spolku zamurovali v roku 1895 pri príležitosti slávnostného položenia základného kameňa klubového domu. Na pravom brehu Dunaja postavili najstaršiu lodenicu v meste. V medzivojnovom období k nej pribudli lodenice slovenského a nemeckého veslárskeho spolku. Vlastný dom s veľkou obradovou sieňou – templom – si vystavili slobodomurári v roku 1913. Polovicu objektu na Sennom námestí vlastnila lóža Mlčanlivosť, druhú lóža Bratstvo. Budova bola ozdobená sochou Prometea od A. Rigeleho.

Začiatkom 20. storočia získali vlastnú budovu aj robotnícke spolky. V Robotníckom dome na Dunajskej ulici organizoval prednášky, školenia a vzdelávacie kurzy spolok Napred, v Petőfiho dvorane nacvičovali robotnícke spevokoly, okrem iných Slobodná pieseň. Cestovné a iné podpory tu takmer denne vyplácali podporné spolky, zväzy a odborové organizácie obuvníckych tovarišov, kožiarskych a stavebných robotníkov, pekárov, krajčírov, textilných robotníkov a robotníčok atď. V 20. rokoch sa tu schádzali členovia Federácie robotníckych telocvičných jednôt. Robotníci tu mávali zraz pred demonštráciami, hladovými pochodmi, manifestáciami. Počas štrajkov sídlili v budove štrajkové výbory. Činnosť v dome bola preto pod neustálym policajným dozorom.

V 20. rokoch si postavil vlastný objekt Spolok slovenských poštárov na Donnerovej (Banskobystrickej) č. 6. Spolky sa starali nielen o výstavbu, ale samozrejme aj o údržbu svojich budov. S financiami bývali večne problémy. Svedčí o tom napr. škridlicová akcia Vinohradskej obce na Kolibe. Keď jej v roku 1942 chýbal kapitál na pokrytie budovy, členovia mali rozpredať dlhopisy na tisíc kusov škridlíc po tri koruny.

Prostriedky na svoju činnosť získavali spolky zo zápisného, členských príspevkov, darov od jednotlivcov a organizácií, subvencií, odkazov, z výnosov kultúrnych podujatí, verejných zbierok a pod. V ranej etape spolčovania neboli pevne stanovené členské príspevky. Napr. v Ženskom dobročinnom spolku až po viac ako štvrťstoročnej aktivite zaviedli ročné členské, vo Veslárskom spolku „každý platil gavaliersky podľa svojich možností“. V 20. storočí bežne vymedzovali výšku členského stanovy. V exkluzívnych spolkoch sa platilo veľa, v ľudovejších menej. Veľmi vysoké príspevky zaviedli veslári: maďarský klub zvýšil v roku 1923 členské na 420 Kčs, v roku 1935 až na 500 Kčs ročne. Adekvátne sumy vyžadovali od svojich členov aj nemecký a slovenský veslársky klub. Pre porovnanie: v PTE sa platilo 42 Kčs ročne (1921), v Spolku medikov 21 Kčs (1920) – aj to však bolo mnohým študentom priveľa.

Jednou z charakteristických čŕt spolkového života bola pravidelnosť stretávania sa členov. Maďarskí veslári sa okrem výletov, tréningov, regát a iných akcií mohli vídať v klubovom dome v lete každý večer, v zime raz do týždňa. Občianske kasíno poskytovalo priestory členom každý deň. Robotníci v spolku Napred mávali každý týždeň prednášky a raz mesačne spolkové schôdze. Jednotlivé slobodomurárske lóže si vyhradili na stretnutia určitý večer v týždni. Spevokoly a športové spolky sa schádzali dva- i viackrát do týždňa. Spolkové stretnutia sa podľa svojho zamerania od seba líšili nielen náplňou činnosti, ale aj stupňom formálnosti.

V rámci jedného spolku mohli fungovať viaceré krúžky, odbory, výbory, ktoré usporadúvali samostatné akcie. Z ich existencie vysvitá, že aj úzko zameraný spolok plnil viacero úloh a uspokojoval rôzne potreby členstva: záujmové, sociálne, spoločenské, kultúrne atď.

Hasiči si vo svojom zbore založili spevácky spolok Lýra a hasičskú kapelu (1881). Aj ich výročná správa za rok 1927 dokazuje, že hasičský spolok vykonával rôznorodú činnosť a tomu zodpovedala aj organizačná štruktúra: čestná rota, prvá rota, druhá rota, hudobný odbor, spevácky odbor, humanitná stolová spoločnosť, úmrtný fond a knižnica. O širokej kultúrnej aktivite maďarského Toldyho kruhu (Toldy kőr) svedčí tiež jeho zložité usporiadanie: knižnica, spevokol, množstvo krúžkov – divadelný, ženský, rozhlasový, športový, kultúrno-vedecký, literárny, ugrofínsky. V Spolku medikov pracovali komisie stavovská, sociálna a kultúrna, podporný fond Jesenius, knižnica a zábavný výbor s veľkou kartotékou adries (1935). Na zmeny lokálnych potrieb pružne reagovala Vinohradská obec na Kolibe zmenou vnútornej štruktúry. Spolok často intervenoval na úradoch, snažil sa presadzovať záujmy miestnych obyvateľov – svojich členov. A tak k dramatickému a športovému odboru pribudol telefónny (získal pre Kolibčanov spoločný telefón), neskôr záhradkársky s poradenskou službou, v 40. rokoch hostinský odbor, technický, zameraný na údržbu rodinných domov, propagačný, komerčný a finančný odbor.

Veľkú obľubu mali medzi obyvateľstvom stolové spoločnosti – malé priateľské krúžky, ktorých členovia sa stretávali pravidelne, aby si zahrali karty, kolky, biliard alebo inú hru. Schádzali sa v hostincoch, kde mali pre seba vyhradený stôl, alebo v súkromných bytoch. Niektoré z nich si vypracovali stanovy a po ich schválení fungovali samostatne, časť existovala v rámci iných spolkov. V Dobrovoľnom hasičskom spolku sa spomína v roku 1881 kamarátstvo Striekačka (Spritze), začiatkom tohto storočia veselá stolová spoločnosť Posunovací rebrík (Schubleiter). Od roku 1919 jej členovia mesačne prispievali dvoma korunami a každoročne chystali hasičským sirotám pod vianočný stromček šatstvo a sladkosti. Stolové spoločnosti umožňovali spontánne združovanie – na rozdiel od niektorých príliš oficiálnych a formálnych spolkových akcií. Časť z nich plnila aj spoločensky prospešné, najmä dobročinné ciele. Do bratislavského spolkového katastra zapísali v medzivojnovom období Športový stolový krúžok Zlatá podkova, Humanitný spolok Veselý stôl, Úspornú stolovú spoločnosť U zlatého orla, stolovú spoločnosť U zvonka. V Petržalke pôsobili stolové spoločnosti Včela, Veselé Vianoce a D'alte Gmüatlichkeit. Ich živá žartovná atmosféra podporovala stmeľovanie, súdržnosť spolku, združujúc členov blízkych vekom, záľubami, záujmami, osobnými sympatiami.

Na upevňovanie kolektívu, jeho vyhranenie voči okoliu, na vytváranie puta členov k spolku slúžilo množstvo rôznych prostriedkov. Spolkovú symboliku – znaky, zástavy, uniformy atď. – sme už spomínali. Ďalším z nich bolo vedomé pestovanie úcty voči členovi ako jednotlivcovi, oficiálne zhodnotenie jeho dlhoročnej činnosti v spolku, oslavy významných životných jubileí (tieto väčšinou len u funkcionárov). Do mnohých spolkových akcií (zábavy, výlety a pod.) sa mohli zapájať rodinní príslušníci. Spevokol Zora sa v stanovách z roku 1947 zaväzoval účinkovať pri význačných rodinných udalostiach svojich členov, pri sobášoch a pohreboch. Dobrovoľní hasiči organizovali parádne pohreby s čestnou strážou a veľkými poctami zomrelým

V klubovni Dunajčíka (1989)

Im Klub der Donauschiffer (Dunajčík) 1989

členom od roku 1871 až dodnes. Zvlášť slávnostne pochovávali tých, čo zahynuli v akcii, pri plnení služobných povinností. V roku 1887 vzdal hasičský spolok prvýkrát poctu svojim mŕtvym. Na hroby členov, ktorí zomreli v poslednom roku, položili vence a postavili k nim čestnú stráž. Ich následníci vo verejnom požiarnom zbore si dodnes uctievajú pamiatku zakladateľa spolku Ferdinanda Martinenga a jeho hrob na Ondrejskom cintoríne je vždy v novembri ozdobený chryzantémami. Občianske kasíno a množstvo ďalších spolkov si každoročne na valných zhromaždeniach pripomínali pamiatku zomrelých členov.

Nezabúdalo sa ani na prejavovanie úcty k starším členom spolku. Patrilo k nemu menovanie čestných predsedov (na rozdiel od dnešného obvyklého vylúčenia niektorých ľudí dôchodkového veku nielen z funkcií, ale aj z činnosti) i napr. zostavenie čestnej roty zo starších hasičov.

Členské putá posilňovalo i pestovanie vlastných spolkových tradícií, záujem o vlastnú históriu. Mnohé spolky si založili albumy, vydávali brožúry i celé knihy o svojej práci a minulosti. Pozoruhodné sú dejiny maďarského Veslárskeho spolku, ktoré postupne spísali príslušníci troch generácií jednej rodiny – otec, syn a vnuk Aixingerovci. Hrdosť hasičov na vlastný spolok podporovala veľká kniha J. Malárika Bratislavské hasičstvo 1867–1937. „Voľakedy bola česť byť v hasičskom spolku," povzdychol si predseda ZO PO František Lovás, „dnes už je to inak..." Záujem o osudy vlastného združenia však v niektorých prípadoch nevymizol dodnes. Richtár Kruhu Myjavcov Ján Pakan starostlivo vyhľadával dokumenty o minulosti Spolku Myjavcov v Bratislave. Rovnako Ing. Juraj Černý, syn zakladateľa Slováckeho krúžku, sústreďuje pozvánky, programy akcií, novinové výstrižky, fotografie, dokumentujúce dejiny a činnosť tohto vyše 70-ročného združenia. V slovenskom vodáckom spolku Dunajčík vzorne vedú kroniku od založenia v roku 1924. Svojej slávnej histórie sa spolky dovolávali najmä v krízových obdobiach. Keď spevokolu Zora hrozil rozpad, vedenie dôrazne pripomínalo členstvu tradície najstaršieho bratislavského slovenského spevokolu.

Člen sa stotožňoval so svojím spolkom, jeho životom, činnosťou, cieľmi aj prostredníctvom osobitných obradov, ktorými sa odlišoval od iných. Takýmto aktom bol u hasičov sľub a podanie ruky. Hasičskou špecialitou bývali oslavy jubilejných nočných stráží, napr. v roku 1896 si pripomenuli desaťtisícu. Veslári sa zase vyznačovali krstami lodí. Slovenský veslársky klub otváral a končil sezónu slávnosťami „vyveslovania“ a „doveslovania“. Okrem osobitných akcií, ktoré záviseli od charakteru činnosti, spolky usporadúvali aj zábavy, plesy, večierky a iné slávnosti. Tie výrazne dotvárali kultúrny kalendár Bratislavčanov. Pri listovaní v starých novinách zistíme, že spolkové akcie najrôznejšieho druhu prebiehali počas celého roka. Zúčastňovali sa ich – podľa typu spolku – ľudia rozličných tried, národností, konfesií.

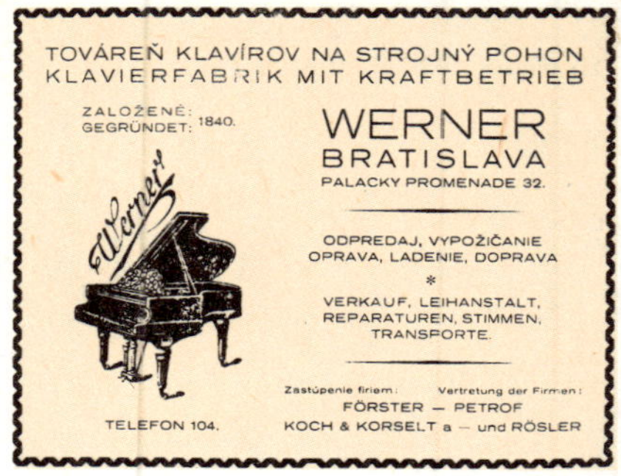

Pestré etnické a náboženské zloženie obyvateľstva Bratislavy sa odrážalo aj v spolkovom živote. Jednotlivé národnosti si často vytvárali samostatné spolky. V 30. rokoch pôsobilo v meste päť učiteľských: dva nemecké, jeden slovenský, maďarský a židovský. Rovnako sa podľa národností delili spolky umelecké, divadelné, spevácke, hudobné. V telovýchove existovala aj pri úzkom zameraní národnostná aj náboženská diferencovanosť (zvlášť sa spolčili napr. maďarskí futbaloví sudcovia, skauti katolícki – židovskí). Združovali sa aj príslušníci iných národov: Bulhari (Slovensko-bulharský spolok, Bulharský záhradnícky spolok sv. Cyrila a Metoda, študentské spolky Rakovsky a Christo Smirnenský, Bulharský partizánsky komitét), Rusi (Ruský krúžok a iné), Ukrajinci (napr. Spolok ukrajinských inžinierov), Poliaci (Kruh priateľov Poľska, Kolo Polskie, Samopomoc – spolok študentov z Poľska atď.). Mimoriadny sklon k spolčovaniu mali Židia. Tento fakt registrovala už uhorská spolková štatistika v minulom storočí. V 30. rokoch sa v Bratislave združovali Židia v takmer 40 spolkoch, prevažne dobročinných a náboženských.

S častými politickými a ekonomickými zmenami za posledných sto rokov sa menilo zloženie obyvateľstva mesta a neustále vzrastal počet prisťahovalcov. Pri adaptácii v Bratislave im výdatne pomáhali spolky.

Jeden typ prisťahovaleckých spolkov predstavovala Vinohradská obec Richta na Kolibe. Založili ju českí železniční zamestnanci, „z väčšej časti sokolskí a iní národní pracovníci predvojnoví,… ktorí si boli vedomí, že československému občianstvu kolibskému je treba dbať na udržanie kultúrnej úrovne, zvlášť na takej horúcej pôde, aká bola vtedy v Bratislave“ (zápisnica spolku z roku 1932). Spolok plnil nielen kultúrne úlohy, ale staral sa aj o ďalšie potreby miestnych obyvateľov. Pred zriadením politických organizácií, ktoré neskôr túto funkciu prebrali, presadzoval kolibské požiadavky voči úradom: spomínané zavedenie telefónu, úpravy a udržiavanie ciest a chodníkov, zriadenie vodovodu, výstavba školy atď.

Iní prisťahovalci obývali Dornkappel (Trnávku). Na tomto predmestí sa ocitli ľudia z rozdielnych prostredí, robotníci, remeselníci, bíreši, no i povaľači. „Neviazal ich k sebe spoločný jazyk, spoločná kultúra, spoločný pôvod, myšlienka alebo zážitok. Každá národnosť bola zastúpená. Veľmi menlivý obraz ukazoval tiež stav ich vzdelanosti“ (I. J. Marko). Keď sa mesto rozhodlo pre parceláciu Dornkappelu, spojili sa v spolku Svojpomoc. Zjednocovala ich túžba po parcele, „inak ich k spolku nič neviazalo, iba dlžoby“. Spontánnu potrebu prisťahovalcov združovať sa dokazuje fakt, že na tomto predmestí takmer každý mesiac vznikol nový spolok – náboženský, politický, športový, kultúrny... „Ľudia sa všade objavili, kamkoľvek ich volali. Kto prišiel na Dornkappel, mal o všetko záujem. Každá novota ho vábila. Chcel poznať program spolku, jeho cieľ, za ktorým tušil vykúpenie a rozriešenie svojej bolesti." Zrejme ho nenašiel, pretože „členovia šli z jedného spolku do druhého, so stálym členstvom len jeden–dva spolky rozhodovali".

V Bratislave žili aj ďalšie skupiny prisťahovalcov, napr. úradníci, živnostníci, študenti, ktorí neobývali kompaktne určitú mestskú štvrť. Združovali sa podľa regiónu, odkiaľ pochádzali, a vytvárali rodácke spolky. Pôvodne vychádzali z potrieb vzájomnej pomoci nových obyvateľov, neskôr sa prvotným stáva uvedomovanie vlastnej identity a citových vzťahov k rodnému kraju. Najdlhšou tradíciou sa v Bratislave môže chváliť Slovácký krúžek, Kruh Myjavcov, Obec Oravcov a Krajanský krúžok Brezovanov (pôvodne Cech Tatarov), ktoré sa – hoci po určitých prestávkach – stretávajú dodnes na plesoch, večierkoch, prednáškach, zájazdoch. Činnosťou rodáckych spolkov, ich nadväzovaním na tradície rodných regiónov i spätným pôsobením na miestnu kultúru rodiska sa zaoberala J. Paličková. Zistila, že za posledných dvadsať rokov účinkovalo v Bratislave 26 takýchto združení.

Charakteristickou črtou spolkového života v Bratislave – predovšetkým v medzivojnovom období – bola jeho roztrieštenosť. Vysmieva sa z nej i J. Jesenský v Demokratoch: „Čo stolík v krčme, to osobitná spoločnosť Čechov, Slovákov, Nemcov, Maďarov, Židov, rozličných straníkov, luteránov, katolíkov, verejných úradníkov, privátnych úradníkov, žobrákov... Jeden druhému je nepriateľom, jeden od druhého bočí ako zlodej. Ako čo by si skalu rozmrvil na drobné skalky a tie skalky sa ohraničujú, vrstvia, natierajú na nacionálne, nábožensky, stavovsky, rasove, rodove, triedne, majetkovo, stranícky a každá si myslí o sebe, že je lepšia, pevnejšia, stálejšia ako druhá." Rozdrobenosť spolkového hnutia i nesúrodosť členstva v jednotlivých spolkoch mali prirodzene za následok mnohé nezhody. Nedozvedáme sa o nich od pamätníkov, ľudská pamäť zachytáva predsa radšej len krajšie stránky minulosti.

O roztržkách a nedorozumeniach vypovedajú viac úradné dokumenty. Možnosť konfliktov predpokladali neraz už vopred, a tak už do stanov zaraďovali aj paragraf o „rozhodčom či zmierčom súde". Krízy mávali charakter generačných, národnostných i politických sporov. Niekedy prepukli aj z príčin čisto osobných. Predseda Vinohradskej obce na Kolibe pripomína v roku 1932: „Ježto na vývoj spolku má vliv více jednotlivců, jest jeho udržení v dobrých zásadách komplikovanější. Život ve spolku vytváří se potom dle kvalit lidí, jej řídících." Roztržkám neunikli ani inak súdržní hasiči, rozpomínali sa na hádky pred voľbami v roku 1893. Veľká vnútroorganizačná kríza vo forme národnostných treníc ich postihla v roku 1925, keď slovenskí členovia dočasne opustili zbor. U typografov sa prejavila ako neporozumenie medzi mladšími a staršími členmi, spomínané v roku 1896 pri otvorení spolkového domu, či v roku 1904, keď niekoľko starších členov naraz opustilo spolok v súvislosti s kritikou dovtedajšej línie. Pravou príčinou však zrejme nebol generačný konflikt, ale spory o politické zameranie činnosti. Ilustruje to aj situácia z roku 1903, keď „bolo treba viesť skutočný boj za to, aby spevokol zaspieval na oslavách 25. jubilea Pieseň práce, lebo tlačiari ešte vždy považo-

vali za ponižujúce, že sú robotníci" (K. F. Kowarik – A. Orovan). Jednotlivé typy spolkov zastupovali záujmy rôznych tried a mnohé boli prípravou na vstup do politickej arény. Politické strany veľmi dobre chápali význam spolčovania a snažili sa členstvo ovplyvniť vo svoj prospech. V tomto duchu sa mení napr. činnosť niektorých robotníckych spevokolov: „...musia byť vážnymi pomocnými telesami v boji robotníctva s buržoáziou. Spolkárenie so zábavou, posedením, vyspevovaním ľudových piesní pri stoloch, to všetko je vzhľadom na beh dejín zastaralé a musí ustúpiť vážnejšej práci" (J. Klimo). Politizácia spolkového života vrcholila v období medzi dvoma vojnami, mimoriadne silná bola napr. v študentskom a telovýchovnom hnutí (Sokol, Orol, robotnícka telovýchova, nemecké telovýchovné organizácie). Politickú neznášanlivosť vnútri Svojpomoci na Trnávke zaznamenal v 30. rokoch I. J. Marko: „Väčšia časť spolku sa delila medzi rôznymi politickými stranami. Preto tvorili sa na schôdzkach hádky denne. Ústredia strán dali priamy rozkaz svojim členom, aby rozvrátili každý taký spolok, v ktorom si nemôžu zadovážiť vedenie..." Politické zámery sa nezriedka halili i na spolkovej pôde do národnostného rúcha. Tak napr. za nemecko-maďarskými spormi v Maďarskom futbalovom zväze stála snaha začleniť futbalové kluby pod veľkonemeckú zástavu.

Konfliktom sa nevyhli ani spolky odpolitizované, či združujúce „samých lepších ľudí". Incident sa vyskytol aj v bohatom maďarskom Veslárskom spolku: v roku 1925 vystúpili mladší členovia na valnom zhromaždení s „pučistickým" zoznamom funkcionárov. Nezhody a hroziaci rozpad neboli zriedkavé v speváckych spolkoch. Vnútorný rozklad spevokolu Zora v roku 1921 sa napokon ukončil výmenou zbormajstra. „Mravný deficit" bol vraj príčinou sporov medzi výborom a dramatickým odborom Vinohradskej obce v roku 1942, teda už po odchode českých funkcionárov. Bulharskí záhradníci museli pre stále trvajúce nedorozumenia v roku 1949 svoje združenie dočasne rozpustiť.

Podobných príkladov nájdeme v dlhej a pestrej histórii bratislavského spolčovania veľa. Často boli práve spolky zdrojom a príčinou konfliktov v spoločnosti, čo viedlo k ich štiepeniu a zakladaniu nových. Dokazuje to neustále sa meniaca sieť asociácií v našom meste. Vznik nových spolkov alebo pobočiek tiež sprevádzali problémy. J. Klimo spomína zakladanie odbočiek robotníckeho spevokolu Tatran v Petržalke a na Patrónke v roku 1930: ...prvú rozbili klerikáli, druhú národní socialisti, ktorí „spevokol všade znemožňovali, ba v jednom prípade aj niekoľkých členov inzultovali". Na záver môžeme zovšeobecniť, že vnútrospolkové krízy (či už mali tvar hádok medzi vedením a členstvom, medzi generáciami, medzi sociálnymi skupinami) a rozbroje medzi spolkami odzrkadľovali celospoločenské dianie. Sociálna harmónia, idylické posedenia v hostinci, pokojné spolunažívanie a pestovanie koníčkov v spolkoch majú teda i svoju odvrátenú tvár. Ono povestné „Spolky – čertove volky" teda nie je len planou frázou, ale skutočne platí!

Na druhej strane však tie isté rozhašterené spolky boli schopné spolupracovať, spájať sa, vystupovať spolu, súťažiť, pravda, prevažne len v rámci triedy alebo blízkej sociálnej skupiny. Na oslavách 60. narodenín dr. Emanuela Maršíka sa zúčastnilo 14 kultúrnych spolkov. Na večere ľudovej piesne v roku 1938 v Redute vystúpilo desať bratislavských slovenských, nemeckých a maďarských spevokolov. Príkladov je množstvo, medzi speváckymi, hudobnými, športovými,

Výročie smrti
M. R. Štefánika (1923)

Erinnerung
an Milan Rastislav
Štefánik (1923)

spoločenskými, slobodomurárskymi, hasičskými a ďalšími spolkami nielen v rámci nášho mesta. Bratislavčania udržiavali styky s príbuznými združeniami na Slovensku, Morave, v Čechách, Rakúsku a Maďarsku, niektoré mali i širšie medzinárodné zväzky (slobodomurári, Rotary, YMCA, YWCA atď.). Typografenbund korešpondoval s 25 speváckymi spolkami z Rakúsko-Uhorska, športovci sa zúčastňovali pretekov v zahraničí a naopak pozývali cudzie kluby k nám atď. Na tieto družobné tradície nadväzovali neskoršie dobrovoľné spoločenské organizácie. Napr. požiarnici z Cintorínskej ulice v roku 1951 podpísali „kmotrovské zväzky" s dobrovoľnými požiarnikmi Brna-Husovíc, ktoré dodnes dodržiavajú.

Starí členovia si spomínajú najmä na túto peknú stránku spolkového života. „Vzťahy medzi klubmi boli dobré", hovorí člen niekdajšieho Slovenského plaveckého klubu Igor Janota, „ak sa dnes stretnem s niektorými z maďarského PTE, porozprávame sa ako kamaráti." Gizela Poláčková pripomína vzťah Čechov a Slovákov: „V Sokole sa hovorilo slovensky aj česky. Nikdy som nepočula, že by dochádzalo ku konfliktom. V spolku panovala priateľská, ba až bratská zhoda a úplne stopercentná dobrovoľná disciplína. Všetci sme veľmi radi chodili do sokolovne a dodnes sa ako sokolky týždenne stretávame." Také sú názory niektorých pamätníkov. Musíme však podotknúť, že súčasníci videli aj druhú stránku: neporozumenie, netaktné vystupovanie niektorých Čechov, ktorí nepoznali zložitosť pomerov na Slovensku (V. Paulíny v Zlatej knihe Slovenska 1929). V spolkoch sa stretli ľudia rôzni, aj spomienky sú rozmanité... Zaujímavá je informácia profesora Ladislava Schleichera, ktorý 25 rokov dirigoval cirkevný spevokol Salvator v jezuitskom kostole: „V spevokole sa stretli Nemci, Maďari, neskôr aj Slováci. Chodili tam aj dvaja-traja evanjelici. Barytónové sólo spieval nemecký komunista." Spolupráca Nemcov a Maďarov v spolkoch za monarchie bola bežná. O Slovákoch toho vieme menej, vzhľadom na ich sociálne postavenie bolo ich medzi funkcionármi spočiatku málo. V literatúre sa častejšie pripomína robotnícky spolok Napred – tu vzniklo v roku 1905 slovenské oddelenie s divadelnou skupinou, spevokolom a robotníckou telocvičnou jednotou. Internacionálnu podobu však zrejme mali aj iné spolky – predovšetkým z neskoršieho obdobia. Veď v nich žili a tolerovali sa navzájom všetky národnosti v Bratislave.

Mnoho v tomto smere naznačuje idylický obrázok osláv 60. výročia založenia Zboru dobrovoľných hasičov v Petržalke z roku 1933. Pracovali v ňom Nemci, Slováci, Česi i Maďari. Spoločné oslavy si zorganizovali takto: českí a slovenskí členovia sa zišli v reštaurácii pána Vorla v Petržalke, pozreli si drámu „Žháři" v troch dejstvách a tancovali do rána. Nemeckí hasiči videli dve nemecké jednoaktovky v reštaurácii Gammel a pokračovali tiež tancom a zábavou. Ich maďarskí kolegovia sedeli v hostinci pána Majerčíka, zatlieskali ochotníkom v dráme „Piros Bugyeláris" a potom sa veselo zabávali. Nasledujúcu sobotu sa všetci spoločne stretli na slávnostnom valnom zhromaždení a na večierku „s pestrým programom bez vstupného", ktorý režíroval spisovateľ F. Leitl-Hradský. Odznel dôstojný pochod i prejavy v slovenčine, nemčine a maďarčine. Nasledovala baletná pantomíma s hasičskou tematikou „Koniec Vtáka-Ohniváka", recitácia, nemecké a slovenské zborové spevy, česká veselohra, komické výstupy a na záver živý obraz v podaní maďarských členov spolku. V nedeľu oslavy vrcholili. Ráno už o piatej budili hasiči v uliciach. O ôsmej vítali hostí a položili vence na hroby bývalých kolegov. Nasledoval sprievod, poľná omša, dekorovanie najlepších medailami za zásluhy a jubilejným krížom, defilé a hasičské cvičenie. Poobede veselica „pri najvyššom vstupnom 2 Kč" so zábavnou hrou „hydromíč", tombolou, rybárením, záchrannou stanicou, papierovou vojnou a rôznymi cvičeniami a zábavnými hrami. Účinkovala kovorobotnícka hudba. Osláv sa zúčastnilo asi dve tisíc osôb, z toho okolo tisíc hasičov z okolitých dedín, z Rakúska aj Maďarska. Obyvatelia Bratislavy často oslavovali spolu bez rozdielu národnosti. Rovnako sa tolerovali v každodennom spolkovom i inom živote.

Spoločenské vzťahy za hranicou bežných rodinných, susedských, pracovných a cirkevných väzieb sa od polovice 19. do polovice 20. storočia odohrávali čoraz viac v rámci spolkov, medzi nimi, resp. medzi mestom, prípadne štátom a spolkami. Spolupráca s mestskými predstaviteľmi bola príkladná v Bratislavskom okrášľujúcom spolku. Výsledky jeho činnosti sa stávali vlastníctvom mesta, ktoré sa malo starať o udržiavanie týchto objektov. Stálymi členmi spolkového výboru bol mešťanosta a jeho zástupca, mestský vrchný inžinier, mestský lesník a záhradník. Spolok dokonca vysielal zástupcu do mestskej stavebnej komisie, aby dbal o „zachovávanie historického charakteru mesta pri novostavbách". Táto súčinnosť mesta a spolku fungovala nielen na papieri, ale aj v praxi.

*

V spolkoch sa Bratislavčania učili formulovať a vyjadrovať svoje požiadavky, zostavovali petície, sťažnosti, rezolúcie; robotnícke a nacionalistické spolky siahali aj po výraznejších formách: manifestácie, demonštrácie a pod. V spolčovaní hľadali a nachádzali nástroj demokratizácie a občianskej emancipácie. Spolky im umožnili širšiu účasť na verejnom dianí a spoločenskom živote. Podporovali iniciatívu, tvorivosť, upevňovali kolektívy ľudí. Patrili neoddeliteľne k atmosfére mesta. Výsledky rozsiahlej dobrovoľnej aktivity v rôznych oblastiach ľudskej činnosti ukazujú, že Bratislavčania spolkovú organizovanosť vo veľkej miere využívali. Vo všeobecnosti radi dodnes sentimentálne spomínajú na družný spolkový život: „... Dával nám radosť, silu, krásne priateľstvo a bol vzpruhou do ďalšieho žitia."

6

STALO SA POD VIEŠKOU

Bratislava a víno. Toto spojenie sprevádza dávnu minulosť i čerstvú súčasnosť života mesta a jeho obyvateľov.

Už v privilégiu Ondreja III., ktorým udelil v roku 1291 Bratislave mestské práva, sa spomína víno. Kráľovskú výsadu výčapu vína týmto preniesol na mesto, resp. jednotlivých pestovateľov. Odvtedy teda neplatili vinohradníci dane kráľovskej komore, ale priamo mestu. A ako uvádza T. Ortvay, kráľ týmto výrokom len formálne potvrdil predtým existujúci stav.

Bratislavské víno, jeho pestovanie, spracovanie i konzumáciu z rôznych aspektov analyzovali vinohradníci, historici, etnografi, spisovatelia, ekonómovia, básnici. Niektorí vážne, v pote tváre, iní (a tých je väčšina) s humorom. Veď kvalitné víno vyvoláva dobrú náladu. A vinohrady v meste a jeho okolí boli známe široko ďaleko. Nie nadarmo sa inšpiroval známy český pedagóg a publicista J. Kohout k hodnoteniu: „Bratislava! Mesto na sútoku Dunaja s vínom! A s akým vínom!“

Históriu bratislavského vinohradníctva si všímalo viac odborníkov. K jej poznaniu však vari najviac prispeli E. Drábiková, O. Faust, R. Horna, F. Kalesný, T. Ortvay, E. Portisch, Z. Přibík. Z údajov vyplýva, že o rozvoj vinohradníctva sa tu zaslúžili predovšetkým nemeckí kolonisti. Ich priezviská, topografické názvy a najmä mená jednotlivých záhonov svedčia, že prišli prevažne z Porýnia.

O bratislavské vína bol vždy záujem, takže mnohí vinohradníci mohli predávať svoju úrodu vo veľkom. Časť produkcie dodávali aj na miestny trh. Je prirodzené, že majitelia (najmä bohatší) nepredávali osobne. Preto sa postupne vytvorila inštitúcia profesionálnych remeselných krčmárov (Leitgeber). Prvé doklady o ich existencii nachádzame v mestskej účtovnej knihe a daňovom zozname z roku 1379 (R. Horna).

Prácu krčmárov, ktorí boli v určitom závislom pomere vo vzťahu k mestu aj k vinohradníkom, regulovali zákonné predpisy. Najskôr chodili ponúkať víno z domu do domu, neskôr bol mestský výčap vo verejných a verejnosti prístupných miestnostiach – vinárňach. Keďže mesto pôvodne nemalo vlastné výčapné priestory, predávali nielen víno súkromné, ale aj to, ktoré pochádzalo z desiatkov, povinne odovzdávaných mestu (O. Faust). Takáto situácia bola až do roku 1506, keď bol výčap umiestnený v zbrojnici na radnici. Od polovice 16. storočia sa nachádzal v dodnes stojacom Zelenom či Zelenoizbovom dome (O. Faust). V jeho priestoroch sa v súčasnosti nachádza obľúbená reštaurácia Zelený dom.

Začiatkom 16. storočia sa oddelilo výčapné právo mesta od práv jednotlivých vinohradníkov. Z toho vyplývalo určité obmedzovanie mešťanov. Zaviedol sa tzv. Bannzeit (zákaz vína). Platil v čase pôstu, v týždňoch, do ktorých spadal deň sv. Bartolomeja (24. 8.), sv. Martina (11. 11.), sv. Jána Krstiteľa (24. 6.), počas vianočných, svätodušných a veľkonočných sviatkov (R. Horna). Zákazy museli dodržiavať len súkromníci. Staral sa o to osobitne poverený „Bannmeister“. Mestský výčap prebiehal celý rok bez obmedzenia.

Bannmeister dozeral aj na to, aby sa neprekračoval povolený čas predaja v rámci dňa. Výčap vína smel začať až po rannom zvonení mníchov františkánov (tzv. Primglocke či Preymglöckl). Večerné, tzv. pivové zvonenie (Bierglocke) oznamovalo záverečnú. Zvuk tohto zvona prikazoval každému urýchlene opustiť výčapnú miestnosť, ktorú mal majiteľ okamžite uzamknúť. Niet divu, že tento zvon bratislavskí milovníci vína veľmi neobľubovali. Neraz sa údajne snažili presvedčiť či podplatiť mníchov, aby ho rozozvučali čím neskôr. Už pomenovanie „pivový zvon" znamená podľa Z. Přibíka najhlbšie opovrhnutie, aké dokážu správni vinári vyjadriť.

Pravidlá výčapu vína postupne upravovali ďalšie zákony. Popularita tohto moku však ostávala nezmenená. Ilustruje to povzdych „veľkej ozdoby Uhorska" M. Bela: „Za jednu z chýb ľudí sa pokladá pijanstvo, obvyklé zlo na tých miestach, ktoré ovplývajú vínom. Keď sa totiž zídu pri víne ľudia toho istého zrna, neprestanú ho ochutnávať dovtedy, kým sa ním neomámia. K tomu sa často pridávajú opätovné pitky, najmä v zimných dňoch, keď je dlhšia prestávka vo vinohradníckych prácach. Keď sa hostia, používajú dlhé a niekedy hlúpe prípitky. Ak pijú vynikajúce víno, odporúčajú svoju prácu, ktorou ho dosiahli; ak je však kyslé a zlej chuti, obviňujú naopak počasie. Na týchto spoločných pitkách si chudobnejší vinári navzájom vystrebú celú úrodu vína za veľmi nízku cenu bez akéhokoľvek úžitku."

V dobe, do ktorej sa v spomienkach radi vracajú starší Bratislavčania, ovplyvnil výčap vína zákon z roku 1899. Ako uvádza E. Drábiková, zrušil všetky práva súkromníkov na predaj vlastných vín. Miesto toho boli pridelené licencie vinohradníckym organizáciám, ktoré ich prepúšťali na dvojtýždňové obdobie oprávneným záujemcom. Zároveň dbali, aby sa čapovalo nielen na jednom mieste, ale v rôznych častiach mesta. Práve tieto predpisy sformovali predaj vína pod viechou do podoby, akú opisujú pamätníci.

Vína sa mohli Bratislavčania napiť vo vinárňach alebo „pod viechou" s dvojtýždennou prevádzkou. Na prvý pohľad neboli medzi nimi veľké rozdiely. Väčšina vinární (aj tých najobľúbenejších ako Stelzer, Schöne Lotty) sa nachádzala v starých vinohradníckych domoch. Hosťom ponúkali domáce víno i podobnú zábavu ako viechy. Odlišovali sa len koncesiou, ktorá povoľovala celoročnú prevádzku a dlhšie otváracie hodiny. Umožňovala tiež, aby vo vinárňach ponúkali okrem vína aj iné nápoje a podávali jedlo. V spomienkach bratislavských pamätníkov obe inštitúcie neraz splývali.

Nové zákonné úpravy z roku 1929 vyšli v ústrety viechárom a vyvolali veľký odpor v radoch koncesovaných hostinských, výčapníkov a kaviarnikov. Protesty neutíchali celé roky. Ešte 11. 1. 1934 usporiadali v hoteli Tatra protestné zhromaždenie a vypracovali rezolúciu, ktorú zaslali Krajinskému úradu. Predstavovala súhrn námietok voči viecham. Okrem iného sa v nej uvádza: „*Zákonom č. 97/1929 Sb. z. a n. o výčape vína vlastnej úrody bol bratislavským vinohradníkom daný nezaslúžený dar, ktorým boli ich privilégiá dané bývalou cisárovnou Máriou Teréziou – rozšírené. Touto ničím neodôvodnenou priazňou, totiž rozšírením Tereziánskeho privilégia, bola poskytnutá vinohradníkom možnosť k zbohatnutiu, čoho dôkazom nech je to, že úhrn majetkov vinohradníkov v Bratislave činí dnes jednu miliardu Kč. Toto sa deje na úkor ostatného obyvateľstva a hlavne na úkor hostinských, ktorí boli ukrátení nielen týmto zákonom, ale hlavne tým, že vinohradníci po celú radu rokov protizákonne si privlastňovali práva živnosti hostinskej, do tejto neoprávnene zasahovali provozom hier v karty, hudby a podávaním pokrmov pod viechami*" (Štátny ústredný archív SR, fond Krajinský úrad).

Je prirodzené, že v prostredí, kde existovali tak priaznivé historické, prírodné a spoločenské predpoklady pre pestovanie a konzumovanie vína, živilo sa touto prácou množstvo ľudí. Register cirkevného cenzu

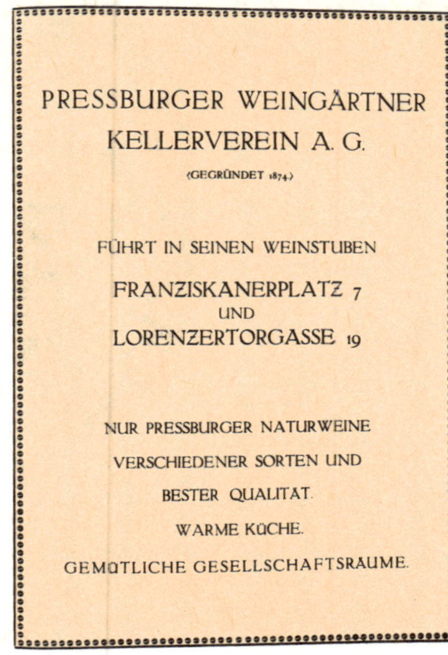

Spolok vinohradníkov

Der Winzerverein

dokumentuje, že už v roku 1435 žilo v 15 uliciach Bratislavy 484 vinohradníkov (F. Kalesný).

Ak si porovnáme tieto informácie s neskoršími poznatkami, vidíme, že postupne stúpal počet rodín, rozširoval sa priestor, ktorý obývali: Na začiatku 20. stor. žili vinohradníci v 31 uliciach, v medzivojnovom období stúpol tento počet na 44 ulíc (pozri Dodatky). Väčšina z nich sa však celú dobu sústreďovala v rovnakých častiach mesta ako v 15. storočí.

Nezmenilo sa ani národnostné zloženie bratislavských vinohradníkov. Ešte v prvej polovici 20. storočia boli takmer bez výnimky nemeckej národnosti. Prispievala k tomu určitá izolovanosť, ktorá im bránila sobášiť sa s príslušníkmi iných etník. Medzi záplavou nemeckých priezvísk sa len ojedinelo objavujú maďarské či slovenské: Kovarik, Kucsera, Janik. Táto uzavretosť mala však v prvom rade sociálne príčiny. Vyplývala zo vzťahu k pôde, z úsilia udržať, zveľaďovať a zväčšovať vinice. Takýto prístup nevyhnutne zužoval možnosti výberu potenciálnych manželských partnerov na vymedzený okruh vinohradníckych – teda prevažne nemeckých – rodín.

Návšteva viechy či vinárne predstavovala príjemné ozvláštnenie každodenného života. Spoločenskou oslavou celoročnej vinohradníckej práce však bolo vinobranie. Jeho atmosféru priblížil A. Plávka: „Ani jeden október týchto dnešných čias už nevonia muštom ako všetky októbre tých rokov, keď celé bratislavské povetrie bolo presýtené týmto nozdry štekliacim pachom, dlažba sa iskrila pod kopytami ťažkých štajerských koní, vezúcich pod gotické klenby pivníc sudiská, lodžgajúce ešte hustým a nevyzretým mokom, veštiacim rozviazanie jazykov, roztopaš i spev od rozdrapených holobriadkov až po zajakavých a bezzubých penzistov, mľaskajúcich už pri prvom glgu jazykmi ani dedinské práčky piestami na potoku.“ Nečudo, že „svet sa hrnie, plní rýnok, ide vítať nové víno“ (Š. Žáry).

Napriek nadšeným opisom oboch básnikov sa starí pamätníci domnievali, že vinobranie v tridsiatych rokoch už nie je „to, čo kedysi“ – bezprostredne po prevrate, teda pred pár rokmi... „Dnes starosta nechodí s mestskou radou do vinohradov, nečaká v Grünstübli, kým mu občania prinesú najlepšie víno, ale všetci zástupcovia modernej Bratislavy, ako praví demokrati, pôjdu si ochutnať víno pod viechu... Tak sa pije raz u Albrechta, potom u Lerchnerov, potom u Wendelinov, potom u Rosenbergov, potom u Daxov, potom u Gaisreiterov, potom u Nitschov, potom u Sermákov, potom u Wurmov, potom u Hoffmanov, Zechmeisterov, u Wowyho, potom – potom – nie, bohovia nedopustia, aby nadišiel deň a nebolo kam ísť“ (Z. Přibík). A bohovia aspoň zatiaľ jeho želaniu vyhovujú...

Plody vinobrania vychutnávali Bratislavčania najradšej vo vinárňach a útulných viechach. Z množstva vinární sa preslávili predovšetkým štyri: Stelzer na Veternej ulici, juhoslovanská vináreň Podrum na Špitálskej ulici, Schöne Lotty (či Lotti, ako píšu niektorí) na Dlhej (Panskej) a napokon Veľkí františkáni – z uvedených dnes najslávnejší, pretože ako jediný podnik stále slúži milovníkom vína.

U Schöne Lotty sa schádzali predovšetkým umelci, herci, vyšší úradníci. Podľa J. Hrušovského dostala vináreň meno preto, že „jeho majiteľkou bola postaršia slečna Lotty, ktorá musela byť kedysi ozaj veľmi pekná, keď ju i po mnohých rokoch volali pekná či krásna Lotty. A okrem toho bola i veľmi milá, veľmi šarmantná a pozorná ku svojim hosťom. No nestrpela vo svojom lokáli nijaké divé pitky, nijaké

Vináreň Schmidt-Hansl

Das Weinlokal Schmidt-Hansl

výtržnosti. Napriek svojej láskavosti vedela si s každým opilcom poradiť: chytila ho jednoducho za golier a už bol vonku. Lenže takí ľudia sa do jej podniku ani neodvažovali".

Túto neobyčajnú ženu si ctili a obdivovali Bratislavčania bez rozdielu veku. Medzi nimi, k hrôze celej rodiny, aj istý ovdovelý „admirál", ktorý, podľa spomienok jeho vnučky, ju dokonca požiadal o ruku. K úľave mnohých a na jeho veľký žiaľ Lotty túto ponuku odmietla. Odmietnutý nápadník však ostal naďalej verný podniku, ktorý denne navštevoval. Prenikla aj do veršov: „Frau Lotti, štvrtku bieleho vína ako obyčajne/Mohutniete, mohutniete, ste silná žena"... (Š. Žáry). Okrem majiteľky vzbudzoval pozornosť aj hudobný nástroj, ktorý patril k neodmysliteľným atrakciám podniku: „Vždy sa našiel niekto, kto zabrnkal na starom rozladenom klavíri... Občas sa tu zjavil i nejaký ten vyradený primášik – Cigánik s husličkami, dakedy i s kontrášom, celí umúčení od kolafónie na starých, ligotavých čiernych ancúgoch" (A. Plávka). Hral na ňom aj J. Ježek, spomína ho E. Bohúň, M. Krno, Š. Žáry a ďalší.

Jugoslovenski Podrum asanovali pri výstavbe nového Prioru. V medzivojnových rokoch túto vináreň skutočne spravovali Juhoslovania. „Podávali v nej pravé juhoslovanské vína ako dingač, prosek, plavec a iné a pripravovali pravé balkánske špeciality: čevabčiči obložené zeleninou a poriadne štipľavou paprikou. Nám horniakom, zvyknutým na bryndzové halušky a kapustu, jedlá mimoriadne chutili, už preto, že sa po nich dobre pilo", spomína J. Zvarík. Š. Bednár okrem jedál a vína vyzdvihol aj atmosféru a prostredie, ktoré „bolo exkluzívne, svojrázne. A nábytok rozmiestnený tak, aby našiel tichý kútik samotár, milenci na príjemné tête à tête a väčšia spoločnosť na družné posedenie pri večeri alebo pri víne". Pre výhodnú polohu v centre mesta podnik vyhľadávali herci, novinári, maliari a milenci, ktorí nachádzali v boxoch dostatok intimity. Neobišiel ju pri svojich prechádzkach ani populárny Schöner Náci.

Od začiatku mala táto vináreň patálie s menom. Názvy sa striedali podľa toho, ako sa vyvíjala politická situácia: „Najskôr, za slovenského štátu, keď Nemci prepadli Juhosláviu, pretrel majiteľ prvé dve slabiky. Vznikol Slovenski Podrum. Neskôr premaľoval celú tabuľu, takže to bolo gramaticky správne, hoci významovo nie celkom jasné: Slovenský

Podrum. Postupne sa volala Sofia-Podrum, Albánska reštaurácia, Balkánska reštaurácia" (Karol Hynek). Nečudo, že po toľkých zmenách sa v pamäti Bratislavčanov najlepšie uchoval ľudový názov Akvárium. Bol jednoduchý a proti rybičkám nebolo výhrad.

Menilo sa nielen meno, ale aj charakter podniku. Z prvotriednej vyhľadávanej vinárne sa postupne stala treťotriedna reštaurácia, kam chodili hostia najmä za pivom a lacnou (rozhodne nie balkánskou) stravou... Stelzerova vináreň tiež priťahovala labužníkov. „Hrala tam hudba, bolo tam dobré vínko a výborne, pritom lacno tam varili" spomína Karol Hynek.

Populárnejšími ako vinárne sa stali viechy. J. Hrušovský ich ospieval slovami: „Tie bratislavské viešky. Patria k mestu ako ten hrad nad ním, celkom sú späté so životom obyvateľov. Bez nich by to vari nebola Bratislava a neboli by to ani Bratislavčania, keby z času na čas, ba nejeden z nich celkom pravidelne, nezapadli do nich. Najmä tí, čo majú radi víno, to kyselkavé bratislavské vínečko, a vedia ho po zásluhe oceniť."

Vinohradníci v dvojtýždenných periódach predávali víno z vlastnej úrody. Tento systém opísal napr. Z. Přibík: „Bratislavskí vinári, ktorých domky s dlhými úzkymi dvormi tvoria niekoľko prastarých bratislavských ulíc, majú staré právo – kedykoľvek na toho-ktorého príde rad, čapovať štrnásť dní vo svojom dome svoje víno. Na znamenie tejto radostnej udalosti vyvesí vinár nado dvermi alebo z okienka na streche tzv. viechu, na dlhej tyči priviazaný chomáč niečoho zeleného, aby ctitelia a vyznavači vína vedeli, kde je zase nový prameň. Od 1. do 15. sa pod takou viechou dvere nezavrú. Stá smutných hostí denne vchádzajú a vychádzajú rozjarení a uzmierení. Pätnásteho v noci je lúčenie s vinohradníkom, pretože od šestnásteho do konca mesiaca pyšní sa v ulici viechou zase iný domek. Nasledujúcich 14 dní sa viechy opäť vymeňujú, aby sa začínalo zase znova a nikdy sa vlastne nekončilo..."

Bratislavské noviny mali pravidelnú rubriku, každodenný oznam, kde uvádzali adresy viech, lebo vinohradníckych ulíc bolo v meste niekoľko desiatok. A stĺpec „viecha vyvesená" či „ausgesteckt" sledovali znalci v slovenských, maďarských i nemeckých denníkoch „s rovnakým zaujatím ako programy kín alebo divadiel" (J. Hrušovský).

Na prvý pohľad nič mimoriadne. A predsa – bratislavské viechy zapôsobili na mnohých. Zaujali miestnych znalcov vína, umelcov aj skúsených svetobežníkov, ktorí už spoznali kdečo. Spomienky na prostredie a atmosféru viech vystupujú z básní, románov, vedeckých prác aj memoárov. Ako uvádza A. Matuška, „od nich najmä mala Bratislava svoju zvláštnu atmosféru, svojské čosi, to gewisses Etwas, čo Adolfovi Hofmeisterovi pripomenulo svojimi nocami tak trochu, nie celkom, ale tak trochu, trošičku – Paríž". A J. Rybák, ktorý prežil v Bratislave desať rokov a potom šiel ďalej do sveta, považuje bratislavské viechy za svetovú kuriozitu.

I. Erenburg opísal mnoho ľudí, rokov, udalostí. V jeho pamätiach dostala priestor aj Bratislava: „Vlado Clementis ma zaviedol ‚pod viechu'. (V Bratislave každý vinohradník mal právo jeden týždeň do roka čapovať víno v drobnom vo svojej pivnici. Nad dvere zavesil ‚viechu', suchú chvojku.) Miestnosť bola plná ľudí, bolo hlučno. Prišli muzikanti, predavači praclíkov a oštiepkov.... Clementis rozprával o víťazstve marxizmu, ale potom zrazu zanôtil pieseň o zbojníkovi

Jánošíkovi, ktorý bohatým bral a nazbíjané bohatstvo rozdával bedači. Všetci sa pridali." V tomto texte sa objavujú určité vecné chyby (aj zásluhou odstupu troch desaťročí), predovšetkým však verne vystihuje panujúcu atmosféru.

Mnohovravná je stručnosť spomienky speváčky L. Hermanovej, ktorá účinkovala jednu sezónu v Bratislave: „Legrace byla, byly viechy a byl život." Spolu so svojimi priateľmi sem občas zašiel z Viedne známy futbalista J. Bican. Viechy sa vynárajú aj zo spomienok na bratislavské návštevy Osvobozeného divadla, J. Tilleho, J. Mazáča, K. Tomana a ďalších.

Nemohli ich obísť ani predstavitelia bratislavského umeleckého sveta. A treba skonštatovať, že sa im nevyhýbali – v živote ani v tvorbe. Množstvo zaujímavých informácií nachádzame v spomienkových a beletristických prácach J. Alexyho, Š. Bednára, J. Bodenka, K. Čárskeho, T. Gašpara, M. Krna, A. Plávku, J. Poničana, J. Rybáka, J. Smreka, Ľ. Zeljenku, Z. Zgurišky... Predovšetkým však treba vyzdvihnúť prínos štyroch autorov, ktorí sa vo svojom diele zaoberali prostredím viech najpodrobnejšie: Ema Bohúňa, Jozefa Hrušovského, Zdeňka Přibíka a Štefana Žáryho. Viecham bol venovaný i nejeden verš. J. Poničan skonštatoval: „Smutne žil, kto bez viech vína žil"... Vysoký status im prisúdil aj M. Zemaník: „Oj viechy, viešky, vy oázy šťastia, elixír pôžitkov, azyl trpiacich." A pozadu nemohol zostať ani Š. Žáry:

Nad starou bránou svieža viecha veje
sťa najskvostnejšia, všetkým známa zástava.
Pozeráš na ňu, hneď ťa v srdci hreje,
ako sa núka: Tu sa víno predáva!
...Hoc posliepačky trafíš k starej bráne,
hoc o palici, domotkáš sa ku vieche...

Zdalo by sa, že viechy priťahovali len umelcov a intelektuálov. Takáto predstava je však neúplná a zjednodušená. Vyplýva z toho, že práve oni svoje pocity a spomienky spísali a sprístupnili ich širokej verejnosti. Rozhovory s pamätníkmi však presvedčivo dokazujú, že prostredie a atmosféru viech si obľúbili príslušníci všetkých vrstiev bratislavského obyvateľstva.

Väčšina viechárskych domov sa sústreďovala v niekoľkých starých vinohradníckych uliciach: na Vysokej, Schöndorfskej (Obchodná), Valónskej (Slovanská), Mýtnej, Krížnej. V menšom počte sa však nachádzali aj v iných uliciach a štvrtiach mesta – od Karlovej Vsi na jednej strane až po Raču na opačnom konci Bratislavy. Z pravidelných správ o „vystrčenej vieche" sme z novín Pressburger Zeitung vyexcerpovali a spracovali údaje o situácii na sklonku monarchie (roky 1908, 1909, 1913) i v medzivojnovom období (1924, 1927, 1937). (Pozri Dodatky.) Z výsledkov vyplýva, že počet otvorených viech sa menil. V súlade s platnými predpismi a v závislosti od úrody vína bol v niektorých rokoch záujem o licencie väčší, v iných zas klesal. Napríklad v roku 1937 fungovalo zároveň priemerne 34 viech, v rokoch 1913, resp. 1924 len 14. Boli vinohradníci, ktorí predávali svoje víno každoročne (a neraz aj niekoľkokrát v roku), iní vyvesovali viechu len ojedinele a nepravidelne. Preto kolíše aj počet ulíc, v ktorých po jednotlivé roky otvorili aspoň raz výčap. V roku 1913 bol v 13 uliciach, v roku 1937 v 35. Celkovo sa v sledovaných rokoch otvorila

Heile die Trunksucht,

ehe der Trunksüchtige das Gesetz verletzt.

Rette ihn. ehe der Alkohol seine Gesundheit, Arbeitslust und Vermögen zerstört hat. oder ehe der Tod die Rettung .unmöglich gemacht hat.

Alkolin ist ein Surrogat für Alkohol und bewirkt, dass der Trunksüchtige geistige Getränke verabscheuen wird.

Alkolin ist vollkommen **unschädlich** und wirkt so intensiv, dass auch stark trunksüchtige Personen einen Rückfall niemals bekommen.

Alkolin ist das neueste, was die Wissenschaft in dieser Beziehung hervorgebracht hat, und hat derselbe bereits Tausende von Menschen aus der Not, dem Elend und . Ruin errettet.

Alkolin ist ein leicht lösliches Präparat, das z. B. die Hausfrau ihrem Gatten im Morgengetränk geben kann, ohne dass er das geringste davon merkt. In den meisten Fällen versteht der Betreffende gar nicht, weshalb er plötzlich Spiritus nicht vertragen kann, sondern glaubt, dass der übertriebene Genuss davon der Grund dazu sein wird, wie man oft eine gewisse Speise verabscheuen kann, wenn man dieselbe zu oft genossen hat.

Alkolin sollte jeder Vater seinem Sohne, dem Studenten geben. ehe er beim Examen durchfällt, wenn er dem Trunke auch nicht besonders ergeben ist, so schwächt der Alkohol dennoch sein Gehirn. Überhaupt sollte ein jeder, der nicht willenskräftig genug ist, sich dem Genuss geistiger Getränke zu enthalten, eine Dose Alkolin einnehmen. Selbiges ist völlig unschädlich. Der Betreffende konserviert dadurch seine Gesundheit, und erspart sehr vieles Geld das sonst zu Wein, Bier, Branntwein oder Liqueur verwendet worden wäre.

Da unsere Annonzen nachgeahmt werden, bitten wir Sie um Fälschungen zu vermeiden. nur an das ALKOLIN Institut und kein anderes Institut zu schreiben.

Das Alkolin-Präparat kostet 10 Kronen und wird versandt gegen Vorauszahlung oder gegen Nachnahme nur durch:

Alkolin Institut, Kopenhagen, B) Dänemark Nr. 1503.

Briefe sind mit 25 Heller, Postkarten mit 10 Heller zu frankieren.

Alkoholizmus bol problémom už dávno

Alkoholismus war immer schon ein Problem

viecha v 45 uliciach alebo mestských rajónoch Bratislavy. Niektoré z nemeckých mien (Alter Grund, Steuer Grund) sa nám nepodarilo identifikovať. Ostatné uvádzame podľa súčasných názvov: Viechy boli na týchto uliciach: Líščie údolie, Veterná, Opavská, Vysoká, Obchodná, Špitálska, Dunajská, Jozefská, nám. 1. mája, Kopáčska, Zámočnícka, Zámocká, Suché mýto, Rajská, nám. Slobody, Slovanská, Mickiewiczova, Smrečianska, Mýtna, Kutlíkova, Fazuľová, Krížna, Konventná, Povraznícka, Klemensova, Vazovova, Blumentálska, Radlinského, Malinovského, Kollárovo nám., Panenská, Záhradnícka, Žilinská, Panská, Trokanova, Trnavské mýto, Žižkova, Tehelné pole, Račianska, Čajakova, Odborárske nám., Biely kríž.

Návštevníkov priťahovalo víno po celý rok. Z ich pohľadu bol však vrcholom sezóny čas, keď už bolo mladé víno a teplé počasie ešte umožňovalo príjemné posedenie na čerstvom vzduchu dvorov a záhrad. Niektorí pestovatelia predávali víno výlučne vo veľkom, ďalší zas produkovali len pre vlastnú spotrebu. V oboch prípadoch vôbec nevyvesovali viechu, takže počet vinohradníkov je väčší než počet udelených licencií na predaj vlastného vína. Sociálne rozdiely sa prejavovali aj medzi jednotlivými viechármi. V roku 1909 predávali v dome na Vysokej 51 K. Fink a H. Lumtzer junior 28 týždňov, na Mýtnej 9 dostal majiteľ povolenie 9-krát, na Suchom mýte 17, Vysokej 24, Schöndorfskej (Obchodnej) 58 a 59, Valónskej (Slovanskej) 61, Konventnej 8 vždy 7 ráz. Opačné prípady nachádzame napr. na Povrazníckej 4, Suchom mýte 7, Ovocnom trhu 15 (Kollárovo nám.), Dobytčom trhu 7 (Trnavské mýto). Títo vyvesili viechu len raz ročne.

Podobné rozdiely sa prejavovali aj v hustote viech v rôznych bratislavských uliciach. V roku 1909 otvorili viechu v 25 rôznych domoch na Vysokej ulici, v 21 objektoch na Krížnej, v 18 domoch na Valónskej, 14 na Schöndorfskej a 12 viech na Mýtnej. Spolu čapovali v tomto roku víno vo viac ako 170 vinohradníckych domoch v 27 uliciach mesta.

V roku 1913 zas jedinú viechu na celej ulici otvorili napr. na Šancovej (Malinovského), Blumentálskej, Povrazníckej a Kempelenovej (Klemensova). Na posledne menovanej sa víno čapovalo vo veľkom pavlačovom dome, ktorý postavil v roku 1911 Vincze Janik. (Dovtedy predával spolu so svojou matkou na Dunajskej ulici.) Dodnes zachovaný dom je nad bránou zdobený vinohradníckym znakom (strapec hrozna), iniciálami majiteľa (VJ) a letopočtom 1911.

Licencie sa obyčajne vydávali na jednu osobu v dome. Zaznamenali sme však aj prípady, keď sa striedali dvaja a ojedinelo dokonca traja viechári v tom istom objekte. Podľa zhody priezvísk sa zdá, že vo väčšine prípadov ide o príbuzných (otec a syn, súrodenci): Ch. a J. Blaser na Valónskej 19, A., M. a P. Falb na Eszterházyho nám. 17 (nám. Slobody) či na Dunajskej 14 (Katerina a Vincze Janik)... Vo viacerých domoch sa priezviská majiteľov licencií líšia: K. Fink a H. Lumtzer na Vysokej 51, G. Karner a K. Trumpe na Valónskej 33 či G. Schüssler a E. Weiss na Krížnej 18 atď. Nevedno, či ide o príbuzných (švagrovci, svokor so zaťom), alebo len o susedov, prípadne známych.

Z množstva vinohradníckych domov a ulíc sa zachovalo len niekoľko v pôvodnom stave. Väčšinu zničilo bombardovanie počas druhej svetovej vojny (najmä Vysokú a Krížnu), ale aj neskoršie asanácie: „Chcela som admirálovi ukázať viechársku ulicu Vysokú, ale tej nebolo. Vlastne bola, ale zapratená rumoviskom sa nedala ani len prejsť a vinohradnícke domčeky otŕčali svetu holé múry. Viechárska ulička dostala zásah pri bombardovaní. Už nebudeme s priateľmi na ‚hajrigeri' pod viechou v malých izbičkách alebo na upravenom dvorčeku" (Z. Zguriška). „Tých viech bolo neúrekom. Boli na Vysokej a na Krížnej. Krížna ulica bola väčšinou z prízemných domov. Bola tu viecha vedľa viechy. Ale pri oslobodení bola vyslovene zrolovaná paľbou kaťuší. A po oslobodení, keď už sa mesto prebúdzalo opäť k životu, tak z tých zrúcanín, z pivníc bývalých viech bratislavskí obyvatelia vo vedrách vynášali víno, čo tam ostalo" spomína Karol Hynek.

Súčasný stav zhrnul jeden z pamätníkov: „Dnes je všetko úplne inak. Napríklad Krížna, to boli samé malé prízemné domčeky, ktoré boli zničené. A nielen tam. Pozrite... Valónska je preč, Kopáčska je preč, námestie Slobody je preč. Reichardova je čiastočne preč... tam možno ešte voľačo uvidieť... Vysoká... to je tiež skoro preč. Čo tam zostalo? Schwanzer na rohu a tá Vysoká 44. To ale nebola žiadna viecha, to bola predtým reštaurácia. Modranská reštaurácia. To sme nepočítali za viechu. To bola imitácia" (Béla Hackenberger).

Vinohradnícke domy boli obyčajne prízemné, s úzkymi prejazdnými dvormi a pivnicou, ktorá predstavovala základ majiteľovho bohatstva. Jeden z takýchto domov opísal Béla Hackenberger: „Jednoposchodový dom na Schöndorfskej (Obchodnej) 42 je typický. Je to bývalý dom môjho starého otca Karola Wowyho. Za zelenou bránou s iniciálami VK je priestorné podbránie, ktoré delila sklenená dvojkrídlová brána, oddeľujúca dvor. Prístavby vo dvore bývali ubytovaním pre sezónnych

Dvor viechy (1965)

Am Schenkenhof (1965)

robotníkov, ktorých majiteľ počas vinohradníckych robôt stravoval. Celkom vzadu vidieť ešte zvyšky maštale, v ktorej mal starý otec dva páry koní a batár, na ktorom ma odviezol na Železnú studničku. Na tej bráne je VK, ale má byť WK, Wowy Karol. Moja matka je rodená Wowyová."

Dom obývala predovšetkým vinohradníkova rodina.

Počas sezónnych prác najímali bohatšie rodiny robotníkov, ktorí obývali spomenuté prístavby vo dvore: „To bolo počas sezónnych vinohradníckych prác. Mnohí vinohradníci, tak ako môj starý otec, zamestnávali sezónnych robotníkov, prevažne slovenského pôvodu. Neboli to Bratislavčania, ale Slováci z okolia. Z Lamača a tak. Mnohí mali možno aj sami malý vinohrad, ale boli to chudobnejší ľudia a chceli si privyrobiť. A okrem toho moja stará mama ako kuchárka pre nich pripravovala stravu, varila pre nich, lebo to bola skupina 15–20 ľudí, samí silní muži, tí potrebovali niečo zjesť" (Béla Hackenberger).

Stručne sme spomenuli, ako vyzeral vinohradnícky dom. Čo sa v ňom však dialo v dvojtýždenných obdobiach, keď sa zmenil na viechu a bol obsypaný množstvom „fajnšmekerov", túžiacich vychutnať plody vinárovej celoročnej práce?

Adresy otvorených viech neavizovali len noviny. Túto príjemnú skutočnosť zverejňovala znalcom i náhodným chodcom „viecha" na dlhej žrdi. Tak zreteľne, že „ju prečítať vie každý analfabet, len prejde zrakom po štíte a priečelí" (Š. Žáry). A objasňovala mnoho. Nesignalizovala len, že sa v dome predáva víno, ale informovala aj o farbe (červenou alebo bielou stuhou) či základnej sorte (mladé, extramladé, staré, extrastaré).

Viechu tvoril najčastejšie veniec z dubového alebo hroznového lístia. Niektorí informátori ju charakterizujú ako zväzok borovicových vetví či šišiek. „Najprogresívnejší" viechári využívali v medzivojnovom období aj výdobytky techniky. Začala s tým údajne Katarína Nitschová, ktorá namiesto tradičných foriem označovala večer svoju viechu rozsvietením zelených žiaroviek. V Rači to bola guľa z čečiny, známa aj pod menom „zlomená ruka“. Cestu do viechy potom mnohí poeticky označovali ako návštevu viechára, ktorého musia ‚pohlédnuť‘, pretože má zlomenú ruku (I. Stanislav).

Aj vnútrajšok viechy sa postupne prispôsoboval okolitým premenám a prílevu nových návštevníkov: „Keď sme krátko po roku 1918 došli do Bratislavy a usídlili sa tu, vtedy ešte viechy inakšie vyzerali a viechári, hoci neboli chudobní, neboli ešte tí nafúkaní boháči, akými sa stali neskoršie, boli ešte skromní a vľúdni a každého hosťa si uctili.

Čapovalo sa vtedy len pod bránou, stolov nebolo a hostia stáli pri stene s policami, na ktoré si kládli svoje dvoj- alebo trojdecové poháre. Na litre sa víno málokedy objednávalo, stalo sa to obyčajne len o trhových dňoch, keď zastali s vozmi pod viechou záhorácki furmani.

Neskoršie však hostí začalo pribúdať a viechári otvorili kuchyne, kde nastavali stoly. Tam sa už pohodlnejšie pilo“ (E. Bohúň).

Ďalšie zmeny zachytáva Z. Přibík: „Sedí a pije sa v dlhom a širokom priechode a takmer vo všetkých miestnostiach vinohradníkovho domu, ktorý je ochotne vyprázdnený pre hostí. Všade, aj v kuchyni sú úzke zelené stoly a tmavožlté lavice, v priechode dominuje dlhý nálevný stôl s veľkými džbánmi a v nich všetky druhy vinohradníkových vín – tohtoročné, zvláštne tohtoročné, staré a najlepšie staré…

Až v poslednej dobe sa začínajú viechy modernizovať podľa vzoru Viedne. Tesné izbičky sú prebúrané, niekoľko ich je premenených na jednu veľkú miestnosť už s veľkými oknami. Po prevrate sa sedávalo len v priechode a v jednej, nanajvýš dvoch izbách, potom bolo treba hosťom otvoriť i tretiu a štvrtú, kuchyňu a niekde aj kúpeľňu, ale to všetko nestačí a preto sa premeňuje na miestnosť aj časť dvorku a všade je plno. V zime sa sedáva v priechode a vinohradníkovom byte, v lete väčšinou na dlhých dvoroch a v intímnych záhradkách.“

Zdalo by sa, že tento výpočet obsahuje všetky domové priestory a viac miesta už záujemci nemôžu nájsť. Spomienka J. Rybáka však ukazuje, že ľudská fantázia (či príťažlivosť dobrého vína?) je nevyčerpateľná: „Vinár mal 14 dní právo čapovať víno zo svojich vinohradov a v tej dobe sa vo všetkých miestnostiach jeho prízemného domku nalievalo a popíjalo od skorého rána až do polnoci. Našli sme si tam voľné miesto niekde v kuchyni, pri stole alebo pri šporáku, alebo v spálni okolo manželských postelí a keď aj tam bolo plno, usídlili sme sa v priechode, na záhradke medzi oleandrami, na dvorčeku pod orechom, a hoc aj pri záchode alebo na streche. A keď už ste niekde sedeli a boli šťastní, že máte miesto, plichtili sa tými miestnosťami ďalší hostia, ktorí si tiež chceli niekam sadnúť, ktorí tiež hľadali ten nevyhnutný kúsok priestoru, ktorý potrebovali, aby si tam postavili svoj pohárik. Tí, čo tam boli, sa posošili a zmestilo sa ďalších dvadsať ľudí. Obsluhoval vás sám vinár, nemecký starousadlík, alebo jeho dcéry, a len ste dvíhali pohárik a dívali sa, ako tie dievčatá v dirndloch vynášajú z pivnice orosené džbánky.“

Silný dojem zanechala prvá návšteva viechy (na Reichardovej, Rajskej) v pamäti Š. Bednára: „Nízky prízemný domček, taký vidiecky s veľkou bránou, nad ňou na ulicu vysunutá tyč a na jej koniec zavesený viechársky veniec. Na veľkej bráne boli ešte menšie dvere. Tými sme vošli dnu. Priestor na konci zavierali ďalšou bránou. To bola hlavná časť

Populárny Stelzer lákal

Das Weinlokal Stelzer lockte

viechy, lebo na boku stál nálevný pult, na ňom boli poháre a krčiažky i veľké džbány, z ktorých vinár nalieval víno. Za ním vedrá na prepláchnutie použitých pohárov. To bolo všetko na obsluhu. A po bokoch priestoru boli obyčajné drevené stoly a lavice, to zas bolo všetko pre pohodlie hostí. A džavotu, ba aj kriku a spevu. Ale ešte tam čosi bolo: železná piecka napodiv dávala dosť tepla, takže spolu s dychom ľudí a vínom tam bolo celkom príjemne, hoci vonku bol studený zimný večer. Na tých laviciach sedeli ľudia svorne vedľa seba, štyria i piati, tichý samotár a vedľa spievajúca skupina alebo debatujúci kamaráti. Prisadli sme si, kde bolo práve miesto. Jedna frajla pohyblivo obsluhovala, usmievala sa na každého rovnako a vyhovela jeho želaniu, či si objednával po slovensky, po nemecky alebo po maďarsky. Vedľa brány prispôsobili aj jednu obytnú izbu na tento účel, tam obsluhovala ďalšia frajla. Aj tam bola taká improvizácia s lavicami, teda nijaký salón pre vybraných hostí. Pod viechou vládol demokratický systém. Každému rovnako, ale žičlivo po mierkovú čiaru alebo kúsok nad."

K čaru viech prispievali aj ich dvory a záhrady. Najmä v teplom počasí boli hojne navštevované. Boli takmer pri každom dome, no niektoré z nich sa dožili osobitnej slávy. T. Gašpar spomína na „pekný kvetnatý dvor" A. Wurma na Reichardovej (Rajskej) ulici. Obľúbená vieška ho inšpirovala k piesni:

U Andyho Wurma v Reichardskej pod viechu
sadá Tido s Fricom bez slova, bez smiechu.
Sedia oni sedia, staré víno pijú,
v srdciach mladé túžby starí vlci vyjú.

Spomínajú sa však aj záhrady a dvory u Rosenberga na Panenskej, u Wowyho na Schöndorfskej, Zimmermanna (prezývaného der Serbianer), Winklera na Zámockej a ďalšie.

Vo všetkých výpovediach sa odráža zjavný záujem bratislavskej verejnosti o viechy a ich ponuku. Vinohradníci využívali konjunktúru a sprístupňovali celý dom. Proti tejto skutočnosti mali vážne výhrady najmä hostinskí. Svoj protest včlenili do už spomínanej petície Krajinskému úradu: „*... dosiaľ nie je vyjasnené, že v ktorých miestnostiach je oprávnený viechár čapovať, v dôsledku čoho uvádza jeho hosťov do rôznych miestností súkromných a pri kontrole sa vyhovára, že sa jedná o jeho súkromný byt a súkromných hosťov*" (Štátny ústredný archív SR, fond Krajinský úrad). Pri čítaní predošlých riadkov sa strach kaviarnikov z konkurencie javí ako odôvodnený. A predstava „natrieskaných" viech naznačuje, že ohodnotenie majetku bratislavských vinohradníkov na 1 miliardu korún môže mať reálnejší podklad, než sa na prvý pohľad javilo...

Napriek všetkým lákadlám predpokladom úspechu či neúspechu každej viechy bolo to hlavné, čo ponúkala – víno. Mnohých vinohradníkov preslávilo široko-ďaleko a mali štamgastov, čo neváhali merať cestu hoc aj na druhý koniec mesta, keď ten „ich" vystrčil viešku. A viechári povesť svojho vína starostlivo strážili, ako ukazuje príklad vinohradníka Winklera: „Práve vtedy visela nad bránou neveľkého domca s barokovou fasádou, tesne pod hradom (je to vari predposledný domec na Zámockej ulici), vieška, pod ktorou čapovali vari najlepší šiller v celej Bratislave. Majiteľ patril medzi drobnejších vinohradníkov, ale čo na niekoľkých akroch nad Karloveskou cestou vypestoval, to veru stálo za reč. Viešku vyvesil iba ak dva razy za rok. Viac vína sa

Nové funkcie starého vinohradníckeho domu (Obchodná ulica) 1989

Neue Funktionen des alten Winzerhauses (Schöndorferstraße – Obchodná ulica) 1989

mu neurodilo a cudzím si svoju dobrú povesť nechcel pokaziť. Naša spoločnosť ostala na dvore, pražský hosť objednal liter vína so sifónom. Ale aké veľké bolo jeho prekvapenie, keď sa Winkler namiesto objednávky prísne pozrel naňho:

– Pán môj, u Winklera vždy len čisté víno, bez vody a bez sifónu, ako ho pánboh stvoril. A ani by som nedovolil, aby ho tu niekto miešal s biednou vodou. To by bola urážka pre môj šiller. – A ten šiller bol ozaj výborný" (J. Hrušovský). Aby však nebolo všetko jednoduché, L. Dohnány zdôrazňuje, že „pod viechou sa podávalo len biele prírodné víno z vlastnej úrody. Červené víno alebo šiller nepodávali".

Bolo záležitosťou profesionálnej a stavovskej cti, aby vypestované víno svojou chuťou, farbou a vôňou zodpovedalo požadovaným prísnym kritériám náročných znalcov. Nie vždy sa úroda rovnako vydarila. „Bývali totiž roky, že sa urodilo veľa hrozna, ale s neveľkým obsahom cukru. Inokedy ho bolo málo, ale sladkého. A sem-tam, dosť zriedka sa pritrafilo, že ho bolo veľa, i sladkého. To boli slávne roky, no dali sa na prstoch zrátať", spomínal J. Hrušovský. Ani v tých horších prípadoch sa však skutočný vinohradník neznížil k tomu, aby umelo víno dochucoval, či dokonca krstil. Aj vďaka tomu sa starí Bratislavčania nevedeli zhodnúť, v ktorej vieche bolo najlepšie víno. V memoároch i ústnych spomienkach uvádzal každý svojho favorita, či ešte radšej viacerých. Niektoré mená sme už uviedli, iní uprednostňovali rodinu Kostolných v Karlovej Vsi, Machera, Wurma na Veternej, kde vraj bolo najlepšie červené víno, Krampola v Rači alebo iného zo stovák vinohradníkov, ktorí sprístupňovali v medzivojnovom období svoje domy. Aj preto sa obvykle nesedelo po celé dva týždne v jedinej vieche. Patrilo sa ochutnávať čím viac, pretože všade sa dala očakávať kvalita... Niet divu, že konce boli niekedy veselé:

Spod viechy ulica uberá sa prudko
a po nej krížom-krážom každučkú chvíľočku
gúľajú sa ľudia. Podobní súdkom.
Za rohom, hocikde, vytiahnu si točku,
veselo smejúc sa oblievajú múry.
(M. Zemaník)

Návštevníci viech pili víno – veľa a radi –, ale nedochádzalo k opileckým výtržnostiam. Dohliadal na to nielen majiteľ so svojím personálom, ale aj ostatní hostia, ktorí prípadného výtržníka veľmi rýchlo upokojili a prípadne vyviedli. A u českých a slovenských zákazníkov hralo úlohu aj úsilie nezosmiešniť sa pred nemeckými a maďarskými starousadlíkmi. Určitý rešpekt tu totiž pretrvával. Ako spomína J. Alexy, nemeckí viechári „hľadeli na nás ako na otrokov vína, ktorí sme len pred ich pultom vedeli vybaviť svoje záležitosti“... A mnoho naznačuje aj J. Hrušovský: „Pravda, pod vieškami sa pilo víno. Kto chcel pivo, musel ísť do hostinca alebo kaviarne. A naši českí priatelia dali si tiež víno. Ale pili ho ako pivo, mocnými dúškami, až na dno. S nedobrými následkami. Neskôr, po absolvovaní ‚učňovskej doby‘, už vedeli ako na to. Že najprv treba pomaly koštovať, pomľaskávať, skúmať proti svetlu farbu, zisťovať vek (ten u bratislavských vín nikdy nebol dlhý), určovať obsah síry a či má vinohradník v poriadku svoje sudy. Postupom času sa už správali pod vieškou ako ‚starí‘, presne vedeli, pod ktorou vieškou čapujú kvalitné, pod ktorou len priemerné a pod ktorou nanič víno... Už ťažšie si bolo osvojiť pravidlo, že ozajstný milovník vína a teda návštevník viešok sa neopije. Nanajvýš si smie dovoliť nevinnú špičku, alebo, ako hovorili starí Prešpuráci: ‚á klánes Schwipserl‘. Nalogať sa vína a potom revať, vykrikovať, obťažovať ľudí a spiť sa do nemoty, to je sprostá vec – nemá nič spoločné s oceňovaním vínka ako veľkého božieho daru.“

V rôznych súvislostiach sa v spomienkach objavuje problém podávania jedál vo viechach. Viechárska koncesia sa totiž obmedzovala len na predaj vína, prípadne vody či sódy. Ostatné – počnúc jedlom a končiac napríklad kávou – si mali návštevníci zabezpečiť z iných zdrojov, obyčajne „samozásobením“. Zo spomienok sa vynárajú viaceré riešenia. Najčastejšie si skutočne priniesli jedlo so sebou. „Chodili sme v sobotu na večeru pod viešky, kde sme našli vždy veľmi milé prostredie. Doniesli sme si so sebou uvarené kolienko alebo nárez. Chlieb, pečivo alebo repu, cviklu a oharky sme dostali zakúpiť. Vinohradníci nám už predali ich vlastné víno“ (Gizela Poláčková). Podobne vyznievajú opisy nákupu T. Gašpara v Burianovom lahôdkárstve a spomienky Karola Hyneka na slané rožky či kus salámy z mäsiarstva u Vaněka, alebo Otta Mošovského na veľkú šunkovú kosť, ktorú si kupovali v mäsiarstve a jedli spoločne vo vieche. Boli však aj zložitejšie nákupy. M. Rázus farbisto opisuje „sviňu v záhrade“ – kus šunky, obloženej prinesenou zeleninou. A výber Š. Žáryho je skutočne labužnícky – štvrtka husaciny, polka mateja (šťavnatej tlačenky), pikantný šalát – „všetko starostlivo vybraté v tržnici, Ruttnerovej bodege či delikatesnom skliepku pána Rybariča“.

Hladných návštevníkov bratislavských viech zásobovali aj potulní obchodníci. K nim patril napr. „virštlman“ Dorazil: „Svoj miniatúrny obchodík mal upevnený na šiji, ako ho mali ‚lacní Jožkovia‘. Reďkovky, na tvrdo uvarené vajíčka, očká, sardinky, olomoucké syrečky či teplé párky. Týmito lahôdkami vám mohol Dorazil kedykoľvek poslúžiť, pravda, pokiaľ sa mu zásoba neminula. Nebolo treba naňho volať, ale stačilo len nedbalo pohnúť jedným prstom a Dorazil dorazil aj k najvzdialenejšiemu stolu viechy. Ak ste sa chceli okrem toho i pobaviť, stačilo povedať Dorazilovi, aby vám povedal nejaký žart, lebo Dorazil poznal veľa dobrých vtipov“ (Ľ. Zeljenka). Niekedy takíto predavači mali sídlo priamo vo vieche, „zrejme mali koncesiu, ktorou mohli u viechára pripravovať teplú stravu. Tá teplá strava, to bolo

varenie párkov, príprava cigánskej pečienky, varenie kukurice, výborné hrianky sa robili, ozaj výborné. To sa povedalo viechárovi: Pošlite toho pána, čo pripravuje jedlo. A ten pán, čo pripravoval jedlo, si priniesol vlastné petrolejové kachličky, inštaloval si to v tej miestnosti, čo mu viechár prenajal a pripravoval si také dobré jedlá. Napríklad párky, aké teraz dostanete v tých konzervách na export, to bolo vtedy bežné. A pre nás deti to bola lahôdka. No a k tomu naservírovali aj horčicu, aj chren, a ja som si vždy privoniaval chlebík, aby mi neslzili oči" (Karol Hynek).

Ďalším riešením bolo porušovanie predpisov zo strany majiteľov viech; jedno s druhým opäť vážne ohrozovalo záujmy hostinských, ktorí sa proti tomu tvrdo bránili.

Preto J. Bednář v roku 1931 rozhorčene kritizoval „pokútne vyvarovanie, nerešpektovanie zákona o výčape vína pod viechou"...

Ťažko dnes jednoznačne rozsúdiť, do akej miery sa tieto predpisy dodržiavali či porušovali. Každá strana stojí na svojom a obhajuje vlastné stanoviská.

K neodmysliteľným „rekvizitám" vytvárajúcim nenapodobiteľnú náladu viech patrili aj príslušníci iných „potulných" profesií. „Prispievali k tomu ... kučébri s krošničkami napred seba, motajúci sa večerami od viechy k vieche, ponúkajúc búrske oriešky, slané mandle, haringy, cibulky, opečené zemiačky, kvetinárky s kytičkami fialiek, klincov a ruží" (A. Plávka). „Lacní Jožkovia" ponúkali aj iné veci: čokoládu, ovocie, rybičky, očká, syrečky, reďkovky, ale aj pohľadnice, planéty, drevené predmety (hračky, fajky, varešky), ba dokonca aj klobúky rôznych tvarov a veľkostí. V prípade potreby sa v „tajnej zásuvke" našli aj prezervatívy. V tejto konkurencii sa tovar „nepredával sám", bolo mu treba občas pomôcť iným spôsobom. Veľkú popularitu získal „praclikár – filozof". Miešal slovenčinu s rodnou hanáčtinou a svoj prejav „korenil" citátmi z Platóna, Sokrata, Masaryka, Darwina, Tolstého atď. Jeden z jeho monológov interpretoval J. Sekera: „Moje praclíky vyvolávajú smäd, dámo. Ale čím by sme boli bez smädu, dámo. Všetko je plné smädu, vravel nenapodobiteľne náš majster Brauna. A preto tiež urobíme najlepšie, keď Hamletovo ‚byť či nebyť' obrátime na ‚piť či nepiť' a ustálime sa na tom druhom... Rozhodne neradím panstvu", rozhovoril sa znova, „počínať si ako pán La Fontaine, ktorého lišiak Gaskonec alebo Norman, iní vravia, hladom skoro hynúc, uzrel, ako usmievavé hrozná visia z mreží. Ferina by hody býval mal z nich rád, nedosiahnuc však pokrm skvelý, zelené sú, vraví, len psy by ich žrali: Než aby nariekal, či neurobil lepšie?" Muž trhol chudými ramenami a ako mysľou neprítomný nadviazal netrpezlivo: „Keby Gaskonec alebo Norman zašiel sem, nebľabotal by, či sú alebo nie sú hrozná skvelé, hrozno samo za seba hovorí, a prednostne by sa zásobil mojimi praclíkmi. Potom by len mohol šťastne sedieť pri vinárovom súdku a uctievať život. Za korunu, prosím? Za dve, výborne." Po úspešnom obchode sa prihovoril k ďalším návštevníkom.

Kučébrov si vo svojich pamätiach všimol aj J. Rybák: „Od viešky k vieške chodievali kučébri. Dokázali urobiť v minúte bravčové rebierko po cigánsky a predávali rôzne kyslé rybičky, cibuľky a ostré šaláty. Bývali medzi nimi rozmanité typy a povahy a mnohí vedeli, ako upútať našu pozornosť, aby v nás získali stálych zákazníkov. Ten, čo si nás obzvlášť obľúbil, vedel naspamäť výroky slávnych mužov a vždy nám k cibuľkám a nakladanému karfiolu naservíroval nejakého Goetheho, Lamartina alebo Schopenhauera.

Podbránie
na Vysokej ulici (1989)

Toreinfahrt
eines Winzerhauses
(Hochstraße – Vysoká ulica) 1989

Raz sme od neho chceli, aby nám povedal, čo vyhlásil Tristan Tzara a čo povedal F. T. Marinetti, a uviedli sme ho do veľkých rozpakov. Ale rýchlo vystihol, kam mierime, a naučil sa z lásky k nám aspoň Majakovského a Wolkra. A chodieval tam iný predavač lahôdok, s pohrebným hlasom, vyziabnutý a bledý, s vpadnutými lícami a s kruhmi pod očami, a tomu sme tajne vraveli umývač mŕtvol. Ľutovali sme ho, a keby predával čokoľvek iného ako jedlo, bol by na tom lepšie.“ Svoje umenie predvádzali rôzni artisti, bruchomluvci atď.

Vo viechach sa hrávali aj hazardné hry. Napriek úradnému zákazu karty, ale kučébri často navnadili hosťa na populárny „pár unpár“. V plátenom vrecúšku mali očíslované cedulky. Najskôr ich poriadne zamiešali, potom sa mal „hazardér“ rozhodnúť, či svoju korunu staví na párne alebo nepárne, prípadne zvolil konkrétne číslo. Ak prehral, zaplatil kučéber, radšej však nie peniazmi, ale tovarom: čokoládovými vajíčkami, Tellovým jablkom alebo inými drobnosťami zo svojej tácne. Kučébri neradi prehrávali a namiesto vyplatenia navrhovali často zdvojnásobenie stávky. Vedeli, že každá séria sa raz skončí.

Stávku a jej motiváciu zaujímavo opísal vo svojej básni Š. Brezány:

Zas hrejú viechárske chodníčky –
do kučébrovho koša vnáram pohľady:
pár – nepár, uhádni.
Výhra úsmevy milej vyhodí,
vietor otvára dvere dokorán,
objímam obrazy, čo v srdci mám.

K viecham patrila aj hudba, spev, nálada. Ani tu však nebola situácia tak jednoduchá, ako by sa možno zdalo. Začiatkom storočia prevládala vážnejšia, tichšia atmosféra, podporovaná hudbou, ktorú „počúvali tak, ako sa počúva koncert na Promenáde, a to ešte i vtedy, keď pred nimi na stole bolo víno“ (E. Bohúň). Spev sa sem nasťahoval až po roku 1918 ako jeden zo sprievodných znakov slovakizácie Bratislavy: „Spievať pod viechou do toho času nebolo zvykom, a preto kraxelhuberi s otvorenými ústami dívali sa na nás a počúvali naše slovenské piesne“ (E. Bohúň). A kamienok do mozaiky pridáva aj A. Plávka konštatovaním, že „ulice a uličky, kde boli viechy, žili svojím zvláštnym povzneseným životom, najmä večer, keď sa viešky zatvárali. Slovenské pesničky akoby tiekli prúdom po uliciach, boli ako príval turčianskych, liptovských či horehronských vôd“.

Hudba a spev však neboli len zdrojom zábavy a potešenia, ale aj ďalším nekrvavým bojiskom v konflikte medzi viechármi a hostinskými: „*Čo do veselosti a nálady pod viechami si dovoľujem opakovať ešte raz, že viechy majú slúžiť v zmysle zákona len k odpredaju vlastného vína v drobnom len pre tých zákazníkov, ktorí majú záujem len o konzum vína. Však veselosť a nálada patrí do legálnych koncesovaných miestností, po stránke mravnej a hygienickej vrchnosťou kontrolovaných. Nie však do nekontrolovaných viech*“ hovorí sa v už citovanej rezolúcii. Určité výsledky tento odpor priniesol: „Hostinskí, žiarliví na preplnené viechy, vymohli pre ne zákaz hudby i spievania spevákov z povolania. Tak zmizli šramly, utíchli tenori, spievajúci staré i modernejšie piesne, obecenstvo je odkázané samé na seba – ale hostinskí so svojím pivom nepochodili. Pod viechami je stále plno, len trochu tichšie, ale zato pri povznesenej nálade sa pestuje viaczborový spev, síce bez taktovky, ale nadšený a zo dna sŕdc" komentoval nastavšiu situáciu Z. Přibík. Proti tomuto zákazu bojovala aj mestská rada s odôvodnením, že svoj chlieb tým stratilo 60 hudobníkov a *„ľudia nechodia pod viechu len za účelom pitia vína, ale aj preto, aby sa pri víne veselo zabavili, k čomu treba hudba, ktorá dodá veselosti – nálady"*. Tento argument uvádza rezolúcia hostinských, ale len preto, aby ho mohla okamžite vyvrátiť: *„Je pravdou, že pod viechami hrali protizákonne hudby. Nejedná sa však o hudobníkov riadnych, ale príležitostných, ktorí príležitostne od viechy k vieche chodili a ich náhodné vedomosti medzi publikom viechy uplatňovali. Počet týchto však ďaleko nečiní 60, ale jedná sa nanajvýš o 15–20 ľudí. Je pravdou, že riadni hudobníci konkurenciou viech trpia tiež, nakoľko špatným chodom hostincov stratili ich zamestnanie"* (Štátny ústredný archív SR, fond Krajinský úrad).

Nech bola pravda v tejto nevyhlásenej vojne na kohokoľvek strane, „šramly" zložené obyčajne z harmoniky, huslí, gitary, prípadne klarinetu sa z viech vytratili. Nie však hudba ako taká. Po viechach aj naďalej chodili potulní muzikanti. Viechári im v tom nebránili. Prečo aj? Veď pre hostí znamenali ďalší prameň dobrej nálady.

K atmosfére viech prispeli aj svojrázni nemeckí viechári charakteristickou zdvorilosťou a nenapodobiteľnou slovenčinou, ktorá nejednému z nich vyslúžila prezývku. Všeobecne známy bol výrok „Šicky fen, pude se samčit", ktorý v rôznych variantoch spomínajú Š. Bednár, T. Gašpar, Z. Zguriška i viacerí informátori. Každý ho síce pripisoval inej osobe, ale zhodne uvádzajú prezývku „Samec". Vzťah viechárov k slovenským a českým prisťahovalcom, spočiatku záporný, sa postupne menil: „Prešporskí Nemci nás ‚prišelcov' museli vziať na vedomie, veď sme im platili za víno" (J. Poničan). Majitelia i personál sa však v každom prípade správali korektne a vyznačovali sa poctivosťou pri nalievaní i účtovaní. Vo všetkých spomienkach sa zhodne objavuje názor, že sa nikdy nepokúšali zneužiť veselosť či opitosť hostí.

Vzťah medzi vinohradníkom a hosťami spečaťoval aj zvyk spojený so zatvorením viechy. V posledný večer pred záverečnou viechár dal na každý stôl zadarmo liter vína (podľa niektorých aj pagáče). A keď sa naplnila „safiračná" a poslední návštevníci opúšťali dom, čakal ich vonku majiteľ s rodinou a personálom. Každému podal ruku, rozlúčil sa a pripomenul, aby sa vrátili, keď opäť vyvesí viešku...

Hostia sa lúčili neradi. Nielen v posledný večer, ale každodenne. Nie nadarmo bol aj v otázke dodržiavania záverečnej ostrý konflikt. A zo spomienok sa zdá zrejmé, že kaviarnici a hostinskí boli aspoň v tomto prípade so svojimi námietkami v práve. Viechári ani zákazníci nemali záujem končiť „úderom desiatej". Zábava (niekedy pre vybraných hostí, inokedy pre všetkých záujemcov) pokračovala do jedenástej, polnoci, dorána. Mnohovravné sú spomienky A. Plávku, ale aj prosté konštatovanie T. Gašpara: „Polnoc odbila. Rosenberg zatváral... Hostia odišli. Ale naša spoločnosť vyjednala s Rosenbergom, že nás v záhrade ponechá, pokiaľ sa nám bude páčiť." Reakciou bol opäť ostrý protest: *„Jednou z hlavných príčin úpadku drobných hostinských je predlžovanie záverečných hodín do 24. hod. nočnej pod viechami. Zákon výslovne hovorí, že záverečná hodina pod viechou je o 10. hod. večer. Na predĺženie do 12. hod. myslí zákon len výnimočne a v odôvodnených prípadoch. Však vzdor tomu sa ujala prax, že viechy majú otvorené pravidelne do 12. hod., čím legálne hostince v Bratislave sa stávali zbytočnými a podliehajú konkurencii viech, ktoré za daného*

Súčasnosť bratislavských viech (1965)

Die Überreste der Schenken (1965)

stavu od legálnych hostincov sa v ničom nelíšia. Zato, že zábava pod viechami je pre obecenstvo voľnejšia – majiteľ koncesie nemôže, poneváč je viazaný zákonným dozorom úradov, ktorým za poriadok ručí. Keď teda hostinský má zvýšené povinnosti voči úradom poť. voči štátu – je povinnosťou štátu, aby ho v jeho snahe o existenciu podporoval... V dôsledku toho hostinstvo Slovenska a Bratislavy žiada: ...aby záverečné hodiny pod viechami boli zachované večernou 22. záverečnou hodinou a aby neboli predlžované do 24. hod. Nech sa zachováva ustanovenie zákona." (Štátny ústredný archív SR, fond Krajinský úrad.)

Obľubu viech spoluvytvárali sami návštevníci. Schádzali sa tu príslušníci všetkých sociálnych, etnických i náboženských skupín. Napriek rôznorodosti vytvárali pestrú, no nekonfliktnú spoločnosť. Túto skutočnosť vyzdvihla väčšina pamätníkov:

„Ak prechádzate pod viechou izbami, uvidíte ešte iné obrázky. Jeden stôl maďarský, iný nemecký a iný český alebo slovenský – a všetky spievajú tak aj tak, lebo tu je všetko jedno, lebo podľa výroku tak aj tak sa môže. Čech tu rozpráva s Nemcom, Slovák s Maďarom alebo Čech s Maďarom a Slovák s Nemcom a nikde zášti, nikde hnevu.

Zarytý Nemec vzal sa tu okolo krku s Čechom, snáď si dali aj vínom požehnanú hubičku a výsledok je skoro tu. Za deň-za dva sa tí dvaja stretnú, smejú sa na seba už z diaľky, Čech zdraví nemecky, ale onen Nemec volá radostne: Maucta, maucta, to stisnú si ruky a – dohovárajú sa na novej vieche s dobrým vínom, kde by si zas bratsky priťukli" (Z. Přibík). A národnostne tolerantnú atmosféru potvrdzuje aj K. Čársky: „Pri viacerých stoloch sedeli spoločne Slováci s Čechmi, pri susedných zase Maďari a Nemci. Ani raz som nezažil, že by medzi daktorými vypukli roztržky. Dakedy pod viechu zablúdili aj Cigáni a svojráznymi piesňami snažili sa povzniesť náladu."

Spomienky starších pamätníkov potvrdzujú, že popri národnostnej rovnoprávnosti charakterizovala prostredie viech aj sociálna rovnosť. Pri dobrom víne, sediac na laviciach tesne vedľa seba, zabúdali návštevníci na reálne existujúce rozdiely: „Tie viechy by som charakterizoval ako veľmi demokratické miesta a stretnutia ľudí všetkých tried, vekových kategórií a sociálnych úrovní. Sedel tam robotník vedľa úradníka, úradník vedľa obchodníka, bankový úradník vedľa zametača a mali si čo povedať. Nemali medzi sebou rozpory a vládlo medzi nimi ovzdušie priateľstva a dobrej pohody, k čomu prispievalo, pravda, dobré bratislavské vínko. A, žiaľ, táto atmosféra sa už nikdy nemôže vrátiť. Prichádzajú nové generácie a nepamätajú sa na to" (Karol Hynek).

„Vo viechach boli všetky vrstvy, všetky profesie, všetky národnosti. Robotník vedľa riaditeľa, úradník vedľa šéfa, študent vedľa profesora, Slovák vedľa Maďara, Čech vedľa Nemca, spisovatelia, umelci, remeselníci, obchodníci, skrátka každý, kto si chcel pri dobrom vínku a jedle posedieť a zaspievať, to samozrejme slušne, bez roztržky, s rešpektom voči ostatným" (Alexander Holovič).

„Víno pod viechou stieralo spoločenské, politické a hlavne národnostné rozdiely (žiaľ, skončilo sa to nástupom nemeckého fašizmu, ktorému bratislavskí Nemci bez rozdielu podľahli). Skupina študentov sa pozdravovala s oprotisediacou skupinou starších pánov a ich manželiek a bolo dobrým zvykom, že na stoly študentov sa posielalo víno, ak títo zaspievali peknú pesničku alebo zohrali žart" (Ján Zubaj).

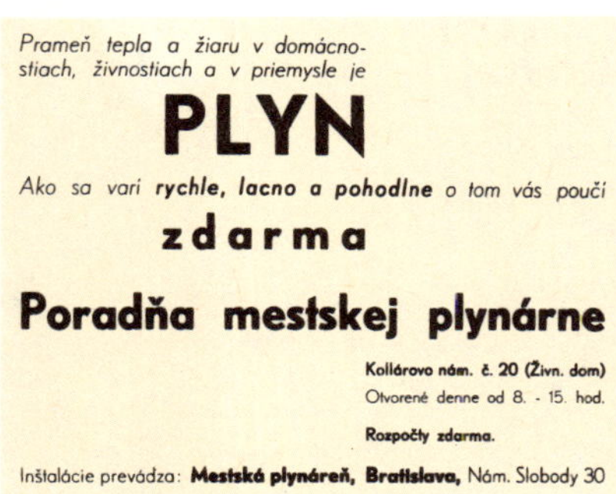
Prameň tepla a žiaru v domácnostiach, živnostiach a v priemysle je

PLYN

Ako sa varí **rychle, lacno a pohodlne** o tom vás poučí

zdarma

Poradňa mestskej plynárne

Kollárovo nám. č. 20 (Živn. dom)
Otvorené denne od 8. - 15. hod.

Rozpočty zdarma.

Inštalácie prevádza: **Mestská plynáreň, Bratislava,** Nám. Slobody 30

Vysoká ulica (1989)

Hochstraße (Vysoká ulica) 1989

„Všetky viechy boli na úrovni. Nestalo sa, aby tam boli výtržnosti. Vždy sme našli veľmi milé až familiárne prostredie, Pri speve a debatách sme sa veru pekne pobavili. Vôbec nám nevadilo, že v jednom rohu spievali nemecky, v druhom maďarsky. My sme si zas spievali po našom. Bývalo to veľmi družné až do roku 1933, kedy naraz sme zistili, že sme aj akési iné národy..." (Gizela Poláčková).

„Viechy boli obľúbené pre statočné víno, kvalitné jedlá, ochotu a milotu personálu, dôveryhodného majiteľa. Najmä nemeckí viechári boli spravodliví, nepredražovali, vždy účtovali poctivo. Aj morálka u nemeckých viechárov bola na úrovni, nestrpeli tam žiadne ‚lastovičky' ani hlučné bavenie. Pri stoloch sa spievalo, ale nehulákalo. Spevácke spoločnosti pri jednotlivých stoloch sa rešpektovali, neprekrikovali. Návštevníci sa grupovali zo všetkých vrstiev, od robotníkov až po ministerských radcov, mladí, starí, muži, ženy. Často chodili na večeru aj celé rodiny" (Jozef Ranostaj).

Napriek všetkým konfliktom a problémom pretrvávala atmosféra tolerantnosti a družnosti pod viechami ešte v polovici tridsiatych rokov. Aj vďaka „účinkom všeobecne tu obľúbeného moku z bratislavských vinohradov, ktorý tak ľahko a často všetky rozdiely odstraňuje a i sebe nerovných navzájom približuje" (J. Skalský). S pokračujúcim prenikaním fašizmu to však prestávalo platiť. Aj preto, že jeho ideológii podľahli mnohí slovenskí návštevníci i väčšina nemeckých viechárov. Bratislavu postupne (dobrovoľne či z prinútenia) opúšťali českí, židovskí a iní hostia. Zmenil sa aj charakter zábavy: miesto ľudových piesní sa objavili gardistické, vtipy sa nahradzovali politickými heslami. Prejavovali sa národnostné urážky: protičeské, antisemitské, ale aj protimaďarské. Novú atmosféru charakterizuje „smiech cez slzy“ skrytý v spomienke Š. Bednára: „Kírem sípen! Pricestovať ja do sestra. Ona byť ženatý a ja byť zat. Oni majú hlapec. Hlapec je moj kmoter, ja vzal moj kmoter a išiel pod vicha. Švagra povedal jóvan, davaj viďáz na hlapec. Ja som dávaš viďáz na hlapec. Eď deci hlapec, három deci ja. Prišla takí čierna čapica a hlapec chytila, daj plac. Moj hlapec stala, ja povedal viďáz, hlapec tu sedet a vy si hladat plac de hcela. Čierna čapica hovorit židi von a ukázat ja. Ja nebyt žid. Nahnevala som. Chytila pohár, čierna čapica pískat a byt néď – štyri hlinka gardista. A prišiel polícia a eškortovat ja a hlapec.“

V živote pod vieškami zanechali udalosti druhej svetovej vojny výrazné stopy. Zmenili sa návštevníci, ale aj vinohradníci. Jeden (na Veternej ulici) vyzdobil údajne svoju viechu lustrami v tvare hákového kríža. Zavádzali sa osobitné vojnové opatrenia: zatemnenie, obmedzenie alkoholu, skrátenie prevádzky. Otváralo sa menej viech než pred vojnou. Napriek všetkému však zábavy vo viechach neprestali: „Bránu, dvor, kuchyňu vily premenil na krčmu. Fidlikovali husličky, cez otvorené obloky sa ozýval bezstarostný spev, slovenský, maďarský, nemecký, akoby vládol na celom svete mier, akoby si nik nelámal hlavu, čo bude zajtra“ (M. Krno).

Koniec vojny znamenal aj začiatok konca viech: zanikli mnohé vinohradnícke domy, ich nemeckí majitelia sa vysťahovali, stratili sa aj tradície obrábania a pestovania vína. Situáciu z prvých povojnových rokov plasticky, i keď trochu zjednodušene, vylíčil A. Plávka: „...ba ste až príliš často videli na hociktorej bratislavskej ulici rozťahovať ramená do mohutných objatí s výkrikmi radosti, ktoré potom hneď vzápätí pokračovali pod vieškou a vo vinárni, ktorých, žiaľ, v tie časy nebolo po bratislavských uliciach otvorených veľa. Vieškári boli zväčša prešporskí Nemci, ktorí sa triasli i so svojimi Elzami nielen o svoje vinohrady, domy, ale i o vlastné životy. No báli sa zbytočne. Podaktorí aj v Bratislave ostali, väčšina z nich sa celkom pokojne podľa platných zákonov vysťahovala. Kým sa však sem a do bližšieho a ďalšieho vinohradníckeho okolia nasťahovali slovenské rodiny, najmä tie zo severného Slovenska (zátopová oblasť Oravskej priehrady) a kým sa naučili vinohradníčiť, potrvalo to dlhší čas. Boli prípady, že milí Oravci zúhorili vinohrady a nasadili zemiaky. Bolože to presviedčania, že to je taká robota, ako keby ploty pálili a popol predávali. Nuž teda v takéto časy dobre nám padol každý kútik v nejakom tom privátnom domčeku, o ktorom sa ktosi dopočul, že je tam dobrý prameň vína!“

Viechy ešte určitý čas prežívali – niekedy vo forme vinární inokedy ako pololegálne súkromné podniky. (V spomienkach štyridsiatnikov dodnes pretrvávajú takéto byty alebo pivnice, akými boli Ponorka, U tety, Terkanény, U Feribáčiho a ďalšie.) Pojem viecha sa zachoval aj v názvoch niektorých vinární, ktoré sa pokúšali nadviazať na staré tradície. Napriek tomu, že základ – víno – by mal byť rovnaký, neboli úspešné: „Do viech nechodím, viechy prestali existovať a aj keď sa neskôr obnovili, nemali svoj pôvodný charakter, atmosféru a slušných návštevníkov“ (Alexander Holovič); „Z bývalej obľúbenej viechy (Sedliackej na Obchodnej) ma vyhnal hnus, odpudzujúce zelené lakované steny. Veď keď ešte nebolo interiérových architektov, každý sedliak vedel, že drevo je najkrajšie, najútulnejšie a nie nejaký umakart a bužírka. Predsa som si zvykol na novú Tržnicu, kde majú dobré vajnorské víno a aj s obchodníckou cťou to myslia vážne“ (Michal Ranostaj). Svoj názor vyjadril lapidárne aj Š. Žáry v súvislosti so zánikom „viechy statočnej, nie všelijakých tých náhradných ‚pavinární‘, espress a denných barov, ktoré nám, starším absolventom vinárskeho Oxfordu, pripadajú ako nastrojení folklórni Indiáni v rezervácii. Nebolo však ani treba čakať na vlastný fyzický zánik týchto podbránových výčapov. Veď hodne predtým ako v agónii lapali posledný dych, začali strácať svoju opodstatnenosť: prestali čapovať spoľahlivé vína“.

Bratislavské viešky sa stali minulosťou, spomienkou pamätníkov. A tak namiesto zhrnutia či epitafu použijeme citát J. Alexyho:

„V roku 1945 zmizli v Bratislave viechy, keď ich nemeckí majitelia opustili územie Slovenska. Nechali tu svoje vinice a svoje staré domčeky... S viechami zmizlo pre Bratislavu čosi typické. Vydýchli si manželky a uspokojili sa rodičia vysokoškolákov. Mnohí z nich pod viechami stratili svoje životné nádeje, mnohí ochoreli alebo sa nešťastne oženili. Teraz všetko toto zmizlo. Koniec histórie viech.“

Priečelie
bývalej viechy
(Klemensova ulica) 1989

Eingang zur Schenke
in der Kempelengasse
(Klemensova ulica) 1989

7

AKO OBYČAJNE, PÁN HLAVNÝ

Kaviarne – „mladší súrodenci“ a neskôr vážni konkurenti populárnych viech a vinární – sa v Bratislave objavili v prvej polovici 18. storočia.

Mali úspech. Ako uvádza A. Špiesz, ponúkali predovšetkým kávu, ale aj populárne rossolio, rôzne osviežujúce nápoje a spoločenské hry, predovšetkým šach, biliard a karty. Nemohli v nich, prirodzene, chýbať ani čerstvé noviny – miestne, no najmä viedenské.

V polovici 18. storočia existovalo v meste už 9 podnikov. Vychýrená bola kaviareň juristov na rohu Promenády a Malej Ventúrskej (dnes Hviezdoslavovho nám. a Strakovej ul.). Roku 1752 sa majitelia pokúsili zjednotiť vo vlastnom cechu. Na úradoch však nenašli pochopenie; domnievali sa totiž, že kaviarenské prostredie podporuje záhaľku a nepriaznivo ovplyvňuje najmä mládež...

Napriek tomu bratislavské kaviarne naďalej prosperovali. Spočiatku ich vyhľadávali predovšetkým príslušníci „lepšej spoločnosti“. Preto mali prevahu luxusné podniky, situované vo vtedajšom spoločenskom centre – na Promenáde a v jej najbližšom okolí.

Od konca 19. storočia – v dôsledku zmien po zániku feudalizmu – mení sa aj zloženie kaviarenskych hostí. Do ich pohostinných priestorov stále častejšie smerovali kroky príslušníkov stredných vrstiev: úradníkov, obchodníkov, advokátov, lekárov a najmä umelcov. Vzrastal počet návštevníkov aj podnikov. Ako vyplýva z údajov, uverejňovaných každoročne v mestskom adresári Pressburger Wegweiser, v roku 1895 fungovalo v Bratislave 17 kaviarní, o 20 rokov neskôr (v roku 1915) ich už bolo 27, teda o desať viac. Z adries vidno, že sa nesústreďovali len do okolia Promenády, ale nachádzali sa v rôznych častiach mesta. Rovnako 27 kaviarní sa objavuje aj v medzivojnovom období. Údaje z roku 1929 však dokumentujú, že vývoj sa nezastavil. Názvy i adresy svedčia, že ide neraz o novootvorené kaviarne.

Už v prvých dvoch zoznamoch sa stretávame s podnikmi, ktorých povesť prenikla do povedomia širokej verejosti. Spomína sa tu známa Apfelka, Stahlka i dodnes existujúce (či skôr dožívajúce) Savoy a Carlton – doména Palugyayovcov a neskôr Prügerovcov. Po rozsiahlych prestavbách vyrástol na jeden z najväčších komplexov strednej Európy. Napriek tomu však jeho majiteľ nevydržal roky hospodárskej krízy a svoje problémy vyriešil samovraždou... Už v roku 1895 pozývala návštevníkov populárna Berlinka (dnes je v týchto priestoroch Dom priateľstva). Od pôvodného majiteľa L. Orbana ju (ešte ako kaviareň Hungária) prevzala rodina Berlinovcov, podľa ktorých dostala neskôr meno.

V roku 1915 sa stretávame už aj s Café Štefánia, ktorá (pod názvom Štefánka) poskytuje dodnes služby bratislavskej verejnosti. Od roku 1903 ju mala v prenájme rodina Hackenbergerovcov. Vtedy prebral už existujúci podnik na vtedajšej periférii mesta Karl Hackenberger. Svojmu synovi Bélovi však v roku 1911 odovzdal namiesto pôvodnej kaviarne so zlou povesťou zabehaný podnik. Ten pokračoval v otcovej práci a v roku 1932 odovzdal svojmu nástupcovi – tiež Bélovi – jednu z najrenomovanejších bratislavských kaviarní.

Napriek tomu však začiatky nového šéfa neboli ľahké. Podnik bolo treba zmodernizovať. „Pôvodné stoly boli celkom jednoduché, potom ich nahradili mramorové stoly, stoličky boli primitívne, najmä ich čalúnenie. Veľmi zlé bolo aj osvetlenie, ktoré bolo potrebné vymeniť. Celé zariadenie bolo vôbec veľmi zastaralé a preto sme my... kaviareň Štefánia, mali veľké ťažkosti udržať a získať zákazníkov“ (Béla

Hackenberger). Ako vyplýva z jeho spomienok, na tieto náročné úlohy bol primerane pripravený: „Učil som sa v Budapešti v hoteli Dunapalota, ktorý sa pôvodne volal Ritz. Som vyučený čašník, pracoval som tam ako kuchár v kuchyni, v posledných mesiacoch som robil sekretára riaditeľovi. Bol som aj vo Švajčiarsku a Anglicku. Prešiel som všetkým, čo v našom remesle treba. A v roku 1932, po skončení vojenskej služby, som sa vrátil do Bratislavy a dostal som koncesiu. Táto výčapnícka koncesia sa vtedy viazala na aktívnu znalosť, na vyučenie sa v tej profesii. Človek musel byť odborníkom. Neodborník výčapnícku koncesiu nedostal“ (Béla Hackenberger).

V ostrej konkurencii, ktorá charakterizovala „zlatý vek“ bratislavských kaviarní v medzivojnových rokoch, nebola takáto príprava výnimočná ani samoúčelná. Nie náhodou skonštatoval v roku 1931 tajomník Zväzu slovenských hostinských a kaviarnikov J. Bednář: „Pre budúcnosť zabezpečuje sa živnosť táto dôkladným vzdelaním dorastu, ktorý organizácie každoročne vysielajú do cudziny za účelom zdokonalenia a naučenia jazykov.“

Napriek prudko stúpajúcemu počtu obyvateľov prírastok kaviarní prinášal množstvo problémov: „Mesto Bratislava sa po prevrate veľmi rozmohlo, pribudlo obyvateľov a v dôsledku toho aj hostincov, hotelov a vinární. Podnikov týchto je už nadbytok. Tým ovšem živnosť trpí, lebo ten nový hostinský, ktorý počet živností rozmnožil, nemá nutný príjem a okrem toho ničí i kolegu, ktorý už roky v tomto rajóne živnosť prevádza. Sú tak obyčajne naraz zničení oba dva, čo je jav povážlivý. Všetky tunajšie podniky hostinské, reštauračné, hotelové a kaviarenské sú prvotriedne zariadené a odborne vedené. Ovšem v terajšej hospodárskej kríze živnosť hostinská trpí súčasne s ostatnými“ (J. Bednář).

Napriek opatreniam a varovným slovám počet kaviarenských podnikov naďalej narastal. V roku 1937 uvádza V. Hančin v meste 35 veľkých kaviarní a 306 reštaurácií a kaviarničiek. Určitou konkurenciou boli aj tzv. ľudové kaviarne, nazývané tiež výčapy kávy (Kaffeeschänken). Adresár z roku 1929 ich uvádza päťdesiat...

Z kaviarní vybudovaných v medzivojnovom období si mnohé získali tú najlepšiu povesť nielen medzi bratislavskými štamgastami, ale na celom Slovensku. Spomenúť treba populárnu kaviareň, vináreň a bar Múzeum, situovanú v zadnej časti Zemedelského múzea. Od otvorenia v roku 1928 sem chodili návštevníci nielen za konzumáciou, ale aj kvôli známym osobnostiam verejného a kultúrneho života. Nie náhodou sem umiestnil J. Jesenský niekoľko scén románu Demokrati. Tu (alebo vari v Astórii?) sa odohrala scénka, keď Zuzka Zguriška, rozgurážená tancom, rozliala pohár vína a inšpirovala tým L. Novomeského k napísaniu básne:

... Vykrúcaj, tancuj, dievča z Myjavy,
až biele nohy pieseň osladia,
ochorie mnohý Cigán, ja i vy.
Rozteká stolom víno bezcenné.
Hajajáj,
kto to len bude mať z nás doma krštenie?

Verejnosť mal okrem známych osobností privábiť aj kvalitný program. Účinkovali v ňom mladí bratislavskí herci a speváci, ale podľa pamätníkov tiež najlepšie a hlavne najkrajšie tanečnice. A mnohých do Múzejky lákali biliardové stoly, ktoré boli návštevníkom za mierny poplatok k dispozícii.

Len o čosi neskôr vznikla Tatra (dokončená v roku 1931), Živnodom (dnes Olympia), Palace, Metropolka. A v druhej polovici tridsiatych rokov privítala verejnosť otvorenie najznámejších centier bratislavskej umeleckej bohémy – Luxoru a Grandu. Kaviarne však nepriťahovali len umelcov a ich obdivovateľov. Vyhľadávala ich podstatne širšia spoločnosť.

V Metropole sídlili slovenskí básnici a spisovatelia, ale predovšetkým študenti medicíny i skončení lekári z blízkej Fakultnej nemocnice. V Grande, „‚mrakodrape', predsunutom nad ulicu námestia" (Š. Žáry), sa schádzali nielen umelci, sústredení okolo E. B. Lukáča a jeho Tvorby, či maliari na čele s J. Alexym, ale aj advokáti. V takom počte,

Kaviareň Metropol (1937)

Café Metropol (1937)

že v prípade potreby ich tu klienti hľadali telefonicky. A personál to vyhlasoval prostredníctvom amplíónov, ktoré sem prezieravo nainštalovali (Karol Hynek). Kaviareň Baross (potom Bláha, dnes Krym) navštevovali umelci na čele s E. Bohúňom, či neskôr Š. Bednárom, ktorý „bol ako domáci inventár", a okolo neho sa združovali ďalší maliari (Otto Mošovský). Prichádzali úradníci z okolitých inštitúcií, novinári a predovšetkým študenti z dvoch fakúlt v susedstve (Š. Žáry).

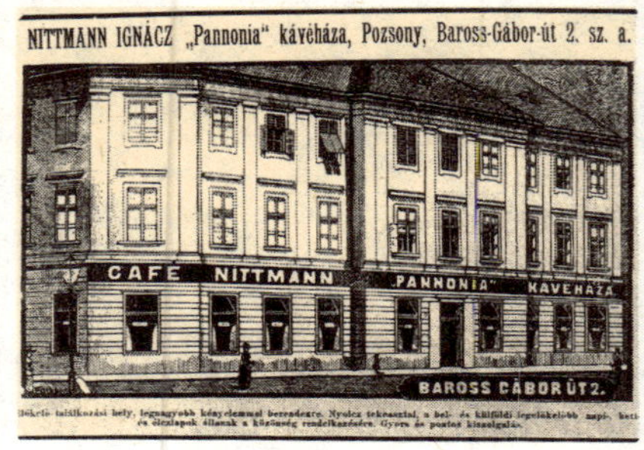

Berlinku vyhľadávali lekári na čele s prof. Kostlivým, Viedenčania, čo sem zaskočili na kávu (údajne najlepší „turek" v celom meste – aspoň podľa básnika K. Tomana) z blízkej zástavky viedenskej električky. S. Dillnbergerová uvádza, že sem radi chodili vojaci z neďalekých kasární. Ale len dôstojníci, pretože obyčajným vojakom, ako spomína Š. Gráf, boli lepšie podniky zakázané: „Vojak z radov mužstva vtedy vôbec neplatil za plnoprávneho spoločenského tvora, iba ak mal svoju extra rovnošatu a primerane solídne sa prezentoval. I tak však jestvovali vo väčších mestách a hlavnom meste takzvané popredné kaviarne, ktoré, hoci bola republika, malo mužstvo a poddôstojníci niže rotmajstra zakázané navštevovať. Takisto mali, už nie zo spoločenských dôvodov, v posádkových mestách vše zakázané (dočasne i natrvalo) tie lokály, kde vznikali výtržnosti a bitky z pitia a kvôli ľahkým ženským bytostiam." Predovšetkým sa tu ale stretávali „starí Prešpuráci". Preto Š. Bednár ešte koncom tridsiatych rokov mohol po svojej návšteve v Berlinke konštatovať, že „prevládala maďarčina a nemčina, ale čašník rozumel aj po slovensky".

Veľmi početná spoločnosť vyhľadávala Astóriu. A hoci „stoličky okolo stolov neboli veľmi pohodlné, ale vždy obsadené", takže ako uvádza Š. Hoza, „kto prišiel neskôr a nebol priam ‚štamgastom', ktorému čašník istoiste denne zabezpečil stolík, musel čakať, kým sa uvoľnilo dakde miesto". Pritom bola spoločnosť značne rôznorodá. Študenti, dôstojníci, bohéma. Š. Žáry spomína, že „na galérii kaviarne Astória predsedal E. B. Lukáč týždennej schôdzi bratislavských filatelistov, ktorých boxy – zhodou okolností – susedili bezprostredne s boxami miestnych pouličných Venuší"... a častým hosťom bol M. Urban, J. Gregor Tajovský, ale aj F. Kráľ či G. Vámoš a ďalší významní umelci. Rozmanitou skladbou sa vyznačovali aj Luxor, Reduta a iné bratislavské podniky. Každý z nich mal okrem náhodných návštevníkov aj skupinu stálych hostí – štamgastov. Títo boli najviac vítaní a očakávaní, pretože okrem pravidelnej tržby prinášali aj svojskú atmosféru, ktorou sa jednotlivé kaviarne vyznačovali. A nepriamou reklamou neraz priťahovali okoloidúcich.

Niekoľkokrát sme spomenuli slovo „štamgast". Boli to stáli hostia, ktorí si vytvorili vzťah k „svojmu" podniku a jeho personálu – ale aj naopak. „To čašník už poznal svojich hostí a keď išiel štamgast, tak vedel, akú kávu pije – či chce čiernu, bielu, tureckú alebo akú. Už keď prišiel ten hosť, čašník mu niesol na stôl. A to si potom hostia vážili toho čašníka a vždy si len jeho žiadali" (Martin Pernecký z Luxoru). K dobrej obsluhe, ktorá „predbiehala" želanie zákazníkov, prispievali aj dohovorené znamenia medzi vrchným a ostatným personálom. Podľa toho, či potiahol za klopu svojho smokingu, ukázal na bielu košeľu alebo urobil iné dohodnuté pohyby, v kuchyni už vedeli, či si zákazník želá čiernu kávu, bielu, so šľahačkou alebo inú sortu a všetko pripravili (Béla Hackenberger). „Tí umelci, maliari, spisovatelia, to boli dobrí štamgasti. My sme už vedeli, kto čo chce, kto chce tú svoju

Kaviareň
Union (1932)

Café
Union (1932)

kávu a kto aký drink. Kto chce vodku, kto borovičku, kto dve deci vína. Tak keď povedal niekto, aby som dal rundu, tak už bolo jasné, že mám tomu doniesť borovičku, tomu vodku, inému zas gruzínsky koňak, to nemuseli osobitne hovoriť" (Otto Mošovský z Krymu). „Štamgast, to bol vlastne dobrý známy. Dobrý známy majiteľa alebo personálu. Čašníkov, vrchného. Poznali sa predtým, alebo sa spoznali tak, že hosť stále pravidelne chodil k nám do Štefánie. Pozrite, predtým to bolo celkom inak. Vtedajšia malá Bratislava bola celkom iná ako teraz. Dnes môžem chodiť celé hodiny bez toho, aby som stretol známeho. Ale v minulosti všetci tí obchodníci na Michalskej, Sedlárskej, Dlhej, to boli všetko známi. Všetci sa u nás stretávali, každú nedeľu na čaj o piatej. V nedeľu, to sme vždy mali plno. Na veľkej terase vonku, to bolo plné. Dvesto ľudí sa tam zmestilo a bolo to plné. My sme mali v nedeľu samozrejme otvorené, oni mali zatvorené a tak sme sa stretávali u nás. A raz do roka sme dávali našim štamgastom gratis jedlo" (Béla Hackenberger).

Stálych návštevníkov netvorila len jedna uzavretá skupina ľudí. Aj pri pravidelnej a vysokej konzumácii by totiž celodennú prevádzku kaviarne v nijakom prípade „neutiahli". V priebehu dňa sa postupne vystriedalo niekoľko skupín. Tento kolobeh môžeme ilustrovať na príklade Štefánie:

„Prví návštevníci chodili hneď ráno. Skladali sa predovšetkým zo zamestnancov, úradníkov, ktorí chceli začať deň vypitím kávy. To bolo tak pred siedmou, okolo siedmej. Potom prichádzali profesori, lekári, ktorí šli do práce, úradníci z okolia. Potom k nám chodilo mnoho obchodníkov. Po ôsmej sa zaplnila Štefánia týmito obchodníkmi. Mali sme predovšetkým mnoho židovských hostí, ktorí tu robili svoje obchody. To boli dlhohodinové rozhovory, to bolo celkom ako na burze...

No a potom prišli prví predpoludňajší štamgasti. Mnohí tu preberali aj svoju penziu. To už poštári vedeli, že pán doktor Majer určite sedí v kaviarni Štefánia, číta noviny a pije svoju kávu.

To boli hostia z predpoludnia. Popoludní prichádzali najprv hlavne právnici. Medzi druhou-treťou bolo tu neraz okolo 20–30 advokátov. Stretávali sa u nás a prerokovávali svoje veci. Trochu neskôr, okolo štvrtej, prichádzala celkom nóbl spoločnosť. Boli to predovšetkým dámy, samy alebo so svojimi deťmi, z lepšej spoločnosti.

Neskôr popoludní prichádzali lekári. Mnoho. Raz sme napočítali naraz 42 lekárov. Boli to nemeckí, maďarskí a židovskí doktori zo Židovskej nemocnice tu vyššie. Napríklad taký doktor Szamák, doktor Ladzány, to boli u nás každodenní hostia. A v nemocnici už vedeli, že keď ich potrebujú, stačí zavolať kaviareň Štefánia.

Potom prišlo celkom iné publikum. Chcelo si vypočuť koncert, vypiť malú kávu, dve deci vína. To bolo do siedmej, do ôsmej. A potom prišli zas celkom iní ľudia. Nočné publikum. To už boli nočné ceny. Prichádzali do kaviarní, aby sa zabavili, vypočuli si cigánsku hudbu. A sedeli aj do rána" (Béla Hackenberger).

Kaviareň Astória na Suchom mýte (1926)

Café Astoria in der Dürren Maut (Suché mýto) 1926

Po druhej svetovej vojne sa situácia zmenila. Kaviarenská spoločnosť ešte určitú dobu prežívala a stretávala sa vo svojich obľúbených podnikoch, ale zloženie návštevníkov i spoločenský status kaviarní sa už nevrátil „do starých koľají". Ilustrujú to aj názory pamätníkov. „Po druhej svetovej vojne a ani teraz kaviarne nenavštevujem. Služby sú na nízkej úrovni a ani noviny nemajú" (Michal Ranostaj). „Po druhej svetovej vojne som kaviarne nenavštevoval, lebo stratili svoj pôvodný charakter a atmosféru. Navštevovali ich osoby často v zafúľaných šatách a väčšinou za alkoholom a nie za kultúrnym posedením. Aj keď sa časom stala náprava, už to nemalo svoje čaro, prestala pravidelnosť v návšteve kaviarne, viac len sporadické stretnutia s priateľmi z dôvodov vybavenia nejakej osobnej záležitosti" (Alexander Holovič). „Po vojne sa tie tradície zas obnovovali. Až do päťdesiatych rokov. A potom bola tendencia tieto podniky zatvárať. V Luxorke bol nejaký inžiniersky podnik, Muzejku ani neotvorili. Astorka zanikla. To tá pravá kaviarenská klientela, kaviarenská atmosféra, to bolo iné. Nie žeby v takej kaviarni nebolo pivo. Bolo! Ale to bola biela vrana, že by si hosť dal pivo. To nie ako dnes, keď kaviareň žije na alkohole. To si neviem predstaviť. Alebo prídete ráno do kaviarne a nenájdete noviny. To bolo vylúčené" (Otto Mošovský).

Podľa telefónneho zoznamu malo mesto v roku 1989 35 kaviarní a množstvo bistier, espress či denných barov. Ich počet sa postupne zvyšuje, vzrastá aj úsilie vrátiť im tvár. Obnovujú sa literárne posedenia v Štefánke či Luxorke, kde odhalili pamätnú tabuľu J. Smrekovi a pripravovali sa ďalšie (A. Matušku, L. Novomeského, I. Erenburga, V. Clementisa). Možno predpokladať, že jednotlivé podniky i kaviarne ako také si časom vydobyjú späť postavenie, ktoré im v minulosti patrilo.

Z čoho vyplývala nebývalá popularita? Čo priťahovalo toľko hostí? Odpovede možno hľadať v prostredí samotných kaviarní, ale aj

v celkovej spoločenskej situácii. Mnoho opäť naznačujú spomienky Bratislavčanov: „Boli to väčšinou kaviarne solídnej úrovne až prvotriedne. Takou bola aj úroveň obsluhy a sortiment ponuky. Takže návštevník v nich mohol v ktorúkoľvek hodinu (až do druhej po polnoci) dostať všetko občerstvenie (jedlo i pitie). Boli navštevované predovšetkým obyvateľmi Bratislavy z radov umelcov, ľudí slobodných povolaní, úradníkov, obchodníkov a vôbec príslušníkov strednej vrstvy. Robotníci do týchto kaviarní chodili zriedkavejšie. Tieto podniky boli pred druhou svetovou vojnou strediskami spoločenského života Bratislavčanov. Vlastne ani nebolo možné dať si stretnutie inde ako v kaviarni" (Ján Zubaj).

„V kaviarňach bola výborná obsluha, kvalitné a prístupné občerstvenie, jednoduché, ale pohodlné zariadenie, s boxami po okrajoch. V záhradných reštauráciách záhradný nábytok, všade čisto, cez deň tiché prostredie, k dispozícii denná tlač a časopisy – všetky, aj zahraničné. Biliardový stôl, šachový a kartársky stolík, večer vo väčšine cigánska hudba, hrali sa ľudové piesne a začínajúce slovenské tanečné piesne" (Alexander Holovič).

Stretávame sa aj s iným vysvetlením. J. Hrušovský vidí príčiny obľúbenosti týchto podnikov v masovej migrácii obyvateľstva do miest. Ľudia, vytrhnutí z koreňov a zasadení do nového, odlišného prostredia, hľadali možnosti spoločenského kontaktu. A riešením boli kaviarne, ale aj vinárne, viechy a iné podniky. Podobné dôvody uvádza aj J. Rybák: „Moja generácia prežila veľkú časť svojich mladých rokov v podnájmoch a po kaviarňach... Dostať podnájom, v ktorom by ste boli sami, bolo ťažké. Najlacnejšie bývali podnájmy, kde spalo niekoľko nocľažníkov... Naším domovom boli kaviarne. Tam sme strávili väčšinu času po zamestnaní. Napriek tomu z nás neboli kaviarenskí povaľači. V kaviarni sa dalo písať, študovať, čítať, denne ste sa tam stretávali so svojimi priateľmi. Na kaviareň vám stačilo mať vo vrecku dve koruny. A niekedy nič, keď vás poznal čašnícky personál. Kaviarne Reduta, Astória, Metropol, to boli naše politické a umelecké univerzity."

Pri opise predností sa viac ráz objavila väzba noviny – kaviareň. Nie náhodne. Túto zdanlivú maličkosť uvádzajú a vyzdvihujú (resp. kritizujú ich absenciu) prakticky všetci pamätníci. K. Čársky spomína, že bratislavské kaviarne, ktoré si nárokovali kvalitu, boli zároveň aj čitárňami. A podobne, ako pri káve, čašníci vedeli, ktorý zo štamgastov má o akú tlač záujem. Význam novín a časopisov si uvedomovali aj majitelia kaviarní a nešetrili na nich. V mnohých boli okrem denníkov k dispozícii Pohľady, Elán, Tvorba, ale i nákladnejšie revue a almanachy. A nielen voľne položené, ale zavesené v rámoch: „To keď som sa učil, tak ste prišli na tú rannú smenu a prvé bolo rámovať noviny. O šiestej, o štvrť na sedem – návštevník ich už musel mať na stole" (Otto Mošovský).

Význam pripisovaný dennej tlači najlepšie ilustruje príklad Štefánie: „Začínali sme v našej kaviarni o šiestej ráno, a to znamenalo, že o šiestej ráno mohli už prví hostia dostať teplú kávu, čerstvé pečivo a čerstvé noviny. Všetky noviny. Tie, ktoré sa najviac čítali, ale aj iné. Hneď ráno šiel jeden po noviny. O šiestej už boli napäté v takých špeciálnych rákosových rámoch. Dnes môžete ísť do ktorejkoľvek kaviarne a nemôžete si prečítať noviny. Iba ak tie, čo si sami kúpite a prinesiete...

Mali sme bratislavské, teda slovenské noviny, ale aj brnenské a pražské, teda české noviny. A budapeštianske: Pester Lloyd. A mnohé nemecké noviny. Predovšetkým Prager Tagblatt. To boli najlepšie nemecké noviny v Československu. A potom Wiener Journal a Neue Freie Presse, noviny z Viedne. To chodilo trochu neskôr, ale každý si to mohol do ôsmej prečítať. Ľudia si to žiadali. Napriek veľkým výdavkom na poštovné sme to mali. Žiadali tak slovenské ako české, nemecké a maďarské noviny. Ale mali sme aj iné. Londýnsku a parížsku tlač. Nie tak čerstvú, ako tú pražskú či viedenskú, s nejakým meškaním, ale mali sme“ (Béla Hackenberger). A Štefánia nebola výnimkou. Široký výber mali aj v Astorke, Metropolke, Grande, Luxore, Redute atď.

Kaviarne boli nielen čitárňami, ale slúžili aj ako študovne či pracovne: „Sedíme na galérii v Astorke zabarikádovaní knihami, skriptami a deprimujúcimi myšlienkami na hrozivo sa blížiace skúšky. Poniektorí pri káve, väčšina len tak – naprázdno. Čašníci nás pridobre poznajú, vedia, čo sme za háveď, že len máloktorý študent dostáva ‚od fotra‘ peniaze alebo dakde zarába. Taký boháč konzumuje potom aj za ostatných a platí za ich kaviarenský pokoj. Ostatní, čiže háveď, platia za konzumáciu 50 – slovom päťdesiathalierovou poukážkou na dve pečivá. Poukážky dávali v kancelárii kvestúry univerzity ako mesačnú výpomoc v hodnote 15 Kč. Poukážky sme pozbierali aj od tých, čo sa odišli učiť domov, alebo neboli na výpomoc odkázaní. Na posedenie ‚štamgast‘ zošrotoval aj 5–6 rožkov. Keď čašník dostal štyri poukážky, ešte aj poďakoval“ (A. Richter). O tom, že Astória nebola výnimkou, svedčí spomienka Vladimíra Lichnera, podľa ktorého „študenti vysedávali celý deň aj u Drobeka na Mlynských nivách. Najlacnejší bol hovädzí vývar za korunu. Nešťastne k nám pristupoval čašník a prosil nás, aby sme si dali aspoň kávu, stála 2,30, lebo skrachujú“. Študenti obľubovali kaviarenské ovzdušie aj z iných, celkom prozaických príčin: V prípade „vreckových suchôt“ totiž vrchní miesto peňazí boli ochotní prijať ako záloh aj index (Š. Žáry).

Priestor pre prácu tu nachádzali umelci. Písali, diskutovali, maľovali, organizovali, zostavovali svoje časopisy: Veď centrom Elánu bol Luxor, Tvorba sídlila v Grande, J. Poničan a L. Novomeský zas v Metropolke. Pôvodne však osadenstvo týchto kaviarní sedávalo spoločne v Metropolke. Až neskôr objavila časť z nich Luxorku a odchod modernistov vykreslil Š. Žáry: „Niekedy zjari štyridsiateho roku nastal veľký exodus. Michal Považan s pastierskou palicou v ruke previedol svojich verných púšťou Špitálskej ulice do zasľúbenej zeme – novozriadenej kaviarne Grand.“ Priazni umelcov sa tešili aj iné podniky:

Napokon bych rád chcel krátku radu dať
ako literáta môžeš rozpoznať.
Obyčajne sedí v mäkkej lenoške
v Redute pri káve lebo Baroške.
(L. Novomeský)

Rušná atmosféra večera či noci v Štefánii alebo Redute často inšpirovala J. Smreka, takže priamo na mieste vytvoril báseň. V. Kellenberger „mal takú mániu, že čmáral vždycky po stole. Teda my sme hovorili, že čmáral, ale dneska by som bol rád, keby som nejakú takú mramorovú dosku vlastnil“ (Otto Mošovský). A spomína na to aj Š. Žáry – vo svojich memoárových črtách i v básňach:

Kaviareň Drobek na Dunajskej ulici (1934) – dnes samoobsluha

Café Drobek (Donaustraße – Dunajská ulica) 1934 – heute Selbstbedienung

Niekto kreslí na mramor grécke profily,
desiatky tvárí,
potom trupy a údy, takže kaviarenský
stôl sa podobá bojisku hodinu po zastavení
paľby...

A na inom mieste: „...aj na kaviarenskom stole kreslil svojské kreácie, zakotvené v skutočnosti: profily niektorého z prítomných v miestnosti alebo aspoň v maliarovej hlave, vytvorené z pôvodného žilkovania alebo nanesené v hrubej vrstve uhlom bez rešpektovania mramorového podkladu. Povestné boli aj koníky, poníky a somáre vyveštené z rozliatej kávy a statočne spracované Kellenbergerovým ukazovákom."

Uprednostíovanie určitého podniku neznačilo, že sa nechodilo aj inde. Naopak, bolo zvykom denne „povymetať čo sa dalo", ako spomína Š. Žáry: Redutu, Muzeumku, Berlinku, Stahlku, Astorku, Štefánku, Elektru, Monopolku, Živnodom, „ba aj Drobeka na Mlynských nivách a nespočetné množstvo viech a vinární, aby sme do domovského podniku zavítali niekedy pred záverečnou".

„Domovský podnik" nebol stabilný, ale sa podľa okolností menil. Najmä „modernisti" vyberali momentálne najlepšiu kaviareň, hoci úlohu zohrávalo aj to, kde kto býval: „Z Reduty sme sa presťahovali do Astorky, z Astorky do Metropolky. Istý čas sme chodievali do Barošky. Tu ‚zasadal' aj výbor Spolku spisovateľov. Vlastné miestnosti sme nemali, tak sme sa schádzali po kaviarňach" (J. Poničan).

Ťažko pochopiť, že v hlučných, neraz zadymených priestoroch vzniklo toľko podnetov a zaujímavých umeleckých diel. Vysvetlenie je však v podstate jednoduché a logické: „Kto nevyrastal od raných študentských rokov po kaviarňach, hádam sa začuduje, že bolo možné po hlučných verejných miestnostiach pretriasať také privatissimum, ako je poézia, ba v nejednom prípade ešte tam aj tvoriť. Znie to paradoxne, no pravda je, že aj najsilnejšia zvuková kulisa uzatvára istý druh človeka do prírodného vákua, podobného slonovinovej veži a vytvára podmienky aj pre tú najdelikátnejšiu činnosť" (Š. Žáry).

Predchádzajúce riadky vyvolávajú predstavu, že kaviarne boli vlastne pracoviskami či diskusnými klubmi. Svojich hostí však priťahovali predovšetkým možnosťou príjemne využiť svoj voľný čas, kultivovane sa zabaviť. Lákadlom bol už sám personál: veď majiteľ či nájomca neraz preukazoval hosťom úctu tým, že sa prechádzal medzi stolmi, kontroloval prácu čašníkov, vítal návštevníkov. V lepších podnikoch obsluhoval personál v smokingoch a vrchní vo frakoch. To, ako spomínal Otto Mošovský, psychicky zaväzovalo obe strany. Čašníkov, ale aj hostí. Tým stačilo niekedy sedieť len pri pohári sódy a novinách a obsluhujúci sa k nim správali úctivo. Napriek tomu, že zásluhou desaťpercentného systému bol personál priamo zainteresovaný na zisku. Svoju neľúbosť však nedávali najavo. Ale prípadné spory či hlučnejšie správanie niektorého z prísediacich vybavili zas sami návštevníci – rýchlo a v tichosti...

Ďalších privábila ponuka spoločenských hier – domino, biliard, šachy i karty, pre ktoré bola k dispozícii osobitná miestnosť so špeciálnymi stolmi – potiahnutými zeleným súknom a so šuplíkmi na odkladanie peňazí. Priťahoval aj biliard. Napríklad do svojráznej kaviarne Lýra (za starou tržnicou na Klobučníckej ulici) chodila rôznorodá spoločnosť: predpoludním trhovci, ale aj študenti a mládež.

„Doobeda tam chodili tieto kofy. Každá tam mala svoj stôl a pred sebou bielu kávu a bábovku. A tú kávu im nedávali normálne, ale do takých veľkých šálok. Raz sme tam boli doobeda hrať gulečník, lebo tam boli stoly, tak sme pozorovali, ako dostávajú tieto kofy bielu kávu v takých poriadnych hrncoch“ (Otto Mošovský). Aj Mikuláš Gažo spomínal, že ako študenti tu „párkrát blicovali pri biliarde“. Poobede a podvečer však využívala stoly (jedny aj druhé) iná klientela: obchodníci, ale tiež umelci či prostitútky, ako sa o tom dozvedáme z memoárov Š. Bednára.

Šach sa hral v kaviarňach často, vášnivo a neraz o peniaze – podľa osobitných pravidiel: „V tých časoch sme šachy hrávali veľmi často v divadle, no najmä v kaviarni. Len čo sa naskytla dlhšia prestávka medzi skúškami, už sme aj sedeli nad šachovnicou. Našou najobľúbenejšou kaviarňou bola Luxorka. Tam sme nad šachovnicou vysedávali až do záverečných hodín. To sa pod šachovnicu položila päťkorunáčka, niekedy aj viac, ako sa kto cítil, a kto mal lepšiu pozíciu, hneď zvyšoval stávku. Partner ju alebo prijal, alebo prehral. Bolože to hádok, nedorozumení, sem tam aj ‚náhodou‘ zrútených figúrok“ (J. Zvarík). Šachový hazard pretrval v kaviarňach až dodnes, ako svedčí spomienka Ivana Nováka (inak šachového majstra športu), na ktorého sa obrátili kaviarenskí hráči so žiadosťou, aby rozsúdil, či „môže hrať lampasák“. Až po dlhom zvažovaní vysvitlo, že nejde o nijakú diskrimináciu armády, ale o ťah „en passant“ – branie mimochodom…

Kaviarenský šach prenikol aj do poézie:

Ja chlipkám kávu, rozhodujem sa pre najbližší život.
Po voskovom plátne pohybujú sa figúrky
e6 a b8,
pešci naháňajú kráľa, veža sa zachvieva v základoch,
dáma plače a necudne sa vzdáva sedliakovi.
(Š. Žáry)

Nie každý však hľadel na šach a jeho vyznavačov s porozumením. Personál ich dvakrát rád neobsluhoval a mal na to dobré dôvody: „Jeden čas bolo tak, že tých šachistov nikde nechceli púšťať dnu. Zajedno narobili moc špiny. On kukal na šachy a zapálil si cigaretu. Kuká, kuká a hodí na zem. Kuká a kuká, fajčí a fajčí a hodí špaček aj na zem, či zahasí ho na stôl. Druhá vec, že dohromady nič nekonzumovali. Hrali šachy, hrali aj pol dňa, aj deň, vypili jednu kávu, pravda, alebo minerálku či malinovku. Tiež sme im dávali šachy, ale neboli nejak obľúbení, radšej tých kartárov sme obsluhovali. Nik ich nemal rád, lebo nekonzumovali a robili špinu“ (Martin Pernecký). A jeho kolega Otto Mošovský doplňuje načrtnutý obraz: „V nedeľu doobeda, to bolo vždy už tak rezervované, to boli na každom stole šachy. A to prichádzali tí šachoví maniaci, ako sme im hovorili. No a do tej druhej, kým prišla pre nich manželka na obed, tak hrali. Tak som raz tam stál tak bokom a kukal na nejakého šachového majstra. Okuliare mal, fúzy, vlasy rozcuchané, a ten zobral vežu a miešal si ňou tú kávu. Ale skutočne. Zobral vežu, miešal kávu a pohľad na tú šachovnicu… My sme šachistov trpeli ako nutné zlo. Lebo oni neboli hostia, čo by konzumovali. Okolo tej desiatej prišli a do tej druhej sedeli pri jednej káve.“

Kartové hry – jednoduchý hazard, alebo bridž či „kráľovská karetná hra preferáns“ boli ostro sledované. Nielen personálom a hosťami.

Podľa štatútov z roku 1887 platili prísne predpisy: „Povolené hry sa smú hrať okrem hlavnej miestnosti pohostinstva, reštaurácie a kaviarne len v takých miestnostiach, ktoré sú s hlavnou spojené otvorenými dverami a tak sú pod dohľadom verejnosti.

Podniky sú neustále pod kontrolou a ochranou polície. Zakazuje sa inštalovať zariadenia na oklamanie príslušníkov polície a zamestnávať ľudí na signalizáciu príchodu polície" (M. Juck). Neraz išlo o veľké sumy a záujem polície zvyšovali aj rôzne „vedľajšie okolnosti". Osobitnú starosť jej spôsobil sekretár nemeckého konzulátu K. Weigel. Ako vyplynulo z hlásenia z roku 1923, „... *vyhľadáva spoločnosť bývalej aristokracie, prívržencov opozičných strán nemeckých a maďarských, väčšinou sa pohybuje v kruhoch ľudí ľahkomyseľnejších (hercov,*

Kaviareň Korvin (1925) – dnes Mestská knižnica na Obchodnej ulici

Café Corvin (1925) – heute die Stadtbibliothek

tanečníc). Hrá občas karty a je pravda, že chodieva do Dlhej 2, kde sa občas schádzajú občania maďarskej a nemeckej národnosti a hrajú karty podľa vzoru iných spoločností. Podľa dôvernej správy vyhrala istá osoba v auguste 15 000 Kč a sekretár K. Weigel asi 3000 Kč" (Archív mesta Bratislavy – hlásenie policajnému riaditeľstvu).

Mnohých návštevníkov vábila do kaviarní hudba (do tanca alebo na počúvanie), prípadne ponuka iného typu. Varietný program na vysokej úrovni bol napr. v Redute či Múzejke. Celkovo však prevládala cigánska hudba. „My sme nemali v Štefánii program. Náš program bol dobrá hudba. Dobrá cigánska hudba. A tá záležala od primáša. Kvôli známym primášom prichádzali hostia. Na tom záležalo, lebo keď prišli, bola konzumácia. To bolo dôležité. Preto sme mali samé známe kapely. A nielen my" (Béla Hackenberger). Tento názor doplňuje a podporuje spomienka A. Plávku: „Ktorí ešte vládali, rozpŕchli sa potom k muzike do kaviarní, či už to bola Štefánka, Astorka, Alžbetka, či Baroška a Berlinka, kde vyhrávali chýreční primáši, ako Jožko Pihík, Dežo Cibulka, Lajoš Bittó, Móži, Illéš, ba ešte i starý Vizváry, čo najdlhšie vyhrával v petržalskej Aucafé. Večerná a nočná Bratislava tých čias vskutku vrela slovenskými pesničkami, často už len vybľakovaním a ziapaním do zachrípnutia. Potom si už mohol v nočných uliciach stretávať menšie hlúčky s policajtom v prostriedku, dohadujúcim sa s podpitými ‚hrdinami' o pokute za rušenie nočného pokoja alebo za obcikané steny domov a jarčeky stekajúce po trotoári."

Množstvo spomienok a historiek spojených s primášmi a ich umením nachádzame aj u ďalších autorov – napr. J. Smreka, T. Gašpara, Š. Žáryho, E. Bohúňa, K. Čárskeho a iných. Nebola to však len cigánska muzika. Napr. v záhrade Krym (vtedy ešte Bláha) hrali po otvorení (v štyridsiatych rokoch) denne tri hudby: okrem cigánskej kapely Bélu Piťu, ktorý mával popoludní koncert (tento zvyk bol aj v iných podnikoch), tu účinkovala železničiarska dychovka a večer tanečná hudba – obyčajne kapely zvučného mena (Otto Mošovský). Aj v Štefánii hrávali už v dvadsiatych rokoch občas „džezové" (vlastne tanečné) skupiny, mnohí pamätníci spomínajú pravidelné účinkovanie G. Broma v Redute atď.

Najznámejší primáši boli slávni a vyhľadávaní. Patril k nim Jožko Pihík. Začínal v Nationali, vystriedal viac lepších bratislavských podnikov, ale pôsobil aj v pražskej vinárni Romanov. Nie náhodou hral v prvom slovenskom priamom rozhlasovom vysielaní. 31. 8. 1926 v kaviarni Astória znela hudba v podaní jeho Cigánskej muziky (M. Horský). K najlepším patril Monti Béla, ktorého hru si vysoko cenil E. Bohúň. Svojím Montiho čardášom inšpiroval aj rovnomennú novelu V. F. Šikulu. Béla Farkaš zapôsobil na T. Gašpara do tej miery, že zložil na jeho počesť pieseň, ktorú si nechal hrávať v rôznych kaviarňach:

V Štefánii každý večer
Béla Farkaš vyhráva.
Počúvam ho, počúvam ho
neraz veru do rána.
Usmieva sa, ukláňa sa,
rozkošné hrá piesne.
Bože dobrý, zase svitá
a ja sa bavím ešte.

Na svoje si mohli prísť aj labužníci. V kaviarňach síce nebolo zvykom variť: „Akonáhle sa dostávame k tomuto, že sa v kaviarni podávajú aj jedlá, tak to sa už stráca charakteristická kaviareň" (Otto Mošovský). Ponuka bola aj tak pestrá. Podávali sa predovšetkým studené jedlá – šunka, hemendex, neskôr párky, na raňajky sladké pečivo. A našli sa aj jednoduché varené špeciality – polievky, guláše a pod. Ilustrujú to dva príklady Krymu. V prvom E. Bohúň hovoril, „že na prepláchnutý žalúdok a prebdenú noc je najpríhodnejšia kapustná alebo fazuľová polievka, ktorej má byť ‚predoslaný' štamperlík borovičky. Niekdajší majiteľ kaviarne ‚Baross' si vraj na týchto polievkach nesmierne zakladal. Terajší jej pán, Čech Bláha, pokúšal sa silou-mocou zaviesť držkovú.

– Veď som ho zaraz upozornil, že počúvajú, pán Bláha, Slovák sa im na ich kutle vykutlí, nech sa naučia variť aspoň fazuľovú, inak u nás nepochodia" (Š. Žáry).

„...prišiel ten párek a potom, ale už hodne neskôr, sa začal dávať kotlíkový guláš. To som našiel v sklade raz 20 kotlíkov, z pravého striebra, a tak sa robil kotlíkový guláš. Vtedy to bola taká novinka a roky sa to udržalo, až dodnes. To sme dostávali denne čerstvé bosniaky, k tomu ten guláš. Za doobedie sme predali aj 120 porcií" (Otto Mošovský). V Štefánii „pôvodne sme podávali len jednoduché jedlá. Z najkvalitnejšieho mäsa, dávali sme si posielať od Manderlu,

In memoriam
Au-café (1926)

Aucafé (1926)

z najlepších surovín. Neskôr, v tridsiatych rokoch, som zaviedol, že sa podávali čerstvé jedlá večer. Napr. viedenské rezne. Ale nie tak, ako sa podávajú dnes. Nie z bravčového mäsa, ale z teľacieho, ako to má byť. A k tomu sa nedávali hranolky, to nebola vtedy móda. Dávala sa ryža alebo zemiaky. Tie sa varili, potom strúhali a piekli na restovanej cibuli. Boli veľmi obľúbené k hovädziemu mäsu s rôznymi sósmi" (Béla Hackenberger).

Sliny sa zbiehajú pri opisoch servírovaných domácich makových či orechových koláčov, rôznych zákuskov, ktoré patrili k špecialitám, a najmä zmrzliny: „Mali sme napríklad dvadsaťlitrovú kanvicu plnotučného mlieka, teda nie toho odstredeného. A tam sme pridali napríklad vanilku, čokoládu, lieskovce, citróny. K tomu pribudlo 48 vajec. Do jednej masy 48 vajec. To nám každé ráno nosili čerstvé. Bielka sme vždy oddelili, to sme predali cukrárom, a 48 čerstvých žĺtkov šlo do tej masy. Žĺtka boli dôkladne zmiešané s najlepším kryštálovým cukrom a táto zmes sa varila s tým plnotučným mliekom. Potom sa to rýchlo dalo ochladiť. My sme najskôr nemali takú chladničku ako dnes. Nie s elektrickým motorom. To sa točilo rukou. Dookola musela byť mašina plnená ľadom. A robili sme najrôznejšie zmrzliny. Z rôznych orieškov. Malinové, čučoriedkové, jahodové. Alebo z ovocia – z broskýň, marhúľ"... (Béla Hackenberger).

Najviac si však väčšina podnikov zakladala na káve. Neraz (napr. v Luxore, Kryme) ju pripravovali špecializovaní kuchári a zloženie

Kaviarenský personál na Slávnostiach remeselníkov (1937)

Cafépersonal auf den Handwerkerfesten (1937)

niektorých druhov káv patrilo k prísne stráženým tajomstvám. Zákazník mal široký výber. V Luxore si mohol napr. objednať normálnu presso kávu a keď presso nechcel, potom bola turecká káva, biela káva, berlínska so smotanou, arabská s vaječným koňakom a šľahačkou, rôzne svetlejšie kávy, kapucín, káva s kožou i cedená bez kože (Martin Pernecký).

V Kryme „väčšinou boli mokka stroje, v tých sa urobilo naraz viac kávy a držala sa na plyne, aby ostala teplá. Potom bola káva kapaná – to bol nástavec z antikora, papierový filter, do toho sa dala voda a káva a to kapalo. A hosť to mal na stole a čakal, kým to prekapalo. Bolo to veľmi pekné, len na obsluhu náročné. Potom turecká káva, v džezve, tá bola najobľúbenejšia. To bolo umenie, na to boli kuchárky. A aj tak to každá nevedela. To sa muselo dvakrát prevariť a muselo to mať čapičku. Niektorí hostia boli takí, že bez čapičky odmietli. To bola úplná veda. Zalievaná káva, čo dnes prevláda, vznikla asi v päťdesiatych rokoch v Savoyke a potom sa rozšírila po celej Bratislave“ (Otto Mošovský).

Veľkú pozornosť venovali tejto problematike aj v Štefánii: „Spočiatku sme podávali len obvyklú kávu. Čiernu kávu, viedenskú kávu, mliečnu kávu, malú čiernu a tak... Mali sme osobitný riad na kávu. Mali sme napríklad ‚piccolo schwarze‘. Piccolo, to bola celkom malá šálka s čiernou kávou. Potom kapucína, to bolo trochu väčšie, a potom čajové šálky. Mnohým sme podávali kávu v skle. Chceli niekedy vidieť aj farbu. A v porceláne nebolo možné tú farbu vidieť. Tak ju mnohí hostia požadovali v pohári, že tak je mimoriadne chutná. No a servírovali sme aj mrazenú kávu, kávu s vaječným koňakom, tureckú kávu osobitne varenú s celkom malým množstvom cukru a dvakrát prevarenú. A káva bola výborná, výborne rozvoniavala v maličkých šálkach. A ku káve sme vždy priložili pohár vody. To bolo automatické“ (Béla Hackenberger). Túto skutočnosť potvrdzujú aj informácie z ďalších podnikov. Zdanlivá maličkosť – pohár vody či sódy na stole – ale mala svoj význam: „Ku každej káve sa hneď musela dať obyčajná voda, vždy o jeden pohár viac.“ (Uvedený fakt ostatní informátori nepotvrdili.) „Keď sedel jeden hosť, tak dva poháre, keď dvaja, tak tri, vždy jeden pohár navrch. Niekto vypil, iný nepil, ale tak to bolo zaužívané. Niekedy v lete sa dávali aj bublinky a vrchný vtedy chodil okolo a niekedy upozornil: ‚Pán kolega, ten hosť už nepije sódu, ten pije už len obyčajnú vodu.' Keď už bola teplá, bez bubliniek, musela sa vymeniť" (Martin Pernecký).

Samozrejme nie všetky bratislavské kaviarne dosahovali takú vysokú úroveň, ako tie, na ktoré pamätníci najviac a najradšej spomínajú. Boli aj podniky orientované skôr na nižších úradníkov alebo robotnícku aristokraciu, ale aj početná skupina takých, čo lákali len príslušníkov polosveta či dokonca bratislavského podsvetia. Sem patrila Novomestská, známa podľa majiteľa aj pod menom „Pfundtnerova" kaviareň na Krížnej ulici. Objavuje sa už v zozname z roku 1915. Aladár Balogh ju charakterizoval ako najjednoduchšiu kaviareň pre najjednoduchších ľudí a J. Rybák hovoril o pajzli, čo predstavoval posledné útočisko pre najzničenejších stroskotancov... Nie najlepší zvuk mala aj už spomínaná Lýra („ľudový pajzel", ako ju zhodnotil Š. Bednár) či Patria na Sennom námestí, „o ktorej povesti sa nevedie spor". Otváracie hodiny boli do neskorej noci, no „už k obedu páchne čierna podlaha rohovej miestnosti s mramorovými stolíkmi a ohýbanými bukovými stoličkami ako premoknuté smetisko a vzduch môžu bez odporu dýchať len veľmi silní fajčiari". A večer – nielen zásluhou cigaretového dymu – je atmosféra ešte ťažšia a dusnejšia (J. Sekera).

Nielen vďaka štipľavým polievkam mala povesť „ostrej" kaviarne aj Fedora, ale predovšetkým vydrické podniky na čele s Favoritom. „To bol vyslovený pajzel, že to svet nevidel. Tam sa išlo dolu schodmi, lebo to bolo v suteréne. Návštevníci boli ľudia... to, čomu sa hovorí spodina. Prostitútky hrubšieho razenia tam sedávali a tí pasáci, ochrancovia prostitútok" (Karol Hynek). Spomínal naň aj A. Plávka: „Spoza začmudených oblokov ozývala sa vrava nemecká, slovenská, maďarská, ale i srbská a rumunská. Raz pri návšteve spomínanej Favoritky skoro sa mi ušlo stoličkou po hlave, keď sa sčista jasna strhla hrozitánska kuca-paca medzi našimi a rakúskymi námorníkmi. Podľa príkladu ostatných hodil som sa na zem, lebo len tak mohol som si zachrániť zdravú kožu. Väčšinou to boli pračky pre dievky, ale také, aké sa mi nepodarilo vidieť ani v prístavných krčmách carihradských." (Na prvý pohľad námornícka putika najhoršieho razenia – ale v bratislavskom adresári z roku 1929 nachádzame Favorit medzi kaviarňami...)

Baross – Bláha – Krym

Osobitnú kapitolu predstavovali nočné kaviarne. K najpopulárnejším patrili Atlon na námestí Republiky (teraz SNP), Patria na Sennom námestí (nám. 1. mája, vedľa dnešného kina Hviezda) alebo Taverna na mieste terajšieho Kryštálu, kde sa stretávali mužský pijanský svet so ženským polosvetom (Š. Bednár). No vari najznámejším podnikom tohto druhu bola dodnes existujúca, i keď pre opakované rekonštrukcie často zatvorená Alžbetka. Sem prichádzali na pivo hostia rôznych spoločenských vrstiev.

Nočné kaviarne boli miestom, kam občas zablúdili aj potulní obchodníci, lacní Jožkovia či kučébri, predavačky kvetín a kameloti. Do „slušných" kaviarní ich vpúšťali len neradi, no tu ich rozjarená spoločnosť vítala s nadšením ako zdroj dodatočnej zábavy.

Zabezpečiť bezproblémový chod kaviarne predstavovalo náročnú a namáhavú prácu. Pre majiteľa, ale aj ostatný personál: „To celé okolo kaviarne, to bola veľká robota a veľká starosť. Nemali sme čas na dovolenky, nemali sme čas na prázdniny. Človek, ktorý bral svoj fach vážne, musel veľa, veľa pracovať. Napríklad tí čašníci. Pracovali väčšinou oveľa viac ako tých osem hodín. To boli samí naši starí zamestnanci, ktorí pracovali u nás dvadsať či dokonca tridsať rokov a boli už ako členovia rodiny... Zarobili, ale pracovali. V noci nikto nevedel, ako dlho bude otvorené. Mali sme otvorené do druhej, ale niekedy do tretej a niekedy aj do štvrtej rána. A o šiestej ráno muselo byť zas otvorené a všetko pripravené" (Béla Hackenberger).

O tom, že najmä čašníci „na place" boli neraz v zložitej situácii, svedčí aj spomienka Martina Perneckého: „To vtedy doslova platilo, náš zákazník, náš pán. Vtedy neexistovalo, žeby hosť musel čakať. Obsluha bola rýchla. A čo hosť povedal, to musela byť pravda. Lebo keď si sťažoval, tak sa čašník mohol s miestom hneď rozlúčiť. Predovšetkým mal hosť pravdu." Aj preto dochádzalo niekedy ku konfliktom medzi majiteľmi a personálom. Mnohí zamestnávatelia nedodržiavali zákon o pracovnej dobe, neposkytovali väčšinou ani ošatenie či oblečenie. Nie všade platil tzv. desaťpercentný systém, podľa ktorého prirážka k cenám sa delila medzi personál, pričom 1 % bolo tzv. stratové (Otto Mošovský). Ako uvádza V. Hančin, vrchní preto museli hradiť útraty za ušlých hostí, personál platil zo svojho rozbité nádoby a sklo. Tieto pomery vyvolali nespokojnosť. Preto v roku 1936 došlo ku generálnemu štrajku, ktorý sa uskutočnil vo väčšine podnikov. Účastníci sa zhromažďovali na dnešnom námestí 1. mája a odtiaľ odišli pred kaviareň Grand, kde boli pomery najhoršie. Skandovaním a vyvolávaním hesiel „Nech žije jednotný front kelnerov!" „Nech žije chlebový boj kelnerov!" „Chceme osemhodinový pracovný čas!" „Dole s tringeltom!" a pod. sa usilovali upozorniť na svoje zlé podmienky a dosiahnuť nápravu.

Tieto kroky neboli úspešné, preto siahol kaviarenský personál po tvrdších prostriedkoch. „23. júla prichádzali do kaviarne Grand nezvyčajní hostia. V novučičkej kaviarni do prepychových kresiel, k veľkým oknám posadali si nezamestnaní robotníci a objednávku mali jednotnú: ‚Pohár sódy, prosím.' Pôvodní návštevníci odchádzali a ich miesta zaujímali ďalší sódovkoví hostia. 13. augusta po vzore Grandky obsadili o 11. hod. predpoludním reštauráciu Kern. Tentoraz prišli na pivo. Pravidelní obedoví hostia odchádzali, noví sa vracali od dverí, keď videli návštevníkov v ošúchaných odevoch. Majiteľ zúril, ale dosiahol len to, že čašníci museli nosiť len drahšie pivo. Na druhý deň sa vrátili, ale teraz len na polievku" (V. Hančin). Napriek všetkému však skončil zápas personálu napokon neúspešne.

Vážnou prekážkou pre ďalší rozvoj kaviarní bola konkurencia viech: porušovanie predpisov o záverečnej hodine, hudbe, kartových hrách, podávaní jedla a kávy pod viechami vyvolávali sústavné konflikty. Kaviarnici sa cítili ožobračovaní. V rezolúcii z roku 1934 sa doslova uvádza, že v dôsledku sabotovania zákona „príslušníci živnosti hostinskej, zvlášť menší hostinskí boli konkurenciou viech úplne zničení a sproletarizovaní". A konkrétne fakty uvádza Béla Hackenberger: „Viechy nie, nie, nie! tam sa nesmelo variť. Tam sa podával len cesnakový chlieb. Porušovalo sa to. Kvôli tomu mali viechári s hostinskými rôzne spory. Varilo sa tam aj niekedy. Alebo predávali tí viechári čiernu kávu. A to sa potom vôbec nechodilo do kaviarní." Pokoj zbraní v tomto neľútostnom boji nastával len pri slávnostných príležitostiach, ktoré prilákali do Bratislavy toľko hostí, že dôvod pre spokojnosť mali všetci bez rozdielu: „Hostinskí sa prestali ponosovať na viechárov a viechári na hostinských. Vinohradníci s ríbezľovým vínom v Modre, Pezinku, Griňave, Devíne atď. si chválili slávnosti, že sa im pivnice ako tak vyprázdnili, lebo i cudzí, i domáci, nadchnutí pri úradných

Lesk
a bieda modernizácie –
kaviareň Aróma
(Obchodná ulica) 1989

Glanz und Elend
der Modernisierung –
Café Aróma (Schöndorferstraße –
Obchodná ulica) 1989

slávnostiach, plnili i neúradné miesta, kde sa mohli po chuti zabaviť"... (J. Jesenský).

Rozmanitosť a početnosť bratislavských kaviarní nedovoľuje podrobnejšie opísať alebo čo len spomenúť každú z nich. Niektoré si všímame v iných súvislostiach (napr. populárna Boonka, Au-café či Taranda sú neodmysliteľne späté s Dunajom), ďalšie len okrajovo, no na viaceré sa neušlo. Preto chýbajú napr. Regina (po vojne krátko fungujúca pod menom Slávia), stará populárna „Korvinka" alias Virsík, Živnodom (Olympia), Sezession, Dax, zvečnený o. i. V. Nezvalom, Stahlka, Elektra, Carlton, Savoy, Union, Monopol, Deák, v ktorom sa schádzala v medzivojnových rokoch československá spoločnosť.

Takto by sme mohli menovať ďalej, veď podnikov, ktoré si zasluhujú „pomník" za to, že spríjemňovali a dodnes spestrujú život Bratislavčanov, je dostatok...

8

VÔNE MESTA

V nedávnej minulosti Bratislava nevynikala veľkosťou či počtom obyvateľov. Domácim aj hosťom však ponúkala všeličo... Centrom života bolo staré mesto. Tvorila ho pestrá zmes obchodov, firemných kancelárií, úradov, služieb, ale aj bufetov, reštaurácií, kaviarní, hostincov ponúkajúcich stravu, osvieženie či posedenie. Nie náhodou Š. Bednár konštatoval: „Bolo to tu zaujímavo poukladané."

Farbistý obraz ponúkalo Podhradie s Vydricou a Židovňou. Na hrboľatej Židovskej ulici bol krámik vedľa krámika v stiesnených priestoroch starej architektúry. Vydrica bola známa hriešnymi domami lásky, Rybné námestie mestským pivovarom, krčmami a kaviarňami, ale aj trhoviskom. Viacerí spomínajú, že to tu vyzeralo ako niekde v prístave.

V starom meste pulzoval nepretržitý denný i nočný život. V otváracích hodinách sa obchody striedali s vinárňami a nočnými lokálmi. Vínom, ale aj výborným jedlom boli preslávené podniky Lerchner na Suchom mýte a najmä Schmidt-Hanzl, na mieste ktorého postavil Baťa svoj veľkoobchod (1935). Tým prišli bratislavskí labužníci o „kuchyňu non plus ultra so storočnou tradíciou" (J. Smrek). Nad ránom otvárali polievkárne, aby občerstvili nočných flamendrov. Jednu z nich – u Ferenczyho – charakterizoval Š. Bednár ako „ľudovku pre korheľov a ľudí nočných zamestnaní. Sortiment bol jednoduchý, ale liečivý. Držková polievka a čapované pivo pre tých, čo im ostalo málo peňazí, a pre tých, čo mali o dačo viac, mali každé ráno prichystané hovädzie rebro s octovým chrenom." „Večer rozsvietili slabé elektrické osvetlenie, ale iba v hlavných uliciach, v bočných uličkách blikali plynové lampy. Svetla bolo málo, ale tiene hlboké, tajomné, bizarné" (Š. Bednár). Staré uličky boli obľúbenými miestami prechádzok, potuliek milencov, inšpiratívnym námetom umelcov. Plynové lampy chodil každý večer zažíhať zapaľovač lámp s dlhou palicou. Niekedy pešo,

Konské povozy v centre mesta (Ventúrska ulica) 1938

Pferdegespanne im Stadtzentrum (Venturgasse) 1938

Známe Wendlerove rožky

Die bekannten Wendlerhörnchen

inokedy na bicykli. Často ho však predbehli šarvanci, ktorých romantika lámp priťahovala. Bratislava bola vtedy (1930) ešte malá „a svojím rázom a pulzom pripomínala v niečom veľkú dedinu, nehovoriac o rušnom Sennom námestí, Obilnom námestí, Rybnom námestí a Dobytčom trhovisku. Aj uprostred mesta furmani vypriahali, kŕmili kone a stavovali sa na guláš i poctivé bratislavské víno... Po uliciach bolo vidno hlavne ľahké i ťažké konské povozy, fiakre, sťahovacie vozy a sem-tam autá“ (L. Luknár).

Živé centrum pôsobilo na obyvateľov okolitých štvrtí dostredivou silou. Bohatá sieť služieb a obchodov, prechádzky uličkami za prácou i oddychom prispievali k utváraniu a udržaniu spoločenských kontaktov priamych i sprostredkovaných. Obyvatelia o sebe vedeli, dokonca sa vravelo, že v Bratislave každý každého pozná. Mesto však nebolo až tak malé, aby sa to dalo vysvetliť len nízkym počtom obyvateľov. V dnešnej stotisícovej Petržalke sa ľudia nepoznajú tak, ako v stotisícovej Bratislave 20. rokov, alebo dokonca v tristotisícovej 60. rokov...

Združoval čulý ruch viech a kaviarní, ktoré spájali ľudí podľa profesionálnej či záujmovej orientácie. Na tomto princípe fungoval aj spolkový a klubový život. Cukrárne, najmä tie na korze, ale aj niektoré kaviarničky, mali zas viacej ženskú klientelu. „V kaviarňach si dávali randez-vous hlavne v sobotu a nedeľu vydaté ženy, ktoré si tam veľmi rady potrkotali, popretriasali novinky pri chutnej voňavej čiernej alebo bielej káve a rôznych výborných zákuskoch.“ Dodnes stretávame staršie dámy v družnej debate pri zákusku a obligátnej kávičke.

K vytváraniu mikroštruktúry spoločenských vzťahov prispieval aj kultúrny život. Užší okruh stabilných návštevníkov divadiel umožňoval nadväzovať príležitostné známosti, ale aj trvalé priateľstvá. Podobnú funkciu spĺňali hudobné podujatia. V meste sa koncerty konali nielen v sálach, ale počas letných nedieľ aj v parkoch či z radničnej veže. Živá hudba spríjemňovala prechádzky i posedenia na lavičkách.

V sociálnej komunikácii obyvateľov zohrávali dôležitú úlohu aj menšie obchodíky a živnosti. Ich majitelia boli pripútaní k svojmu pôsobisku a záviseli od dobrých kontaktov s okolím. Snažili sa zžiť so spoločenstvom ulice alebo štvrte, získať si dôveru ľudskú i profesionálnu. Ak ju mali, tak v prvom rade prostredníctvom tovaru alebo služieb, ktoré ponúkali. Museli stavať na tradícii, dávať ľuďom istotu, že keď si zájdu povedzme k Wendlerovi na Štefánikovu ulicu, tak vždy dostanú známe bratislavské rožteky, „pajgle". A nie hocijaké – výborné. Štamgastov mala aj Ruttnerova bodega, dnešný „Talian". Hosť si mohol „rozkázať jedlo, koložvársku kapustu, varenú kukuricu, smažené vajcia, alebo ryžovú kašu posypanú čokoládou" (J. Rybák). Lákalo aj Burianovo lahôdkárstvo, Vaněkovo, Manderlovo či Klichovo mäsiarstvo... Pochúťky a špeciality ponúkali na každom rohu. Nielen veľké a známe firmy však bojovali o kupujúcich. Vidno to zo spomienky Hany Štefkovej: „Obchodníci mali svoju klientelu, ktorú si starostlivo strážili a predchádzali. Vtedy bolo zvykom, že sa každý mesiac objednával veľký nákup. A keď ho chlapec z obchodu doniesol, vždy navrchu koša bola pozornosť majiteľa (cukríky, napolitánky a pod.)." V boji o zákazníka sa využívalo všeličo. Aj živá reklama. Možno ňou bol Schöner Náci, ale určite Kaid Selem, „černoch, ktorý predával kávu u Andera na dnešnej Obchodnej ulici" (Mikuláš Szabó). Aj obrovský Arab, ktorý chodil v turbane ovešaný nápismi ulicami mesta, zostal v spomienkach pamätníkov.

Obchodníci neboli len neosobnými distribútormi. V predajniach nielen pracovali, ale žili aj v úzkom kontakte s obyvateľstvom. Ako príklad slová Ladislava Lehotaya: „Naproti Živnodomu na Kollárovom námestí bola cukráreň a tú mal jeden Talian. A ten bol nadšený obdivovateľ Carusa. Tak gramofón dal medzi dvere na stoličku a tú trúbu otočil smerom do námestia. A keď ľudia išli okolo a kukali, tak on mrkol na nich: ‚To je hlas, čo? To je hlas!' On bol vychýrený tým, že predával, tuším sa to volalo kasate – bolo to prešované ovocie a okolo neho tri či štyri vrstvy zmrzliny, každá inej farby. A celé to bolo menšie ako futbalová lopta. Rozrezalo sa to na štyri časti a jedna časť stála 4 koruny. A to bolo senzačné. Inou pochúťkou bol ‚studentenfutter' – kornútok so zmesou orechov, hrozienok, lieskovcov" (Hana Štefková). Známa Myšákova cukráreň na dnešnej Štúrovej ulici ponúkala cukríky, ktoré „mali naozaj fialkovú vôňu, aj dych po nich voňal", no predovšetkým vychýrenú punčovú zelenú žabu (Mikuláš Szabó).

Bližší kontakt s obyvateľmi nadväzovali predovšetkým príslušníci profesií, u ktorých sa zákazník musel chvíľu zdržať. To vytváralo predpoklady pre debaty o veciach verejných i súkromných. Najmä z holičstiev a kaderníctiev sa stávali „diskusné kluby", kde sa premleli zaujímavé novinky a udalosti mesta. Tu sa zbiehali nitky osudov jeho obyvateľov: „Holiči, to boli najväčší fachmani pokiaľ išlo o futbal alebo vôbec o šport v Bratislave. Ale ovládali aj všetky pletky, kto čo urobil zo známych hercov, kto sa rozviedol a podobne. Ja som chodil na Laurinskú. Oproti Dietke bol taký malý podnik a robili tam traja holiči. Všetko tak vo veku okolo päťdesiatky. Ja som bol ešte frkan, gymnazista, ale ma poznali, lebo som blízko býval. A tam som sa dozvedel všetko, čo sa udialo v Starom meste. Ešte aj o tých prostitútkach, čo porobili... Lebo na Vydrici sa robili aj vraždy, voľakedy to boli senzačné záležitosti, keď povedzme niekoho zaškrtili pančuchou... A potom sa o tom vyprávalo dlhé mesiace; čo to bolo, ako to bolo, kto sa toho zúčastnil a nezúčastnil. To už bola rozprúdená debata, keď som tam vstúpil a čakal, kým prídem na rad. Ja som tam chodil raz do mesiaca a ešte aj po fronte, keď som sa odtiaľ presťahoval,

Manderlovo mäsiarstvo nepreslávil až Manderlák

Die Manderlafleischerei prosperierte schon in der Monarchie

Obilný trh
(dnes Kollárovo námestie) 1927

Fruchtplatz
(Kollárovo námestie) 1927

som tam rád chodil k holičovi" (Ondrej Horvay). Podobne aj krajčíri: „Raz mi jedného ktosi doporučil, ten ti vraj dobre a lacno ušije, len povedz, že som ťa ja poslal. Tak som tam išiel a tam bolo rečí! To už bolo tak pred frontom a predstavte si, on vykladal, ako tí Rusi dávajú tým Nemcom, nech už len prídu a hento a toto. A oni aj prišli a ho zastrelili" (Štefan Pribylinec).

Holiči, kaderníci, krajčíri, trafikanti, čašníci, šatnárky, fiakristi, taxikári, podomoví obchodníci či remeselníci patrili k ohnivkám medziľudskej komunikácie, ktorá napomáhala budovať lokálne pospolitosti. „Náš pekár" alebo „náš trafikant", ale často aj pomenúvanie krstným menom signalizovalo obľúbenosť úslužných a zhovorčivých služobníkov ulice. Spríjemňovali pohyb v meste, vytvárali jeho kolorit.

K ruchu pouličného života prispievali aj trhy, ktoré sú dodnes príťažlivou osobitosťou, ba atrakciou Bratislavy. Pôvodne sa rozlišovali podľa tovaru, ktorý tam prevládal. Vznikal sústredený predaj s patričnou konkurenciou, ale bola tu aj ľahká orientácia v záplave povozov, pultov i kupujúcich. Rybí trh, Slepačí, Chlebový, Zelený, Kelový, Obilný, Uhoľný, Senný, Dobytčí – podľa trhov sa nazývali príslušné námestia, alebo podľa námestí trhy.

Začiatkom nášho storočia, v čase nastupujúcej električkovej a automobilovej prepravy, museli trhovníci uvoľniť priestory námestí od dnešnej Luxorky po kostol sv. Trojice, ktoré dovtedy takmer súvisle zapĺňali. Zostali len dve miesta – Zelený trh pred kláštorom Milosrdných a Kvetinový pred mestskou tržnicou. Ten prvý bol zeleninový; druhý zas noblesnejší, s pultami plnými kvetov a južného ovocia. Veľkým trhoviskom býval Obilný trh (dnešné Kollárovo nám.), menšie boli na Rybnom námestí a pri Ondrejskom cintoríne. Stánky s ovocím boli aj pred bývalou Sovietskou knihou.

Čo bolo na trhoch také zaujímavé? Samozrejme hlavne možnosť rýchleho a lacného nákupu potravín a všakovakého praktického,

Ruch
pred tržnicou (1928)

Lebhaftes Markttreiben
vor der Markthalle (1928)

domácky vyrábaného tovaru. Ale boli aj miestom živého medziľudského kontaktu, zmes ľudí, etnicky i sociálne premiešaných. Veď neraz sa zišlo aj vyše tisíc predávajúcich a primeraný počet záujemcov... „Bratislava, to boli aj rušné trhy a jarmoky s mnohými atrakciami, šiatre na námestí Slobody, haravara, stovky zvukov, prenikavá vôňa cigánskej pečienky, turecký med, cukrová vata, melódie verklíka, spevavé výkriky trhovcov, nárek žobrákov“, zachytáva atmosféru L. Luknár.

Pre mnohých návštevníkov mesta bolo a dodnes je potešením vyskúšať si pravé trhové jednanie. Navyše medzi plodmi záhrad a sadov, vystavenými na pultoch, či po starom na plachte rozprestretej na zemi, v košoch alebo naložených v sudoch. V. Nezvalovi sa Bratislava „zdala jediným marhuľovým trhom. Okrem sem-tam roztratených stánkov priťahoval ho najmä priestor pred tržnicou, ktorý v mesiaci júni naozaj hýrieval prvými letnými plodmi južného mesta... A to ešte nemal možnosť vidieť toto mesto v záplave marhuľových a broskyňových kvetov, ktoré tvorili neoddeliteľný rajský sad, ružovofialové opojné opevnenie“ (Š. Žáry).

Ľudia prichádzali na trhy nielen za nákupom, ale aj za živou ľudskou vravou, kypiacim životom, pohárikom vína či inou pochúťkou. Tak to zostalo dodnes. Bratislavské centrálne trhovisko nahrádza aj jarmočnú atmosféru, zaniknuté viechy, je pravidelným sobotným cieľom mnohých dospelých, kde určite stretnú niekoho známeho...

Nielen trhy, ale aj ulice a námestia mesta dávali obyvateľom možnosť ochutnať niečo z množstva pochúťok, ktoré pripravili spoločnými silami príroda a šikovné ruky. Zo stánkov a bufetov, ktoré dodnes sú roztrúsené v priestoroch starého mesta, útočia na zmysly okoloidúcich klobásy, kukurica, zmrzliny najrôznejšej farby a chute, placky, langoše, v sezóne gaštany, novšie aj pizza, hranolky, vyprážané syry, hamburgery atď. V medzivojnovom období bola atrakciou aj technika: „Royal bufet na dnešnej Mostovej ulici vzbudil pozornosť začiatkom 30. rokov automatmi. Majiteľ Šuhajda, inak majster sveta v zápasení z roku 1912 či 1914, bol dlho v Amerike. A pripravil ju aj Bratislavčanom. Otvoril plnoautomatizovaný bufet. Vhodením príslušnej sumy ste si mohli pochutiť na šunkovej žemli, pohári malinovky, kávy, mlieka, kakaa. Okrem toho tam postavil aj naozajstné hracie automaty à la Las Vegas, s tromi valcami" (Július Greguš). Hracie, jednoduché ploché automaty sa rozšírili aj do vestibulov iných kaviarní. Vhodená minca putovala po všakovakých cestičkách opatrených klapkami. „Ale šťastie prialo málokomu. Len my deti sme vymysleli taký malý podfuk. Do boku mince sme navŕtali dierku, opatrili šnúrkou a tak sme ju spúšťali do automatu. Špagátom sme pohybovali, ďobali do klapiek. Pozor sme museli dať na to, aby minca neprešla za klapku a aby nás nechytili. To by bol koniec" (Mikuláš Szabó).

K životu mesta patrili aj oddychové priestranstvá parkov, posedenia pod slnečníkmi, ktoré lemovali reštaurácie najmä na promenádnych trasách. Tak to robili podniky na Hviezdoslavovom námestí, či pri Dunaji. A k večeru patrila hudba: „Sedeli sme na poschodí v Carltone na terase. Večer bol krásny a teplý. Terasa sa podobala kvetmi obrúbenej palube. Na terase hral džez. Poznamenali sme s ministrom, že veľmi hlasno škrieka" (T. Gašpar).

Nábrežie Dunaja po oboch stranách bolo v tej dobe centrom oddychu Bratislavčanov. Hlavne dospelá vrstva obyvateľstva sem chodila na prechádzky. Dôchodcovia kedykoľvek, zamestnaní predovšetkým v nedeľu. Predpoludním aj popoludní sa zapĺňalo nábrežie promenádujúcimi sa rodinkami, pretože patrilo k bontónu ukázať sa s manželkou pod pazuchou a s čisto vyobliekanými deťmi. Ľudia sa na nábreží pozdravovali, zastavovali priateľov a známych, debatovali a dozvedali sa novoty. Práve istota stretnutí, možnosť udržiavať konverzáciu a podľa chuti ju rýchlo ukončiť, prechádzanie sa na čerstvom dunajskom vzduchu a hodnotenie okoloidúcich bolo príjemným zážitkom. Nábrežie v nedeľu pripomínalo korzo, preto sme zaznamenali: „Keď som chcela toho strýka alebo tú tetu stretnúť, tak som išla v nedeľu na nábrežie Dunaja. Malo to spoločenský význam, lebo sa tu nezáväzne stretali ľudia, ktorí veľmi často potom zašli na jeden aperitív. Najprv sa išlo do kostola pekne oblečení, lebo sa patrilo chodiť do kostola, no a potom sa išlo k Dunaju" (Mária Brišková).

Predpoludním bolo živo nielen pri Dunaji, ale i na korze. Prechádzky sa príležitostne spájali s posedeniami – s priateľmi na káve, pri víne či aperitíve, s deťmi v cukrárňach. Patrilo to k programu. Nedeľný život mal svoj pravidelný rytmus a dosť často sa hodnotí ako stereotypný: „Podľa mňa oni dosť fádne žili. Ráno vstali, obliekli sa, išli do kostola, po kostole na korzo, z korza na obed. A poobede? Ja neviem, my sme sadli ‚na kéňu' a išli dolu Dunajom" (Ladislav Lehotay). Gizela Poláčková zas hovorí: „V nedeľu poobede naši veru spali, hodne sa pracovalo nocou. My deti sme už mohli chodiť do kina." A Ondrej Horvay: „No u nás to bolo tak: otec nás skoro celý týždeň takmer nepoznal, ale na nedeľu nás bral. Ráno sa išlo do kostola, potom otec išiel do krčmy a doma sa robil obed. Lepší ako v týždni. A hneď poobede sa išlo von..."

Trh pred budovou Hlavnej pošty (1934)

Markt vor dem Hauptpostgebäude (1934)

Rôznorodosť záujmov nedovoľuje v krátkosti vystihnúť spôsoby využívania voľného dňa. Najbližšie k zovšeobecneniu sú asi slová Jána Zubaja: „Keďže bol šesťdňový pracovný týždeň, slúžila nedeľa za deň oddychu. Priemerná bratislavská rodina ho prežívala obyčajne tak, že dopoludnia boli venované návštevám kostolov, prípadne sa poriadali spolkové podujatia. Hodne bývali navštevované aj viechy. Doba medzi 12. a 14. hodinou patrila obedu. Okolo 15. hodiny sa vyšlo na prechádzky, vychádzky, na futbal, dostihy a to podľa toho, o čo mali v rodine záujem. V zime boli prechádzky kratšie a viac sa chodilo na návštevy k rodinám a známym.“ Prechádzky mestom, ale aj celodenné výlety však patrili k obľúbenému spôsobu trávenia nedeľného času. Bratislava a jej prírodné okolie ponúkali dostatok možností.

„Na druhom brehu Dunaja svietili lampy, taká dlhá aleja svetiel. Akoby lákala pútnika: poď sem,“ sprítomňuje večerný pohľad na petržalskú stranu Š. Bednár. Dennú panorámu pravého brehu rieky vytvárala zeleň udržiavaného parku a Pečenského lesíka, športové lodenice, prístavisko propelera a romantická budova Au-café v jeho blízkosti. Bratislavčania túto ponuku radi využívali.

Cez Dunaj sa prechádzalo po moste – peši, autobusom alebo električkou, ale aj lopatkovým propelerom. Bežne prepravoval ľudí od 6. do 22. hodiny, v lete do 11. hodiny večer, v nedeľu a vo sviatok premávali podľa potreby dve alebo aj tri lode. „Pri lodnej stanici je veľký pohostinský závod, v lete hromadne navštevovaný osvieženie hľadajúcimi Bratislavčanmi“, píše sa v Sprievodcovi po Bratislave o Au-café ešte v roku 1957. Neudržiavaný podnik spustol v 60. rokoch, keď petržalskí bitkári ovládli rajón a odrádzali slušných ľudí.

Sad Janka Kráľa, bývalé Bürger Au (Meštianske nivy) alebo Brücker Au (Mostné nivy), neskôr Aupark, ale chvíľu aj Tyršove sady, slúžili oddychu a zábavám Bratislavčanov. Bol to prvý verejný park v strednej Európe. Vznikol v roku 1775. Cestičky boli vysypané jemným dunajským štrkom. Bratislavčania ich vyhľadávali nielen vďaka promenádnym koncertom, ale aj kvôli cudzokrajným stromom. Okrem starého kolotoča v zadnej časti parku nachádzali deti zábavu v bludisku zo záhradnícky upravených kríkov (Irrgarten). Mestu patrila dodnes stojaca budova Arény, bývalého amfiteátrového divadla. Slúžila ešte

Aj dnes sa na trhu jedná (1989)

Auch heute gehört zum Markt das Feilschen (1989)

v poprevratových rokoch. V Sprievodcovi po okolí mesta Bratislavy z roku 1934 sa píše o „petržalskom Prátri" v zadnej časti parku: „Sú tu húpačky, kolotoče, strelnice, rôzne hry o vecné výhry atď. Práter je zvlášť v nedeľu hojne navštevovaný vojakmi i civilistami, mladším ženským pohlavím aj deťmi. Vedľa zábavných podnikov, lákajúcich iba v lete, stojí stále ‚Zoo' so zaujímavými druhmi rybičiek i rôznych menších pozemných zvierat a vtákov." Samotný park sa však vyznačoval tichými zákutiami vzácnych rastlín a stromov, hviezdicovou úpravou chodníkov s bohatou kvetinovou výzdobou, súsošiami a vodometom uprostred. „Na jar býval petržalský park plný prechádzajúcich sa zaľúbených párikov. Aj keď sa nebolo kde ukryť, vždy sa našla chvíľa, keď v zákrute nebolo nikoho a bozk ‚padol'," spomína Š. Hoza.

Pri dunajskej strane parku dobre slúžila reštaurácia Leberfinger (pri moste SNP, dnes je tam kominársky podnik). Okrem pohostenia vo vnútri i pod holým nebom tu býval dvakrát do týždňa koncert. E. Bohúň píše o svojich zamilovaných priateľoch: „Na spiatočnej ceste sa vždy zastavili na jedno pivo v záhradnej reštaurácii u Leberfingra, o tomto hostinci bolo všeobecne známe, že tam varia najlepšie slivkové knedle." Chválou nešetril ani J. Smrek: „Leberfinger, to bola zázračná kuchyňa, pánboh ju osláv, škoda, že je už minulosťou."

Popri reštaurácii viedla trasa električky smerujúcej do Viedne. Častejšie sa však cez Petržalku chodilo do výletných hostincov. O. Faust píše, že už v starších časoch bola obľúbená „myslivňa ‚U jágra' v Starom háji, ta hrnulo sa mnoho Prešpurčanov menovite v mesiaci auguste každého roku, na pamiatku posviacky kríža napoleonských vojen; druhý výletnícky hostinec u Krištofka bol povestný svojimi vyprážanými kuriatkami ".

Na tento hostinec v dobrom spomínajú viacerí. Fungoval ešte v medzivojnových rokoch, keď bol Pečenský les verejnosti prístupný. Do odľahlej „krištofkovskej tramtárie" chodieval aj J. Hrušovský: „V tom vysokom, tichom, žiaľ, komármi zamorenom lese stála v tieni košatých hrabov Krištofkova krčma. Navštevovalo ju hodne ľudí, najmä pre zamilované páriky bola ako stvorená. Krčmár mal do zeme povtĺkané stoly aj lavice. Pekne sa tam sedelo s výhľadom na širokú rieku a na usmievavé, vinohradmi aj niekoľkými vilkami posiate karpatské kopce naproti."

Kroky mnohých smerovali do kaviarne a hostinca Vorel. Z dobovej reklamy vidno, že mal čo ponúknuť a že jeho popularita bola odôvodnená. Opačnú časť petržalskej strany tvorila osada Elýzium. V dávnych dobách tu bývali dunajské mlyny, v tridsiatych rokoch však už len skupina prostých, prízemných domčekov. Pozornosť však budili predovšetkým elyzijské tanečné miestnosti. Nemali najlepší chýr. Napr. Š. Fekete uvádza: „Elýzium, v ktorej bol hostinec so zlou povesťou, vyvinula sa štvrť mravne pochybnej kvality. Veľký podiel na tom mal hlavne hostinec ‚Amerika', do ktorého sa schádzala spoločnosť skazených vojakov a potulných žien, ktoré často zapríčinili mnoho nepríjemností polícii a vojenským úradom, takže táto kolónia predstavovala sociálnu ranu na obvode Bratislavy." Nedochádzalo len k prehreškom proti mravopočestnosti. Jednotlivé tančiarne si „vyhradili" delostrelci, ženisti a husári „a keď tam prišla konkurencia, hneď začala mela, rezali sa opaskami, bodákmi, cez okno sa lietalo von" (Ľudovít Čermák). Pri náhodnom stretnutí sa ukázalo, že podnik je známy aj v zahraničí. Turisti z neďalekého Kittsee chceli najskôr navštíviť Elýzium, ktoré dôverne poznali z rečí starších. Pravda o nie najslušnejšej povesti ich trocha prekvapila.

Na prechádzky lákala aj stará hájovňa, zariadená ako hostinec, Auingerova výletná reštaurácia v blízkosti starej dostihovej dráhy.

Nedeľa bola takmer pre všetkých bratislavských „štricákov" neodmysliteľne spätá s futbalom. Cez most tiahol do Petržalky súvislý prúd ľudí. „Aj keď sme neboli chudobní, akosi sa nezvyklo, že by sme my deti dostali peniaze na futbal. Na štadióne ŠK bola vytvorená iná stratégia. Najprv sa obsadili všetky stromy. Štadión bol obľahnutý mládežou, ktorá v nestráženej chvíli preliezala plot. Nejedny sviatočné nohavice tu našli trhliny. Okolo hliadkovali policajti na koňoch a vykrikovali na chlapcov na stromoch: Poďte dole! a oni na odozvu: Poďte hore!" (Imrich Štefko). „Pred futbalom sa pred štadiónom zišlo mnoho ľudí aj hodinu vopred. Jedni hrali ‚minc a kopf' a my ako deti sme sa modlili, aby už prišli koničkári. To boli tí, ktorí si chodili zajazdiť na koňoch zo Starého hája. Hráči sa pred koňmi rozpŕchli a peniaze zostali na zemi, a to bola príležitosť pre nás. Rýchlo sme sa rozbehli a drobné pochytali. A bolo na zmrzlinu. Čo bolo z toho, keď sme dostali doma najesť, keď sme túžili po zmrzline, napr. u Čazima-Razima, ktorý fungoval aj po oslobodení" (Mikuláš Szabó).

Kroky Bratislavčanov neraz smerovali do Ovsišťa, kde sa nachádzala obľúbená reštaurácia Zaboš. J. Hrušovský na ňu spomína takto: „Vtedy tam stálo len niekoľko domčekov s dvoma hostincami pre výletníkov z mesta. Jeden z nich, povyše, blízko dunajského ramena, mal aj veľkú tienistú záhradu s neprenosnými stolmi a lavicami, kde sa za horúcich letných dní veľmi príjemne sedelo, pravda, iba do neskorých popoludňajších hodín, keď tu už všade nastávala obvyklá komária pliaga. Obyvatelia tu mali pekné, starostlivo opatrované záhrady, vysádzané väčšinou marhuľovými štepmi, všetko sa tu topilo v zázračnej ružovej farbe..." A Š. Hoza dopĺňa: „Tam ste mohli dostať hrnček znamenitého mlieka, okruh maslom natretého domáceho chleba a to všetko najviac ak za korunu! Študentský žalúdok bol sýty a pritom sa dalo pri stole pred horárňou učiť alebo čítať v tej najväčšej tichosti, akú si človek vie predstaviť a zažiadať. Bolo to zákutie, ktoré poskytovalo krásne možnosti na dvorenie i gavalierskosť za ‚lacný groš'."

Tento podnik slúžil aj bratislavskej bohéme: „Zaboš bola milá osada, vlastne samota v hustej petržalskej džungli. Hostinec (maďarského roľníka) viedla jeho žena a najmä mladá, pekná dcéra. Po bratislavských búrlivých nociach sme sem často chodievali na zotavenie" (T. Gašpar). Ovsište však neskôr stratilo na popularite: „Bol tam podradný hostinec, kde s pivom podávali aj na papuľu."

Ako vidieť, Bratislavčania veľmi radi spájali prechádzky s občerstvením a posedením v záhradných reštauráciách a hostincoch. Akoby aj to automaticky patrilo k čerstvému vzduchu. V prvom rade však vyhľadávali pobyt mimo mesta v horúcom lete: „V letných mesiacoch bolo v Bratislave ako v trópoch. Kto mohol, odchádzal na dovolenku, k vode a do hôr. Veľa sa chodilo do Vysokých Tatier a boháči samozrejme k moru. V júli a v auguste bola Bratislava vyľudnená. Zmalátnený život lenivo oddychoval za stiahnutými roletami, slnko bolo protivné. Notorickí kaviarenskí povaľači podriemkavali v tôni pod pásikavými slnečníkmi kaviarenských záhradiek. Kypiaci, letnými horúčavami nepotlačený život sa chvel iba pod viechami." J. Rybák vystihol atmosféru letného mesta, v mnohom podobnú dnešku.

Dovolenkový čas však ani vtedy nepokrýval celé obdobie pekného počasia, veď boli teplé dni od skorej jari až do neskorej jesene. Kam ešte chodili Bratislavčania vo voľnom čase, ako využívali prírodné okolie mesta? Petržalka bola len jedným, v staršej histórii nie až tak využívaným miestom.

Najbližší cieľ vychádzok predstavovali záhrady a parky nad mestom, pod úbočiami Hausbergu (Červený kríž). Tu sa ešte v 19. storočí rozkladali šľachtické parky, prístupné aj verejnosti. Prepoštská záhrada, Lipová záhrada Slubekovej továrne na likéry na okraji dnešných Palisád, no najmä Pálffyho záhrada. Tá sa postupne stávala skladiskom stavebného materiálu a v spomienkach sa zachovala ako miesto detských hier a tvrdých bojov medzi chlapčenskými partiami (Mikuláš Gažo). Parky a záhrady na úbočí, vklinené do vinohradov, boli ešte po prevrate miestom vychádzok. Od prelomu storočí však postupujúca výstavba znamenala, že záhrady a vinohrady sa stále viac vzďaľovali od centra mesta.

Naďalej však pretrvávalo návršie Hausbergu. Na jeho svahy sa dostane hrdina Bohúňovej poviedky: „Za kaviarňou Štefánia zabočil napravo na Palisády a onedlho kráčal už po chodníčkoch rozkvitnutého vŕšku Hausbergov, kde toho času ešte neboli vily a len tu a tam niekoľko domčekov belelo sa medzi sýtou zeleňou.“ V medzivojnovom období zástavba tohto územia rýchlo pokračovala, no ešte v tridsiatych rokoch nezasiahla celé návršie. V spomienkach sa tradovalo, že zo železnej rozhľadne bol jeden z najkrajších výhľadov na mesto.

V tomto prostredí vznikla ešte i dnes vyhľadávaná reštaurácia U Albrechta: „Bolo to v rokoch tridsiatych, keď známa vinohradnícka rodina Albrechtovcov na Vysokej ulici v Bratislave po dlhom rozumovaní a vyratúvaní vydala sa na cestu krkolomného podnikania – z vlastných dosť obmedzených prostriedkov a čiastočne i na úver vystavala pri Červenom kríži honosnú, rozľahlú budovu a zriadila v nej vinureň, reštauráciu a súčasne i piváreň na radosť mnohých Bratislavčanov, ktorí radi chodili na výlet sem von do prírody, lebo tu bol utešený výhľad na celé mesto a aj príjemné posedenie pri dobrom vínku a dobrom jedle“ (J. Hrušovský).

Neďaleký Horský park, založený v polovici 19. storočia, bol živým a výstavbou ešte nenarušeným strediskom oddychu. Jeho atmosféru približuje Š. Hoza: „Ďalším výletným a prírodným útočišťom výletníkov bol Horský park s nádhernými stromami, posplietanými chodníkmi, ktoré sa stretali v prekvapujúcich miestach, kde ste to najmenej čakali, a s lavičkami, kde sa oddychovalo a zabávalo práve tak ako v pavilónoch. V nich obyčajne v nedeľu a vo sviatok vyhrávali cigánske kapely. Mesto udržiavalo Horský park vo veľkej čistote, o ktorú dbali aj občania. Pre deti bol tu zábavný park pri horárni. Na malých poníkoch si mohli pod dozorom zajazdiť alebo v ohrade pozorovať život srniek, jeleňov i zajacov. V reštaurácii ste mohli dostať výborný cmar alebo kyslé mlieko. Dnes to znie ako rozprávka.“

Do parku bol prístup z viacerých strán, najbližšie to však bolo od Daxa na Štefánikovej ulici hore Hlbokou cestou ku Kalvárii. Prechádzky do týchto končín sú aj dnes možné. Vilová výstavba však narušila prírodné prostredie i pekný výhľad na mesto, takže po vojne prestala byť Kalvária vyhľadávaným výletným miestom. Vychádzky často smerovali ďalej do Púčkových domov, ktoré boli v medzivojnových rokoch veľmi obľúbené. Nachádzali sa na Búdkovej ceste a z terasy bol pekný výhľad. Pohostenie tu bolo iste rozmanité, veď dnešní pamätníci oceňujú nielen „krachelku“ a praclíky: „Tam boli tri reštaurácie so záhradou, s betónovým tanečným parketom. A pohostenie mali nielen pre dospelých. Tam si dostal kravské mlieko, čerstvo vydojené, maslo, redkvičky, cibuľku a také veci“ (Ondrej Horvay). „Púčkové domy boli charakteristické tým, že predstavovali niečo medzi reštauráciou a kaviarňou s peknými záhradami, kde sa sedelo pod košatými stromami. Poriadali sa tu spoločenské podujatia“ (Ján Zubaj). „Škoda, že ich zbúrali“, spomína Igor Janota, „lebo to boli skutočne výletné miesta Bratislavy, kde chodili celé rodiny, deti sa tam v nedeľu poobede stretávali, mali tam občerstvenie pre deti i dospelých...“ Podobné slová sme počuli od viacerých, tri Púčkové domy čas zatiaľ nevymazal z pamäti.

Inú prechádzkovú trasu ponúkalo vzdialenejšie nábrežie Dunaja. Od bývalého Rybného námestia lemovali cestu najprv obytné domy Podhradia, potom starý židovský cintorín. Najskôr sa nachádzal

Na Devín nelákala len minulosť

Nach Theben (Devín) lockte nicht nur die Geschichte

Malé obchodíky (roh Kozej ulice a Palisád 1925)

Die kleinen Läden (Pallisaden – Palisády) 1925

v blízkosti dnešného tunela, potom bol premiestnený kúsok vyššie. Na pôvodnom mieste ostali len hojne navštevované (predovšetkým cudzincami) hroby dvanástich rabínov. A kúsok ďalej reštaurácia U Báňa. Lákala vínom i dobrou kuchyňou, využívajúcou neraz čerstvo nachytané ryby. Chodievali sem turisti, študenti i umelci. Medzi nimi mal privilegované miesto J. Alexy, autor portrétu majiteľovej dcéry slečny Elišky, „ktorá sa rada vrtela medzi hosťami z umeleckej bohémy a nejedného z nich poctila kratšou – dlhšou náklonnosťou. Eliškin portrét visel medzi dverami, zvľúdňujúc a zmierňujúc prostredie. Autorský honorár si Alexy vyberal postupne v podobe nápojov – aj víno, ktorým nás hostil v deň našej známosti či neskôr, pripadlo na účet obrazu. Keď sa pastelová Eliška na stene obrátila chrbtom, znamenalo, že majster bežnú položku prečerpal a rytmus zábavy treba mierne prihamovať“ (Š. Žáry). Na ceste do Karlovej Vsi sa nachádzala Hospoda zlatej fantázie, svojho času hlavný stan bratislavskej bohémy (Gabriel Rapoš). Ako spomína J. Hrušovský „nebola to reštaurácia ani kaviareň, skôr iba akási zastávka na občerstvenie, bufet a či čo...“ Jeho majiteľ, bratislavský bodenständiger, s radosťou vítal svojich hostí hoc aj o tretej nad ránom, aby im „nalieval zázračné sudové víno, kým žena pražila kurence a syn pri klavíri spieval“ (J. Smrek). Podnik to bol romantický: „Malé stolíky, rozhegané stoličky, pri stenách lavičky potiahnuté červeným plyšom“ (J. Hrušovský). Časom akosi záujem opadol. Bohéma si našla iné podniky a to, čo predtým lákalo, teraz skôr odpudzovalo. Ako sa vyjadril básnik K. Toman „teda ozaj nechápem, čo vidia vaši literáti na tomto lokáli, že ho pasovali na Hospodu zlatej fantázie. Kdeže tu aká fantázia? Plyšové lavičky pre meštiakov, hlúpe kaviarenské stolíky, na stenách nevkusné farbotlače, staré pianíno...“ (J. Hrušovský).

Takto sa prichádzalo k vyústeniu Vydrice (bývalej Bystrice) do Dunaja. Cieľom neraz bola záhradná reštaurácia U Slováka. Ponúkali pohostenie pod gaštanmi, hudbu a tanec na víkend a pár izieb na ubytovanie. Každú nedeľu sa tam tancovalo. Ako spomína Ľudovít Čermák „bol tam taký zvyk, že sa z kola zobrala tanečnica, ktorú postavili za zamrežované okno, ako do väznice, a tanečník ju musel vykúpiť“. Dolné údolie Vydrice bolo pre svoje prírodné danosti vybrané pre umiestnenie zoologickej záhrady, no jej výstavbou zanikli lúky, kde sa hrával futbal a jazierko Machnáč, zamŕzajúce pre radosť korčuliarov. Názov Vydrica označuje viacero lokalít mesta. Je to zaniknutá ulica, spomínaný potok, tečúci pri Železnej studničke, ale aj karloveský potok.

Karlova Ves bola už vzdialenejším miestom, kam smerovali Bratislavčania. Tu sa ponúkalo na vychádzky malebné Líščie údolie, neveľká obec obkolesená záhradami a vinohradmi, viechové domy a reštaurácia Slovenská riviéra. Karlova Ves, ako aj ostatné okolité obce, vlastne len využívala výhody prímestského sídla s množstvom ľudí, ktorých lákali osobitosti dedinského spôsobu života. Vyhľadávané boli karloveské hody, ktoré sa slávili na deň Michala. No nielen v tento deň sa Bratislavčania vyberali do Karlovej Vsi. Pravidelne sem prichádzali výletníci za dobrým a údajne veľmi lacným pohostením. Najčastejšie v nedeľu, ale aj inokedy.

Rozmarná spomienka J. Hrušovského na sobotné odpoludnie roku 1935 sa vzťahuje na hostinec U Slávika, ktorý stál na brehu Vydrice v blízkosti Slovenskej riviéry: „Majiteľom tohto milého, tichého hostinca bol istý pán Slávik, ktorý mal iba meno slovenské, ale bol to írečitý Prešpurák, ktorý slovenčinu iba lámal, ale zato každého svojho hosťa si vedel náležite uctiť, za čo ho Bratislavčania radi vyhľadávali. Najmä v letných mesiacoch tam bolo veľmi príjemne, keď v meste vládla horúčava a tu vždy povieval od blízkeho Dunaja príjemný vánok, čo pravda zlákalo hosťa k dlhšiemu posedeniu." Skráťme trochu rozprávanie J. Hrušovského, ktorý sa sem raz vybral, „aby si tam v tichosti posedel v tienistom brehu potoka a prípadne si v ňom omočil nohy". Keď prišiel k hostincu, naskytol sa mu neuveriteľný pohľad na jeho bohémskych priateľov: „Kumštierske panstvo sedelo okolo dlhého stola v potoku, ibaže nie v plavkách, ako by sa dalo predpokladať a ako by bolo rozumné, ale v šatách, tak ako prišli k Slávikovi trošku si vypiť – ešte i topánky mali na sebe, a potok tu bol taký hlboký, že sediačky na stoličkách mali vodu takmer po pás. To im však nijako neprekážalo v zábave, ktorá pozostávala z mariáša a z fajčenia a z prespevovania. Jediný v plavkách bol ochotný pán Slávik, ktorému to dovolili iba na úpenlivé prosby." Nemohol odolať ani J. Hrušovský. Niet divu: „A aby sa nám lepšie pilo, mali sme na stole poriadne porcie uhorskej salámy, ako aj údenú prerastenú slaninku."

Na výročnom trhu – Obilný trh (Kollárovo námestie) 1927

Jahrmarkt am Fruchtplatz (Kollárovo námestie) 1927

Z toho vidieť, že hoci Bratislavčania vyhľadávali harmóniu prírody, nezanedbávali ani starosť o svoje žalúdky. Pokračovali tým len v dávnej tradícii. Veď, ako konštatuje O. Faust, „pre kulinárske pôžitky mali Bratislavčania vždy veľký záujem"... Ako poznamenáva Ján Zubaj: „K miestam prechádzok a vychádzok nerozlučne patrili reštaurácie, ktoré dodávali svojim oblastiam zvláštny kolorit a boli mnohokrát priamym cieľom výletov." Dediny v blízkosti Bratislavy, vinárske obce, tvorili „turistické zázemie" mesta. Dobrú povesť mal predovšetkým Devín.

Do Devína sa chodievalo peši popri Dunaji cez Karlovu Ves, alebo z Dúbravky cez Devínsku Kobylu, prípadne z Devínskej Novej Vsi popri rieke Morave. Premávala aj súkromná autobusová doprava z mesta, ale bola pomerne drahá. K atrakciám patrila cesta výletnými paroloďami Sokol a Orol. Výletníci putovali rôznymi spôsobmi, volili rozličné cesty. Mnohí ani nedošli. Už cestou ich zdolali nástrahy ako Tante Anna, Kadlečík či Zeger: „Ak sme šli pešo po Karloveskej ceste, nikdy sme do Devína neprišli, pretože otca tu vždy zlákali kolky" (Mikuláš Szabó). Neboli jediní, čo takto dopadli: „Na ceste z Karlovej Vsi do Devína boli dva hostince. Kadlečík povyše vodárne, kde sa hrávali dobré kolky. Niekedy otec zmenil plán a zostali sme tam, kde sa stretla partia kolkárov. A kúsok ďalej čakala Tante Anna. Mala pivnice vysekané do skaly na druhej strane cesty. Nápoje boli skvele chladené." Ako vidno z ďalších spomienok Ľudovíta Čermáka, bez rizika nebola ani iná trasa. Zeger v Mlynskej doline so svojimi piatimi bratmi bol vždy ochotný zostaviť kapelu a zahrať do tanca. Tí, čo sa prebili na Devín, nemuseli ľutovať. „Na rodinné výlety sme chodili aj na Devín. Ráno pešo cez Devínsku Kobylu do Devína. Sem chodilo veľmi veľa výletníkov. Devínske stráne, lesné cestičky boli lákavými pre Bratislavčanov. V letných mesiacoch sa na sútoku Moravy a Dunaja kúpalo i opaľovalo veľa mladých ľudí, ktorí si pripíjali Sontágovým ríbezľovým. Staršie dámy sedeli pod slnečníkmi. Takmer každá rodina odchádzala z Devína s kytičkou ‚kosíriek', tráv, ktoré devínske dievčatá farbili na žlto, ružovo a pod. Devín lákal aj dobrým vínom a posedením. U Srnčíka sa sedelo vonku pod gaštanmi. Mal aj krytú verandu, kino, ktoré funguje dodnes. V Pištekovej záhrade sa stretávali najmä Slováci a Česi. U Neufelda prevládala nemčina" (Mikuláš Szabó). „Vysedávali sme na záhrade pod jabloňovými štepmi a navečer sme išli na ríbezľové víno, ktoré podávali v besiedkach pod šírym nebom. Pilo sa ľahko ako ovocná šťava, ale bolo to zradné víno a človek sa po ňom dostával do nálady ako tí výletníci, ktorých zberal posledný parník rozjarených a pokrikujúcich a ktorých hurónsky krik paluba vystreľovala ako bláznivé lopty" (J. Rybák).

„Na Devín sa chodilo k Sontágovi. To bol taký výrobca, ktorý to víno aj exportoval. Do Devína úplné procesie chodili, ľudí peších i na bicykloch, kolóny bicyklistov. Ale aj lode chodili, tuším dve koruny stála cesta. Nám to bolo drahé a tak sa chodievalo tých 10 kilometrov peši. Tam sme sa okúpali a keď sa išlo späť, to boli miliardy komárov..." (Ondrej Horvay). Verme radšej, že väčšmi než víno priťahovala slávna história a malebné prostredie Devína, či už hradného vrchu alebo okolitých strání: „Často sme chodievali na Devín spomínať štúrovcov," píše Š. Hoza. „Práve vtedy dokončievali na hradnú výšinu idúce schody z kusov podstavca spod sochy Márie Terézie, ktorá stála kedysi na dunajskom nábreží (v meste). Z vrchu sa otváral nádherný a široký rozhľad až za hranice Slovenska i na Moravské pole, na vrch Kobylu oplývajúcu vzácnym kvetenstvom a plazmi. Vôkol bola oáza ticha, prerušoval ju iba lahodný spev vtáctva. Od Dunaja bolo počuť trúbiť loď, ktorá priviezla nových výletníkov. Na Devín som chodieval peši alebo parníkom sám i s priateľmi. Cestou späť sme si neodpustili v Karlovej Vsi pohárik ríbezľového vína alebo po odbočení z hlavnej cesty sme išli do vinohradníckych domcov na lahodné biele víno..."

Zaujímavý je úsudok starších pamätníkov, že rodení Prešporáci chodili na vzdialenejšie vychádzky najradšej popri Dunaji smerom do Karlovej Vsi a Devína, zatiaľ čo prisťahovaní Bratislavčania – Slováci či Česi – sa radšej vyberali do Malých Karpát. Ale stretli sme sa aj s hodnotením, že nemecká a česká vrstva obyvateľstva chodila na výlety pravidelne, zatiaľ čo Maďari a Slováci „čupeli doma". Ako poznamenal Ladislav Lehotay: „To už bolo síce za tejto republiky, ale keď som v úrade povedal, že ideme na chatu, tak vraveli: Ako môže ísť niekto v nedeľu na chatu? Však si treba dať rízek, k tomu nejaký šalát a poobede si ľahnúť. A o dvadsať rokov neskôr sa to už naučili." Sú to všetko nepreskúmané stanoviská, ktoré nemožno absolutizovať, ale kus životnou praxou overenej pravdy v nich bude...

Čo lákalo výletníkov do Malých Karpát? Nejdeme sa púšťať po už vtedy značených lesných chodníkoch k horárni Biely kríž, k chatám na Pezinskej babe či na Pieskoch, alebo do Mariánky či na Pajštún. To už bola turistika, ktorá samozrejme tiež mala svojich prívržencov medzi obdivovateľmi karpatských lesov. Spoločenskú funkciu mali skôr menej vzdialené vychádzkové strediská a z nich predovšetkým Železná studnička a Kamzík.

„Veľmi príťažlivé bolo okolie Železnej studničky, ku ktorej bol príchod z rôznych strán rozrastajúceho sa mesta, a to v každom ročnom období. Okolo jazier sa hemžili rybári, a keď bola voda dostatočne teplá, kúpali sme sa alebo člnkovali. Osvieženie poskytovala reštaurácia, postavená v roku 1828, keď Železnú studničku považovali starí obyvatelia Bratislavy za kúpeľné miesto kvôli minerálnej vode...", píše Š. Hoza. Skutočne už začiatkom minulého storočia sa toto miesto začalo pretvárať na rekreačné účely mesta, bývalé mlyny sa prestavovali na hostince. V roku 1909 začalo slúžiť trolejbusové spojenie s hotelom, ktorý nahradil bývalý kúpeľný dom. Vybudovaný záhradný pavilón so zákutiami v aleji kvetov, tanečný parket, kde hlavne v sobotu a nedeľu hrala dychovka alebo „džez“, to bola ponuka pre rôznorodé spoločenstvo, ktoré sem chodilo. Usporadúvali sa tam aj majálesy i rodinné oslavy, ale aj spolkové podujatia, tak ako v mnohých iných výletných hostincoch. Špecialitou Železnej studničky boli varené raky a pstruhy.

Posedenie „pri šume potoka“, v zákrutách vydrickej doliny nad druhým jazerom, poskytovali bývalé reštaurácie Klepáč a IX. mlyn. No aj pri samotnom začiatku celého údolia stála známa výletná reštaurácia Pod Červeným mostom, ktorá „zbierala“ klientelu z blízkej lúky (Partizánska lúka) a výletníkov z Kačína, Železnej studničky, Kamzíka a z ďalších vzdialenejších smerov.

Dodnes je vyhľadávaným výletným strediskom Kamzík. V zime kvôli lyžovačke, v lete pre lesné prechádzky do rôznych kútov karpatských vŕškov. Cvičná lúka, zvaná tiež Somárska, ako aj okolité svahy priťahovali športuchtivých Bratislavčanov: „za letných horúčav sú tu príjemné prechádzky i posedenia v tieni lesných velikánov, v zime zas husto križujúce stopy lyžiarov v snehu, dva lyžiarske mostíky, slalomová dráha, cvičné lúky i sánkárska cesta to dostatočne potvrdzujú,“ oznamuje turistický sprievodca. Je zaujímavé, že i v odľahlých hostincoch ‚Slamená búda‘ na Kolibe a ‚Jágerka‘ na Kamzíku, ktoré boli v týchto miestach, hrávala na počúvanie či do tanca hudba. A tak ako všade, aj tu sa sedávalo vnútri i vonku v záhradnej úprave. Z Kamzíka sa schádzalo k Ahoju, kde bola tak isto v prevádzke výletná reštaurácia. Slamenú búdu nenavštevovali len turisti. Ako uvádza dobová tlač, začiatkom storočia pripravovala majiteľka pri sviatočných príležitostiach posedenia pre chovancov sirotinca...

Na prechádzky a výlety do vinohradov a lesov Malých Karpát sa chodilo aj z Račišdorfskej cesty, kam od roku 1910 premávala električka linky C. Využívalo sa aj vlakové spojenie na Trnavu a malokarpatské obce tvorili nástupné či cieľové stanice výletov. Obľubu si získala Rača, Grinava (Myslenice), Pezinok i Modra. „V Rači sa chodilo do Pekla a tak isto do Pezinka. Tam bola reštaurácia, kde špeciálne podávali kačacinu a husacinu. No a víno. A keď sa išlo späť, tak celý vlak spieval. Našli sa aj muzikanti, na husle aj na harmoniku. To bol zážitok! Ale chodilo sa aj do Prievozu, do Feriby. Tam sa sedelo po záhradách a všade mali víno a predávali husi, polku alebo štvrťku, no ale aj my ako deti sme si prišli na svoje. Robilo sa kakao, buchty a tak...“ (Ondrej Horvay).

O tom, že prechádzky do výletných miest bratislavského okolia neboli len cestami za zdravím či pohostením, za všetkých hovoria slová Ericha Steinitza: „Ako dieťa som často chodieval s rodičmi na poldňové, ale aj celodenné výlety do blízkeho okolia Bratislavy, samozrejme peši. Väčšina výletov sa skončila vo výletných reštauráciách, kde sa schádzali celé rodiny, známi, kde si posedeli, porozprávali, konzumovali prinesenú stravu alebo tam objednanú a vo väčšine prípadov hasili smäd dobrým chladeným bratislavským vínkom. Na pivo si nepamätám.“ Ak dodáme, že i oblečenie na túto príležitosť bolo slušné, môžeme zhrnúť, že prechádzky i výlety, v meste i za mestom, mávali spoločenský rámec a patrili k obľúbenému spôsobu trávenia voľného času Bratislavčanov.

Plzeňská pivnica

„U MAREŠŮ“

naproti sedrie v Bratislave

Česká kuchyňa. :-: Výčap plzeňského Svetovaru.

9

DUNAJ A JEHO BREHY

Braslavespurch, Brezalauspurc, Pozsony, Pressburg, Prešporok, Bratislava... Menili sa názvy, historické osudy, prichádzali a odchádzali ľudia. Ako konštanta však ostávala rieka – živiteľ i ničiteľ, miesto zábavy aj utrpenia, ospievaná a niekedy i preklínaná, no vždy neoddeliteľná súčasť života mesta. Dunaj.

Musel si ho všimnúť každý – domáci aj náhodní návštevníci, umelci, politici, deti... Nie nadarmo J. Hrušovský skonštatoval, že „Prešporok, to boli ľudia, ulice, domy, námestia a predovšetkým Dunaj, prastará rieka, stredoveký Ister. Priatelia zo všetkých kútov novej krajiny hovorili: Veľká dedina, iba v strede kus ozajstného starého mesta, nič viac. Ale Dunaj, ten je nádherný, ten vyváži všetko!" J. Smrek s obdivom hľadel na dunajskú promenádu, „ktorá tomuto pomerne malému mestu dávala ráz veľkomesta". A ďalší básnik K. Toman s obľubou vyhľadával pri svojich bratislavských pobytoch nábrežie, kde „vedel postáť i hodinu, díval sa do dravého toku rieky, pozoroval vlečné i osobné lode"... Zaujal aj maliarov: „Denne sme navštevovali breh našej širočiznej rieky. Dunaj sa valil popri meste ako čosi dravého, čo číha na človeka a nevieš, kedy ťa prepadne. Zdanlivo je krotký, ale skús mu podať ruku! Strhne ťa do hlbín" (J. Alexy).

Nie každý si však mohol dožičiť umelecké vytrženie. Pre mnohých sa stal Dunaj zdrojom, z ktorého čerpali „chlieb svoj každodenný". Iným zas predstavoval ťažko prekonateľnú prekážku alebo dôležité politické závažie. Veď v spore o hlavné mesto Slovenska všetky tromfy Martina (a bolo ich nemálo) vyvracali Bratislavčania jednostranne: „Dobre, prečo nie, ale najprv zaveďte Dunaj cez Martin" (J. Hrušovský). V dávnej minulosti, ale aj v dnešnej súčasnosti bol a je Dunaj hraničnou riekou. Oddeľoval Rímsku ríšu od barbarov, Rakúsko od Uhorska, v súčasnosti tvorí hranicu Československa s Maďarskom a Rakúskom.

V priebehu 20. storočia sa dva razy stalo, že mesto stratilo svoj pravý breh. V roku 1919 sa až do augusta tiahli stredom mosta zátarasy, ktoré bránili obyvateľom Ligeti chodiť do zamestnania v meste a Bratislavčanom zas vyhľadávať obľúbené rekreačné strediská na druhej strane rieky. A v rokoch 1938 až 1945 bola Petržalka súčasťou Veľkonemeckej ríše...

Dunaj však nebol len prekážkou, ale predovšetkým spojnicou. Spájal Bratislavu a jej obyvateľov s blízkymi veľkomestami, ale aj širým svetom. V spomienkach sa zachovali talianske vojenské torpédovky, ktoré sem zavítali v roku 1924 (Z. Zguriška). Dva roky predtým pripravil bratislavským obyvateľom dramatické divadlo požiar anglického motorového člna Glowworm. A v roku 1945 sa v bratislavských vodách objavila flotila admirála Cholostiakova, ktorá sa významne pričinila o oslobodenie mesta. Kontakt medzi oboma brehmi sprostredkúvali za posledných 100 rokov mosty a lodná doprava, predovšetkým populárny propeler.

Železničný most s cestou pre povozy, autá, bicykle či peších bol vybudovaný v roku 1890 podľa projektu F. Catry–Saleza. Z dobových údajov sa dozvedáme, že jeho otvorenie sa spájalo s veľkou slávnosťou. Do hotela König von Ungarn (U uhorského kráľa) sa zišli poprední mešťania na čele s predstaviteľmi mestskej rady.

Prejsť cez most sa nedalo „len tak", zadarmo. Poplatok platili nielen tí, čo prechádzali „s bremenom", ale aj chodci. Mnohí starší Bratislavčania majú dosiaľ v pamäti, že ešte začiatkom tridsiatych rokov „cálovali" motorizovaní i cyklisti.

V roku 1945 bol most vážne poškodený. No po rekonštrukcii opäť plnil svoje poslanie. A nielen to základné. Pre mnohých mládencov sa stal skúšobným kameňom šikovnosti a odvahy. Prechádzka po zábradlí či skok do rieky patrili k hrdinstvám mladosti jednotlivcov i mnohých „párt".

Od rieky nemožno oddeliť lodnú dopravu. Naši predkovia boli svedkami nevídaného technického rozvoja a prieniku vynálezov. Veď Dunaj spájal štáty a bol dôležitou obchodnou tepnou. Už v 19. storočí občanov nášho mesta vzrušila senzačná správa o stavbe kolesového parníka, ktorý za pomoci benátskych tesárov postavili vo Floridsdorfe pri Viedni. Záujemcovia (a nebolo ich málo) sa dočkali 4. augusta 1830. Vtedy parník Franz I. pri triumfálnej plavbe z Viedne do Budapešti prechádzal aj Prešporkom. Drevená loď vykonala túto cestu dolu prúdom za 15 a pol hodiny, opačným smerom za päť dní...

Úspech bol nevídaný. Dôsledkom bolo aj založenie Erste Donau Dampfschiffsfahrt Gesellschaft – DDSG (Prvá dunajská paroplavebná spoločnosť). V roku 1836 začala medzi Prešporkom a Budapešťou pravidelne premávať loď Nándor. Neostalo však len pri nej. Úspech parolodí, ktoré umožnili samostatnú a na svoju dobu rýchlu a pohodlnú cestu aj hore prúdom, podnietili DDSG k horúčkovitej stavbe ďalších plavidiel. Z prvého jazdného poriadku z roku 1840 sa dozvedáme, že medzi Viedňou a Budapešťou (samozrejme so zastávkami v Devíne a Bratislave) brázdilo dunajské vlny päť parníkov: Sophia, Maria, Anna, Árpád a Erös.

Nie každý však mal čas a možnosti zúčastniť sa na takýchto diaľkových plavbách. Preto obyvatelia mesta s veľkým nadšením privítali iniciatívu H. Hörnesa. Tento majiteľ „Gumonky", možno milovník lodí, no určite dobrý obchodník, zaviedol v roku 1890 kyvadlovú dopravu medzi oboma brehmi Dunaja. Tri propelery (označené jednoducho rímskymi číslicami I, II, III) boli v činnosti doslova od svitu až do mrku. Od apríla do septembra mali „úradné hodiny" medzi šiestou ráno a jedenástou večer; od októbra do marca (pokiaľ rieka nezamrzla) trval pracovný čas „len" od 6,30 do 22. hod. Propelery boli veľmi populárnou atrakciou. Ich romantiku využívali všetky vrstvy obyvateľstva – chudobnejší občas, lepšie situovaní pravidelne...

Po rozpade monarchie nastali dlhé spory o rozdelenie lodného parku, ktoré mala rozriešiť medzinárodná arbitráž. A tak Československej akciovej plavebnej spoločnosti (vznikla v roku 1922) pripadli aj osobné lode Orel a Sokol (pôvodne Sas Agstein a Turul Wachau) postavené na prelome storočia. Každá z nich mohla prijať až 700 pasažierov. V povojnových rokoch, keď zlé cesty a zničené železnice nestačili, prebrali ich úlohy lode. Spájali podunajské obce a osady s dôležitými mestskými centrami. Po čase mohli oba parníky opustiť trasu Bratislava–Devín–Komárno–Párkán (Štúrovo) a vrátiť sa na výletné linky medzi Bratislavou a Viedňou, či z Bratislavy na Devín. V sezóne niekoľkokrát denne, od októbra už len v nedeľu či vo sviatok, v každom čase však našli pevné miesto v spomienkach pamätníkov. Najväčšími zážitkami boli slávnostné plavby počas cyrilometodských slávností, v dňoch hodov alebo vinobrania: „Paluba vysvietená, temné prízraky plaviace sa po hladine, klepot lopatiek zmiešaný s hukotom prúdiacej vody na mňa navždy zapôsobil" (Irena Wirthová).

Dunajské vody však neslúžili len pre zábavu. Brázdili ich aj remorkéry plne naložené rôznorodým tovarom či člny rybárov a „šif-

Dunaj priťahoval podnikateľov

Die Donau zog Unternehmer an

Mestské riečne kúpele (1931)

Stadtbad am Fluß (193)

majstrov", ktorí vozili záujemcov popri brehu a odrážali sa pritom dlhou palicou od dna. Bratislavskí lodníci sa regrutovali najmä z povestného Cukrmandlu a Vydrice. Združovali sa pôvodne okolo kostola sv. Mikuláša v Podhradí, kde je dodnes uložená zástava lodníckeho cechu. Mal tuhý život, veď prežil aj obdobie rušenia cechov. Posledné lodnícke štatúty im udelila mestská rada ešte v roku 1936...

Dunaj a jeho ramená sa v spomienkach bratislavských pamätníkov objavuje v podobe dnes priam neuveriteľnej – ako „čistá rieka, v ktorej ramenách bolo vidno na dno a ryby sa prevaľovali z boka na bok" (Karol Motoly). A podľa Ľudovíta Čermáka „voda bola v ramenách tak čistá, že sa dala bez obavy piť". Na prvý pohľad sa zdá, že ide o legendu, nostalgiou ovplyvnenú spomienku na mladé roky... Ale skutočnosť, že v Dunaji žil dostatok rýb, ktoré poskytovali možnosť slušnej obživy pre rybárov, tieto názory nepriamo podporuje.

Bratislavskí rybári sa podobne ako lodníci grupovali predovšetkým z Cukrmandlu a Vydrice a pôvodne patrili k metskému cechu. Ich práca bola na prvý pohľad romantická, rozhodne však namáhavá a neraz nebezpečná: Vlastníci člnov vychádzali v noci na rieku a nahadzovali dlhé šnúry. Nad ránom potom vyťahovali úlovok, ktorý ukladali do špeciálne upravených člnov, tzv. „fiškalterov" s dierovaným dnom. V nich udržovali ryby na žive až dovtedy, kým ich neodniesli predať na trh.

Tieto člny kotvili na špeciálne upravenom Podhradskom nábreží. Pod jeho úrovňou viedla kamenná cesta. Slúžila najmä rybárom, ale aj ľadárom a povozníkom, ktorí do Dunaja v zime navážali sneh z mestských ulíc. Rieku neznečisťovali, pretože ulice sa zametali a nie solili. Na tejto ceste prebiehal „handl" rybárov, tu ešte aj po druhej svetovej vojne kotvili fiškaltre so svojím živým nákladom. Predaj rýb sa od roku 1775 sústreďoval každý piatok a sobotu na Rybnom námestí, ale v 20. storočí aj pri Sennej váhe na Sennom námestí (dnes 1. mája). Na týchto trhoch sa objavovali najmä úlovky známej firmy Šereš, ale aj rybárskych majstrov Špitku, Glöckla a mnohých ďalších, ktorí nevlastnili loďky, ale chytali ryby do čereňov. Ako spomína Ľudovít Čermák, „v sudoch sa prevaľovali čerstvé ryby, ale nie hocijaké, predovšetkým kapre, šťuky, sumce, ktorých bolo vtedy v Dunaji dosť". Mnohí z rybárov mali samostatnú živnosť, iných zamestnávali veľkopodnikatelia. K najznámejším patrili Franz Fuchs so svojimi dvoma sestrami. Vlastnili nielen člny a náčinie, ale aj rieku, či aspoň jej časť. Prenajali si totiž riečne vody od Devínskej Novej Vsi až po karloveskú vodáreň. Ak tu chcel loviť niekto okrem ich zamestnancov, musel zaplatiť Fuchsovcom 100–120 korún na sezónu a spĺňať patričné podmienky: musel mať platný rybársky lístok, nesmel chytať z člna a na šnúry (Ľudovít Čermák).

Rybári však nezásobovali len trh, ale aj špecializované obchody. K najväčším patril Karas (na mieste dnešného Manderláku). V pamäti Imricha Štefka dodnes ostali výklady, kde sa v akváriách preháňali rôzne druhy živých rýb. A Karol Motoly spomína na plošinové vozíky a obrovské sumce „U Wetzenkirchena" na rohu Klobučníckej a Nedbalovej ulice. Ešte donedávna tu Bratislavčania kupovali živé ryby i výrobky firmy Frionor.

Nebezpečný život rybárov a lodníkov sa stal predmetom mnohých rozprávaní a povestí, ale vyvolával aj množstvo povier. Verilo sa, že Dunaj si z ich radov každoročne vyberá živú daň. K veľrieke pociťovali strach a úctu. Vždy na Všechsvätých vyviezli člnkami drevenú dosku, na ktorej bol veniec so sviečkou a spustili ju dolu prúdom. Tento zaujímavý zvyk sa uchoval do päťdesiatych rokov. Na pamiatku všetkých, čo našli svoj hrob v dunajských vodách, ho dodržiavali aj lodníci Československej plavby dunajskej. Len neskôr ho nahradilo slávnostné kladenie vencov k pomníku obetiam Dunaja v Zimnom prístave. Nie však na Všechsvätých, ale 20. júna, keď sa oslavuje Deň plavby.

Rybári i lodníci boli oddávna známi svojimi fašiangovými slávnosťami. Neskôr aspoň masky pripomínali preslávené procesie rybárov z 18. storočia. Vtedy tiahol sprievod rybárov po ukončení trojkráľového obradu svätenia vody od budovy Rybárskeho cechu k pivovaru na Rybnom námestí. V čele sedel na veľkom rybárskom člne vodník. Nie náhodou. Údajne ho ulovili začiatkom 18. storočia. Stal sa symbolom, ale aj strašiakom detí z Cukrmandlu (Antonín Versa).

Vodníci, víly, rybári – s takýmito maskami sa bolo možné stretnúť na nejednom plese (a nielen rybárskom). A vyvrcholením dunajských fašiangov boli rybacie hody, ktoré sa konali na Popolcovú stredu v hostincoch Cukrmandlu...

Dunaj dával obživu aj zábavu. V horúcich letných dňoch i mrazivých zimách však umožňoval Bratislavčanom aj aktívny odpočinok. V lete vábili k dunajským brehom prírodné kúpaliská. Kúpať sa síce smelo len na vyhradených miestach, no nie každý tento príkaz rešpektoval. Ešte dnešní štyridsiatnici s obľubou rozprávajú neveriacej mládeži o tom, ako sa spúšťali z pontónu pri dnešnom moste SNP. Striehli na lode, aby sa pohojdali v ich blízkosti na vlnách. Dobrodružstvá poskytovali odvážlivcom aj „akvaplány". Drevená doska s držadlom upevnená silným dlhým lanom o strom alebo klin lákala na viacerých miestach rieky. Mládenci i dospelí chlapi stojac na nej zapretí proti sile prúdu sa váhou tela vysúvali do stredu toku a naspäť. Mnohí dokonca plávali krížom cez rieku od PKO na pravý breh, kde končili svoju vodnú púť v priestoroch najznámejšieho (a dodnes fungujúceho) riečneho kúpaliska Lida. A vyvrcholením bývali mravoučné spomienky o potrebe šetrenia. „Plávali sme piati–šiesti na Lido a jeden sa obetoval, zaplatil vstupné 50 halierov a preniesol nám šaty" (Peter Daniel).

Lodná kaviareň Boon (1929)

Das Schiffcafé Boon (1929)

Na Lido nebolo potrebné ísť len vlastnými silami. Pohodlnejších doviezol priamo na miesto rovnomenný parník. Cestovné (vrátane vstupného na kúpalisko) bolo pomerne vysoké – 3 koruny, takže najmä mládež uprednostňovala lacnejší a zdravší „samopohyb“ na súši či vo vode.

Riadne bazény boli vybudované pomerne neskoro, v roku 1934. Dovtedy kúpalisko tvoril rad drevených kabín, bazénik a najmä veľký kus pobrežia. Plavci sa spúšťali pri moste a plávali až po ústie zimného prístavu. Neboli bez dozoru. Zriadenie záchranných staníc na brehu Dunaja požadovalo už memorandum z roku 1920. Podľa neho malo vzniknúť jedenásť miest na pobreží, vystrojených „loďkou, záchranným člnom a tyčami... Každá stanica má byť označená ženevskou vlajkou (červený kríž) a v noci lampou s červeným krížom“ (J. Malárik). Tento veľkorysý plán sa napokon nerealizoval, aspoň nie v navrhovanom rozsahu. Pod mostom mal však stálu službu policajt, ktorý poskytoval prípadným topiacim sa pomoc. A bolo ich veru nemálo, ako ilustruje spomienka Karola Motolyho. Za záchranu päťdesiateho topiaceho sa dostal zlaté hodinky ako odmenu od prezidenta T. G. Masaryka.

K ďalšej – hoci nútenej – úprave kúpaliska došlo v septembri 1935. Vtedy „vypukol z nezistenej príčiny požiar v pravej časti drevených budov dunajských riečnych kúpeľov Lido v Petržalke“. Vďaka včasnému zásahu hasičov (i dostatku dunajskej vody) sa podarilo značnú časť horiacich objektov zachrániť, ale škody boli aj tak odhadnuté na 40 000 korún – „zhorelo skladisko s uloženými v ňom vecami a kabíny: chytila sa aj časť vojenského objektu a vysoký strom“ (J. Malárik).

Na Lide boli k dispozícii priestory pre deti a najmä rozsiahle ihriská pre volejbal, basketbal a iné športy. „Bolo to skvelé miesto na vybitie prebytočnej energie“ spomínal Michal Hargaš.

Kúpaniachtivej verejnosti neslúžilo len Lido. Napriek všetkému pohodliu, ktoré poskytovalo, mnohí uprednostnili kúpanie na Pečenskom jazere („to vznikalo v lete, keď vyschla časť ramena“) a najmä v dunajskom ramene za Lidom. „Sem tiahli celé procesie detí v horúcich letných dňoch. Len tak v trenírkach, bosí, mnohí mali aj na

Ryby v uliciach
(Dunajské slávnosti) 1923

Donaufische
in den Straßen der Stadt
(Donaufeste) 1923

tom jedinom kuse odevu aj zo desať záplat" (Ľudovít Čermák). Zaujímavá je nasledujúca spomienka: „Tu sme trávili celé letné dni. Aj dvadsiati sme sa vybrali z mesta spolu. U Rosochateckého, to bol konský mäsiar na Rybnom námestí, sme si kúpili dlhý kus salámy. Na chlieb nám už často nezvýšilo, ale ten sme vyhandlovali aj tak s vojakmi. Na petržalskom cvičisku alebo pri vode. Oni ho mali habadej" (Mikuláš Szabó). „Rameno Dunaja vo všedný deň bolo rajom nielen pre nás, ale aj pre vojakov a dievčatá. Tie sem chodili, to sa vravelo, že ,pre komisárek'. Vo vode sme vydržali aj celé hodiny. Ale lákali nás aj vojaci. Toto tajné pozorovanie malo v sebe aj kus pikantérie. Z kríkov sme pozorovali vojakov a dievčatá. Stáli vo vode. Oblečené do blúzok a dole už len deka a mydlili vojakom chrbáty. A potom neraz šup do kríkov... Odtiaľ sme sa pohli na Lido. Už nás aj plavčík poznal, keď sme sa snažili preliezť cez plot. Keď nás bolo veľa, veru nás i vyhodil" (Ľudovít Čermák).

Dostatok možností a dobrodružstiev ponúkal aj ľavý breh. Ľudové riečne kúpalisko – Prešpurákmi nenazývané inak než „poplpam" – sa rozprestieralo v miestach dnešného Vodohospodárskeho ústavu až po PKO. Meno dostalo od topoľov, ktoré ho lemovali z pravej strany. Tu bol raj detí aj dospelých z centra, no najmä z Vydrice a Cukrmandlu.

Kúpalisko vytvorila ľudská ruka, nie však zámerne. Vzniklo pri úprave nábrežia. Dunaj bol v týchto miestach veľmi široký. Kamenná hrádza už bola postavená, ale za ňou sa rozprestierala ďalšia, štrková, ktorá zasahovala až k miestu, kde rieka vytvárala oblúk. Sem sa nahadzoval „šit" z mestských búračiek, až vznikol priestor pre dnešné PKO. Bagrovaním štrku sa vytvorili dve či tri jazerá. Pre deti bol vyhradený priestor ohraničený plávajúcou guľatinou. V búde postavenej na brehu predávali na občerstvenie pivo a „grgwasserky" (umelé limonády). Nemožno sa čudovať, že za teplých letných večerov bol dunajský múr preplnený deťmi i dospelými. „Deti sa ohrievali na slnkom vyhriatom múre a dospelí sa stretli na kus reči" spomína Antonín Versa.

Mnoho radosti pripravili Bratislavčanom „pľuvátka" – drevené kúpele zakotvené v blízkosti dnešného hotela Devín. Rovnako ako iné dunajské atrakcie (propelery a kaviareň Boon) patrili rodine Hörnesovcov. Mali drevenú obdĺžnikovú konštrukciu, pripevnenú na železných plavákoch. Uprostred sa nachádzal akýsi bazénik s pretekajúcou riečnou vodou. Jeho dno bolo podľa niektorých pamätníkov drôtené, ďalší zas prisahali, že drevené. Návštevníci sem často prichádzali len na chvíľu, aby využili obedňajšiu prestávku na oddych a osvieženie.

Kúpele sa delili na mužskú a ženskú časť. Dookola boli drevené kabíny a na strane obrátenej k rieke sa nachádzala terasa. Návštevníkom neponúkali len kúpanie. Plavčíci predávali fľaškové pivo, „kracherle" (malinovku) a vynikajúce oškvarkové pagáče (Karol Motoly). Lístky sa kupovali na dve hodiny. Po ich uplynutí sa dostala k slovu plavčíkova rázovitá prešpuráčtina: volaním „óplikat" duril váhavcov (Mikuláš Gažo).

Zo spomienok dnešných sedemdesiatnikov vyplýva, že tieto kúpele roznecovali mládenecků fantáziu. Medzi chlapcami sa šírilo, že „na terasách sa vraj opaľujú ženy nahé. Museli sme to preskúmať. Preto sme sa púšťali po prúde okolo pľuvátok, aby sme čosi videli. Aj sme videli, ale zväčša len ležiace telá" spomína Mikuláš Szabó. Hľadali sa aj iné spôsoby, ako odhaliť skrytú skutočnosť: „Steny kabín boli prevŕtané na každom desiatom centimetri" rozpomína sa Július Greguš.

Dunajskí rybári (1963)

Die Donaufischer (1963)

Propeler priťahoval (1947)

Mit dem Propeller zum anderen Ufer (1947)

Drevené kúpele, ktoré „vyhľadávali muži každého veku, bohaté dámy, pracujúce slečny, ba aj zástupkyne najstaršieho remesla" (Hana Štefková), poskytovali Bratislavčanom svoje služby aj po roku 1945. Neskôr však vznikli problémy s ich odtiahnutím, zimovaním, až sa napokon stratili nenávratne zo života mesta... Na pekné a teplé počasie boli pripravené i kúpele Grössling, ktoré majú sťahovaciu strechu, takže ponúkali v lete kúpanie pod holým nebom i s malou terasou na opaľovanie. Škoda, že sa dnes tento skvelý technický výmysel už nevyužíva (Imrich Štefko).

Potešeniu zábavychtivých Bratislavčanov neslúžili len kúpaliská a plavidlá, ktoré brázdili rieku zhora nadol či z pravého brehu na ľavý. Do spomienok sa nezadržateľne vryla aj loď, ktorá stála pevne na svojom mieste a pohla sa len dva razy do roka. Ide o známu lodnú kaviareň Boon, populárnu „Bunku", kde sa schádzali umelci, smotánka i študenti. Táto „netypicky dunajská loď, natretá na bielo, modrou farbou obrúbená, s umelým komínom" (Imrich Štefko) bola v medzivojnových rokoch dôležitou súčasťou bratislavského spoločenského života. Spomienky na ňu sa odlišujú v mnohých detailoch. Niektorí pamätníci hovorili o vyradenom parníku, iní o prerobenej plachetnici s kašírovaným komínom, ďalší si nedal vyvrátiť názor, že išlo o betónovú atrapu lode. Zhodovali sa však v jednom: že poskytovala príjemné posedenie: „Boon bola stará vyradená loď, kotvila na nábreží naproti Berlinke a bola zariadená ako kaviarnička. Mala biely trup, s nábrežím ju spájal šikmý lodný mostík a bývalo na nej pekne. Polovica

Dunaj v uliciach (povodeň roku 1929)

Donauwasser in den Straßen der Stadt (Hochwasser) 1929

paluby bola zasklená, na voľnej korme boli okrúhle stolíky so slnečníkmi, prefukoval tam príjemný vetrík, ktorý potom šumel v topoľoch na nábreží naproti kasárňam ženijného pluku. Okolo tej lodnej kaviarničky sa valil Dunaj dole k železnému mostu, k Elyseu, k Žitnému ostrovu a ku Komárnu. Na protiľahlom petržalskom brehu stáli veľké staré bresty a javory, potom bol park a za ním futbalové ihrisko Š. K. Bratislava, závodná dráha a maďarské hranice. A túto príjemnú atmosféru dotvárali krásne ženy, ktoré pod slnečníkmi jedli zmrzlinu, prezerali si Gartenlaube a vetrík im strapatil vlasy" (J. Rybák). Svojou troškou do mlyna chvál prispel aj Š. Hoza: „V polovici apríla, keď jarné slniečko začalo pripekať, pritiahli remorkéry starú loď pekne vyumývanú a ostala na tom istom mieste až do tuhej jesene. Hostia za pekného počasia sedávali na palube. Podpalubie bolo vhodné za zlého počasia. Tu sme ‚chytali prvý bronz' na tváre. Predpoludním bývala kaviareň menej obsadená, iba ak študentmi s priateľkami sediacimi nad bachantmi kníh. Kto však chcel dostať miesto popoludní, musel sa náhliť s obedom, aby si miesto uchytil. Kaviareň bola napchatá na palube i v podpalubí do poslednej stoličky." A to aj napriek tomu, že priamo oproti, na petržalskom brehu sídlilo slávne Au-café a niekoľko krokov hore prúdom populárny Leberfinger.

Au-café priťahovalo príjemným prostredím, dobrou obsluhou, širokou ponukou i kvalitnou cigánskou hudbou. Návštevníkov v nemalej miere lákal cez deň výhľad na Dunaj a hrad a večer na romanticky pôsobiacu osvetlenú Bratislavu. Niet divu, že mnohí Bratislavčania za touto kaviarňou dodnes žialia: „Podľa mňa to bolo vandalstvo, že to zrúcali. Je to škoda, lebo to bolo z predminulého storočia a od stavbárov viem, že niet stavby, ktorú nemožno zachrániť. Au-café bolo niečo krásneho, charakteristického pre Bratislavu" (Karol Hynek).

Búrlivý rozvoj turistiky v medzivojnovom období nemohol obísť ani Dunaj. O kluboch maďarských, nemeckých a slovenských veslárov a o ich lodeniciach na pravom brehu Dunaja sme písali v kapitole o spolkoch. Na začiatky vodáctva v polovici dvadsiatych rokov spomína A. Bažant takto: „V prvom desaťročí prvej republiky bolo na Dunaji vidieť sem tam rybársku bárku a vojenské člny. Prvé kajaky sa objavili na pravom brehu Dunaja, pod mostom, kde vznikla prvá vodácka búda a schádzali sa tam prví vodácki nadšenci. Neskôr sa spolčili s Dunajčíkom. Až začiatkom 30. rokov sa objavili snahy o založenie klubu vodákov a o postavenie lodenice. V roku 1932–1933 teda vznikol vodácky oddiel Kajak klub Bratislava. Tí postavili aj prvú lodenicu v Bratislave na ľavom brehu Dunaja pri zátoke v Karlovej Vsi. Členstvo tvorili väčšinou bratislavskí Nemci, ale v klube bolo aj niekoľko Slovákov, ktorí túžili po vlastnej lodenici..." Uskutočňovanie tohto cieľa opisuje A. Bažant takto: „Najviac bol do myšlienky založiť slovenský oddiel zapálený A. Raška, vrchný čašník v kaviarni Metropol. Vyhliadol pre lodenicu pozemok patriaci Univerzite Komenského. Získal pre túto myšlienku niekoľko funkcionárov UK, napríklad prof. Klecandu, ale ďalších hľadal aj medzi návštevníkmi kaviarne, kde neúnavne propagoval vodnú turistiku. Pomoc prisľúbil aj KČST (Klub československých turistov), ale celé bremeno ležalo na nadšencoch. Subvencie neboli – spoliehalo sa na dobročinnosť. Finančné prostriedky sa zháňali na mnohých zbieracích hárkoch, predávali sa tehličky po korune, usporadúvali sa prednášky a zábavy, z ktorých výnos išiel na stavbu"... A tak 24. augusta 1935 mohla byť lodenica slávnostne otvorená. Ale už predtým mnohí precítili zážitok takejto plavby: „V roku 1930 som si kúpil kanojku. Keďže práve vtedy som sa vrátil zo študijného pobytu v Amerike, ozdobne som si na ňu namaľoval anglické meno Beauty (Krásavica). Dlho tam nebolo. Počas jedného môjho zájazdu dolu Dunajom, pri Hrušove, sedel na brehu starší ujo s kŕdľom detí. Zrejme nebol v Amerike a neovládal anglickú

Záchranné práce (povodeň roku 1929)

Rettung beim Hochwasser (1929)

Mestské klzisko na Vazovovej ulici (1929)

Die Stadteisbahn (Vazovgasse – Vazovova ulica) 1929

výslovnosť písaného slova. O chvíľu nielen deti, ale aj ozvena z druhého brehu na mňa naplno revala: ‚Nini buta! Gyere ide te buta!' (Pristaň, ty hlupaňa!). Po návrate som nápis okamžite zoškrabal." (K. Čársky).

Vodáckym nadšencom nestačil len hlavný tok veľrieky. Púšťali sa na objaviteľské výpravy, odhaľovali intímne zákutia dunajských ramien, Käsmacher s tajomnými menami ostrovov – Jáva, Borneo, Sumatra. Denne sa plavili ramenom až po Devín či dokonca k sútoku Dunaja a Moravy. Soboty a nedele patrili k plavbám, najčastejšie dolu prúdom na ostrov Kormoránov, skutočný vodácky raj, ako ho označil Július Greguš. Spoločné výlety utužovali telo, osviežovali ducha, no predovšetkým upevňovali priateľské vzťahy. Nejeden strávil každú voľnú chvíľu v lodenici, kde vládol družný spoločenský život.

Vojnové roky sa prejavili aj v tomto prostredí. Lodenica osirela. Po roku 1945 sa vodácky život opäť obnovil. Pribudli noví nadšenci, otvorili sa ďalšie lodenice. Hoci sa možnosti plavby na dlhý čas obmedzili (uzavretý Käsmacherský ostrov i vodná cesta na Devín), Dunaj dodnes nestratil obdivovateľov, ktorí mu zostávajú verní...

Rieka nestrácala svoje čaro ani v zimných mesiacoch. Spomienky pamätníkov naznačujú, že „zimy bývali akési silnejšie. Trvali od Mikuláša do konca februára. Na korčuliach sme sa preháňali aj tri mesiace" (Július Greguš). V spomienkach pamätníkov zostala zima v rokoch 1927–1928. Celý tok Dunaja pokryla vrstva ľadu, hrubého 60–80 cm, takže „obyvatelia sa mohli bez obáv špacírovať z jedného brehu na druhý".

Najmä deti vyhľadávali Pečenské jazero a iné zamrznuté ramená Dunaja. Tu robili prvé kroky na populárnych „harifakoch", skúšali korčuliarske figúry a vybojúvali neľútostné hokejové zápasy. Hralo sa s rôzne upravenými a pozbíjanými palicami, miesto puku neraz poslúžil kameň (Ľudovít Čermák).

Pečenské jazero či Podhradské nábrežie dávali obživu aj ľadárom, ktorí tu sekali a pilovali ľad pre bratislavských živnostníkov. Pokiaľ nebola postavená ľadová továreň, potrebovali ho mäsiari, hostince

i reštaurácie. Na vozoch vozili ľad do veľkých ľadových jám, kde sa zmestilo aj 150 fúr (Antonín Versa). Ľadári však prinášali nebezpečenstvo pre korčuľujúcu verejnosť. Na vysekanom mieste sa časom utvorila tenká ľadová škrupina, na ktorej sa dalo ľahko preboriť. Prihodilo sa to v detstve nejednému Bratislavčanovi. Nie každému prialo šťastie tak, ako Igorovi Janotovi: Nielenže sa mu podarilo dostať na pevný ľad, ale pobehovaním obschol pred návratom domov do tej miery, že unikol aj rodičovskému výprasku.

Korčuľovaniu však slúžili aj klziská, ktorých „bolo v meste neúrekom. Takmer každý šikovný školník upravil ľad na školskom dvore a staral sa o jeho úpravu. Mohol si tým privyrobiť, vyberal 20–30 halierov" (Mikuláš Szabó). Verejnosť najviac vyhľadávala tzv. Máhóf na Vazovovej ulici a klziská pod Hlavnou stanicou, na Železnej studničke či na Lide.

Ich atmosféru ilustruje spomienka Ľ. Zeljenku z roku 1926: „Korčuľovať som sa vedel dobre, naučil som sa robiť krúžky, kadetový skok a trojku... Mal som vo zvyku najprv sa ponaháňať po klzisku, až potom som začal robiť krúžky. Zočil som peknú štíhlu korčuliarku, ktorá svojimi gracióznymi pohybmi upútala moju pozornosť... Prišla ku mne. – Nemali by ste chuť zakorčuľovať si so mnou?" ... Aj z rozprávania Irmy Ledererovej si možno utvoriť obrázok o vtedajšom korčuľovaní: „Na klzisko na Lido som chodila s rodičmi. Korčuľovali v páre a pri hudbe tancovali. Keď som už bola slečna, tak som klzisko navštevovala s priateľkami, ale boli tam i spolužiaci, gavalieri. Patrilo sa po rozkorčuľovaní najprv ‚dať sa na hada' a potom do párov a skúšať alebo predvádzať tanečné kreácie aj vo valčíkovom rytme. Nosili sme dlhé sukne, teplé kabátiky, vlnené čiapky. Cez obdobie plesov sa pre mládež viackrát konali zábavy na ľade, či už v maske, alebo civile."

Veľká zima, silný mráz prinášal často v jarných mesiacoch strach a nárek. Dunaj sa vylieval zo svojho koryta, zaplavoval pobrežné lesy a siahal neraz až na ľudské obydlia. Svedčia o tom záznamy v pamätnej knihe bratislavských požiarnikov. V januári 1888 zahradili ľady Dunaj, takže hrozila povodeň: „11. januára o 6. hod. ráno, zazneli vzduchom tri výstrely z dela na znamenie, že ľady sa pohly. Hasiči plných 48 hodín konali bezpečnostnú službu spolu s plavcami, až konečne 12. januára o 5. hodine odpol. začal ľad pokojne plávať, takže mestu už nehrozilo nebezpečenstvo" (J. Malárik). K zložitej situácii došlo aj v roku 1929, keď „po pretrhnutí hrádze pod Lidom valila sa voda takou silou do Aulizlu, že sa obyvatelia museli zachraňovať na strechách domov. Voda zaplavila aj Ovsište a niektoré domky v Elýziu. Nastala veľká a ťažká práca pre hasičov, políciu a vojsko, nakoľko záchranné člny boly pripravené práve na opačnom mieste" uvádza vo svojom diele J. Malárik. Evakuovali 800 ľudí. Strach z rozbesneného živlu prežívali obyvatelia aj v iných rokoch. Veď v roku 1953 zaplavilo pivnice a na Hviezdoslavovom námestí bolo po členky vody.

Stručný prehľad nemôže zachytiť všetky podoby Dunaja. Je to jednoducho veľrieka, ktorá každú chvíľu mení svoju povahu i výzor: „Niekedy bujne vzplanie, zmohutnie, inokedy skrotne, zmenší sa, akoby sa starobou scvrkával. Raz je priateľom a spoločníkom, o chvíľu zas konkurentom a nebezpečným nepriateľom" (Konštantín Čársky). A pre J. Alexyho „chvíľku je Dunaj zelený a o pol hodinu sa nad ním ťahá fialový opar, o hodinu natiahne na seba už striebristý úbor". Takto možno skladať kamienky dunajskej mozaiky spomienok jeden za druhým, každý iný, donekonečna...

10

NA KORZE STE STRETLI KAŽDÉHO

Pre mnohých Bratislavčanov sa stalo slovo „korzo" len historickou reminiscenciou. Dnešným štyridsiatnikom a ich predchodcom však pripomína množstvo zážitkov a spomienok z mladosti.

Ešte v nedávnej minulosti bol totiž spoločenský život bratislavskej mládeže nemysliteľný bez ‚korza'. Večer čo večer sa priestory medzi Michalskou bránou a Hviezdoslavovým námestím a ďalej až takmer k Dunaju zapĺňali stovkami mladých ľudí. Prechádzali sa tu – korzovali z jedného konca na druhý, z Michalskej ulice cez Sedlársku, Rybársku bránu až k dunajskému nábrežiu. Stretávali svojich známych, spoznávali sa, vytvárali dvojice či hlúčky, debatovali o každodenných problémoch i novotách. Obľuba tohto rozlohou malého územia bola veľká. Nebolo snáď v meste mladého človeka, čo by sem aspoň občas nezašiel. Ako miesto stretnutia väčšej skupiny sa bez váhania volilo korzo. Mládež tam trávila svoje voľné chvíle. Ak nebol lepší program, zašlo sa jednoducho na korzo. Vyvinula sa z neho určitá sociálna inštitúcia s jasnou, pre mladých ľudí dôležitou spoločenskou funkciou vzájomných kontaktov, spoznávania sa a komunikácie v širšom kolektíve, než aký ponúkala škola, bydlisko alebo záujmové skupiny.

V spomienkach pamätníkov sa objavujú výlučne kladné hodnotenia: „Korzo, to bolo stretávanie sa mladých ľudí. Bolo to miesto, kde sa prišlo a kde bolo vidieť ľudí, bratislavských ľudí. Elegantne oblečených, lebo korzo bolo aj obhliadkou, čo sa nosí. Nechodila tam len smotánka, ale všetci, bohatí i plebs. Bolo to čosi také ako bratislavská prehliadka. Tu sa môžeme stretnúť, tu sa môžeme vidieť" (Štefan Pribylinec).

A ďalší: „Čo vám skôr povedať o priestore medzi Univerzitnou knižnicou a nábrežím Dunaja? O tom chýrnom bratislavskom korze, na ktorom moja generácia (a nielen ona) vlastne prežila mladosť? Trávili sme na ňom neskoré popoludnia, zapĺňalo sa najmä študujúcou mládežou popoludní, vrelo smiechom a hlasmi hlavne o tej osemnástej a vyprázdňovať sa začalo po deviatnastej" (H. Vidová v článku B. Lauckej).

Teda korzo bolo všeobecne známe miesto, kde sa stretávala a korzovala mládež a v tomto poňatí sme sa s ním stretávali aj v iných mestách a mestečkách. Ako sa však formovalo v Bratislave?

Lokalizáciou patrilo korzo k promenádnym miestam centra. V staršom období, ešte do 18. storočia v hradbách obkolesenom meste, tvorila trasa od Rybárskej brány pri vtedajšej mestskej priekope cez Hlavné námestie až po Michalskú bránu, hlavnú bratislavskú tepnu. Smerovala do záhrad a vinohradov nad mestom a do Schöndorfu, prímestskej vinohradníckej a remeselníckej štvrte, ktorej hlavná ulica sa v tom čase nazývala Schöndorfská (neskôr Uhorská, dnes Obchodná ulica).

Koncom 18. storočia za richtára Jozefa Stettnera sa začalo upravovať dunajské nábrežie. Priekopa bola zasypaná a zrovnaná a na miestach, kde predtým rástlo rákosie a kŕkali žaby, zazelenalo sa päť približne 150 m dlhých radov líp, javorov a agátov. Tak vznikla Promenáda (dnešné Hviezdoslavovo námestie), odvtedy obľúbené miesto prechádzok obyvateľov.

Úpravy dunajského nábrežia v priebehu 19. storočia prispeli k obohateniu prechádzkových miest mesta. Keď v roku 1830 dostali Bratislavčania do užívania „od najmilostivejšej cisárovny Karolíny Augusty" tzv. lodný most cez Dunaj, ktorý bol v miestach neskoršej lodnej prepravy do Petržalky, predĺžila sa prechádzková trasa od

„Pinkerton" na korze (dobová reklama)

Pinkerton am Korso (eine alte Werbung)

Roh Rybárskej brány (1936)

Die Ecke der Fischertorgasse (Rybárska brána) 1936

bývalej Rybárskej brány krížom cez Promenádu k Dunaju a odtiaľ po moste na petržalský breh. O. Faust píše: „Starý lodný most bol obľúbeným korzom starých Prešporčanov. Za pekných jarných dní bol... preplnený a menovite dôstojníci to boli, ktorí ho snáď najväčšmi používali." 30. decembra 1890 bol slávnostne otvorený most Františka Jozefa I. (dnešný most Červenej armády), a to približne kilometer nižšie od pôvodného lodného mosta. Tým sa upravené dunajské nábrežie stalo pokojným miestom prechádzajúcich sa Bratislavčanov.

Živá mestská trasa od Michalskej brány po Dunaj lákala obchodníkov, ktorí tu najmä v období prvej republiky hustejšie ako v iných častiach mesta otvárali bufety, cukrárne, vinárne, hostince, kaviarne, reštaurácie, bary i zábavné podniky. V tom čase sa už Bratislava rozrástla do šírky, ale historické jadro mesta naďalej zostávalo prirodzeným spoločenským strediskom. Lákalo obyvateľov nielen architektonickou malebnosťou, ale aj pestrým každodenným rytmom práce a oddychu. Š. Bednár výstižne opisuje život v uličkách starého mesta ešte v roku 1937: „Staré chrámy a kláštory, vedľa nich vinárne a remeselnícke dielničky a skliepky, štýlové paláce a v nich či vedľa nich krámy, krčmy, obchodíky, opravárne. A remesiel, na aké si len spomenieš. Ale vedľa tejto staromeštianskej idyly si našiel veľké výklady moderných obchodov. Aj ľudia boli takí pomiešaní. Starci a starenky, učni a tovariši, krojované tetky a svákovia z vidieka, robotníci a remeselníci, kupci a žobráci, nóbl páni a panie i kurvičky a povaľači." A na inom mieste: „Korzo bolo aj vtedy rušné, cukrárničky a vinárničky lákavé. Ponavštevoval som daktoré; mali svoju vekovitú útulnosť a pôvab."

Boli to na svoju dobu exkluzívne podniky Kern (dnešná Detská cukráreň), na Sedlárskej ulici v štýle biedermayer zariadená cukráreň u Mayera a nemenej obľúbená u Stürzera. Vinárničky dodnes lemujú bývalú korzovú trasu v priľahlých uličkách, ale bola tu aj populárna celoročná viecha Schöne Lotty, kde okrem vína podávali aj vychýrené frankfurtské párky s pivom, či Bristol bar v priestoroch, ktoré prevzalo Divadlo poézie. Chodcov lákali „bodegy", ako sa vtedy volali obchody s lahôdkami, ale aj obchody a výklady s módnym tovarom.

Pevné miesto tu mali a majú aj knižnice, ktoré sa denne zapĺňali najmä študentmi. V blízkosti sa dodnes nachádza najstarší antikvariát v meste, navštevovaný všetkými vekovými skupinami. Na Schneeweissovej (Bielej) sídlila populárna firma KIFO. Ponúkala fotografie, ktoré jej majiteľ neúnavne produkoval v priestore korza (Mikuláš Gažo). To všetko priťahovalo nielen mládež a tvorilo príťažlivé prostredie korza s možnosťou príjemného posedenia v parčíku pri Rolandovej fontáne, na múrikoch pri Ganymedovej fontáne pred operou SND, na lavičkách Promenádneho námestia či na nábreží Dunaja. „Všade žiarili svetlá a ulice boli plné večerných chodcov. Od Michalskej brány až k Dunaju sa tiahol pás promenádujúcich, mladých, hlučných a rozjarených ľudí. Hovorili po slovensky i po maďarsky, smiali sa a veselo na seba pokrikovali", spomína J. Rybák na jeseň 1922.

Korzo vtedy malo už svoj špecifický význam. Chápalo sa ním vymedzené miesto, kde sa v určitom čase stretávala mládež a „korzovala", teda chodila z jedného konca na druhý a stále do kruhu. V tom období sa korzovalo v blízkosti Hlavného námestia (od Wimmera po Laurinskú), po Sedlárskej ulici a ani krok ďalej. Takéto presné vymedzenie súviselo iste s pevnou formou chodenia do kruhu v dvoch radoch oproti sebe, ktoré sa na konci trasy otáčali. Každý podvečer sem chodievala predovšetkým študujúca alebo študovaná mládež, gymnazisti, vysokoškoláci, dôstojníci, bez ohľadu na to, či boli bohatí alebo chudobní. Chodili sem však aj mladí z ostatných spoločenských vrstiev. Korzová trasa sa prirodzene predlžovala k Michalskej bráne na jednu a k Dunaju na druhú stranu: „Pri Dunaji k dnešnému PKO to už nebolo korzo, to bola promenáda. Ale bolo ešte jedno korzo pre slúžky a vojakov" (Aladár Balogh).

Druhé obľúbené miesto, ktoré sa medzi Bratislavčanmi taktiež nazývalo korzom, sa nachádzalo pred kláštorom Milosrdných na bývalom nám. Republiky (námestí SNP) smerom na Obchodnú. Funkcia tohto námestia bola v tom čase iná ako dnes. Býval tam Zelený trh, kde sa predávala zelenina a vyleštené, pekne naukladané ovocie. Poniže bola veľká mestská tržnica s mäsom a mliečnym tovarom, pred ňou kvetinový i ovocný trh a iné nákupné strediská. Slúžky sem častejšie chodievali za nákupmi, rôzni pomocníci rozvážali tovar a zrejme preto sa táto frekventovaná strana námestia stala miestom stretávania slúžok, učňov, zamestnaneckých pomocníkov, vojakov. Nazývalo sa slúžkovským korzom – „bakakorzom" alebo „Anča-korzom" a patrilo predovšetkým pracujúcej, neštudujúcej mládeži, ale aj vojakom. Tí sem chodili v nedeľu spoločne na omšu a po nej sa stretávali so svojimi dievčatami, ktoré ich už čakali vonku.

„Ako študenti sme vždy zo školy chodili na korzo. My sme chodili na Promenádu, nie medzi jednoduchších ľudí. To nebolo ako dnes, že sa tam pobeháva a vykrikuje. Tam bol kľud" (Aladár Balogh).

Rozlišovanie tzv. „panského" a „slúžkovského" korza vyplynulo z prirodzených záujmov, zo vzájomného porozumenia mládeže, z ich vzdelanostnej úrovne a nie z rozlišovania majetkových pomerov: „Veľmi často chudobní chlapci, keď už chodili do gymnázia alebo na

Na korze koncom tridsiatych rokov

Am Korso (Ende der 30er Jahre)

Na Michalskej ulici

An der Michaelergaße

vysokú školu, korzovali na Sedlárskej. Ale za peknými dievčatami išli na korzo pred Milosrdných. Študujúca mládež, gymnazisti, vysokoškoláci, dôstojníci bez ohľadu na to, či bohatí alebo chudobní, korzovali na Sedlárskej. A pred Milosrdnými sa grupovala robotnícka a remeselnícka mládež, i vojaci. Povedzme takí mäsiari, mohli byť bohatší ako študenti, chodili tam" (Mária Brišková). Obe korzá sa odlišovali aj v oblečení mládeže, ktorá nerovnako reagovala na módne vplyvy: „Iné šaty sa tam nosili. U dievčat, u chlapcov ani nie. My (študentky) sme nosili klobúčiky, rukavice, pančuchy. Bola taká móda. Zatiaľ čo na tom druhom korze chodili dievčatá s vrkôčikmi" (Mária Brišková). Sociálne skupiny mládeže sa však umelo nediferencovali. Ako sa vyjadrili starší pamätníci – nikto nikoho nevyháňal, jednoducho sa takto medzi sebou lepšie cítili. Bolo bežné, že mládež prechádzala z jedného korza na druhé.

Pre korzovanie bola špecifickým dňom nedeľa. Dopoludnia po ranných školských omšiach bolo najmä pred Milosrdnými veľmi husto. Mládež bez ohľadu na sociálny status sa prechádzala po vymedzenom priestore námestia. V nedeľu sa viac ako po iné dni zapĺňalo tak korzo v starom centre mesta, ako aj ďalšie promenádne miesta Bratislavy.

Funkcia korza bola spoločenská. Bola to príležitosť stretnúť sa s priateľmi, pozdraviť známych a pozorovať, obzerať si neznámych. Formoval sa tam vnútrogeneračný vzťah mládeže, hľadali sa známosti medzi mládencami a dievčatami. Táto funkcia bola tak výrazná, že to často pripomínalo (aspoň z hľadiska mužskej časti) akúsi prehliadku. Mnohí mládenci postávali na chodníku mimo korzujúceho davu a prezerali si prechádzajúce... Š. Žáry spomína, ako chodili pozerať na zástupy mladých žien, „akých sa od Štefánky cez Suché mýto a Michalskou až po divadlo plavne nadnášajú celé kŕdle; stačí si iba zastať pred Rolandovu sochu a robiť selekciu ako z ovečiek preskakujúcich strungu". Iným „prehliadkovým miestom" bol roh Mliečneho baru či pod hodinami na nároží Carltonu; to však až v povojnových rokoch, keď sa korzo – rovnako ako mesto – značne rozšírilo.

S významom korza súvisela snaha primerane sa obliecť, aby človek urobil dojem: „Korzo bolo aj prehliadkou módy, najmä dievčat. Chodilo sa tam skrátka v najlepšom oblečení, čo prispievalo k slávnost-

Pohľad na časť Anča-korza (1925)

Ein Teil des Dienstmagd-Korsos (1925)

nejšiemu a spoločenskejšiemu ovzdušiu. Myslím si, že sa človek správa ináč v spoločenskom obleku ako v džínsovej blúze. Tento duch korza sa okrem malých výnimiek udržal pri návštevách divadiel a koncertov" (Ján Zubaj). Je to iste výstižná charakteristika dobovej spoločenskej etikety, ktorá odvtedy prekonala búrlivé peripetie i v prostredí samotného korza.

Normy spoločenského správania boli v medzivojnovom období predsa len odlišné. Známosti sa obvykle nadväzovali nie priamo, ale prostredníctvom spoločného známeho. „Myslím, že sa nestávalo, aby mládenci oslovovali alebo pristavovali cudzie dievčatá, považovalo by sa to za nevychovanosť" (Ján Zubaj). Oslovenie zo strany dievčaťa bolo nemysliteľné. A tak sa hľadala „cestička cez niekoho", ako sa s oku sympatickým človekom zoznámiť.

Korzo bolo hlavne dejiskom spoločenských kontaktov: „Zišli sme sa na týchto miestach vlastne všetci – vedeli sme, kto je z gymnázia na dnešnej ulici Červenej armády, kto patrí do ‚žabinca' – čiže dievčenského na Dunajskej, kto je z vtedajšej Obchodnej akadémie na Palisádoch a ktorý z najväčších elegánov a ‚levov korza' sem zavítal z vtedajšieho Cvičného." V reminiscenciách na študentské časy v článku B. Lauckej Spomienky na korzo sa však ďalej uvádza: „Nechodili sme sem len preto, aby sme sa stretli a pozhovárali – čo je iste tiež dôležité – ale aj povedať si, na čom sme boli na ‚stojáka' v činohre, aký bol v ten večer krásny Mikuláš Huba, či kto momentálne spieva najlepší šláger. Aj to, čo berú v inej škole práve z matematiky...

Pritom sa zasmiať, vzájomne zoznamovať, a prečo nie – aj zaľúbiť sa, a to dobre tuho. A čo je hlavné: učili sme sa správať. Zdraviť a odzdravovať. Predstavovať sa navzájom... Večer sme už všetci museli byť doma. Neusmievajte sa, museli. Nielen kvôli rodičom – nás si sem chodievali všímať aj profesori, naši učitelia. Veľmi dobre vedeli, ako sa kto z nás správa, s kým sa stýka a kedy odchádza domov" (H. Vidová).

Iste, sú to spomienky z pohľadu dospelého, trochu prikrášlené, no v jadre pravdivé. Mládež však ani vtedy nebola suchopárna, vystrájala tiež svoje kúsky, ale spoločenská kontrola a sankcie boli ostrejšie. Bránili, aby zábava neprekročila primerané hranice. Aspoň jedna spomienka na ukážku: „V nedeľu dopoludnia sme ako chalani vždy chodili na korzo. A vždy sa tam robili, tak by som povedal, neškodné huncútstva. Ja som bol napríklad plavec a neviem už, o čo sme sa stavili, ale ja som tú stávku prehral. A tak som musel ísť v nedeľu na korze od Michalskej veže až po Dunaj v plavkách, s budíkom zaveseným na krku a ten budík som musel stále naťahovať. Musel zvoniť. A takto som prechádzal korzom a vykrikoval som: Kto je múdry, ten vie, že som prehral stávku a kto je hlúpy, po tom ma nič" (Igor Janota).

Na korze sa vytvárali priateľské skupiny, ktoré odchádzali do cukrární, kaviarní, za posedením, zábavou či tancovaním. Často postačilo si len „zakorzovať", poprechádzať sa, ale o to príjemnejší bol zážitok, ak sa potom v partii niekam zašlo. Vypĺňal sa tak voľný čas v partnerskej, rovesníckej skupine. Na ilustráciu nám opäť poslúžia riadky B. Lauckej: „Nielen vo všedné dni, ale osobitne soboty a nedele sme si bez korza ani predstaviť nevedeli. V nedeľnom predpoludní bývalo nabité, cukrárne na ňom preplnené – na zmrzlinu sme chodievali k Stürzerovi, na kávu najmä tí starší z vysokých škôl k Mayerovi, pred dnešnou tzv. Detskou sa sedávalo vonku, v záhradke, tak isto vonku sa dalo sedieť nielen pred Savoykou a Carltonom, ale aj pred Redutou, na lodi-kaviarni zvanej Boon, čo kotvila naproti galérii. Pri soche básnika Hviezdoslava bola otvorená letná kaviareň, patriaca k náprotivnému Parku, vtedy vychýrenému čajmi o piatej. Ale osobitnú kapitolu tvorila pre nás vysokoškolákov neopakovateľná Taranda. Sídlila v dnešnej budove SNG, milovali sme najmä jej záhradu, kde po celé leto hrávali tanečné orchestre... Ísť v nedeľu popoludní do Tarandy, to znamenalo dať si najlepší oblek, kravatu a sadnúť si k jedinej zmrzline – ale nám to stačilo" (T. Žuffa).

Predsa len odlišné sociálne zastúpenie slúžkovského korza si sformovalo i menej okázalý program trávenia voľného času. Tu už spoločenský dozor nebol taký prísny, hoci verejná mienka i sem vnášala svoje pravidlá. Stretávala sa tu mládež vtedajšej nižšej vrstvy a tá vzhľadom na možnosti, finančné i spoločenské, vyhľadávala podniky horšej kvality a úrovne, niektoré aj dosť pochybnej povesti. Pre slúžky a vojakov, mládež bez rodičovského dozoru, slúžila tančiareň Elýzium na petržalskej strane Dunaja. Bola to drevená tančiareň hneď vľavo za železným mostom. Jej návštevníkov i atmosféru priblížili najmä spomienky J. Rybáka: „Aj tam sme niekoľko ráz zašli. Bolo to miesto, kam sa chodievali baviť pochybné existencie, najmä slúžky a vojaci. V sobotu a nedeľu to bývalo plné. Vzduch zapáchal, bol ťažký, že by sa bol dal krájať a keď ste tancovali, nemohli ste urobiť krok, aby vás niekto nenabral lakťom do rebier. Sála bola ako pod parou, spotené dvojice sa na seba tlačili, aj keby neboli chceli. Po každom tanci sa sála vyprázdnila a kto chcel tancovať ďalší tanec, musel si kúpiť lístok. Malo to výhodu, že ste si mohli vyberať tance, ktoré vám sedeli. Ale veľa mužov ten podnik navštevovalo ani nie tak kvôli tancu, ako skôr preto, že sa tam dali nadväzovať príležitostné známosti."

Podobná tančiareň bola aj cestou na Kamzík, na Karpatskej ulici za železničnou traťou a volala sa Valčík. Tam bolo v sobotu a nedeľu plné, v nedeľu skoro celý deň až do večera: „Chodili tam slúžky, vojaci, učni. A ešte bola jedna taká. Viete, kde bol hostinec Pohančeník? Teraz je už zbúraný. Stál na rohu Radlinského a Vazovovej. A majiteľ mal riadne červený nos. Ale podával výborné čevabčiči a hrala tam hudba" (Ondrej Horvay).

Organizmus korza bol teda vekovo i spoločensky vymedzený a fungoval podľa určitých zaužívaných pravidiel trávenia voľného času. „Na korzo vyrukovala pred večerom celá mladá Bratislava. Rozžiarili sa kaviarne, nad Hviezdoslavovým námestím vyhupli prvé hviezdy a od Dunaja začal povievať príjemný osviežujúci vetrík,ktorý mal v sebe čosi z tej našej rozdychtenej a zdivočenej mladosti" (J. Rybák).

V povojnovom období sa korzovanie mládeže sústredilo už len do uličiek starého mesta. Slúžkovské korzo zaniklo. Rast počtu obyvateľstva však rozšíril dĺžku prechádzkovej trasy, ktorá v čase najväčšej účasti, najmä v sobotu a v nedeľu večer, siahala od Michalskej brány až k Dunaju. Hlavne pôvodné korzo na Sedlárskej ulici a Hviezdoslavovo námestie pred budovou SND bolo plné mladých ľudí, ktorí tu hľadali a aj nachádzali príležitosť na spoločenskú komunikáciu, na zoznamovanie, nadväzovanie priateľstiev a na nevyhnutnú zábavu. Tradícia korza pokračovala, no mládež sa prestala spoločensky diferencovať, splynula do jednej veľkej masy, ktorá pravidelne obsadzovala spomínané uličky a námestia. Posedávalo sa aj na múrikoch dunajského nábrežia, ktoré najmä v letných večeroch bývali zaplnené mladými ľuďmi.

Študentský sprievod na korze (1989)

Studentenumzug am Korso (1989)

Bolo nepísanou normou, že stretnutia mali byť veselé, plné života, na korze sa malo „niečo udiať", niečo vtipné, výnimočné, inak sa večer považoval za nudný. Tvorcami tej správnej atmosféry boli práve nekonvenční, nápaditý mládenci. Boli to väčšinou častí návštevníci korza, ktorí poznali jeho vnútorný mechanizmus i ľudí, cítili sa tu doma. Všeobecne sa označovali za tzv. korzové typy. Prostredníctvom nich sa nadväzovala väčšina známostí, zámerne porušovali platné normy správania, to, čo sa považovalo za spoločensky neprístojné, extravagantné, stávalo sa zábavným, zaujímavým. Boli to rozmanité nekonvenčné spôsoby nadväzovania známostí s dievčatami, často vyprovokované stávkou, pútanie pozornosti pohybovou hrou, chodiacim zástupom, krívajúcim na hrane chodníka a cesty. Prišlo na rad porušovanie spoločensky uhladeného správania i obliekania. Prejsť korzom v ošúchanom veľkom kabáte sa neobišlo bez obzerania. Zaujímavé bolo prísť s niečím šokujúcim, aj keď to boli povedzme len slepecké okuliare a palica, alebo staromódna kožená motoristická čiapka. Do módy prišli dlhé vlasy a džínsy. Na korze zazneli prvé prenosné rádiá a magnetofóny, rocková hudba, objavili sa vplyvy hippies a ďalších módnych vĺn. Mládež si vymieňala ťažko získané novoty zo sveta, vášnivo diskutovala o modernom umení, o vývine techniky, o politike. Korzo 50. a 60. rokov bolo spontánnym, živým organizmom, a preto bolo i veľmi obľúbené. Väčšina stretnutí sa začínala práve tu i so zámerom dozvedieť sa novinky, zotrvať s priateľmi, pozrieť sa na nové tváre a ísť ďalej. Na korze plynul spoločenský život mládeže mesta.

Organizácia spoločenských kontaktov v mestskom prostredí má svoje osobitosti. Členenie obyvateľov mesta na generačné, profesionál-

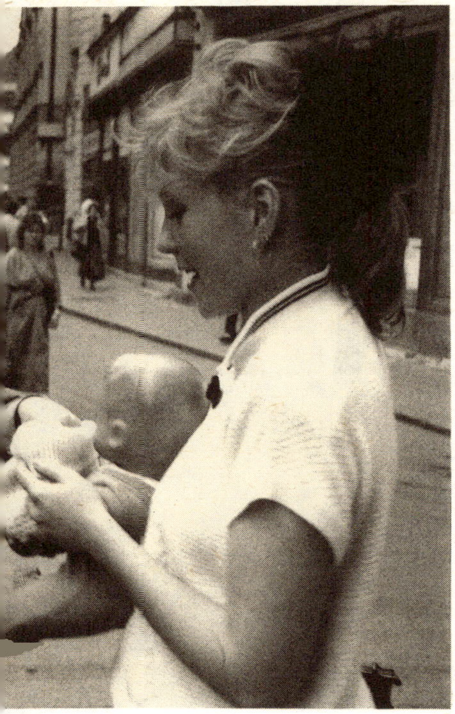

ne, vzdelanostné, záujmové, teritoriálne a ďalšie skupiny premieta sa i do vytvárania vlastných, tradíciou normovaných sociálnych foriem. Jedným z charakteristických prejavov, ktorý tento mechanizmus dokázal preklenúť, bolo mestské špecifikum – korzo. To bratislavské zaniklo začiatkom 70. rokov. Z rôznych príčin v krízovej dobe života spoločnosti, v čase razantného nástupu televízie a reprodukčnej techniky. Zrejme sa zmenili aj záujmy mládeže, ktorá, nevidiac vzor starších generačných partnerov, nachádzala rozptýlenie inde. „Naša generácia sa poženila, povydávala, odsťahovala z centra mesta. Mňa pritiahol na korzo brat, ale tých po nás už nemal kto. Nemali za kým a prečo sem chodiť" (Kazimír Belovič). Výstižná je opäť úvaha bratislavského rodáka: „Prežil som tu mladosť, všetky študentské roky. Keď dnes dvakrát do roka do Bratislavy zavítam, je mi ľúto mladých ľudí. Prečo? Vidím ich bezcieľne sa potulovať, vysedúvať po pivárňach, aj to viem, že sa mnohí ponosujú – nemáme si kde sadnúť, byť medzi sebou, stretať sa. Chýba to korzo našej mladosti" (T. Žuffa).

Mládež si aj dnes vytvára miesta stretávania. Jedným z nich je pešia trasa pred Kamzíkom, v miestach bývalého slúžkovského korza, a pokračujúc hore Poštovou ulicou končí vo veľkom podchode pod Mierovým námestím, kde najmä v zimných mesiacoch postávajú hlúčiky mladých. Je to spontánny proces, ktorý nemožno nijako organizovať ani zabrzdiť. „To nie je korzo. My sme sa stretávali a bavili, oni si vymieňajú platne, plagáty a pásky. To je niečo celkom iného" (Kazimír Belovič).

Ale aj na staré korzo sa študenti vracajú, keď so spevom či dostatočne hlasno oznamujú blížiace sa maturity a inštalujú absolventské tablá do výkladov ako pozostatok zaužívaných zvyklostí. Ale nie je to už korzo, ktoré patrilo k mnohotvárnemu a pravidelnému spoločenskému životu v uliciach mesta ako jeho najrozvinutejšia tradícia, ktorá formovala nielen myšlienkový obzor mladých generácií, ale aj spoločenskú súdržnosť vekových skupín obyvateľov mesta.

Študenti s tablom na korze (1989)

Studenten mit dem Tableau am Korso (1989)

11

SCHÖNER NÁCI A TÍ DRUHÍ

V spomienkach bratislavských pamätníkov malo mesto ich mladosti špecifickú, nenahraditeľnú atmosféru, bolo plné zvukov, vzruchov, vôní a udalostí.

Vytvárali ju domy svojou architektúrou a osobitnou arómou. Prispievali k nej i úzke ulice, ktoré vznikli vo veľkej miere aj „predvídavosťou" mestských otcov. Dospeli totiž svojho času k záveru, že z hľadiska chodcov je potrebné rozširovať chodníky a počet pasáží, kým naopak vozovky „budú sa ponechávať len v šírke nevyhnutnej pre potrebnú premávku, pretože široké cesty zvádzajú k vysokej rýchlosti" (V. Hančin). V prvom rade to však boli ľudia, obyvatelia Bratislavy, ktorí svojou prácou i zábavou prispôsobovali charakter mesta na svoj obraz...

V sociálnom organizme Bratislavy zaujímali osobitné miesto tí, ktorých práca sa priamo viazala k ulici a oni museli vystupovať pred očami širokej verejnosti: podomoví obchodníci a remeselníci, pouliční predavači, zberači odpadového papiera, železa, kožiek, kostí, potulní muzikanti, ale aj zametači, kominári, štricáci či „šlapky". Ľudia, ktorí sa pravidelne objavovali na svojich stálych miestach: nárožiach ulíc, námestiach, obchôdzkových trasách, za trhovými pultmi. Zvláštni už svojou profesiou, ktorá vynucovala primerané správanie, hlučné, nápadné, pretože inak by sotva upútali pozornosť na seba a svoj tovar.

Okrem nich sa na uliciach zjavovali aj kuriózne postavičky, ktorých z okolitého spoločenstva nevyčlenilo ani tak zamestnanie ako skôr určitá úchylka vo vzhľade či správaní. Výnimočnosť, niekedy úmyselná, motivovaná exhibicionizmom, bohémstvom, zámerným obchádzaním konvencií. Ale aj neúmyselná, vyvolaná zložitými životnými osudmi, duševnými alebo telesnými poruchami. Tuláci, žobráci, čudáci, no aj bohémi, ktorí sa vymkli zo spoločenských konvencií z iných príčin. Ešte donedávna tvorili neodmysliteľnú súčasť mestského koloritu. Pohybovali sa predovšetkým po najfrekventovanejších miestach v centre. V podstatne menej zaľudnenej Bratislave, kde každý chtiac či nechtiac zablúdil do týchto štvrtí, boli všeobecne známymi a spoluvytvárali atmosféru ulíc...

Živými strediskami pouličného života bývali (a dodnes sú) preslávené bratislavské trhy. K najrušnejším patrili Zelený trh pred kláštorom Milosrdných, noblesnejší pred starou tržnicou i Obilný na dnešnom Kollárovom námestí. Predávala sa na nich nielen zelenina, ovocie, kvety a iný, dodnes vyhľadávaný trhový tovar, ale aj (z pohľadu mladšieho súčasníka) neobvyklé veci. Ponuka „šicerov" obsahovala napríklad zázračné mydlo, čo dokázalo vyčistiť každý fľak. A nedôverčiví sa mohli o tom presvedčiť priamo na mieste na vlastné oči. Predavač zašpinil nejakú časť svojho odevu a po použití čistiaceho prostriedku sa všetko vrátilo do pôvodného stavu. Mnohí sa zaujímali o lep na „flekovanie" ponožiek či špeciálny zapaľovací preparát.

A predávajúci sa neuspokojovali len s názorným predvedením svojho tovaru. Pozornosť si získavali najmä slovnými prejavmi, ktoré inšpiroval neraz vari sám Barnum... Niektoré z takýchto prejavov reprodukovali Mikuláš Gažo a Dionýz Georch: „Kúpte si tento lep na flekovanie fusaklí, neobanujete! Už nebudete štopkať, ale záplatu jednoducho nalepíte. Takto... K tomu ani ženu nepotrebujete!" „A tuto mám zázračný zapaľovací preparát! Kúsok odrežete, zabalíte do cigarety, vložíte do piva a sa vám zapáli! Takto... A aj doma budete mať rešpekt, lebo keď flusnete pod postel..." S kúskom sodíka zabával okoloidúcich a šikovne im vnucoval svoj tovar. Nemohol sa však dlho zdržať na jednom mieste, musel sa presunúť na ďalšiu štáciu. Nahradili ho hneď noví, s rovnako zaujímavým sortimentom. Jeden z nich bol známy pod prezývkou Aligátor, pretože lákal vyvolávaním: „Aligátor! Mast na kurí oka, otlaka."

K hlučnej atmosfére trhov prispievali aj lacní Jožkovia čiže Bosniaci. Boli výrazní svojím vzhľadom, spôsobom predaja i tovarom. Postávali nielen na trhoch, ale aj na nárožiach ulíc a večerami ponúkali svoj tovar vo viechach a lacnejších nočných kaviarňach. Chodili najčastejšie v ošúchanom, starom, ale pestrom odeve s charakteristickou debničkou na prsiach. Ponúkali obvykle drogistický tovar, britvy, nože a pod.

Hlavným trhovým artiklom bolo ovocie a zelenina, ktorú privážali do mesta na svojich vozoch bulharskí zeleninári. Ponúkali ju už cestou ulicami mesta a kupujúcich lákali hlučným vyvolávaním. Predaj zeleniny na trhoch však obstarávali v prvom rade „teciny" zo Záhoria. Prichádzali často už večer vopred a učupené na schodoch Kalvínskeho kostola predriemali noc, aby boli ráno prvé „na štande" a čím skôr predali. Medzi trhovníčkami (v bratislavskom žargóne známymi pod menom „kofy") bolo tiež niekoľko známych postáv. Populárne boli predovšetkým tie, čo ponúkaný tovar (i život bratislavských obyvateľov) ozvláštnili niečím osobitým: svojím dobre podrezaným jazykom, výzorom, správaním. K najobľúbenejším patrila Fesche Juli. Pochádzala údajne z rodiny, ktorá už tri generácie predávala po bratislavských trhoch. Ako spomínajú pamätníci, bola to mohutná, vari dvojmetrová a dobrých sto kíl vážiaca žena. Obľubu získala nielen impozantným zjavom, ale aj svojím jazykom a reakciami. Bola šťastná, keď muži nahlas vychvaľovali jej krásu a tí jej s potešením vychádzali v ústrety. Kolovali o nej rôzne historky: „Kofy si v zime s obľubou dávali k nohám deravý ‚kýbel' so žeravým dreveným uhlím, aby sa zohriali. A Fesche Juli si tento ohrievač vkladala až pod sukne" (Dionýz Georch).

Ďalšou populárnou trhovou figúrkou bol „Kroneapár". Býval na Podhradí v židovskom starobinci. Každé ráno prechádzali okolo karloveskí furmani, ktorí s konskými poťahmi vykonávali nákladnú taxislužbu. A Kroneapár sa usiloval zviesť s nimi do mesta a pokiaľ možno aj späť. Ako uvádza Karol Motoly, svoj tovar – stovky šnúrok do topánok všetkých možných farieb a tvarov – mal porozvešaný na špeciálne upravenom malom vozíku. Usídlil sa pred dnešným Poľským kultúrnym strediskom a ponúkal ho slovami „Krone a Paar". Podľa iných chodil s nošou na prsiach ako lacní Jožkovia a vyznačoval sa osobitou chôdzou. Kráčal totiž len na opätkoch. Tento podivínsky človek – podľa niektorých bývalý učiteľ, podľa druhých zas rabín, ktorý sa pomiatol, získal takú popularitu, že sa objavili aj korešpondenčné karty s jeho tieňovou podobizňou.

Bratislavské židovské geto svojou osobitnou atmosférou i zvláštnosťami v oblečení, zvykoch a správaní jeho obyvateľov bolo priam predurčené, aby v ňom vyrastali podobné charakteristické postavy. Viacerých spomína vo svojej knihe z tohto prostredia K. Benyovszky, ale aj iní autori. Spomenúť možno napr. starinára Leviatana Lévyho, ktorý „sprostredkoval samé cennosti a umelecké predmety... Patril k obchodníkom, čo vedeli ‚oblbovať streštených básnikov' – u ktorého dostať výškrabovú lyžicu gravírovanú injekčnou ihlou a garnírovanú vodovodným kohútikom a konskou koblihou" (Š. Žáry). Ale Ľ. Zeljenka tu objavil dokonca ešte väčšiu zvláštnosť: kresťanského starinára...

Roky hospodárskej krízy nútili každého, aby sa pretĺkal, ako vie a môže. V tomto období vzniklo množstvo čudných profesií, ktoré opísal najmä Ľ. Zeljenka. Popularitu si získal napr. istý „Doktor Hodinka“. Zarábal si ako živý budíček. Každé ráno obchádzal svojich zákazníkov a usiloval sa ich prebudiť, aby stihli prísť do zamestnania a nestratili prácu. Ďalší zas zbieral slimáky či odchytával ježe a predával ich pekárom, aby u nich lovili švábov...

Do ruchu ulíc sa zapájali svojím vyvolávaním aj ‚hausíreri‘ – podomoví obchodníci a remeselníci. Vykrikovali nielen slovensky, ale ako sa v trojjazyčnej Bratislave patrilo aj nemecky a maďarsky. Handrári vábili vykrikovaním „Handry, kosti, železo, neste tetko Terezo, neste tetko Terezo“... a ľudia im požadované veci nosili a vymieňali ich za hrnčeky, tanieriky či iné drobnosti. Po meste chodili aj drotári. Mali pravidelnú trasu, takže obyvatelia vedeli, že ten ich drotár sa po čase vráti a opraví všetko, čo sa medzičasom pokazilo. Upozorňovali na seba spevavým volaním: „Drótovať, flekovať! Dajte hrnce drótovať!“. Rovnako obchádzali po domoch aj sklenári, ktorí vyvolávali svoje „Ókna robiť, ókna! Fenstamóchen! Ablakoš!“. Tieto výkriky nachádzali neraz odozvu u detí, ktoré mali v opakovaní a prekrucovaní zdroj stálej zábavy.

V živote mesta mali dôležitú funkciu viechy. Pri pohári vína zabúdali na svoje problémy ľudia hádam všetkých spoločenských vrstiev. Viechári sa vyznačovali svojím vzhľadom a oblečením: v modrých zásterách, s nevyhnutnými fúzmi, často prizdobení náušnicou v jednom uchu – kedysi znakom slobodného človeka. Boli to takmer bez výnimky Nemci a ich osobitá lámaná slovenčina neraz prispievala k dobrej nálade, najmä keď ohlasovali „sáfiračnu“. Známe boli aj figúrky štamgastov – vínkárov, ktorí tu popíjali svoje obligátne „háromdeci“. A nielen jedno. Preto sa starší z nich vyznačovali typicky vínnou tvárou...

Viechy priťahovali pouličných predavačov. Tu ponúkali svoje medovníky, klobásky, praclíky či iné pochúťky a korenili to svojským humorom: rozprávali vtipy, komentovali politickú situáciu atď. Patrila k nim aj Mariska či Lacná Mariska – šušlavá, hrbatá dievčina, ktorá ponúkala varené vajíčka, oriešky a cibuľky. Návštevníci si ju radi doberali, ponúkali jej spolusediacich za manžela. Ako spomína Michal Ranostaj, aj jeho svojho času ponúkali Mariske za partnera. Zamyslela sa, ale napokon blahosklonne súhlasila: „Usiev by“.

Hlasové, pohybové a výzorové deformácie vyčleňovali postihnutých z okolitého spoločenstva. Stávali sa tak všeobecne známymi a populárnymi. Do tejto kategórie patril napríklad muž, ktorý sídlil v neblaho známom Favorite a podľa fyziognómie mu nik nepovedal inak než Papagáj. Štamgasti či náhodní hostia mu neraz zaplatili pivo či dokonca rum, no celkom zadarmo to nebolo. „Pán Papagáj“ musel trpne znášať niekedy lepšie, inokedy horšie vtipy na svoj účet (Karol Hynek). Medzi predavačmi lahôdok, čo prechádzali viechami, bol zas jeden, ktorý pre svoj hlas a výzor bol všeobecne známy pod menom „umývač mŕtvol“ (J. Rybák).

Hummel alias Wasserkopf (Vodová hlava) bol nosič kufrov a batožiny. Stanovisko mal pred hlavnou stanicou a na znak svojej funkcie hrdo nosil červenú plátenú čiapku s mosadzným štítkom a nápisom Posluha – Dienstmann. Za prezývku ďakoval svojej veľkej hlave, na ktorej si zgustli hlavne chlapčiská. Už preto, že, ako spomína Karol Motoly, napriek všetkému úsiliu ich nikdy nedohonil... Kolegovia sa zaňho

hanbili a silou mocou ho presviedčali, aby sa vzdal tejto práce (K. Benyovszky).

Smutnou súčasťou bratislavských ulíc boli žobráci. Väčšinou išlo o vojnových invalidov, ktorí mali pevné miesta, kde denno-denne nastavovali svoje klobúky. Sedeli najmä na frekventovaných uliciach (napr. istý beznohý invalid mal sídlo vedľa Tatrabanky na dnešnom nám. SNP) alebo v blízkosti kostolov, kde očakávali väčšiu dávku milosrdenstva. Ťažko povedať, či oprávnene, ale verejnosť bola všeobecne presvedčená o svojej dobročinnosti... Pravidelne po smrti známejších žobrákov sa totiž šírila fáma o tisícoch či dokonca miliónoch, ktoré po nich zostali...

Menej krikľavo si zarábali na chlieb svoj každodenný rôzne typy hudobníkov. Potulní muzikanti chodili natŕčať klobúk či tanierik najčastejšie do početných bratislavských viech, alebo išli dom od domu. Používali najrôznejšie nástroje: husle, pílku, drumbľu, sem-tam harmoniku, ale aj poháre, hrebene. Podomoví muzikanti vošli do dvorov a po zahratí čakali, kedy im z okien padne zopár drobných, zabalených do papiera. Po viechach hrávala „schrammelmusik".

Rozšíreným zjavom boli verklikári, ktorí sa so svojím nástrojom a obligátnym tanierikom rozložili vždy mimo centra mesta: v dnešnom Sade Janka Kráľa, na Hlbokej a inde.

Prostredie viech oživovali aj kučébri so svojím „Paar-Unpaar", pri ktorom hostia stavali do hry peniaze, ale vyhrať mohli nanajvýš niečo z obsahu kučébrovho koša. Nerozlučne sem patrili kvetinárky, neraz deti, tak ako dnes. Ale aj zošúverené stareny či „mladé slečny pochybného zamestnania" (A. Plávka).

V uliciach sa však pohybovali aj postavičky, ktoré sa nenávratne vytratili z nášho života. Vo svojej dobe neboli žiadnou zvláštnosťou, ale dnes pretrvávajú v spomienkach ako určitá rarita, „špecialita" mesta. Takými boli fiakristi s tvrdými klobúkmi na hlavách, ktorí so svojimi „ein- či zweispännermi" čakali zákazníkov na stanovištiach: na dnešnej Gorkého ulici za budovou SND, na Hurbanovom námestí, pred Redutou, na nábreží. Ďalej rôzne typy furmanov a povozníkov, vinohradníkov, záhradníkov, smetiarov a príslušníkov ostatných profesií, ktoré charakterizovali svojské oblečenie, reč, vystupovanie. Do nenávratna sa stratili ľadári, ktorí sídlili v okolí Palisád. Zmizlo aj nákladné auto Sentinel, poháňané parou. „Nákladný priestor bol ohradený nízkou košinou, predok voza zrezaný a v strede kotol, z ktorého sa parilo. A keď išiel od Manderlu hore námestím, tak pískal" (Ladislav Lehotay).

Minulosťou sa stali aj šarhovia. Neexistujú už sprievodcovia električiek, ktorí viedli neľútostné vojny s čiernymi pasažiermi a detiskami, ale ani tradiční „hekači", ako bol populárny „Franta Dlouhý". Pre svoju postavu bol častým terčom výsmechu šarvancov, ale vinníka vždy dostihol a vytrestal „a pritom na svojich dlhých nohách ani nebežal, len tak si kráčal" (Mikuláš Gažo).

Život v ulicach Bratislavy mal svoje nepochybné čaro, no nemožno si ho jednostranne idealizovať. Š. Bednár spomína na svoje dojmy z roku 1937 takto: „Bratislava sa mi videla za jeden deň a jednu noc ako dožívanie starého sveta, ako čosi pozostalého z čias Franca Jozefa a rakúsko-uhorskej monarchie. Taká idylická, trochu provincionálna a popri tom svetácka a kozmopolitná. Voňala pečenými gaštanmi a cesnakovými hriankami, páchla tabakom a rumom. Tušil som, že to je podoba a chuť starej krčmovej Bratislavy, že ďalej na východ od

Manderlu bude aj dačo iné"... A práve v týchto končinách, nových mestských štvrtiach sa usadili slovenskí a českí prisťahovalci, ktorí menili zaužívané zvyklosti a vnášali nový ruch do pokojných až ospalých uličiek.

K takýmto nezvyčajným formám správania patrilo bohémstvo. Priniesli ho sem intelektuáli, nasiaknutí parížskou „belle epoque", ktorú mnohí spoznali na vlastnej koži a ďalší sprostredkovane. Mala rôzne podoby, od originálnych skutkov v uliciach až po búrlivý nočný (aj denný) život v bratislavských baroch, kaviarňach, viechach či na súkromí. Charakteristickým znakom bolo, že sa vždy prejavovalo v spoločnosti, na verejnosti, pred očami baviacich sa či pobúrených svedkov. Jeden z protagonistov bratislavskej bohémy T. Gašpar to definoval slovami: „Moje bohémstvo sa javilo práve v dôslednom odlišovaní od sivých a fádnych spoločenských obyčají." J. Hrušovský zovšeobecňuje: „Tí, čo túto bohému predstavovali, vari ani nevedeli, akého označenia sa ich viac-menej uzavretej spoločnosti dostane... Príslušníci cechu umeleckého (literáti, výtvarníci a čiastočne aj herci) sa do istej miery sami a vedome vydeľovali od ostatnej bratislavskej society, a to jednoducho preto, že mali iné záujmy a aj že sa cítili ľuďmi nie obyčajnými. Považovali sa za duchovnú elitu, do ktorej radový občan nemá prístup. Toto vedomie malo aj za následok spôsob života – extravagantný." Príhody bohémov sa šírili ako klebietky od úst k ústam, takže zostali zakotvené v spomienkach i literárnych pamätiach až dodnes.

„Prvú generáciu" bratislavskej bohémy reprezentovali predovšetkým T. Gašpar, E. Bohúň, F. Motoška, J. Hrušovský či J. Smrek. Mali zdatných nasledovníkov najmä v radoch mladších slovenských poetov. Bratislavská bohéma však nepredstavovala len spoločnosť pre zábavu a pobavenie. Ako píše Š. Hoza (ale vidno to aj zo spomienok T. Gašpara, E. Bohúňa, J. Hrušovského, J. Smreka a ďalších) „poslovenčovala bratislavskú spoločnosť, menila spoločenskú zábavu z prešporskej, eventuálne pozsonyovskej, na slovenskú a bratislavskú. Nikdy sa nezmenila na protispoločenskú pliagu". Na ukážku uvedieme aspoň niekoľko z množstva historiek z tohto prostredia. Ilustrujú, že bohémstvo nebola len prázdna póza, ale vyjadrovalo určitý postoj k životu a prostrediu.

Hrdinom prvej je T. Gašpar: „Keď už bolo dvanásť hodín v noci, návšteva sa skončila a Tido Gašpar bol očarený jednou z tam prítomných krásavíc, nebol ešte vôbec v nálade ísť domov. Kúzlo išlo za ním a potreboval tomu dať výraz. Zabočil rovno do Štefánky, kde hral povestný Jožko Pihík, mňa, samozrejme, tiež domov nepustil, ale ma tam posadil, vytiahol z peňaženky veľkú bankovku a povedal: – Nepôjdeme domov, kým táto bankovka (bolo to vtedajších 500 korún) na počesť tej krásavice tuná nepraskne. – To znamenalo šampanské, pravé francúzske (lebo vtedy sa inakšie ani nepilo). Jedna fľaša nám bolo dosť, ale za tú bankovku bolo tých fliaš niekoľko a tak ich museli s nami piť všetci členovia Pihíkovej kapely. Ja som bol samozrejme vo vytržení a na tenký servítkový papier, ktorý sme mali na stole, začal som čosi písať"... A že J. Smrek nebol vždy len pasívnym subjektom, svedčí ďalšia historka z jeho pamätí. Prírodný rezeň, skonzumovaný v známej petržalskej reštaurácii Leberfinger mal netušené následky: „Vtedy mi tak chutil, že mi vstúpil do nôh. Keď sme sa s Fricom Motoškom propelerom previezli a pred Redutou okolo kapely boli španielske kone, začal som ich preskakovať, až som pri

Pohrebný ústav rím.-kat. sam. cirk. obce v Bratislave

Laurinská 3, Radničná ul. 3.
Odbočka: Petržalka, Smetanova 8.

●

Podniká: Poriadanie pohrabov a vystrojovanie mrtvôl najjednoduchším a najskvelejším spôsobom. Dopravy mrtvôl tak v tuzemsku ako i do zahraničia.

Stará sa o pitvu, balzamovanie a exhumáciu mrtvôl. Podniká ozdobenie hrobov a hrobiek cez celé leto a na deň Všechsvätých.

Opatrovanie hrobov a hrobiek od 15. III. do 31. X. Kčs 50.—
Nové vysadenie hrobov na jaro od Kčs 35.—
Upravenie nového hrobu v lete od Kčs 70.—
Nové úpravy hrobu na jaro a v lete od Kčs 75.—
Úprava hrobov a hrobiek na Všechsvätých dľa zvláštnej objednávky od Kčs 40.—

●

Má vence umelého druhu a živého kvetu cez celý rok na sklade. Má stále na sklade veľký výber každého druhu smútočného tovaru, ako kovové a drevené rakvi od najjednoduchších po najskvelejšie, umrlčie plachty a vankúše, závoje atď. Fotografuje aj mrtvoly i celé pohraby a shotovuje umelecké masky. Vylučuje bársaké prostredníctvo.

jednom preskoku zlyhal a dochrámal som si lakeť. Bolelo to – ale aj blažilo. Vedel som, že život je krásny."

Množstvo bohémskych historiek sa viaže aj k známemu sochárovi Fricovi Motoškovi. Z nich vyberáme jednu, spojenú s hasičským cvičením na Rybnom námestí. Konalo sa 8. augusta 1926 v dobe, keď sedeli v krčmičke U čiernej panej F. Motoška, T. Gašpar a J. Hrušovský. Poslední dvaja dramaticky opísali túto historku, takže je zároveň dokladom, že keď dvaja vidia a zažijú to isté, nemusí to byť to isté...

Začiatok sa v oboch prípadoch zhoduje: miesto činu, čas, priebeh hasičského cvičenia i rozhodnutie F. Motošku skočiť z tretieho poschodia do natiahnutej záchrannej plachty. Potom však začínajú rozdiely. Podľa Hrušovského si Motoška zobral so sebou trojdecový pohár piva, „priložil si na údiv zástupu pohár k ústam a skočil... Počas letu, a ten bol veru krátky, vypil pohár piva až do dna a len potom sa rozpleštil na požiarnickej plachte". Prítomní, ktorých sa zhromaždilo nemálo, chceli odvážny čin osláviť. Pretože to však boli prevažne chudáci z okolia, musel Motoška platiť oslavu zo svojho...

Podľa spomienok T. Gašpara prebehol skok bez piva a skončil celkom inak: záchranka odviezla odvážlivca okamžite do nemocnice, aby tu vyšetrili, „aký to malo účinok na jeho srdce a či sa mu niečo nestalo. I všetky ostatné ústroje museli byť vyšetrené! Hasičstvo ručilo za všetko" a skokan mohol miesto oslavy len nadávať.

A ako videli túto udalosť požiarnici? Oficiálna správa znie nasledovne: „8. augusta 1926 usporiadali spojené hasičské zbory prvé spoločné cvičenie na Rybnom námestí. O 11. hod. dopoludnia tiahli hasičské autá po meste na Rybné námestie. Pod vedením veliteľa Frant. Pohla predviedlo hasičstvo ukážkové cvičenie a útoky na rozličné domy. Cvičenie bolo pekné a presné. Pri cvičení boli prítomní: starosta dr. Okánik, has. velitelia inž. Z. Krivoss a L. Bagnovíni, zástupcovia úradov a polície. Po cvičení defilovalo hasičstvo pred hosťami. Nakoniec bol usporiadaný sprievod mestom s hasičskými striekačkami" (J. Malárik). So všetkými podrobnosťami – len hlavný hrdina sa kamsi vytratil...

Nasledujúce príbehy sa dotýkajú ďalšej generácie bratislavskej bohémy: „Nezabudnem na polnočný pašiový obraz pred niekdajším meštianskym pivovarom: cez koľajnice ani žoch juty prehodený Rudo, z jednej strany do zbláznenia vycengávajú električky, okolo plno zvedavcov. Napokon ho odtiahli nabok... Iba neskôr sme sa dozvedeli pozadie: V pivovarskej reštaurácii ‚urovnával' spor dvoch dôstojníkov pre dievča. Tentoraz nie najvydarenejšie, pretože súperi sa udobrili a so súhlasom spanilej devy vyšupli samozvaného rozhodcu z pivovaru na dlažbu. Treba dodať, že cez koľajnice sa v srde prestrel náročky, podložiac si pod hlavu kilogram mäsa, ktorý ešte pred obedom kúpil u Manderlu..." (Š. Žáry).

Ďalší príbeh sa vzťahuje k J. Poničanovi a má trochu iný charakter: „Zostal mi v pamäti markantný záťah. V bujnom veselí zvesili sme u Poničanov zo steny básnikov maľovaný portrét (tuším od Weinera-Kráľa) a – zdvihnutý nad hlavou – nosili sme ho v procesii nočnou Bratislavou, presviedčajúc chodcov i vojenské hliadky, aby zdravili a salutovali. Nazývali sme to ‚pochod ľavých gladiátorov', pričom postava v ráme predstavovala nášho komandíra."

Bohéma nikdy nemala ďaleko k chudákom, čudákom, skrachovancom. Raz z hlbokého súcitu, inokedy z obdivu k ich rozmarnosti, ale možno aj z neblahej vidiny svojho konca. Od E. Bohúňa sa dozvedáme: „Na nočné potulky brával som so sebou muzikanta a umelca, istého Jančiho Németha, skrachovaného operného speváka, ktorý sa v tom čase živil tým, že vyhrával na malom harmóniu pod Michalskou bránou a spieval árie z klasických opier... Mal nádherný barytón, a keď svoj sýty hlas naplno vypustil, zachvela sa Michalská veža až do základov... A ráno, keď sme sa už konečne vykotúľali z krčmy, zastavili sme sa cestou domov ešte v našom milom dvore na dovŕšenie sentimentálnej nálady. Janči postavil naprostred dvora svoje malé harmónium a zahral i zaspieval Schubertovu Nedokončenú symfóniu... Malým dvorcom sa rozliehali večne krásne, bolesťou naplnené a nekonečnou nežnosťou usmiate melódie, tam vo dvore, kde boli arkády, brečtan a žblnkotajúca studňa. Vtedy pavlače ožili obyvateľmi domu..." A že neboli pohoršení týmto ranným koncertom, dosvedčujú ďalšie riadky: „Raz sa nám stalo, keď sme zase jedného rána dokončili na tomto dvore náš obligátny koncert a chceli sme práve odísť, že prikročila k nám mladá, asi sedemnásťročná slečinka s plavými vlasmi a s dvoma plnými taniermi polievky, pozrela sa na mňa svojím čistým pohľadom a povedala: Nech sa páči tejto polievky, posiela vám ju moja mamička, a tu máte ešte päť korún, pán Schubert..."

Určitým protipólom k týmto spoločenským vrstvám boli ľudia s istou mentálnou úchylkou. Výnimočnosť správania ich vyčlenila zo spoločenstva ako typy, ktoré síce tiež svojím spôsobom zabávali obyvateľov, ale vyvolávali v mnohom odlišné pocity. Netreba spomínať pestrú paletu krčmových a viechových štamgastov, ktorí oživovali kolorit mesta. Za všetkých aspoň Kapitán. Dlho pôsobil ako štolba v niektorom považskom kaštieli. Rád spomínal na temperamentnú ženskú modrú krv. Túlaval sa po krčmách a za pivo platil tým, že predvádzal parádny vojenský krok. Chvastal sa, že ho zbavili svojprávnosti. Ako vravel, „keď som si ten papier vybavoval, bola to moja najväčšia životná drina" (D. Hrubý).

Na Hviezdoslavovom námestí a v priľahlých uliciach sa ešte nedávno pohyboval Ženích. Vyznačoval sa zvláštnou, trochu chaplinovskou chôdzou, no predovšetkým nápadnou starosvetskou eleganciou. Väčšinou chodil v šedých nohaviciach, tmavom saku, bielej košeli zdobenej nevyhnutným, kedysi dávno elegantným motýlikom. Na hlave nosil plstený klobúk s vyhrnutými okrajmi. Napriek určitej ošúchanosti pôsobilo oblečenie stále slávnostným dojmom. Akoby bol vždy pripravený ísť na nejakú slávnostnú udalosť. Ľudia si vysvetľovali jeho neobvyklý vzhľad tým, že sa mal ženiť a nevesta v svadobný deň náhle umrela. V dôsledku toho sa údajne pomiatol a chodil stále pripravený na sobáš. Tento osud vyvolal súcit ľudí. (Dušan Ratica)

Nevedno, koľko pravdy je v tejto historke, ale možno na nej sledovať, ako sa výnimoční – odlišní – ľudia dostávali do povedomia širšej verejnosti. Morálka spoločenstva vyžadovala, aby sa k takýmto ľuďom správalo okolie slušne a ohľaduplne. Aj keď deti sa niekedy nezdržali posmeškov, dospelí ich za takéto správanie karhali a trestali.

V spomienkach Bratislavčanov natrvalo zakotvili predovšetkým tri postavy: kamelot Štefan, regulovčík Lacko a v prvom rade Schöner Náci, jedna z najpopulárnejších osobností v novšej histórii mesta.

Kameloti už svojou profesiou museli byť „nápadní", fungovať stále na očiach verejnosti, pútať na seba pozornosť. Z tejto širokej konkurencie vari najväčšiu popularitu dosiahol Kamelot Štefan, Pišta, ktorý po vojne predával najmä Večerník. S veľkou brašnou stával pri Medickej záhrade, za svoj monopolný rajón však považoval aj neďalekú fakultnú nemocnicu. Bol maličký a mal obrovskú hlavu. Kolovalo o ňom množstvo historiek a „zaručených" správ, ktoré aj sám šíril. O tom, že za veľké peniaze predal svoju hlavu i celú kostru na lekárske výskumy. Na zimu vraj chodieval do nemocnice, kde ho ošetrovali. Zomrel údajne tak, že dostal otravu krvi. A ostalo po ňom 30 000 korún (a podľa iných spoľahlivých zdrojov desaťnásobne viac či dokonca celý milión). Živil sa však aj iným spôsobom: „Chodil po Bratislave, malý, hlava veliká. A keď prišiel do mesta cirkus, tak si ho najali. Predával program a tak. Využili ho, lebo bol všetkých známy" (Ladislav Lehotay). Nebol to nijaký dobrák, naopak, bol agresívny a grobiánsky a svoj rajón bránil proti votrelcom všetkými prostriedkami...

Doma ho volali Štejo.

Na Michalskej 10, kde skoro štvrťstoročia býval v podnájme v malej izbičke bez okien a kúrenia, i v Štátnej nemocnici, kde strávil vari desatinu života, ho volali – Malý Štefan.

A pod menom Štefan – novinár ho poznala celá Bratislava. Jeho charakteristická figurka patrila k mestu skoro ako hrad alebo Michalská veža. A nevedel o ňom nikto nič.

Ľudia sotva postrehli, že od Vianoc metropolke a jej okoliu chýba jeho známa postava s kabelkou a s novinami.

Len zopár príbuzných a hŕstka zvedavých rodákov boli 29. februára tohto roku na cintoríne v Slávičom údolí, kde v oddelení 25 pod číslom 497 zahrabali malú rakvu.

VOLALI ŠTEJO

Lipa Štefan

Prvého septembra 1908 sa v Hochštetne 51-ročnému železničnému robotníkovi Pavlovi Lipovi a jeho 40-ročnej manželke Anne narodil chlapec. Keď lekár videl kraťučké rúčky a nôžky, nadmerne vyvinutú hlavu na silnom trupe, zdesil sa.

— „Anglická nemoc... do roka umrie! Skúste ho dať azda do nemocnice, ktovie?"

Matka si dieťa nedala. Umrie aj tak, ešte ho tam budú trápiť, nech len ostane pekne doma. Prešiel rok, druhý, tretí — a chlapec ešte stále žil, i keď len v poduškách. Otec navozil na dvor piesku, chlapca vybalili, nech sa na slnku, na teplom piesku mrví. Divsasvete, chlapec začal ožívať. Hrabal sa v piesku, liezol štvornožky — časom sa naučil chodiť. Ináč to bolo decko chápavé, o jeden deň mu padli zle roky, do školy išiel v siedmich.

— Učil sa dobre. Neprepadol ani raz. Čítať, písať, počítať — to mu išlo dobre, spomína jeho 67-ročná sestra Terézia Mravková z Vysokej pri Morave.

Vychodil vtedy povinných šesť tried, potom bol päť rokov doma. No chlapca ťahalo do sveta. V osemnástich sa vybral do Bratislavy.

Videli ho lekári, vzali ho do Štátnej nemocnice na skúmanie. Pomáhal im aj ako zriadenec. Občas skočil po cigarety, po noviny, pozametal — ale ako ukazuje stará fotografia, pomáhal aj pri ošetrovaní pacientov. Na zábere je v bielom plášti, spolu s lekármi a ošetrovateľkami, okolo postelí patrične sa usmievajúcich pacientov.

Po roku sa mu aj toto znevidelo. Odišiel do Prahy. Tu ho čakal podobný osud. Opäť si ho všimli lekári, tentokrát však bol nie ošetrovateľom, ale pacientom.

„Dali mu hlavu do gypsu a ťahali mu z nej vodu. Tým mu zachránili život. Keď

... mám. Nešťastníkovu reklamnú hodnotu ocenil i pán Kludský. Najal ho do svojho cirkusu za clowna. Tak sa dostal Štefan k svojmu druhému cestovnému pasu, v ktorom je len jediná pečiatka rakúskych colníkov. Totiž už predtým, v roku 1928 si vybavil pas číslo 2153/28, s ktorým bol dvakrát navštíviť svoju sestru v Maďarsku, 400 km za Budapešťou. Hoci okrem „jóvan" nevedel po maďarsky ani slovo — po ceste ho nepredali.

Zato sa pokúšal predať sa sám. Z jeho pražskej adresy sa rozletela bohatá korešpondencia do Francúzska, Rakúska, písal dokonca až do Austrálie, v ktorej lekárom ponúka za patričnú odmenu svoje telo po smrti. Aj po Bratislave sa o tomto rozšírili početné legendy, ktoré on sám dokonca podporoval, odpovede však chodili podobné, ako z nemocnice v Perthe v západnej

— Tak vy chcete tú trafiku...? A trúfali by ste si na to?

Štefan si pre slová nikdy ďaleko nechodil:

— Ná, keď mi to nepůjde, tak se na to vyfláknu!

Prirodzene, žiadosť mu zamietli a Štefan žil rok u sestry. Povahove bol dosť nespoločenský a — ako sa vraví — škrob. Sestra ho šatila, kŕmila. Kávu, čaj, kakao neľúbil, len mlieko raňajkoval, stálo 2 koruny liter. Raz doniesol noviny za 20 halierov, keď ich vzal švagor do ruky, pýtal späť 20 halierov. To už jeho sestru dopálilo:

— Na, tu máš 20 halierov, ale ráno dostaneš pol litra mlieka len za korunu! —

— Tak si tých 20 halierov nechaj! — súhlasil veľkoryso.

Nakoniec sa Štefan rozhodol, že pôjde nazad tam, kde začínal — do Bratislavy. Jeho životná anabáza sa teda skončila na Michalskej 10, kde býval od roku 1941 až do lanských Vianoc.

U pána Kludského

Opäť sa dal na svoje pôvodné zamestnanie — predával noviny. Rozumu mal za dvoch. Prečo by nemohol mať aj tržbu za dvoch?

V bývalej nemocenskej poisťovni na Bezručovej rozložil na stole noviny a nechal tam svoju čiapku — nech predáva. Sám zatiaľ predával noviny v meste. V nemocenskej ho poznali, nikto ho neoklamal ani o halier. Tak vlastne v Bratislave vznikla prvá samoobsluha.

Za svoju telesnú vadu trpel komplexmi celý život. Sestre sa večne sťažoval, prečo sú všetci ľudia veľkí, len on je taký maličký. Všetci príbuzní boli normálni, i rodičia, i babka, i babkina prababička — len on nie! Keby chcel byť aspoň o pár centimetrov väčší! Rozmýšľal normálne — a chcel normálne aj žiť. Chcel mať ženu.

Raz sa mu možnosť naskytla. Dostal prvý ľúbostný list:

pozdrav od Štefanie tak Štefan timi píšeš že si ako omne vipraval a timi píšeš že ömna nikdo nestoji tak prindi uvidime sa jeden druheho ket prindeš nikdo ta nevyžene šak sme lude ja som neni barsjaka mam bivani svoje ja nepojdem z domu ja som menši postavi peknej.

A priložená fotografia. Vec však ďalšie pokračovanie nemala.

Neskôr prišiel ešte jeden list od istej Anči zo Záhoria:

Milý Štefanko!!

Za pozdrav ďakujem ... a strašne sa teším už na tú našu svadbu. Mám od teciny štvery duchny, 15 ucirákú, 8 obrusu. Aj tebje mám na 4 košele, 1 bluvú, 1 modru 1 kremovu 1 štrafkovu. Obstaraj štefanku zlaté prstenky. A nejaký pjekný širák, perečko ti ja kúpim. Na sobášne šaty pro tebja ušam zeženem ...

Boli sme zvedaví, či ide naozaj o takú zriedkavú telesnú vadu, aby sa o jeho telo zaujímali lekári. Navštívili sme ústav patológie Lekárskej fakulty UK. Promovaní lekári Juraj Langer a Martin Šimko, odborní asistenti, nám pohotove zniesli hrubé almanachy a nalistovali heslo: CHONDRODYSTROPHIA FETALIS:

Ide o účimovú poruchu pri tvorbe kostí. V niektorých prípadoch je to dedičné, hoci konkrétne príčiny lekárska veda nepozná. Muži sú postihnutí častejšie ako ženy. Zjav vedie často k predčasnému odumretiu plodu v maternici, ak je plod donosený, často dieťa umiera krátko po pôrode. Máloktorí jedinci prežijú jeden rok, no potom sa dožívajú vyššieho veku. Charakteristickým znakom sú skrátené končatiny, neprimerane hrubé a často skrivené. Hlava sa zdá veľká, najmä relatívne s porovnaní s trupom, no často býva postihnutá aj vodnatielkou.

Je to zjav síce zriedkavý, ale nie výnimočný. Už je dôkladne lekársky popísaný. Býva najčastejšie príčinou vzniku trpasličej postavy. Postihnuté osoby trpia komplexami menejcennosti, čo vykompenzovávajú preexponovanou vtipnosťou. Takéhoto pôvodu bol i známy dvorný šašo Jiřího z Poděbrad — Paleček.

PRÁVNY PODKLAD NA PREDANIE VLASTNÉHO TELA lekárskej inštitúcii nie je, prípadný záujem vedcov musí ustúpiť pred vôľou pozostalých — nebohého pochovať. Fámy o desaťtisíckach za predané vlastné telo však kolujú naďalej. Potvrdil nám to i tajomník dekanátu Lekárskej fakulty, ktorému ešte i dnes občas príde takáto ponuka.

A ONÉ UZLÍČKY PEŇAZÍ ZO ŠTEFANOVEJ TRUHLY?

Nepočítané balíčky peňazí vzala Štefanova sestra, dedička, do veľkej tašky

O Štefanovi písali aj noviny

Über Stefan schrieben auch die Zeitungen

Iná známa postava – Lacko – sa neprejavoval násilnícky. Mal jedinú túžbu: riadiť dopravu. Bol to starší, zhrbený muž. Podľa niektorých nosil montgomerák, iní si ho zas pamätali v hubertuse či v plášti do dažďa. Hoci to nie je tak dávno, čo ho ešte dnešní tridsiatnici vídali na križovatkách, stráca sa presnosť opisu (a nielen pri tejto postave). Miesto regulovčíckej palice používal údajne dáždnik alebo (podľa iných pamätníkov) palicu z dáždnika. Nedisciplinovaných vodičov (neraz samozrejme schválne neporiadnych) upozorňoval gestami, píšťalkou, karhal slovne. Vodiči sa bavili, chodci ho chválili, električkári zdravili cenganím. Tolerovali ho aj dopravní policajti. Niekedy mu dokonca prepustili svoje miesto a regulovčícku paličku aj na najfrekventovanejších miestach. Väčšiu radosť mu urobiť nemohli. Najradšej usmerňoval električky pred Manderlom či pri Carltone, chodcov pri hoteli Palace. Časy sa však zmenili. Ako smutne, nostalgicky a zároveň reálne skonštatovala Gizela Poláčková, „dnes by tam už stáť nemohol"... Lackove podivínske správanie opisujú v podobnom duchu viacerí pamätníci.

D. Hrubý spomína, že táto jeho záľuba vyplynula z konkrétnej udalosti: „Raz zažila Bratislava veľkú atrakciu. Z Prahy pricestovali regulovčíci a na križovatkách predvádzali s ich paličkami priam

žonglérske kúsky... Umenie Pražanov zapôsobilo natoľko, že sa rozhodol dobrovoľne v ňom pokračovať."

Kráľom bratislavských postavičiek však bol nepochybne Schöner Náci. Pamätá si ho každý Bratislavčan od 35 rokov vyššie. Úmerne tejto popularite sa však líši obsah jednotlivých „zaručene presných a overených" informácií o Ignácovi Lamarovi, ako sa volal vlastným menom.

Na uliciach mesta sa objavil začiatkom tridsiatych rokov. Vyzeral tak, že „nezasvätený bol by ho považoval za lorda, ktorý z dostihovej dráhy omylom zablúdil do vnútorného mesta" (Ľ. Zeljenka). V spomienkach figuruje ako „vždy elegantne oblečený muž vo fraku a s cylindrom na hlave, v lakýrkach so psími dečkami a s paličkou v ruke. Zvykol sa prechádzať po bratislavských uliciach, rozdávajúc pozdravy okoloidúcim, vždy s patričným úsmevom" (Karol Motoly). V tomto sa spomienky nelíšia, hoci oblek bol časom ošúchanejší. Zhodné sú aj názory o jeho vonkajšom správaní. „Od Kapucínskej ulice cez Hurbanovo námestie, Michalskú smerom na Sedlársku ste mohli niekoľkokrát za deň stretnúť Schöner Náciho, známu figúrku bratislavských ulíc... Keď sa vracal, nesmel mu nikdy chýbať malý korzo-balíček, ktorým ho v cukrárni obdarovali" (L. Luknár). V pravidelných intervaloch navštevoval známe bratislavské kaviarne: štvrtkové popoludnie trávil napríklad u Bláhu (dnes Krym). Ako spomína Otto Mošovský, sadol si niekam, kde nikoho nerušil, vypil bielu kávu s bábovkou, slušne pozdravil a odišiel. Keď sa stretli náhodou v meste, nikdy nezabudol pozdraviť a zdvorilo sa spýtať, či môže prísť do kaviarne opäť. Zastavoval sa aj v cukrárňach a občas navštívil viechu, kde si s obľubou dal ‚štvrtku' či zaspieval niekedy sólo. Zo zásady (a to zdôrazňujú aj ostatní pamätníci) nikdy nežobral. „Krásny Náci nemusí žobrať. Jeho žobranie je zmechanizované. Na mnohých miestach mu rezervujú jeho týždňový, dvojtýždňový alebo mesačný prídel. Len čo sa zjaví, už si aj odnáša balík" (Ľ. Zeljenka).

„Korzo-balíčky" nosil pravidelne. Zabalené do firemného reklamného papiera Baťu, Brouka a iných slúžili vlastne ako lacná a účinná skrytá forma reklamy. Niekedy využívali jeho popularitu aj zjavnejšie: angažovali ho ako živú reklamnú atrakciu.

Pri všetkej popularite sa nevie presne, kde sa narodil. Zhoda je len v tvrdení, že „er war kein Pressburger". Pochádzal vraj z Petržalky, druhí tvrdia, že prišiel z Moravy, iní sa dušujú, že bol zo Záhoria, ďalší sa uspokojujú s tým, že mu pripisujú pôvod „z dobrej rodiny". Profesiou mal byť pôvodne krajčír, čo vraj vysvetľovalo, prečo sa mohol vždy elegantne obliekať, alebo obuvník. Nejdeme pátrať, ako to bolo v skutočnosti. Veď okolo význačných postáv sa vždy sústreďovali legendy, oproti ktorým bola skutočnosť príliš všedná. Aj o ňom sa vravelo, že jeho život osudovo poznačila žena. Údajne ešte počas prvej svetovej vojny sa mal ženiť, nevesta – chýrna krásavica – však v deň svadby ušla do Ameriky. Spomína M. Krno: „Bratislava bez milého blázna Schöner Náciho by nebola v tých časoch Bratislavou. Vkĺzol ticho ako duch do Podrumu v bielych rukavičkách, v ktorých prášieval koberce, zložil si z hlavy cylinder a povedal, že ho smädí. Povedal to v troch rečiach, aké ste vtedy počuli v meste... Dali ste mu pohár vína a Schöner Náci sa rozhovoril, že mal snúbenicu, ale mu ju odlákal bohatý Američan. – Dnes bude prísť, – doložil.. Čakám na štácii, len aby ju pustil pán Hitler." A vraj ju čakával každý deň a preto sa ani nemohol a ani nechcel oženiť. D. Hrubý píše: „Raz som sa ho opýtal, prečo sa neoženil. Odpovedal s vážnou tvárou: ‚Tisíc žien chcelo Schöne Náciho. Nemohol som si všetky zobrať.' Nejedna zrelšia žena po Nácim hodila očkom. Takej rád zaspieval vysokým tenkým hlasom. Sám si skladal melódiu a text. Jednu áriu som si poznačil:

Moja milá, krásna panička,
máte oči ako diamanty,
ach, dal by som vám tisíc hubičiek,
moja krásna, milovaná..."

U žien mal Schöner Náci úspech. Nech sa vyučil akémukoľvek remeslu, zrejmé je, že sa ním neživil. Hovorilo sa, že lepšie paničky si ho pozývali domov: upratať, vyprášiť koberce či nakúpiť a za odmenu ho nachovali a obdarovali starším oblečením, ktoré umožňovalo jeho eleganciu, a pridali balíček. Takto chodil po meste a Bratislavčania ho vítali s radosťou a úsmevom: „Er kommt! Nácko ide!" Za túto obľubu vďačil svojmu správaniu: Vždy milý, usmievavý, nesmierne zdvorilý k ženám bez rozdielu veku. Zakaždým sňal cylinder, uklonil sa, prípadne pobozkal ruku (Ondrej Horvay). Jeho popularitu využili dokonca aj na doskách, ktoré znamenajú svet, a angažovali ho do jedného z predstavení: „Neviem už, čo to v divadle dávali, ale bola tam jedna scénka, v ktorej Schöner Náci prešiel krížom cez javisko doprostriedka, v tom svojom typickom oblečení, úctivo sa pozdravil obecenstvu a išiel na druhú stranu preč. Za to zožal veľký potlesk" (Ladislav Lehotay).

Je málo postáv, ktoré zostali tak hlboko vryté v pamäti Bratislavčanov. Pri všetkých rozporoch v spomienkach sa prejavuje úplne jednotné hodnotenie: Nezabudnuteľný Schöner Náci. Takej postavy od tých čias v uliciach mesta niet!

*

Postavy a postavičky starej Bratislavy patria už väčšinou minulosti. Predovšetkým preto, že sa zmenila doba. Tí, čo si pamätajú staršie časy, sa zhodujú v názore, že to, čo robili, ako sa správali, by dnes bolo sotva možné a mysliteľné. Napriek ich odlišnosti mali svoj pevný, spoločenstvom rešpektovaný status. Stáli síce na pokraji spoločnosti, nie však ako vydedenci či neplnoprávni. Morálne normy nedovoľovali im ubližovať, zosmiešňovať. Ľudská slušnosť a hrozba verejného odsúdenia držali nad nimi ochrannú ruku a zabraňovali ostatným zneužívať ich slabosť.

Aj v súčasnosti sa občas stretávame s podobnými zjavmi. Pretrvávajú niektoré tradičné zamestnania, realizované na ulici: predaj kvetín či zeleniny, deti, čo obchádzajú vinárne s kytičkami kvetov, pouliční kameloti. Pre viaceré zamestnania bolo typické zachovávať a hrdo manifestovať stavovskú príslušnosť k profesii. Dnes sa to stráca. Súčasní dopraváci už len zriedka nosia svoje modré uniformy, viechári-vinári sú radšej, keď ostanú v anonymite. Časy sa menia.

Môžeme sa stretnúť aj s postavičkami, ktoré viac či menej pripomínajú svojich predchodcov. Zmenil sa však postoj k nim. Moderný život s množstvom obyvateľov prináša toľko vzruchov a vnemov, že odlišnosť sa nestáva osviežením každodennosti, ale záťažou. Nemáme čas sa zamyslieť, či pred nami leží opilec alebo chorý človek, či nás práve minul podivín, na akého nostalgicky spomíname, alebo obyčajný otrava.

Zmenila sa doba, ľudia. Verejné správanie zaväzuje, bohémstvo akosi vyšlo z módy, žiadaný je priemer. U novoprisťahovalcov, ktorí sa usilujú splynúť s okolím, ale aj u Bratislavčanov. Neraz so závisťou a sentimentom spomíname na výnimočné postavy, ktoré ozvláštňovali atmosféru mesta a zabávali jeho obyvateľov, ale sami akoby sme robili všetko proti ich existencii v našom okolí. Ak sa objavia, prechádzame okolo nevšímavo či dokonca s opovrhnutím. A pomáhame im, aby sa čím skôr dostali pod lekársku starostlivosť a nenarúšali stereotyp našich konvencií.

12

BRATISLAVSKÉ TIENE

Bratislavský spoločenský život nemal len svoje svetlé stránky. Protipólom populárnych viech, známych kaviarní, reprezentatívnych plesov či bohatých spolkových aktivít bol spôsob obživy časti obyvateľstva.

Sústreďovali sa najmä v starých chudobných štvrtiach – na Vydrici, Židovni, Podhradí... Tajuplne romantickú atmosféru týchto končín priblížili spomienky viacerých autorov. Ľ. Zeljenka ich opísal takto: „Stál som na Židovni a videl som krám vedľa krámu. Samé staré začmudené domy s popraskanými múrmi. Ktosi mi už vtedy povedal, že v tých polozrúcaných domoch býva už len málo obyvateľov židovského vierovyznania. Čoskoro som sa sám presvedčil, že mnohí zo Židov, čo tu často majú svoje krámy, bývali už v meste v hygienických bytoch a na ich miesto prišli Cigáni, ktorých vytislo veľké mesto s ich husľami do niekdajšieho geta.“ Dnes už zaniknutá časť mesta zaujala aj V. Nezvala. Z jeho opisu vidno osobitné poetické videnie: „Strašné krámky s falešným zlatem hebrejských nápisů vystrkují smutné, temné prašivé čumáky. Jako by tu bylo hořelo a jako by čmoud pokryl všecko, co tu je.“ Ktovie, či tu pracovala jeho básnická predstavivosť, alebo zbadal pozostatky z veľkého požiaru v roku 1913.

Osobitné zákutia priťahovali romanticky založených návštevníkov; chodili sem, ako dodnes s úsmevom spomínajú starší Bratislavčania, zo zvedavosti i za potešením. Vo väčšine prípadov ich tu vítali ako zákazníkov s radosťou. V inej situácii sa však ocitali osamotené ženy, ktoré sa tu z nejakého dôvodu objavili. Svoju návštevu zvyčajne vykonali prvý a posledný raz: „domáce panie“, aby odplašili prípadnú konkurenciu, ich veru neraz obliali obsahom nočníkov... Svoje sídlo tu však malo najmä bratislavské podsvetie: zlodeji, žobráci, prostitútky so svojimi pasákmi. Sídlili predovšetkým na Vydrici s jej povestnými krčmami, kde „hosť mohol dostať skôr zaucho než pivo“, domami lásky a predajnými ženami. Primeraný chýr mali tieto ulice už v polovici 19. storočia. Najlepšie to ilustrujú dobové verše z knihy, ktorá približuje čitateľom zaujímavosti slovenských miest a mestečiek. Pre Prešporok vyzdvihol autor okrem iného:

Keď chceš hrať ovandel,
choj na Cukrmandel,
nájdeš Doru aj Terku.
Jak by tam nebolo,
môžeš ísť okolo,
získaš to na Šlosberku.

A ešte v 30. rokoch sa spievalo: „Dort oben auf dem Schlossberg steht ein Haus. Mit 5 Kroni gehst du rein, mit a Trippel kommst du raus“, čo asi nepotrebuje preklad.

Dojmy z Vydrice plasticky priblížil J. Rybák: „Nad každým druhým vchodom horelo červené svetlo. Pod lucernami a vo vrátach stáli ženské postavy a iné sa vláčne pohybovali pozdĺž múrov ako mátohy. V prízemných pootvorených oknách boli odhrnuté záclonky a bolo vidno do malých izbičiek ožiarených lampami s červenými tienidlami. Hodvábne ružové svetlo sa rozlievalo po pohovkách a po posteliach a mäkko modelovalo tvary vyzlečených ležiacich žien predávajúcich sa za 20 korún.“

Inšpiráciu tu našli maliari (spomeňme napr. I. Weinera-Kráľa), spisovatelia, zvečnili ich vo svojich dielach básnici. Š. Žáry v zbierke

Verklikár

Leierkastenmann

BEAUTÉ
Damen-Friseur
MEZZANINE
ELEKTRO-
ZÁVOD
R. MICHÁLEK
OCULARIUM
LÁTAL
OPTIK
MECHANIK
BEAUTÉ

Múza oblieha Tróju, ktorú venoval životu bratislavskej bohémy, má okrem iného tieto verše:

A už je súmrak.
Vychádzajú neviestky, ktoré zahnal dážď
Vidím ich osmahlé vidím ich zhúžvaný prsník
Na ktorý sa nikdy detská pera neprisala
Mužskí ich trhali ako vňať.

Atmosféru Podhradia v tridsiatych rokoch priblížil J. Poničan:

Nik z týchto bedárov nepožíva rentu.
Len špina chudoby rozprestiera sa tu
pod korunou hradu v trúchlych rozvalinách.
Kus zhnitých storočí s farbou Orientu.

Tu v úzkych uličkách splesnivené domce
si stoja. Za dvermi zívajú si dvorce.
Rachitické izby v temno pohrúžené
na chodca volajú: Prečo prišiel? Čo chce?

Pach púdru priveje ako pestrá handra.
Pach čižmy zaleje ako pestrá propaganda.
V oknách svietidlo volá spoza záclon.
Zakýva Eržika, Zuzka, Grétka, Vanda.

Ak chutí tulákom táto láska bledá,
sto ramien objatie za pár groší predá.
V zatuchnutej izbe, v ktorej svetlo bliká.
Pod rozvalinami. Neďaleko Geta.

Prostitúcia sa však nedala ohraničiť len touto časťou Bratislavy. Stretávali sa s ňou aj návštevníci kaviarničiek a iných podnikov v centre mesta – v Lýre či Fedore, ale aj v Alžbetke, Republike a ďalších nočných podnikoch. Niekedy i tam, kde sa to na prvý pohľad možno ani neočakávalo. Z interpelácie, ktorú predniesol v apríli 1927 v mestskej rade poslanec E. Singer, sa napr. dozvedáme: „*V jednej tunajšej veľkej kaviarni, v ktorej je zainteresovaná aj mestská rada, vládnu pomery, aké nenachádzame ani v miliónových mestách. Rodiny majú strach vojsť s odrastenými deťmi do kaviarne. Celkom verejne tu kvitne obchod s dievčatami. Ženy sú kupliarené a večer sa podnik stáva nevestincom, čo určite vyvoláva nepriaznivý dojem u cudzincov.*“ V Petržalke – najmä v Elýziu a blízkych hájoch – mali svoj „revír“ tzv. lesné prostitútky. V spomienkach starších Bratislavčanov sa však objavujú aj prostitútky celkom iného druhu. Vari najznámejšou bola „Blonde Steffi“, ktorá „začínala ako 17-ročná v Continentáli a odchovala tri generácie mládencov“. Údajne posielala mladých mužov, aby jej kúpili cigarety a za vykonanú službu ich kráľovsky odmeňovala: otvárala im osobne a v Evinom rúchu. Ďalšie spomienky sa vzťahujú na „panskú jazdu“ v Trenčianskych Tepliciach. Nudiaci sa páni pookriali, keď tu stretli „Blonde Steffi“, tá ich však rýchlo schladila: „Nič z toho nebude, chlapci, ja som na dovolenke.“ Napokon sa vydala, a nie hocijako: „Jej manžel bol zahraničný voják, kartár, fajnový 4-5-rečový človek.“

Problém prostitúcie neodstránila ani druhá svetová vojna. Skôr

Pohľad na Židovňu (1935)

Das Judenviertel (1935)

naopak – okrem ekonomických dôvodov sa totiž objavili aj iné motívy. Ako nám napovedá literatúra (napr. knihy E. F. Kniežu, ktorý si všíma „sociálne rozvrstvenie“ bratislavskej prostitúcie), ale aj osobné spomienky starých Bratislavčanov: „Ešte aby som sa vrátil k Astorke v období po čiastočnom potlačení povstania. Medzi nemeckými rovnošatami tam vynikal nadporučík v slovenskej rovnošate protivzdušného vojska. Pamätám sa, že prišiel vtedy len tak, bez čapice. Predpísaným fašistickým pozdravom pozdravil, potom tým dievkam objednal víno, hovorili spolu asi desať minút, potom si jednu odviedol. Odišli, vrátila sa sama. Sadla si, vytiahla zrkadielko a upravovala sa...“ (Karol Hynek).

O formách a príčinách tohto javu mnoho objasňuje rozsiahly dvanásťstranový policajný elaborát zo dňa 29. októbra 1948, nazvaný Prostitúcia v Bratislave. Škoda, že ho nemožno citovať celý. Vzhľadom na množstvo konkrétnych údajov i štylistickú vybrúsenosť textu by si to neznámy autor i čitatelia zaslúžili. Uvedieme aspoň niektoré úryvky:

„Tak ako každé veľké mesto i Bratislava má svoje mravné bahno, zvané prostitúciou, ktorá sa rozlišuje na remeselnú *so sídlom medzi Rybným námestím a medzi tzv. Zuckermantlom (nie Zuckermandlom)* a tajnú, *rozsypanú takmer po celom meste, ktorá je ďaleko horšia a nebezpečnejšia než tá remeselná prostitúcia.*

Remeselná prostitúcia sa regrutuje totiž z padlých žien čiže dievčat, ktoré bývajú hlavne na smutne preslávených uliciach Vydrickej, Šťukovej a Floriánskej, počtom asi 70, ktoré majú riadne ohlásený byt, podrobujú sa pravidelným lekárskym prehliadkam u lekárov tunajšieho úradu a je o nich vedená zvláštna evidencia. Pri onemocnení na pohlavnú nákazu ochotne a trvale sa podrobujú liečbe.

Ostatné prostitútky už či ich nazývame remeselnými, či tajnými nie sú po zdravotnej stránke kontrolovateľné a stáva sa tak iba pri ich náhodnom zadržaní. Bývajú v rôznych čiastkach mesta, obyčajne bez policajného prihlásenia. Často menia svoj byt, mnohé ani nemajú stáleho bytu, ale – keď „nepracujú“ a chcú si oddýchnuť – najímajú si príležitostné postele, čím ich sledovanie ako aj ich evidencia naráža na veľké ťažkosti. Počet takýchto prostitútok v Bratislave možno odhadnúť na 900, čo je bezpochyby počet dosť veľký a neúmerný na počet obyvateľstva. Tieto prostitútky sú evidenčne (kartotékove) síce tiež zachytené, stáva sa tak pri ich zadržaní pri raziách, avšak ich byt je, z príčin skorej uvedených, vo väčšine prípadov úplne neznámy. No sú i také prostitútky, ktoré svoje remeslo (aspoň ony to za to považujú) prevádzajú tak opatrne, že ťažko prídu do potyku s orgánmi NB, raziu prevádzajúcimi.

Takéto tajné prostitútky sú často mladé dievčatá vo veku od 18 do 22 rokov, postávajú v pasážach pri Luxore, Te–Te, ASE a pod. a lákajú si príležitostných pasažierov i cez deň. Večer potom navštevujú lokály všetkého druhu a oddávajú sa nemiernemu hýreniu spojenému s prostitúciou. Medzi nimi nájdu sa dievčatá mravne už tak zvrhlé, navyknuté na tento zdanlivo ľahký spôsob života, že dohováranie im a úsilie o ich nápravu už sotva má účinku. Niektoré z týchto mladých dievčat zarobí si, pravda, mesačne 20–30 tisíc Kčs a preto je ich ťažko pohnúť k tomu, aby si našli riadne zamestnanie s mesačným zárobkom Kčs 2.500,- – 3.000. Sú to dievčatá zaslepené, intelektuálne tak primitívne, že nechápu, ako je vlastne len ich niekoľkoročná mladosť hodnotená peniazmi, čím si však vykopávajú hrob celej svojej ľudskej dôstojnosti a stavajú neprekonateľnú hrádzu pred prípadným návratom do riadneho života pre neúprosný predsudok ľudí. Práve z radov týchto mladých prostitútok sa regrutujú pohlavne nakazené, ktorých tohotoročný počet už teraz robí vyše 60 proti vlaňajšiemu celoročnému takémuto počtu.

Tajná prostitúcia teda stúpa. Jej príčinou je hlavne veľký príliv žien z vidieka do veľkomesta, kde potom bez zabezpečeného prístrešia a zamestnania prichádza k ich morálnemu úpadku." (Štátny ústredný archív SR, fond Povereníctvo vnútra)

O tom, že autor nepreháňal, hovorí ďalšie v archíve dochované hlásenie o výsledkoch razie zo dňa 9. 12. 1948. O pomeroch sa dozvedáme napr. nasledujúce: „*Od nájomníčiek-prostitútok vyberal národný správca domu na Floriánskej ul. č. 10 (pod hradom) mesačne Kčs 700 nájomného po každej zariadenej izbe, hoci FNO (Fond národnej obnovy) stanovil výšku nájomného iba v sume Kčs 400.*" Podobné pomery boli zistené aj v dome na Floriánskej č. 1. Správa však pokračuje:

„*Ďalej uvádzam veľmi krikľavý prípad kupliarstva zistený u ľudového hudobníka Jozefa B., spolumajiteľa a správcu domu na Floriánskej ul. č. 14, ktorý so svojou konkubínou Žofiou F. prevádzal kupliarstvo tým, že od svojich podnájomníčiek – prostitútok K. a T. vyberali úplaty po každom ich hosťovi, ktorí tieto v ich zariadených izbách navštevovali za účelom pohlavného obcovania, a síce z každého prípadu sumu Kčs 10,- pritom Jozef B. nútil spomenuté prostitútky, aby sa u neho stravovali, pravda, za cenu premrštenú, t. j. za obed pozostávajúci z polievky a vareného hovädzieho mäsa s prívarkom požadoval a prijímal sumu Kčs 70,- až 120,-, za večeru sumu Kčs 100,- až 150,-, za pol litr. flašku piva Kčs 15,- a za gumový prezervatív Kčs 15,-.*" (Štátny ústredný archív SR, fond Povereníctvo vnútra)

Tieto prejavy sa však, napriek všetkému úsiliu, nestali len bratislavskou spomienkou. Mnoho zaujímavého materiálu zo súčasnosti prináša vo svojej rozsiahlej monografii V. Ferko, ale aj V. Ordódy v článku, ktorý pod príznačným názvom Noc je ich plášťom uverejnila Nedeľná Pravda. Okrem iného v ňom uvádza: „Ich kartotéka sa rýchlo rozširuje, pritom veková hranica dievčat, ktoré sa rozhodli pre tento spôsob života, neustále klesá. Už dávno nepatrí medzi senzácie, ak sa do siete chytia 15–16-ročné ‚rybky'. Určiť presný počet bratislavských prostitútok sa, pochopiteľne, nedá. V súčasnosti je vo výkone trestu 64 osôb. To je však iba vrchol ľadovca. Počet dievčat, ktoré už okúsili najstaršie remeslo, prípadne si ním príležitostne prilepšujú, sa odhaduje na dvetisíc."

Na vysvetlenie a pochopenie možno prijať výrok, pripisovaný už Márii Terézii: „Na to, aby zanikla prostitúcia, by museli zaniknúť muži", ale aj slová, ktoré vložil Š. Moravčík do úst jednej z postáv svojho románu, bratislavskej prostitútke Heličke:

„Dieťa som nechala u rodičov a odcestovala do Bratislavy, kde som sa zamestnala ako servírka. V tomto prostredí som sa veľa priučila, poznávala som mužov, ktorí mi dvorili, boli ku mne galantní a dávali mi peniaze. Prečo by som to nevzala? Chcela som sa pekne obliekať, utrácať... A tak som si zvykla. ‚Zadarmo ani kura nehrabe' hovorí jedno porekadlo, a tak som prijímala od mužov okrem lásky aj peniaze. Rýchlo som zistila, že cudzinci platia lepšie a ešte k tomu aj vo valutách, tak som chodievala radšej s nimi... Boli to však len chvíľkové známosti, aby som zohnala financie a zabila čas."

Kolorit Bratislavy dotvárali aj žobráci. Tí, ktorí pre chorobu či zranenia z vojny nemohli nájsť prácu a invalidná renta ich neuživila, ale

Odporúča sa
Pohrebný ústav
„CHARITA"
JOZEF SVOBODA A SPOL.
Bratislava, Špitálska 46. - Tel. - - -

Zámocká ulica (1935)

Schloßstraße (Zámocká ulica) 1935

aj takí, čo videli v žobrote zdroj ľahkého zárobku. Najmä proti tým druhým sa pokúšali mestské úrady zakročiť alebo aspoň obmedziť ich počet. Napr. v roku 1925 vydali rozhodnutie o systéme žobráckych lístkov. Ako vyplýva z archívnych prameňov, očakávalo sa, že táto forma umožní *„snadnejšiu kontrolu žobrajúcich a odpudí z územia mesta Bratislavy žobrákov sem neprislušných. Dľa systému žobráckych lístkov kúpilo obecenstvo v trafikách alebo cestou jedného agenta tieto lístky za 10 halierov, ktoré potom dávali žobrákom za almužnu. Lístky sa zase zamenili v chudobinskom oddelení za peniaze. ... Že tento systém sa neosvedčil tak, ako sa očakávalo, je chyba jednak žobrákov, jednak obecenstva. Obchodníci a obecenstvo nekúpili radi tieto lístky, pretože žobráci nechceli to prijať ako almužnu"*. Vzhľadom na obojstrannú nechuť a z toho vyplývajúci neúspech akcie v máji 1932 *„mestská rada uzaviera, že systém žobráckych lístkov zastavuje a miesto nich zavedie systém nový, podľa ktorého každý obyvateľ, ktorý je ochotný na dobro základiny pouličného žobrania zaplatiť mesačne obnos 15–20 Kč, obdrží od mesta na dvere svojho bytu alebo obchodu tabuľu s označením, že žobranie je u dotyčného zakázané"*. Získané prostriedky plánovala mestská rada rozdeliť vo forme dvojtýždennej podpory tým,

„ktorí sú sem príslušní, skutočne a úplne práceneschopní“. A aby bolo zrejmé, že toto rozhodnutie je myslené vážne, objednalo mesto okamžite u firmy D. Adler 1000 tabuliek z bieleho plechu s rozmermi 10×7 cm a s nápisom: „Žobranie zakázané, keďže almužny sú zamenené. Mestská rada“ (D. Lehotská – V. Lehotský).

Napriek všestrannému úsiliu sa nedarilo obmedziť žobranie. Už preto, že celkové hospodárske pomery neboli najlepšie. Situáciu navyše komplikovalo, že okrem priameho podomového či pouličného žobrania existovalo aj množstvo skrytých, nepriamych foriem. Zúčastňovali sa na nich dospelí, ale často aj deti, ktoré chodili večer po kaviarňach, vinárňach či viechach. Ponúkali rôzny tovar, ale spoliehali sa predovšetkým na súcit k deťom, umocnený prípadne aj alkoholom. Ilustruje to správa z roku 1931: *„Je pravda, že každý večer množstvo detí pochodí značnú čiastku lokálov, ako kaviarne, reštaurácie a hlavne viechy a tam alebo žobrú alebo predávajú kvety, spievajú, hrajú alebo prevádzajú cirkusové akrobatické kúsky – aby takým spôsobom zarobili peniaze pre svojich rodičov. Aj to je pravda, že takéto deti sú vystavené nebezpečiu telesnej a duševnej skazy, lebo zavčasu si zvyknú na žobranie a v dôsledku prebdenia noci telesne upadajú. Ba čo viac, takéto deti sú vystavené rôznym pokušeniam, pohlavným nemociam a predčasne stratia normálne deti charakterizujúci pocit prirodzeného studu.“*

Ochrana detí pred zlom okolitého sveta sa neobmedzila len na tieto súcitné slová. Znovu sa oprášili zákony z rokov 1901, 1903 a 1907 a vydali nariadenia, ktoré *„prísne prikazujú všetkým príslušným úradom (polícia, poručenský úrad atď.), aby v každom prípade, keď sa dozvedia o podobnom dieťati, toto dieťa okamžite s vylúčením každého byrokratického zdĺhavého postupu odovzdali najbližšiemu štátnemu detskému azylu, odkiaľ majú byť tieto deti odovzdané ústavom s najprísnejšou výchovou. Takéto deti musia sa ihneď prehlásiť za ‚opustené‘ a aj proti vôli rodičov alebo príbuzných majú byť odovzdané do detského azylu“* (D. Lehotská – V. Lehotský).

Napriek hrozbám a trestom formy detskej žobroty pretrvávali. Napokon, neraz nešlo o zárobok na prilepšenie, ale o holú existenciu. Mnohé „zo zákulisia“ tejto doby približuje vo svojom diele J. Bodenek: „Z komôrky vyniesol košík na dlhom remeni, ako Bosniaci nosievajú. Boli v ňom cukríky, zákusky i všelijaké čačky, ktoré ponúkal pod viechami zaľúbencom. Zavesil si košík za remeň na plece, dočkal kým si Feďko oblečie kabát, potom ho chytil za plece a vyšli na ulicu... odtiaľ po schodoch na Podhradskú cestu a tam sa rozišli: Feďko vykročil do jednej viechy, Štefan zamieril do druhej. Ale nevošiel, pred dverami zastal a pozeral za Feďkom, ktorý práve vchádzal do viechy na druhej strane ulice. Prešiel na druhú stranu, započúval sa do spevu. Feďko prestal a Štefan dlhým krokom prešiel do viechy na druhej strane ulice.

– Pekne spieva to chlapča. Len koľko dnes prinesie? S úsmevom na tvári vkročil do začadenej miestnosti presiaknutej tabakovým dymom, chodil od stola k stolu a ponúkal svoje veci. Málokto niečo kúpil, ale keď chodil takto od siedmej do polnoci, do druhej po polnoci, kým nepozatvárali všetky viechy, a keď ponachádzal spoločnosti, ktoré boli napité, spravil za 25 korún obratu. Ale Feďko – i to sa niekedy stalo – priniesol toľko čistého.“

V prípade dospelých sa okrem krátkodobých trestov väzenia využívali najmä „služby“ postrkovej stanice, ktorá sídlila na Radlin-

Obrázky z Podhradia (F. Dex)

Dirnen am Stand (F. Dex)

Vydrické noci
(I. Weiner-Kráľ) 1936

Die Nächte
von Weidritz (Vydrica) –
von I. Weiner-Kráľ (1936)

ského ulici. Mala za úlohu zabezpečovať odsun mimobratislavských previnilcov do domovskej obce. Na cestu im dali lístky (najviac však do vzdialenosti 80 km) a 2 koruny na stravu. Ak bola domovská obec ďalej, museli žiadať o cestovný lístok v meste, do ktorého im zaplatil lístok bratislavský úrad...

Na základe uvedených archívnych prameňov by sa zdalo, že každého žobráka považovali za reálneho alebo potenciálneho zločinca. Skutočnosť však bola zložitejšia. V mnohých prípadoch išlo o vojnových invalidov, ktorých tolerovali úrady, majitelia podnikov i „ctené obecenstvo". V ďalších (ako v prípade spomínaného Štefana a Feďku) sa to týkalo obetí hospodárskej krízy. Pretože nemohli nájsť platené zamestnanie, pretĺkali sa takto. A, ako čítame opäť u Bodeneka, neraz so slušným výsledkom: „Ja som predvčerom prišiel na znamenitú myšlienku ako sa dostať ku grošu. Robil som hokus-pokusy pod viechami a zarobil som štyri stovky. -Aké hokus-pokusy? -Nuž také silácke. Stoličku v zuboch aj s pasažierom po izbe a také veci. -A potom si na tom vyberal? -Hádam to nebudem robiť zadarmo?"

Úsilie zachovať si dôstojnosť (ale aj pokoj s úradmi) a maskovať svoju biedu prijímala bratislavská verejnosť v medzivojnovom období s toleranciou. Ako vyplýva zo spomienok, obyvatelia i personál kaviarní tieto rozdiely registrovali a rozlišovali. Predovšetkým k vojnovým invalidom (ale aj k prvým utečencom z hitlerovského Nemecka) pristupovali veľmi citlivo.

„Viechári bránili tomu, aby pod viechy chodili vyslovení žobráci. Vyslovených žobrákov tam nepúšťali, s výnimkou viditeľných vojnových invalidov, tí smeli aj žobrať. Ale nebránili všelijakým tým obchodníkom a nebránili ani potulným hudobníkom a artistom. Lebo všelijakí tí hudobníci vošli... harmonikár, huslista a s basou. Zahrali pesničku. Slovenskú, nemeckú, niekedy aj po maďarsky, ale tie veľmi málo. Zahrali, potom vyberali do tanierika mince a šli do ďalšej viechy. To bola tá hospodárska kríza a väčšinou to boli nezamestnaní ľudia, povedzme aj hudobníci, ale aj nezamestnaní ľudia iných profesií, ktorí vedeli hrať na nejaký nástroj. Alebo chodil tam taký človek a nosil so sebou nejaký prístroj, taký dosť veľký, a ponúkal hosťom, že im zmerá krvný tlak. Každý odmietal, lebo kto si chce zmerať krvný tlak, keď popíja vínko... Tak na to on vždy povedal: ‚Aspoň mi voľačo dajú.' Rád sa pokúšal spievať, ale nemal nijaký hudobný sluch ani nijaké drnkadlo, ktorým by sa doprevádzal. Raz sa pamätám, že spieval: ‚A ja som artista, bohužiaľ bez miesta.' To bol jeho refrén. A ľudia mu potom nejaké drobné mince dali." (Karol Hynek)

Muzikanti – jednotlivci, ale častejšie skupiny – chodili aj po domoch. Vošli do dvora, zahrali jednu-dve piesne a čakali na výsledok – drobné mince, ktoré im, zabalené do papiera, hádzali z okna ľútostivé panie alebo (častejšie) ich slúžky.

„Žobráci, to k nám do Štefánie nesmelo chodiť. Hoci napríklad mali sme tu veľa židovských hostí. A za nimi chodili často ich chudobnejší ľudia, stretávali sa tu s nimi, keď tu sedeli, a tí im všeličo dávali. To ale sedeli spolu pri stole, oni sa poznali. To nebolo také žobranie. Alebo prišiel k nám jeden z Berlína. Ušiel pred Hitlerom do Československa. A ten prišiel raz za mnou, či by nemohol robiť u nás grafológiu. To bolo veľmi zaujímavé a on robil veľmi dobré obchody" (Béla Hackenberger).

„Pozrite, dnes vystúpite z propelera, prejdete Viedenskú cestu a prídete do parku v miestach, kde stával ten vodotrysk. A tam v letných mesiacoch stáli vždy dvaja-traja verklikári, ktorí hrali na verklíky. No, mali nastavené čapice. A sedával tam jeden slepý Cigán na skladacej stoličke a hral na harmoniku heligónku. Dodnes mi to ostalo v pamäti. Bola to taká smutná pieseň rakúskych vojakov za prvej svetovej vojny. Má tri verzie – slovenskú, maďarskú a nemeckú. Neviem presne ten text, ale obsahovo bol asi taký, že vojak v zákopoch, či v talianskych, ruských alebo kam všade už rakúsko-uhorská monarchia posielala chlapcov v rovnošatách bojovať, píše domov: ‚Píšem ti, mama, tento list. Toľko by som ti chcel povedať, ale neviem to vyjadriť. Aj náš pán poručík smutný nevie to svojej deve napísať.‘ A tento Cigán to hral bez prestávky, a mal taký tik v tvári, viete, bol to taký nervový tik, ale prežíval to celým telom. On celým telom hral na tú hramoniku, nesedel strnulo... A potom, keď nám hitlerovskí fašisti zobrali pravý breh Dunaja, teda Petržalku, tak som opätovne počúval toho slepého Cigána hrávať túto melódiu nad Hlbokou cestou. Tam, kde je tá štylizovaná imitácia jaskyne a kde bola veľmi navštevovaná reštaurácia. K tomuto slepému Cigánovi musím ešte dodať, že som sa dopočul, že mal asi šesť detí a zrejme nežil sociálne v tých najbiednejších pomeroch, lebo tá melódia tak priťahovala a ľudia mu dávali aj väčšie mince“ (Karol Hynek).

Predaj kvetín bol (a dodnes v bratislavských vinárňach ostal) záležitosťou detí a predovšetkým žien. Napriek rokom, ktoré uplynuli, spomienky A. Plávku sa nestali v tomto smere celkom „vecou minulou“: „...kvetinárky s kytičkami fialiek, klincov a ruží, medzi ktorými boli zošúverené starenky, no boli medzi nimi aj mladé slečny pochybného zamestnania, s bledými zadumanými tvárami, ktorým podpití hostia dávali za kvety dvoj- i trojnásobok žiadanej ceny, pravda, to za ten dôvažok pohladenia či omacania vnád a bokov, alebo za ‚pyštek‘.“

*

Spomínané prípady majú svoju smutnú i romantickú tvár. Možno ich interpretovať rôzne. V každom prípade však tieto osoby prispievali k rôznorodosti bratislavského spoločenského života a zostali neodlučiteľnou zložkou spomienok „na staré časy“.

ZÁVEREČNÁ

Príprava tejto publikácie znamenala pre autorský kolektív šťastný kompromis medzi osobnými záujmami a spoločenskou objednávkou. Hoci sme si aj predtým všímali rôzne okruhy spoločenského života v Bratislave, ani jeden z nás sa touto problematikou nezaoberal v rozsahu, aký vyžadovala kniha.

Viaceré zo spracovaných tém boli doteraz v bratislavskom prostredí sledované len okrajovo, alebo sa začali skúmať až v súvislosti s touto knihou. Jej obsah sa postupne kryštalizoval a konkretizoval v priebehu písania – v krátkom čase medzi februárom a októbrom 1989. Čím viac sme sa oboznamovali s Bratislavčanmi a ich spomienkami, tým širší rozsah dostávala naša práca.

Keď bol text dopísaný (nie však dokončený), ukázalo sa, že dohovorený rozsah bol beznádejne prekročený. Krátka rekapitulácia ukázala, že viac ako 300 rukopisných strán je síce veľa, no zďaleka nestačí na obsiahnutie všetkých zaujímavých a dôležitých javov. Mnohé ostalo naznačené, iné chýba celkom.

Kultúrny život mesta bol podstatne bohatší. O bratislavských športovcoch a ich fanúšikoch možno povedať oveľa viac; z priestorových dôvodov sme vyradili napísanú kapitolu o zvieratách, ktoré hrali (a dodnes hrajú) dôležitú úlohu v pracovnom aj spoločenskom živote mesta.

Mnohým bude určite chýbať zmienka o „ich" ulici, dome, okolí. Takmer sa vytratili aj rodinné obrady (najmä narodenie a svadba) i zvyky, ktoré neprebiehajú na verejnosti, ale v intímnom rodinnom kruhu.

Úctyhodný počet existujúcich spolkov vylučoval všímať si detaily. Len púhe vymenovanie by znamenalo niekoľko desiatok strán... A labužníkom budú určite chýbať podrobnejšie správy o bratislavskom stravovaní a jeho špecialitách. Veď tu existovalo množstvo reštaurácií. Hostince mali svoju tradíciu i romantické názvy, predovšetkým však ponuku kvalitnej obsluhy a širokého výberu jedál a nápojov. Stretli sme sa však aj s menej atraktívnymi, no nemenej zaujímavými inštitúciami – ľudovými kuchyňami. Prvá bola otvorená 3. novembra 1875. Mala úspech, takže sa otvárali nové filiálky. Ročne sa predalo niekoľko stotisíc obedov (v roku 1890 napr. 616 269 porcií). Prosperovala aj Židovská ľudová kuchyňa (založená roku 1891), ktorá „miestnym a prechádzajúcim chudákom" vydávala ročne viac ako 150 000 porcií.

V jednotlivých kapitolách neostal priestor pre život a prácu vinohradníkov, chýbajú ďalší z galérie populárnych postavičiek, existovali aj iné výletné miesta a i tienistých stránok života mesta bolo určite viac. A bratislavskí pamätníci bezpochyby dobre vedia, čo všetko ešte chýba, čo treba preskúmať a doplniť.

Niet sa čomu čudovať. Bratislavský život bol v nedávnej minulosti bohatý a rozmanitý, takže do jedinej, hoci čo ako hrubej knihy ho nevtesnáš. A pamätníkov i spomienok je ešte viac. Našťastie. Pre autorov, pretože budú môcť pokračovať v rozbehnutej práci aj v budúcnosti, ale aj (aspoň dúfame) pre čitateľov.

DODATKY

Na ilustráciu rozmanitosti bratislavských spolkov v rokoch monarchie i Československej republiky prinášame výber zo súpisu 138 spolkov a spoločností uvedených v Pressburger Wegweiser v roku 1905 (každý názov je dvojjazyčný – maďarský a nemecký) a výber zo zoznamu 676 spolkov, ktorý zostavilo v roku 1931 Policajné riaditeľstvo (v tomto prípade uvádzame podľa originálu).

BRATISLAVSKÉ SPOLKY V ROKU 1905

I. *Vedecké, umelecké a vzdelávacie spolky* – 25 (Robotnícky vzdelávací spolok Napred, Ahawath-Zion, Gabelsbergerov stenografický spolok Concordia, Electra-klub, Novinársky spolok, Cirkevný hudobný spolok sv. Martina, Umelecký spolok Bratislavskej župy, Učiteľský spolok, Maďarský vzdelávajúci spolok, Bratislavský lekársko-prírodovedecký spolok, Šachový klub, Toldyho kruh atď.);

II. *Všeobecne prospešné spolky* – 3 (Bratislavský dobrovoľný hasičský spolok, Župný hasičský zväz, Okrášľujúci spolok);

III. *Politické spolky* – 3 (Bratislavský mestský občiansky spolok, Bratislavský slobodný občiansky spolok, Klub mestskej reprezentácie);

IV. *Humanitné spolky* – 34 (pohrebné spolky – katolícky, evanjelický, lodnícky, Spolok kníhtlačiarov a písmolejcov, Ženský dobročinný spolok, Humanitas – spolok na podporu chudobných usilovných žiakov bez rozdielu náboženstva, Právnický podporný spolok, veteránske spolky Korunný princ Rudolf a Arcivojvoda Jozef, Spolok Červeného kríža, Spolok sv. Vincenta, 3 ľudové kuchyne, Dobročinný venček atď.);

V. *Živnostenské organizácie* – 14 (spoločnosti: pekárov, hostinských a kaviarnikov, záhradníkov, tesárov, krajčírov atď.);

VI. *Spoločenské spolky* – 15 (Kasíno, Spolok katolíckych tovarišov, Spoločenský klub bratislavských kresťanských obchodníkov a obchodníckej mládeže, Katolícky klub, Bratislavský spevokol – Liedertafel, Slobodná pieseň, Bratislavský spevácky spolok, Mužský spevácky spolok, Mužský spevácky spolok Zväz typografov, stolová spoločnosť Széchenyi István atď.);

VII. *Športové spolky* – 12 (Prvý bratislavský robotnícky cyklistický spolok, Prvý bratislavský cyklistický spolok, Šermiarsky klub, Bratislavský dostihový spolok, Prvý bratislavský futbalový klub Pannonia, Bratislavský telocvičný spolok PTE, Veslársky spolok atď.).

BRATISLAVSKÉ SPOLKY V ROKU 1931

Spolky politické – 1 (Liga proti komunizmu)

Spolky nepolitické:

I. *Náboženské spolky* – 16 (YMCA – Kresťanské združenie mladých mužov, YWCA – Obrodné hnutie mladých žien, Bratislavský katolícky kruh, Katolícka jednota, Rímsko-katolícky spolok sv. Vincenta z Pauly, Kresťanský spolok mládeže pri Jednote českobratskej, Agudas Jisroel atď.);

II. *Dobročinné spolky* – 67 (Záchrana – spolok na ochranu padlých žien a dievčat, Masarykova liga proti tuberkulóze, miestny odbor Čs. Červeného kríža, Wohltätigkeitskränzchen, Prvá bratislavská mestská ľudová kuchyňa, Spolok pre podporovanie nemajetných žiakov štátnej reálky, Spolok hluchonemých na Slovensku, humanitné stolové spoločnosti, Charitas – združenie pre stavbu lacných bytov atď.);

III. *Vzájomné podporné a pohrebné spolky* – 36 (Kresťanský nemocných podporujúci a pohrebný spolok, Vdovy a siroty podporujúci spolok, Spolok k podporovaniu a zaopatreniu prepustených trestancov, Humanitas, Družina čs. vojnových poškodencov, robotnícke pomocné pokladnice, Pressburger Maurer- und Steinmetz-Beerdigungsverein zu St. Rochus, Pohrebný spolok sv. Mikuláša, Evanjelický pohrebný spolok atď.);

IV. *Poľnohospodárske spolky* – 39 (Slovenská jednota chovateľov koní, Krajinský hospodársky spolok statkárov, veľkostatkárov a nájomcov na Slovensku, Slovenská roľnícka jednota, Ústredná jednota repárov, Včelársky spolok, Spolok vinohradníkov, Slovenská ovocinárska spoločnosť, Lovecký ochranný spolok pre Slovensko, Rybársky spolok pre Bratislavu a okolie atď.);

V. *Spolky pre obchod a priemysel* – 56 (Zväz slovenských bánk, Bratislavský priemyselný spolok, Zväz slovenských ústredných pálenic a likérových závodov, Ústredné združenie slovenského priemyslu, Zväz malomlynárov pre Slovensko a Podkarpatskú Rus, Jednota hoteliérov, hostinských a kaviarnikov pri republikánskej strane zemedelského a maloroľníckeho ľudu, Zemský zväz obuvníkov, čižmárov a zvrškárov atď.);

VI. *Muzeálne, vedecké, umelecké a okrášľovacie spolky* – 21 (Spoločnosť Slovenského vlastivedného múzea, Lekársko-prírodovedecký spolok, Učená spoločnosť Šafárikova, Štátovedecký spolok, Uránia – vedecký spolok, Západoslovenská župa lekárov československých. Slovenská pedagogická spoločnosť, Umelecká beseda slovenská, Spolok slovenských umelcov atď.);

VII. *Študentské spolky* – 25 (Zväz slovenského študentstva, fakultné spolky Právnik, Spolok čs. medikov, Ľudovít Štúr, Moyzes – spolok slovenských katolíckych akademikov, Kuzmányho kruh evanjelických akademikov, Ústredie slovenského katolíckeho študentsva, Spolok socialistických akademikov atď.);

VIII. *Spoločenské spolky* – 121 (Schlaraffia, Občianske kasíno, Šachový klub stavebných robotníkov, Amatérsky tanečný klub, Deutscher Theaterverein, Robotnícke divadlo, Dramatický klub Štefánik, Intímna scéna, robotnícke spevácke spolky Echo, Magnet, Liedesfreiheit, Typographenbund, Tatran, Robotnícky tamburášsky zbor, Zora – spolok pre pestovanie speváckeho, hudobného a dramatického umenia, Kirchenmusikverein, Prvý bratislavský spolok mandolinistov a citaristov „Veselosť", Živena, slobodomurárske lóže, Slovenská liga, Osvetový zväz pre Slovensko, Toldyho kruh, Alliance Francaise, Gabelsbergerov stenografický spolok „Concordia", Deutscher Kulturverband, Spolok pre kultúrnu prácu medzinárodnú, Esperanto klub, Rádioklub atď.);

IX. *Telocvičné spolky* – 21 (4 TJ Sokol, 4 odbočky Robotníckych telocvičných jednôt, Federovaná robotnícka telocvičná jednota v Petržalke, Jednota čs. Orla, Deutscher Turnverein, Meštiansky telocvičný spolok PTE, Židovská telocvičná jednota Makabi atď.);

X. *Športové spolky* – 73 (ŠK Bratislava, VAS, Ligeti, MTK, Lawn Tennis Club, Prvý atletický klub Herkules, ŠK Slávia, Bratislavský novomestský futbalový spolok, Ruderverein Donau, Šermiarsky klub Zitonia, Ski-klub, Slovenský aeroklub M. R. Štefánika, Arbeiter Rad- und Kraftfahrerverein „Rote Nelke" atď.);

XI. *Spolky vojenských vyslúžilcov* – 8 (Priateľský podporujúci spolok vojenských vyslúžilcov, Kamarádsky spolok vyslúžených vojakov, Bratský podporujúci spolok vyslúžených vojakov atď.);

XII. *Hasičské spolky* – 4 (najznámejší z nich Dobrovoľný hasičský a záchranný zbor);

XIII. *Stavovské spolky a odborové organizácie* – 122 (Zemský zväz elektrických a plynových inštalatérov a príbuzných odvetví, Zväz advokátov na Slovensku, Združenie neskúšaných zubných technikov, Združenie veľkostatkárskych úradníkov a zamestnancov, Zemský zväz tesárskych majstrov, Spolok slovenských poštárov, Seniorálny učiteľský spolok ev. a. v. mesta Bratislavy, Spolok čs. lekárov, Slovenská zemská jednota sudcov, Spolok berných úradníkov, Spolok profesorov Slovákov, odbor Spolku čs. inžinierov SIA, Spolok štátnych civilných penzistov, Jednota čs. námorníkov a plavcov, Spolok mestských zamestnancov, Únia domovníkov, domovníc a vrátnikov atď.);

XIV. *Stavovské spolky a odborové organizácie robotnícke* – 56 (Spolok grafických robotníkov, miestne skupiny Zväzu kovorobotníkov, Zväzu textilného robotníctva, Zväzu drevorobotníctva, Klub strojových a denníkových sadzačov, Slovenské kresťansko-sociálne odborové združenie, Spolok holičských a kaderníckych pomocníkov a pomocníc, Zväz riadičov automobilov, Jednota zamestnancov mestskej elektrickej železnice a autobusového podniku, Ústredná jednota čs. čiašnictva „Otakar“ atď.);

XV. *Rôzne spolky* – 10 (Spolok na ochranu zvierat a legionárske spolky).

BRATISLAVSKÉ FUTBALOVÉ KLUBY V ROKU 1919

Pozsonyi Atlétikai Club (PAC Atletický klub Bratislava)
Pozsonyi Bőrmunkások Futbal Clubja (FC Garbiarov Bratislava)
Pozsonyi „Duna“ Sport Kör (Športový krúžok Dunaj Bratislava)
Pozsonyi Dynamitgyár Sport Club (ŠK Dynamitka Bratislava)
Pozsonyi Építőiparosok Sport Egyesülete (Športová jednota priemyselných staviteľov Bratislava)
Pozsonyi Ganymed Sport (ŠK zamestnancov v pohostinstve Bratislava)
Ligeti Sport Club (ŠK Petržalka)
Pozsonyi Magántisztviselők Torna Köre (Telocvičný krúžok súkromných úradníkov Bratislava)
Pozsonyi Makkabea Sport Club (ŠK Makkabea Bratislava)
Pozsonyi Merkur Torna Club (Telocvičný klub Merkur Bratislava)
Pozsonyi Terézvárosi Futball Club (FC Tereziánske mesto Bratislava)
Pozsonyi Torna Egyesület PTE Bratislava (Bratislavský telocvičný spolok)
Pozsonyi Törekvés Sport Egyesület (Športová jednota Snaha Bratislava)
Pozsonyi Újvárosi Labdarúgó Egylet (Novomestský futbalový spolok Bratislava, PULE)
Pozsonyi Vas és Fémmunkás Sport Egyesülete (Športová jednota kovorobotníkov Bratislava, VAS)
Pozsonyi Virágvölgyi Sport Club (ŠK Blumentál Bratislava)

(Podľa Š. Mašlonka – J. Kšiňan)

BRATISLAVSKÉ VIECHÁRSKE ULICE (DO ROKU 1918)

Ulica (dobový a dnešný názov)	1908	1909	1913
Jókaiho (Veterná)	+	+	+
Vysoká	+	+	+
Schöndorfská (Obchodná)	+	+	+
Špitálska	+	+	+
Dunajská	+	+	–
Jozefská	+	+	+
Kopáčska	+	+	+

Zámočnícka	+	+	+
Eszterházyho nám. (nám. Slobody)	+	+	+
Mýtna	+	+	+
Valónska (Slovanská)	+	+	+
Zichyho (Kutlíkova)	+	+	–
Fazuľová	+	+	–
Krížna	+	+	+
Alžbetina (Mickiewiczova)	+	+	+
Konventná	+	+	–
Reichardova (Rajská)	+	+	+
Povraznícka	+	+	+
ul. Mateja Bela (Panenská)	+	+	+
Pálffyho (Vazovova)	+	+	+
Blumentálska	+	+	+
Mýtna	+	–	–
Obilný trh (Kollárovo nám.)	+	+	+
nám. arcivojvodu Fridricha (Suché mýto)	+	+	–
Šancová (Malinovského)	+	–	+
Pöllnská (Žilinská)	+	+	+
Dobytčí trh (Trnavské mýto)	+	+	+
Kráľovská cesta (Mudroňova)	+	–	–
Záhradnícka	+	+	+
Račišdorfské mýto (Račianske mýto)	–	+	–
Kempelenova (Klemensova)	–	–	+

Ulica (dobový a dnešný názov)	1924	1927	1937
Jókaiho (Veterná)	+	+	+
Vysoká	+	+	+
Schöndorfská (Obchodná)	+	+	+
Špitálska	+	+	+
Reichardova (Rajská)	+	+	+
Mýtna	+	+	+
Krajinská (Radlinského)	+	+	+
Krížna	+	+	+
Kutlíkova	+	–	+
Valónska (Slovanská)	+	+	+
Alžbetina (Mickiewiczova)	+	+	–
Konventná	+	+	+
Kniežacia lúka (nám. Slobody)	+	+	+
Kopáčska	+	+	+
Záhradnícka	+	–	–
Dlhá (Panská)	+	+	–

Dunajská	+	+	+
Panenská	+	+	+
Pöllnská (Žilinská)	+	+	+
Lenauova (Smrečianska)	+	–	–
Jozefská	+	+	+
Dobytčí trh (Trnavské mýto)	+	+	+
Blumentálska	+	+	–
Zámočnícka	+	+	+
Kempelenova (Klemensova)	+	+	+
Pálffyho (Vazovova)	+	+	+
Líščie údolie	–	+	+
Obilný trh (Kollárovo nám.)	–	+	+
Vitézova (Trokanova)	–	+	+
Senný trh (nám. 1. mája)	–	+	–
Podhradské nábrežie (Žižkova)	–	–	+
Račišdorfská cesta (Račianska)	–	–	+
Tehelné pole	–	–	+
Küsserova (Čajakova)	–	–	+
Sendleinova (Uhrova)	–	–	+
Tropauerova (Opavská)	–	-	+
Zámocká	–	–	+
Kadlecovo nám. (Odborárske nám.)	–	–	+
Biely kríž	–	–	+

ZÁKLADNÉ INFORMÁCIE O BRATISLAVSKÝCH VIECHACH

Rok	Ulice s viechami	Počet povolení	Priemerný počet viech
1908	29	582	22
1909	27	649	25
1913	23	337	14
1924	27	364	14
1927	30	489	20
1937	35	821	34

BRATISLAVSKÉ KAVIARNE (1895)

Majiteľ	Adresa	Dnešný názov ulice
Apfel Anton	Promenáda 14	Hviezdoslavovo nám.
Bauer Carl	Krížna	Krížna
Effenberger Johann	nám. arciv. Fridricha 2	Suché mýto
Laufer Ignaz	Vydrica 8	Vydrica
Liebert Alois	Schöndorfská 2	Obchodná
Malidus Johann	Promenáda 6	Hviezdoslavovo nám.
Nittmann Ignaz	Andrejská 15	Gorkého
Orban Ludwig	Korunovačný pahorok 4	nám. Ľ. Štúra
Palugyay Carl	Promenáda 7	Hviezdoslavovo nám.
Palugyay Carl	Au-café	
Pressburger Philip	Zámocká 53	Zámocká

Strössner August	Rybárska brána 2	Rybárska brána
Stuparovits Ferdinand	Dlhá 25	Panská
Waldsteiner Moriz	Vydrica 44	Vydrica
Welsner Lorenz	nám. arciv. Fridricha	Suché mýto
Weppner August	Dunajská 9	Dunajská
Wowy Gustav	Poštová	Poštová

(Pressburger Wegweiser 1895)

BRATISLAVSKÉ KAVIARNE (1915)

Majiteľ	Názov	Adresa	Dnešný názov
Berlin Gyula Wwe.	Hungaria	Korunovačný pahorok	nám. Ľ. Štúra
Bock Jacov	Café Lloyd	nám. Viliama II. 11	nám. SNP
Gratz Wilhelm		arcivojvodu Fridricha 15	Suché mýto
Hackenberger Béla	C. Stefánia	Štefániina 1	Štefánikova
Holczer Rezső		Špitálska 31	Špitálska
Hüttinger J. S.	C. Deák	Štefániina 7b	Štefánikova
Jellinek Róza		Zámocká 53	Zámocká
Kastner L. M.		Vydrica 8	Vydrica
Kaufer David	Sport	Ventúrska 3	Ventúrska
Kölln Otto		Klobučnícka 3	Klobučnícka
Lang J.–Bock S.	Baross	nám. kráľa Ondreja 6	Šafárikovo nám.
Nittmann Ignaz		Andrássyho ul.	Gorkého
Pfundtner Andreas	C. Ujváros	Krížna 17	Krížna
Prüger Gyula	Savoy	Mostová 2	Mostová
Prüger Gyula	Carlton	Kossutovo nám. 7	Hviezdoslavovo nám.
Reissner N.–Bock J.	Secession	Kossutovo nám. 20	Hviezdoslavovo nám.
Reissner Simon	Otthon	Poštová 1	Poštová
Schusznix Vilmos		Ružová 12	Jesenského
Schwartz Jakob		Vydrica 46	Vydrica
Stahl Rező		Kossutovo nám. 14	Hviezdoslavovo nám.
Stahl János jr.	Adria	Dunajská 9	Dunajská
Teebuch M.–Thalmeiner A.	Zentral	Rybárska brána	Rybárska brána
Tóth A. Witwe, geb. Effenberger		Arciv. Fridricha 2	Suché mýto
Virsik Kornel	Corvin	Schöndorfská 2	Obchodná
Waringer	Volkscafé	Podhradská	Židovská
Weisz Jakob	Korso	Rybné nám. 2	Rybné nám.
Wurm Gustav	Hazám	Senné nám. 11	nám. 1. mája

BRATISLAVSKÉ KAVIARNE (1929)

Majiteľ	Názov	Adresa	Dnešný názov
Berlin Enea	Berlin	Korunovačné nám. 4	nám. Ľ. Štúra
Berger Bedrich	Lyra	Klobučnícka ul. 3	Klobučnícka
Bock Jaques	Redoute	Mostová ul.	Mostová ul.
Bock Šimon	City	nám. Republiky 10	nám. SNP
Bošan Eugen	Baross	Šafárikovo nám. 6	Šafárikovo nám.
Dax Jozef		Štefánikova 31	Štefánikova ul.
	Favorit	Vydrica 44	Vydrica
Fürst Ján	Erzsébet	Obilné nám. 11	Kollárovo nám.
Günther Anna	Patria	Senné nám. 11	nám. 1. mája
Hackenberger Vojtech	Štefánia	Štefánikova 1	Štefánikova ul.
Köln Otto	Au Kaffee		
	Metropol	Špitálska ul.	Špitálska
	Monopol	Špitálska ul. 2	Špitálska
Nagel Móric	Republik	Špitálska ul. 31	Špitálska

Nittmann Ignác, jun.	Passage	Palackého sady 12	Hviezdoslavovo nám.
Prüger Henry	Carlton	Palackého sady	Hviezdoslavovo nám.
Prüger Julius	Savoy	Palackého sady	Hviezdoslavovo nám.
Reisner Nathan	Secession	Palackého sady 20	Hviezdoslavovo nám.
Ratkovska Jozefína	Sport	Vazovová ul. 1	Vazovova ul.
Semkovič Teodor	Čs. dom	Štefánikova 7	Štefánikova ul.
Simunek J.	Muzeum	Justiho rad	Fajnorovo nábrežie.
Schwarz Jakob, vd. nást.		Vydrica 44	Vydrica
Stahl Rudolf		Palackého sady 14–16	Hviezdoslavovo nám.
Virsík Kornel	Korvin	Uhorská ul. 2	Obchodná ul.
Wiesz Paul, Jakab	Corso	Rybné nám. 12	Rybné nám.
Schwartz und. Co.	Astoria	Suché mýto 17	Suché mýto
Köln	The Ship-Cafe	Dunajské nábrežie	Dunajské nábrežie

(Bytový soznam mesta 1929–1930)

ARCHÍVNE PRAMENE A LITERATÚRA

Archív hlavného mesta Slovenskej republiky Bratislavy – Spolky.
Štátny ústredný archív Slovenskej republiky – fondy: Minister s plnou mocou pre správu Slovenska, Policajné riaditeľstvo Bratislava, Povereníctvo vnútra, Krajinský úrad.

AIXINGER, L.: Pozsonyi hajósegylet története 1862–1937. Pozsony 1941.
ALEXY, J.: Ovocie dozrieva. Bratislava 1957.
BALLUS, P. von: Pressburg und seine Umgebung. Pressburg 1823.
BALOGH, E.: A pozsonyi református keresztyén egyházközség rövid története. Pozsony 1913.
BÁNHEGYI, F.: Sociológia súčasnej rodiny. Bratislava 1967.
BAŽANT, A.: Bulletin 50 rokov lodenice TJ Tatran Karlova Ves. Bratislava 1985.
BEDNÁR, Š.: Bohém hľadá vlasť. I, II. Bratislava 1984.
BEDNÁRIK, R.: Ide len o rozkotúľané peniažky? O dvojmesačných príjmoch a výdavkoch jednej mladej rodiny. Pravda, 4. 8. 1988, s. 4.
BEDNÁŘ, J.: Živnosť hostinská a výčapnícka. In: Správy mesta Bratislavy, *8*, 1931, č. 40, s. 16–17.
BENYOVSZKY, K.: Das alte Theater. Bratislava 1926.
BENYOVSZKY, K.: Pressburger Ghettobilder. Bratislava 1932.
BENYOVSZKY, K.: Die alten Pressburger Volksschauspiele. Bratislava 1934.
BENYOVSZKY, K.: Malerische Winkel und Höfe aus dem alten Pressburg. Bratislava 1932.
BENYOVSZKY, K.: Spaziergang durch Alt- Pressburg. Bratislava 1942.
BOBRÍK, M.: Nemecké telovýchovné organizácie a spolky na Slovensku v rokoch 1918–1928. Historický časopis, *36,* 1988, 4, s. 537–560.
BODENEK, J.: Zapálené srdce. Bratislava 1966.
BOHÚŇ, E.: Zaprášené histórie. Bratislava 1971.
BRADSHAW, S.: Kaviarenská spoločnosť alebo život bohémov od Swifta po Dylana. Bratislava 1988.
Bratislava Mateja Bela. Bratislava 1984.
BREZÁNY, Š. A.: Bratislava mojej mladosti. In: Chvála vína (zost. Š. Moravčík). Bratislava 1984.
BÚTORA, M.: Svojpomoc: alternatíva k porazeneckému étosu. Literárny týždenník, 3. 3. 1989.
Bytový soznam mesta 1929–1930. Bratislava b. d.

ČÁRSKY, K.: Chirurg spomína. Bratislava 1988.
ČUNDERLÍK, A.: Z dejín literárnej Bratislavy. Literárny život v medzivojnovom období. In: Informačný spravodajca vlastivedných sprievodcov. BIPS Bratislava, 2, október 1987, s. 5–14.
Dejiny Bratislavy. Zost. V. Horváth, D. Lehotská, J. Pleva.Bratislava 1978.
DILLNBERGEROVÁ, S.: Spoločenský život v kaviarňach. Večerník, 16. 8. 1989, s. 3.
DOHNÁNY, L.: Neopakovateľná atmosféra (1). Večerník, 11. 9. 1989, s. 3. Neopakovateľná atmosféra viech (2). Večerník, 13. 9. 1989, s. 3.
DRÁBIKOVÁ, E.: Človek vo vinici. Bratislava 1989.
ERENBURG, I.: Ľudia, roky, život. I -III. Bratislava 1961.
FAUST, O.: Zo starých zápisníc mesta Bratislavy. Bratislava 1933.
FEGLOVÁ, V.: Charakteristika kultúrneho kalendára Bratislavy na konci 19. a v 1. štvrtine 20. storočia. Slovenský národopis, *35,* 1987, s. 347–354.
FEGLOVÁ, V. – SALNER, P.: Sviatočné príležitosti v súčasnom mestskom prostredí. (Výsledky ankety na bratislavských sídliskách.) Slovenský národopis, *33,* 1985, s. 88–115.
FEKETE, Š.: Tri prímestské osady na pravom brehu Dunaja pri Bratislave zo stránky sídelnej. Bratislava 1947.
FERKO, V.: Láska na Slovensku. Bratislava 1988.
FULLA, Ľ.: Okamihy a vyznania. Bratislava 1983.
GAJDOŠ, P.: K problematike demografického vývoja Bratislavy od konca 19. storočia do súčasnosti. Slovenský národopis, *35,* 1987, s. 259–266.
GAŠPAR, T. J.: Zlatá fantázia. Bratislava 1969.
GOLD, H.: Die Juden und die Judengemeinde Bratislava in Vergangenheit und Gegenwart. Brünn 1932.
GRÁF, Š.: V horúcom príboji. Bratislava 1968.
GRÁF, Š: Strieborná spona. Bratislava 1975.
GRÁF, Š.: Nábrežie Františka Jozefa. Bratislava 1985.
GRAILICH, E.: Pressburger Interieurs. Bratislava b. d.
GRÜNNER, L. (zost.): Polstoročie v belasom. Pamätnica Slovana 1919–1969. Bratislava 1968.
GYŐRIK, M.: Fünfzigjährige Geschichte des Pozsonyer Stadtverschönerungvereines 1868–1918. Pozsony 1918.
HALUZICKÝ, B.: Stopami rozpomienok. Bratislava 1956.
HANČIN, V.: Zo života mesta v rokoch 1932–1938. Bratislava, Vlastivedné bulletiny BIPS, 1982–1988.
HANZLÍČEK, K.: Spomienky na začiatky robotníckeho hnutia v Bratislave. Bratislava 1970.
HAPÁK, P. – HANČIN, V. – KOČI, J.: Stručný sprievodca k dejinám robotníckeho hnutia a KSČ v Bratislave. Bratislava, MDKO 1971.
HORÁČEK, J.: Krása čierneho umenia. Bratislava 1988.
HORNA, R.: O bratislavském vinařství. Bratislava 1935.
HORSKÝ, Š.: Vidieť svet ušami. Bratislava 1988.
HOZA, Š.: Ja svoje srdce dám... Bratislava 1988.
HRUBÝ, D.: Bolo, bolo. Práca, 3. 8. 1988, s. 4.
HRUŠOVSKÝ, J.: Kariéra. Bratislava 1961.
HRUŠOVSKÝ, J.: Umelci a bohémi. Bratislava 1963.
HRUŠOVSKÝ, J.: Rozmarné poviedky. Bratislava 1974.
JESENSKÝ, J.: Demokrati. Bratislava 1985.
JESZENSZKY, I.: A Testvériség szks. páholy huszonötéves története (1902–1927). Bratislava 1927.
JUCK, M.: Bratislavské zájazdné hotely a hostince (Historický prehľad). Diplomová práca, FFUK, Bratislava 1988.

KALESNÝ, F.: Od Zeleného stromu k hotelu Carlton (Z histórie pohostinských zariadení v Bratislave). Vlastivedný časopis, *16,* 1967, s. 75–81.

KALESNÝ, F.: Z dejín bratislavského vinohradníctva a vinárstva. Ročenka Bratislava, zv. IV, 1969, s. 267–308.

KALESNÝ, F.: Vinice a ich chotárne názvy v stredovekej Bratislave. Ročenka Bratislava, zv. VI, 1970.

KALESNÝ, F.: Predaj vína v minulosti. Vlastivedný časopis, *29,* 1980, č. 4. s. 163–165.

KALESNÝ, F.: K otázke historických premien a etnickej mnohorakosti spôsobu života a kultúry Bratislavy. Slovenský národopis, *33,* 1985, s. 7–32.

KALESNÝ, F.: Spôsob života a bývanie meštianskych vrstiev Bratislavy koncom 19. a zač. 20. stor. podľa dobových opisov. Slovenský národopis, *35,* 1987, s. 295–310.

KAMENEC, I.: Od Prešporka k Bratislave. Formovanie slovenského národnopolitického centra. Prednáška 14. 12. 1988.

KEMÉNYI, L.: Hundert Jahre der Wohltätigkeit gewidmet 1830–1930. Rückblick auf die Vergangenheit des Pressburger Wohltätigen Frauenvereines. Bratislava-Pressburg 1930.

KERTÉSZ, J.: Pozsony város és Pozsonyvármegye bibliografiája. Komárom 1935.

KLIMO, J.: Slovenské robotnícke spevokoly na Slovensku. Bratislava 1973.

KNIEŽA, E. F.: Mušketieri žltej hviezdy. Bratislava 1967.

KOHOUT, J.: Kantorův notes. Praha 1986.

KOLOUŠEK, B.: Slovenské národné divadlo v Bratislave. In: Pamätný spis na oslavu 15. výročia príchodu československej vlády do Bratislavy. Bratislava 1934, s. 139–142.

KORMAN, M.: Ako sme pripravovali novú Bratislavu. In: Pamätný spis na oslavu 15. výročia príchodu československej vlády do Bratislavy. Bratislava 1934, s. 53–57.

KOSTRNA, M. – KOSTRNOVÁ, D.: Bratislavský nájomný dom 19. stor. a jeho nové funkčné zaradenie. SVŠT Bratislava, ŠVOČ 1978/79.

KOVAČEVIČOVÁ, S.: K etnografickej charakteristike ľudových štvrtí a kolónií Bratislavy. Slovenský národopis, *33,* 1985, s. 33–87.

KOVAČEVIČOVÁ, S.: Ľudové byty, štvrte a centrá Bratislavy v 19. a 20. storočí. Slovenský národopis, *35,* 1987, s. 267–280.

KOWARIK, K. Ph.: Fünfundzwanzig Jahre Geschichte des Vereines der Buchdrucker und Schriftgiesser in Pressburg. Pressburg 1903.

KOWARIK, K. F. – OROVAN, A.: 60 rokov Spolku kníhtlačiarov. Bratislava 1928.

KRÁĽ, F.: Cesta zarúbaná. Bratislava 1954.

KRNO, M.: Hory, rieky, ľudia. Bratislava 1984.

KRŠEK, P.: Tvrdá hlava zase prebila múr... Tip, *9,* 1977, s. 13.

Kurze Geschichte der Entstehung und Wirksamkeit des Pressburger Frauenvereines vom Jahre 1830 bis März 1873. Pressburg 1873.

KUSÝ, I.: Obytné prostredie medzivojnovej Bratislavy v slovenskej beletristickej literatúre. Slovenský národopis, *35,* 1987, s. 311–320.

KUSÝ, M.: Architektúra na Slovensku. Bratislava, 1918–1945. Bratislava 1971.

LAJCHA, L.: Zápas o zmysel a podobu SND 1920–1938. Bratislava 1975.

LAUCKÁ, B.: Kde boli čokoládové záhrady? (Bratislava na začiatku storočia). Práca, 29. 2. 1988, s. 4.

LAUCKÁ, B.: Prázdne srdce mesta. Spomienky na korzo. Práca, 27. 6. 1989.

LEHOTSKÁ, D. – LEHOTSKÝ, V.: Sociálne zápasy bratislavského

robotníctva 1918–1938. Dokumenty. Bratislava 1979.
LUKNÁR, L.: Bez nostalgie. Bratislava 1985.
LUTHER, D.: Z histórie vianočných hier v Bratislave a Prievoze. Slovenský národopis, *35*, 1987, s. 355–362.
MALÁRIK, J.: Bratislavské hasičstvo 1867–1937. Na pamiatku 70-ročného jubilea Dobrovoľného hasičského zboru v Bratislave. Bratislava b. d.
MANNOVÁ, E.: Spolky v Bratislave koncom 19. a v prvej polovici 20. storočia. Slovenský národopis, *35*, 1987, č. 2–3, s. 363–369.
MARKO, I. J.: Dornkappel – predmestie troch jazykov. Praha 1938.
MAŠLONKA, Š. – KŠIŇAN, J.: Zlatá kniha futbalu na Slovensku. Bratislava 1988.
MATUŠKA, A.: Bratislava je slovenská. In: Za a proti: Bratislava 1975, s. 333–335.
MATUŠKA, A.: Osobne a neosobne. Bratislava 1983.
MORAVČÍK, Š.: Sťahovanie rieky. Bratislava 1988.
NOVÁČEK, Z.: Robotnícke spevokoly na Slovensku (1872–1942) Bratislava 1960.
NEZVAL, V.: Jak vejce vejci. Praha 1970.
NOVOMESKÝ, L.: Čardáš. In: Chvála vína. Zost. Š. Moravčík. Bratislava 1984.
OBUCHOVÁ, V.: Vznik a vývoj robotníckych štvrtí a ich postavenie v rámci mesta Bratislavy. Rkp. kandidátskej dizertačnej práce. Bratislava 1987.
ORDÓDY, V.: Noc je ich plášťom. Nedeľná Pravda, 17. 2. 1989, s. 7.
ORTVAY, T.: Pozsony város utcai és terei. Pozsony 1905.
ORTVAY, T.: Geschichte der Stadt Pressburg I –IV. Pressburg 1892–1912.
PALIČKOVÁ, J.: K problematike využitia tradícií v mestskom prostredí (tzv. kluby rodákov v Bratislave). Diplomová práca, FFUK, Bratislava 1987.
PALIČKOVÁ, J.: Kluby rodákov v Bratislave. Vlastivedný bulletin BIPS. December 1988.
Pamätnica Spolku československých inžinierov 1919–1929. Zost. K. Křivanec. Brno 1929.
Pamätný spis Bratislavy na oslavu 15. výročia príchodu československej vlády do Bratislavy. Bratislava 1934.
PARÍKOVÁ, M.: Služobníctvo v Bratislave v prvej polovici 20. storočia. Slovenský národopis, *35*, 1987, s. 331–340.
PFEIL, E.: Die Großstadtfamilie. Kölner Zeitschrift für Sociologie und Socialpsychologie. Sonderheft 14, 1970, Sociologie der Familie.
PISZTÓRY, M.: Pozsony városa. Budapest 1891.
PLÁVKA, A: Smädný milenec. Bratislava 1971.
PLÁVKA, A.: Plná čaša. Smädného milenca diel druhý. Bratislava 1976.
PONIČAN, J.: Búrlivá mladosť. Spomienky I. 1920–1938. Bratislava 1975.
PONIČAN, J.: Človeka hľadám. Bratislava 1982.
POPÉLY, Gy.: A Pozsonyi Bartók Béla dalegyesület. Budapest 1982.
PORTISCH, E.: Geschichte der Stadt Bratislava-Pressburg I –II. Bratislava 1933.
PRAVDA, V.: Listujeme v histórii: O plavbe na Dunaji. Náš Dunaj, *21*, 1969, č. 22, s. 3.
Pressburger Wegweiser 1840–1916.
PROVAZNÍK, D.: Národnostné pomery v Bratislave. In: Dejiny Bratislavy. Bratislava 1966, s. 349–354.
PŘIBÍK, V. Z.: Pod bratislavskými viechami. Bratislava 1933.
RÁZUS, M.: Maroško študuje. Turč. Sv. Martin 1942.
RICHTER, A.: Pamäti od nepamäti. Bratislava 1986.
RYBÁK, J.: Kouzelný proutek. Praha 1974.

SALNER, P.: Štruktúra bratislavskej rodiny v prvej polovici 20. storočia a jej vývinové tendencie. Slovenský národopis, *35,* 1987, s. 321–330.

Sčítání lidu v Republice Československé ze dne 15. února 1921. III. díl. Praha 1927.

Sčítaní lidu v Republice Československé ze dne 1. prosince 1930. Díl IV., část II. Domácnosti a rodiny. Praha 1938. Díl III. Ostatní data demografická. Praha 1937.

SEKERA, J.: Červený dolomán. Praha 1962.

SCHWAPPACH, A.: Geschichte der Fahne der Pressburger freiwilligen Feuerwehr. Orig. rukopis vo vlastníctve verejného požiarneho zboru v Bratislave.

SKALSKÝ, J.: S novou vládou nový duch. In: Pamätný spis na oslavu 15. výročia príchodu československej vlády do Bratislavy. Bratislava 1934, s. 101–105.

SMREK, J.: Poézia moja láska. Bratislava 1968.

Sprievodca po Bratislave. Zostavili D. V.–I. I. Bratislava 1936.

Sprievodca po okolí Bratislavy. Bratislava 1934.

Sprievodca po Bratislave a bratislavskom kraji. Bratislava 1957.

STANISLAV, I.: Život v slove. Bratislava 1987.

STENCHLÁKOVÁ, N.: Fórum i dielňa. (S kaviarenskou spoločnosťou v Luxorke.) Práca, 28. 1. 1989, s. 10.

STOLIČNÁ, R.: Bratislavské „ľudové kuchyne" v prvej štvrtine 20. storočia. Slovenský národopis, *35,* 1987, s. 341–346.

SUCHÝ, O. – DUDEK, O.: Ljuba jako vystřižena. Praha 1986.

SZŐNYI, A.: Tak rástla Bratislava. Vývin architektúry a stavebníctva v Bratislave a na Slovensku v rokoch 1848–1918. Bratislava 1967.

ŠPIESZ, A.: Bratislava v 18. storočí. Bratislava 1987.

Technické pamiatky Bratislavy. Zborník. NVMB, MS-PSOP, Slovenská spoločnosť pre dejiny vied a techniky. Bratislava 1983.

TICHÝ, M. – DEDEK, J. – REMIŠOVÁ, M.: Dejiny Spolku medikov. 1.–10. Bratislavské lekárske listy, 1974–1975.

TKÁČ, F.: Z histórie jazdeckého a dostihového športu. In: Informačný spravodajca vlastivedných sprievodcov BIPS. Bratislava, *3,* 1988, s. 1–12.

VARGHA, G.: Magyarország egyletei és társulatai 1878-ban. Hivatalos statistikai közlemények. Budapest 1881.

VARSIK, B.: O čom mlčia archívy. Bratislava 1987.

VOIT, J.: Zwölf Jahre Arbeit im Dienste der Nächstenliebe. Statistisch-geschichtliche Übersicht der zwölfjährigen Thätigkeit der Pressburger freiwilligen Feuerwehr. 1880. Orig. rukopis vo vlastníctve verejného požiarneho zboru v Bratislave.

VRANOVÁ, E.: Spolky na Slovensku v rokoch 1945–1951. Slovenská archivistika, *15,* 1980, č. 1, s. 63–95.

VRANOVÁ, E.: Znaky spolkov. Slovenská archivistika, *21,* 1986, č. 1. s. 82–108.

VRANOVÁ, J.: Historické názvy ulíc a námestí Bratislavy. I. obvod. BIPS Bratislava 1988.

VRTEĽ, L.: Príspevok ku kultúrnym dejinám Bratislavy v rokoch 1918–1938. Dejiny a pramene. Diplomová práca, FFUK 1976.

Výročná zpráva. Pokladničná zpráva, inventár a soznam činných a podporujúcich členov Dobrovoľného hasičského a záchranného zboru v Bratislave za rok 1927. Bratislava b. d.

ZELJENKA, Ľ.: Kamienky do mozaiky. Bratislava 1976.

ZEMANÍK, M.: Elixír života. In: Chvála vína. Zost. Š. Moravčík. Bratislava 1984.

ZGURIŠKA, Z.: Strminou liet. Bratislava 1972.
ZGURIŠKA, Z.: Zbojníckym chodníkom. Bratislava 1987.
Zlatá kniha mesta Bratislavy. – Das goldene Buch der Stadt Bratislava – Bratislava város aranykönyve. Bratislava 1928.
Zlatá kniha Slovenska. Jubilejný zborník. Zost. M. Kolesár. Bratislava 1929.
ZVARÍK, F.: Pierot s puškou. Bratislava 1984.
ŽÁRY, Š.: Múza oblieha Tróju. Bratislava 1965.
ŽÁRY, Š.: Snímanie masiek. Bratislava 1979.
ŽÁRY, Š.: Stovežatý básnik. Bratislava 1981.
ŽÁRY, Š.: Zlatoústi rozprávači. Bratislava 1984.
ŽÁRY, Š.: Rande s básnikmi. Bratislava 1988.

SO WAR DAMALS BRATISLAVA
ZUSAMMENFASSUNG

Bratislava, seinerzeit als „eine der kleinsten europäischen Großstädte“ bezeichnet, bot seinen Einwohnern vor dem Zweiten Weltkrieg genügend Raum für eine breite Skala von Aktivitäten des Alltagslebens, aber auch an Sonn- und Feiertagen. Das vorgestellte Buch will zumindest einige davon in seinen zwölf Kapiteln für Veteranen aufleben lassen und den jüngeren Generationen näherbringen. Die präsentierten Angaben sind das Ergebnis einer Untersuchung, während der die Autoren aus Memoiren, vor allem aber aus einer Vielzahl von Gesprächen und Erinnerungen lebender Bratislavaer Veteranen ein Mosaik zusammengesetzt haben.

Das erste Kapitel „Der Wandel Bratislavas in der Zeit“ faßt die Geschichte Bratislavas im 20. Jahrhundert kurz zusammen. Die Veränderungen der ethnischen und sozialen Strukturen werden durch ausgewählte Beispiele aus dem kulturellen und sportlichen Leben dokumentiert. Die gegenseitige Rivalität der slowakischen, ungarischen, deutschen oder jüdischen Fußballklubs sagt mehr aus als ausführliche Statistiken. Und die Geschichte des Stadttheaters fügt das ihrige hinzu. Das ursprünglich deutsch-ungarische Theater wurde allmählich zum tschechoslowakischen und später zum rein slowakischen.

Das Kapitel „Über Familie und Wohnen“ bringt einige Aspekte dieser Phänomene aus der Erinnerungsperspektive. Vor dem Leser defilieren nicht nur verschiedene Bau- und Wohnformen (Häuser der Bürger, Weinbauer, Handwerker, Künstler, Laubenganghäuser, Arbeiterkolonien bzw. die ersten Wohnsiedlungen), sondern vor allem das Leben ihrer Bewohner und Wandlungen der Bratislavaer Familie.

Schon die Bezeichnung „Über Feiertage und Feste“ ist vielsagend. Von der reichen Skala der mit den Gebräuchen zusammenhängenden Anlässe stehen jene im Mittelpunkt des Interesses, die sich öffentlich abspielten, unter aktiver Mitbeteiligung der Bürger Bratislavas: so etwa die verschiedenen religiösen Feiertage, beliebte Prozessionen und Umzüge, die berühmte Bratislavaer Weinlese oder die bekannten Donaumessen. Aber auch die gemeinsamen Feiern zu Nikolaus und Weihnachten in Verbindung mit zahlreichen Wohltätigkeitsveranstaltungen, Silvestermassenvergnügungen und die verschiedenen fröhlichen Feiern der Mai- und Junifeste. Zu den gesellschaftlichen Höhepunkten zählte auch die alljährliche Ballsaison. Die Bratislavaer Bälle wurden doch nicht nur von ortsansässigen, sondern auch von Gästen aus der weiten Umgebung einschließlich Wien und Budapest besucht. Die Veranstaltungen selbst wurden von verschiedenen ethnischen, sozialen und Berufsgruppen vorbereitet. Sie hatten Prestigecharakter, deshalb verfolgte man ihren Verlauf, die Teilnahme, die Toiletten oder masken aufmerksam in der breiten Öffentlichkeit. Aus den erhaltenen Angaben ist zu ersehen, daß sie für die Beteiligten ein wirkliches Erlebnis gewesen sind.

1951 ging die Epoche der Vereine zuende. Vielen jüngeren Menschen könnten daher die Informationen des Kapitels „Vereine – Teufelswerk, aber auch Schule der Demokratie" als übertrieben, ja geradezu unwirklich erscheinen. In der Zeit zwischen den Kriegen gab es über 600 aktive Vereine verschiedenster Art und Prägung. Eine eingehendere Bewertung würde allerdings ein selbständiges Buch erfordern, doch bringt auch die Grundcharakteristik ihrer Entstehung und Funktion eine Menge interessanter Erkenntnisse und Anregungen.

Der Wein und mit ihm die Weinschenken und Weinstuben waren ein nicht wegzudenkender Bestandteil des Bratislavaer Kolorits. Die Geschichte, vor allem aber die Atmosphäre der Weinstuben, die Eigenart der deutschen Winzer und die Toleranz der Besucher aller ethnischen und sozialen Gruppen versucht das Kapitel „Es geschah beim Heurigen" zu charakterisieren.

Die Erinnerungen der Veteranen – der Caféstammgäste – dokumentieren, woher die wachsende Beliebtheit der Bratislavaer Cafés stammt. Im Teil „Wie gewöhnlich, Herr Ober" gehen die Autoren den verschiedenen Funktionen dieser Gaststätten nach. Außer dem obligaten „Kaffeeplausch" dienten sie zugleich als Lese- oder Studierstuben, als Redaktions- oder Diskussionsklubs, hier wurden Schach oder verschiedene Kartenspiele gespielt.

Das Kapitel „Die Stadt und ihre Düfte" unternimmt den Versuch, zumindest in aller Kürze eine bunte Angebotspalette zu unterbreiten. Verlockend war nicht nur die Altstadt mit ihren kleinen Läden, durch die Romantik der Gassen und die Buntheit der Märkte, sondern auch die nahe Umgebung von Bratislava mit vielen attraktiven Ausflugszielen, vor allem dem altherwürdigen Devín (Theben), mit Železná studnička (Eisenbrünnel) oder den beliebten Batzenhäusern. Viele dieser Zentren sind verschwunden und leben leider nur noch in Erinnerungen.

Die Dominante Bratislavas war und ist bis heute die Donau mit ihren Ufern geblieben. Als Grenze, aber auch als verbindendes Element zwischen den Staaten, Völkern und Menschen bot der Strom viele Möglichkeiten: Lebensunterhalt für die Fischer, die Romantik des Propeller- und Schiffsausflugs, Badefreuden in den Flußbädern oder an den Nebenarmen der Donau, ein angenehmes Sitzen im Schiffcafé Boon oder an den Ufern in dem erst unlängst geschlossenen Aucafé oder im Wirtshaus Leberfinger. In der Erinnerung der älteren Bratislavaer Einwohner gibt es aber neben frohen Ereignissen auch schreckliche, wie etwa die über die Ufer getretene Donau.

Die Bezeichnung „Am Korso konnte man jeden treffen" ist eine Art Leitmotiv der meisten Erinnerungen. Gleichzeitig dokumentiert sie die gesellschaftliche Bedeutung des Korsos für Alt und Jung und die Trauer über das Schwinden dieses Anfang der 70er Jahre. Für die jüngste Generation beschränkt sich die Bedeutung des Korsos vor allem auf Umzüge bei dem Austragen des Matura-Tableaus.

Jede Stadt hat ihre überspannten (etwas exzentrischen) Menschen, Künstler und Sonderlinge, die durch ihr Verhalten dem grauen Alltag einen besonderen Stempel aufprägen. Einigen von ihnen, vor allem dem unvergeßlichen Schönen Náci ist das vorletzte Kapitel gewidmet.

Bratislava hatte Licht- und Schattenseiten. Zumindest zwei davon – die Prostitution (vor allem mit der verschwundenen Gegend der Vorburg und Vydrica [Weidritz] verbunden) und das Betteln werden im letzten Teil des Buchs analysiert.

Die über dreihundert Seiten mit einer Fülle von Farb- und Schwarzweißfotografien reichen bei weitem nicht aus für eine eingehende Dokumentierung der ganzen Breite des gesellschaftlichen Lebens dieser Stadt. Sie können jedoch vieles andeuten und die Zeitgenossen dazu inspirieren, sich im Interesse einer besseren Zukunft das interessanteste und attraktivste auszuwählen.

SUCH WAS BRATISLAVA

SUMMARY

Bratislava, which used to be referred to as one of „the smallest European cities", prior to World War II provided enough space to its inhabitants for a wide scope of activities of everyday and holiday life. This book wants to enliven some of these activities to the contemporaries and to introduce them to the younger generations. The presented data are the result of research during which the authors were composing a mosaic of memoir literature but especially of a number of talks and memories of the still living Bratislava contemporaries.

The first chapter entitled „The Bratislava Alterations in Time" summarizes the history of Bratislava of the 20th century in a shortened form. The changes of ethnic and social structures are documented by chosen examples of the cultural and sports life. The mutual rivalry of the Slovak, Hungarian, German or Jewish football clubs will prove more than mere statistics, no matter how detailed it is. And the rest will be said by the history of the Town Theatre. This, being originally German-Hungarian, had subsequently changed into Czechoslovak and it turned Slovak in the end.

The chapter called „On Family and Dwelling" presents some aspects of these phenomena viewed from memories. The reader is acquainted not only with different forms of building and dwelling (houses of burghers, vintners, craftsmen, artists, houses with galleries, workers' colonies or the first new housing quarters) but particularly with the life of their inhabitants and the changes of the Bratislava family.

Already the name „On Holidays and Celebrations" is meaningful. From among a broad scale of customary occasions, mainly those come to the foreground which were performed publicly, under the active participation of the Bratislava inhabitants: various religious feasts, favourite processions and parades, the well-known Bratislava vintage or the famous Danubian Fairs. But there ranked also the common celebrations of St. Nicolas, and Christmas connected with a number of charity activities, large New Year's Eve celebrations as well as jolly celebrations of May and June festivals.

The social life culminated annually by the season of balls. The Bratislava balls were attended not only by local citizens but also by guests from the wide environs, including Vienna and Budapest. The events were prepared by various ethnic and socio-professional groups. They had a prestigious character, thus their course, participation, dresses or masks were carefully observed by the wide public. The preserved data have proved that the participants of these events enjoyed them enormously.

The era of associations diminished in 1951. Therefore, the younger generation may find the information from the chapter entitled „Associations – Devil's Acts or Also the School of Democracy" to be exaggerated or even unreal. Though, there were more than 600 associations of various kinds and orientation, actively functioning between the two wars. Their detailed evaluation would require an independent book, although already the basic characteristics of their origin and functioning brings a number of interesting facts and impulses.

Wine and the wine-cellars and bodegas connected with it represented an inseparable part of the Bratislava local colour. The history, but particularly the atmosphere of wine-cellars, peculiarity of German vintners as well as the tolerance of attendants of all ethnic and social groups is characterized in the chapter entitled „This Happened in a Wine-Cellar".

The memories of the contemporaries – the café „habitués" prove the increasing popularity of the Bratislava coffee-houses. The part called „Waiter, Please as Usual" deals with various functions of these establishments. Apart from the serving of coffee, they were also used as reading-rooms, studies, editorial or discussion clubs but also chess playrooms or the centres of different cards games.

The chapter entitled „Smells of the City" attempts, though in a shortened version, to present a broad variety of possibilities. The old city attracted by its small shops, romantic narrow streets and rich markets but also the close environs of Bratislava with a number of attractive sights and trips as the ancient Devín castle, romantic Železná Studnička (Iron Well) or favourite Bud houses (Púčkové domy). Many of these centres have, unfortunately, disappeared, they remain only in memories.

The river Danube and its banks dominated and still do the city of Bratislava. As the border but also a link between states, nations and people it offered much: food to fishermen, romantic spirit of ferry and ship-trips, pleasure from bathing in river swimming-pools or in river branches of Danube, pleasant time spent in the ship café Boon or in Aucafé which had already ceased to exist or in Leberfinger Inn situated on the banks of the river. The old Bratislava citizens can still remember, apart from pleasant events, the horrors of flooded Danube.

The title „Everyone Could Be Met in the Promenade" can be considered to be a leitmotiv of most memories. At the same time, this serves as a piece of evidence of the social importance of the promenade for both older and younger ones and it describes the sad feelings connected with the disappearing of this institution at the beginning of the seventies. For the younger generation the promenade symbolizes mainly the processions connected with presenting their class photograph (portraits of the school-leavers) to the public and placing it in a shop-window.

Every town has its eccentrics, bohemians and characters who by their behaviour add a particular character to the everyday common life of others. The penultimate chapter is devoted to some of these characters, headed by the unforgettable smart fellow named Schöner Náci.

Bratislava used to have both bright and dark sides. At least two of them, – prostitution (connected with the destructed areas called Podhradie and Vydrica) and begging, are dealt with in the final chapter of the book.

More than three hundred pages of the text provided with by a number of coloured and black-and-white photographs are not enough for a more detailed documentation of the whole breadth of social life in Bratislava. However, they can illustrate its many aspects and inspire the contemporaries choose the most interesting and attractive possibilities with a view to the future.

ZOZNAM INFORMÁTOROV

Balogh, Aladár
Barančoková, Amália
Belovič, Kazimír
Brišková, Mária
Čermák, Ľudovít
Černý, Juraj
Daniel, Peter
Dohnány, Ladislav
Erdély, Teodor
Gažo, Mikuláš
Georch, Dionýz
Greguš, Július
Hackenberger, Vojtech
Holovič, Alexander
Horvay, Ondrej
Hric, Martin
Hynek, Karol
Janík, Samuel
Jánska, Margita
Janota, Igor
Kovačevičová, Soňa
Kubrický, František
Ledererová, Irma
Lehotay, Ladislav
Lichner, Vladimír
Lovás, František
Lukáč, Alexander
Mošovský, Otto
Motoly, Karol
Nosáľová, Viera
Novák, Ivan
Ondrčka, Pavol
Pernecký, Martin
Poláčková, Gizela
Pribylinec, Štefan
Ranostaj, Jozef
Rapoš, Gabriel
Ratica, Dušan
Rebrová, Mária
Schleicher, Ladislav
Sommer, Karol
Steinitz, Erich
Szabó, Mikuláš
Štefko, Imrich
Štefková, Hana
Tošnár, Ján
Versa, Antonín
Vrana, Daniel
Vrana, Samuel
Vranová, Alžbeta
Wirthová, Irena
Zubaj, Ján

NOVÉ NÁZVY BRATISLAVSKÝCH ULÍC (platné od 1. IV. 1991)

Doterajší názov	**Nový názov**
Kyjevské námestie	Kamenné námestie
Dibrovovo námestie	Františkánske námestie
Markušova ulica	Mariánska ulica
Steinerova ulica	Krížna ulica
Szabóova ulica	Blumentálska ulica
Šmeralova ulica	Kozia ulica
Jiráskova ulica	Ventúrska ulica
Leningradská ulica	Laurinská ulica
ulica kpt. Nálepku	Panská ulica
námestie 4. apríla	Hlavné námestie
ulica Československej armády	Špitálska ulica
Wolkrova ulica	Biela ulica
námestie Fr. Zupku	Trnavské mýto
Leninovo námestie	Jakubovo námestie
Gottwaldovo námestie	námestie Slobody
ulica Februárového víťazstva	Račianska ulica

TAKÁ BOLA BRATISLAVA

PhDr. PETER
SALNER, CSc.,
A KOLEKTÍV

Autori fotografií:
H. Bakaljarová, P. Červeňanský, E. Drábiková,
J. Hanus, S. Kovačevičová,
A. Mann, Ľ. Mišurová,
J. Podolák, A. Salnerová,
O. Šillingerová, H. Šišková.

Fotoarchívy: Národopisného ústavu SAV,
Archívu hlavného mesta Slovenskej republiky Bratislavy,
Slovenskej národnej galérie,
Slovenského národného múzea,
Štátneho ústredného archívu Slovenskej republiky, Štátneho ústavu pamiatkovej starostlivosti a súkromné archívy.

Prebal, väzba a grafická úprava Jozef Galis
Zodpovedný redaktor Andrej Šumec
Výtvarný redaktor Jozef Szabó
Technická redaktorka Oľga Urbaníková

Rukopis zadaný do tlačiarne 27. 7. 1990.

Prvé vydanie. Vydala Veda,
vydavateľstvo Slovenskej akadémie vied,
v Bratislave roku 1991 ako svoju 2982. publikáciu.
Počet strán 200 a 16 strán farebnej obrazovej prílohy.
AH 23,08 (z toho text 14,33, čiernobielych obr. 6,50, far. obr. 2,25), VH 24,01
Náklad 30 000 výtlačkov. Tematická skupina 09.
Vytlačila Tlačiareň Neografia, š. p., Martin.

ISBN 80-224-0252-4

Sport Bodega
Sport Bodega
STOLWERCK